张光直作品系列

中国考古学论文集

张光直 著

生活·讀書·新知 三联书店

Copyright ⓒ 2013 by SDX Joint Publishing Company
All Rights Reserved.
本作品中文版权由生活·读书·新知三联书店所有。
未经许可，不得翻印。

图书在版编目（CIP）数据

中国考古学论文集/张光直著．—北京：生活·
读书·新知三联书店，2013.3　（2024.3 重印）
（张光直作品系列）
ISBN 978-7-108-04185-2

Ⅰ.①中⋯　Ⅱ.①张⋯　Ⅲ.①考古学－中国－文集
Ⅳ.① K870.4-53

中国版本图书馆 CIP 数据核字（2012）第 181810 号

责任编辑　饶淑荣
装帧设计　蔡立国
责任印制　董　欢
出版发行　生活·讀書·新知 三联书店
　　　　　（北京市东城区美术馆东街 22 号）
邮　　编　100010
网　　址　www.sdxjpc.com
经　　销　新华书店
印　　刷　河北鹏润印刷有限公司
版　　次　2013 年 3 月北京第 1 版
　　　　　2024 年 3 月北京第 4 次印刷
开　　本　880 毫米 ×1230 毫米　1/32　印张 14
字　　数　310 千字
印　　数　09,001－11,000 册
定　　价　98.00 元

在台湾大坌坑遗址发掘,1964年

在台湾大学讲学,1994年

与来自海峡两岸的研究生和访问学者合影,麻省剑桥,1996年

東亞原始文化史研究及其主要問題

張光直

亞洲東部（中國、朝鮮、日本、西伯利亞、及東南亞）雖有中國的輝煌燦爛歷史學上的成就，對其原始文化的科學探究則是較近的發明。作為研究原始文化史之科學的文化人類學（考古學與民族學），在東亞區域，首先由西歐雅氏學術入以應用於東南亞，後與東漸的各種西學一起傳入日本與中國。文化人類學家在東亞區域有系統的搜集資料，大約始於十九世紀的末葉，到今才不到一百年的歷史。對已搜集到的資料之整理研究及一般通用性之理論的建設，則除了在若干區域有少數的嘗試外，就東亞一般而言，幾乎尚未開始。

謹慎的學者常說：作東亞文化史的綜合研究，"現在還沒到時候"。換言之，"資料尚未搜齊"，所以不能著筆。謹慎本是作學問的起碼條件，資料更是作研究的基石；但這話也可以從好幾方面來看個別的。頂要緊的一點，就是資料也許永遠沒有"搜齊"的一天；至少就東亞來說，數代之內的

目 录

前　言 ... *1*

考古学与"如何建设具有中国特色的人类学" ... *1*
考古学和中国历史学 ... *10*
对中国先秦史新结构的一个建议 ... *30*
中国新石器时代文化断代 ... *44*
中国远古时代仪式生活的若干资料 ... *113*
仰韶文化的巫觋资料 ... *133*
中国相互作用圈与文明的形成 ... *148*
中国东南海岸的"富裕的食物采集文化" ... *186*
中国东南海岸考古与南岛语族起源问题 ... *202*
台湾省原始社会考古概述 ... *223*
新石器时代的台湾海峡 ... *255*
"浊大计划"与1972年至1974年浊大流域考古调查 ... *275*
浊水溪大肚溪流域考古
　　——"浊大计划"第一期考古工作总结 ... *309*
圆山出土的一颗人齿 ... *347*

中国古代文明的环太平洋的底层 *353*
古代贸易研究是经济学还是生态学 *366*
中国古代王的兴起与城邦的形成 *380*
殷墟5号墓与殷墟考古上的盘庚、小辛、小乙时代问题 *397*
《李济考古学论文选集》编者后记 *412*

前　言

　　这本书所收的 19 篇论文，是我从 1950 年加入考古行列四十多年以来用中文所写的文章里面，除去已经收入《中国青铜时代》（第一、二集）的以外，慎重选择出来的。最早的一篇发表于 1957 年，此后有 1959、1960 年各一篇，1977 年的两篇，其余的都是近几年所写的。我所写的考古学专著，都是用英文写的。我自 1955 年就一直住在美国，自然要用英文写书。在期刊中发表的学术论文也是一样。但在这 40 年中，我一直没有与中国的考古学、人类学界失去联系。20 世纪 70 年代以前，我在台湾的中央研究院历史语言研究所和民族学研究所的集刊上发表了不少中文写的论文。自 80 年代，大陆上的几个学术刊物登载我的考古文字。我用中文写的论文，是我和国内的同行学者交流学习的媒介。通过这个媒介，我也可以说是国内学术界的参与者，我的著作在国内考古学的发展上，也可能起过作用。所以这本论文集在中国考古学史上也可以算是一段记录。另外我还用中文写过许多综合性的考古论文，因为新材料和新研究，已经完全过时了，就没有收入本书。

　　不过，我还是收进来一篇过时的文章，它已经完全不能代表我今日的看法了。这就是第四篇，发表于 1959 年的《中国新石器时代文化断代》。在这以前，中国考古学者相信在新石器时代有两个平行的文化，仰韶在西，龙山在东。50 年代，有河南陕县庙底沟的发掘，在遗址上层发现了一个新的文化，就叫做庙底沟二期文化，似乎是从仰韶到龙山的转变期的一种文化。1959 年，安志敏和石兴邦两位先生在北京出版的《文物参考资料》10 月号上面，我在台北出版的《中央研究院历史语言研究所集刊》第 30 本上，共发表了 3 篇文章，不约而同地提出来一个内容很是相似的对中国新石器时代文化发展关系的新解释，即华北的新石器时代文化最早起源于豫西、晋南和陕西关中地区，然后发展成为龙山文化，向东扩展到山东和沿海地带。这是中国考古学史上一个新石器文化发展史的理论。那时大陆和台湾之间还没有接触，所以这三篇文章不谋而合地达到同样的结论，可说是中国考古学史上的一件巧事。不久，大陆发生大跃进、四清和文化大革命等一连串的运动，考古工作中断，这个所谓"核心地区起源说"的理论，在国内外便一直是嗣后十余年内的主流理论。到了 70 年代中期，由于碳素 14 数据逐渐发布，使我们知道核心地区的新石器时代的文化并不比"边缘"地区为早，同时大汶口文化的地位在山东确定了下来，证明虽然河南的龙山文化可能是从仰韶文化发展出来的，山东龙山文化的祖先却可以在大汶口文化里找到。这样一来，核心地区起源说很快地便结束了它的历史任务，被"区域文化多元说"所取代。这篇文章今天虽然已经不再适用，我考虑再三还是决定收入本书，使读者看看在三十多年以前，考古学者在当时所知道的材料的基础之上，考虑了什么问题，用了些什么方法，怎样得到这个在考古界称雄一时的结论。本书里没有收入有关区域文化多元说新理论的文章，因为我对这新说还没有用中文写过，但从第七篇论文《中国相互作用圈与文明的形成》中，读者可以看到我较近的看法。

其他的十几篇论文当然也有时代的限制。例如《"浊大计划"第一期考古工作总结》里面所讨论的台湾中部史前文化的序列，今天不用说已有更新的材料，必须加以补充。但这篇文章的意义是跟着"浊大计划"的历史性而来的。关于"浊大计划"的历史意义，还没有人详细地讨论过。我有一篇叫做《追记台湾"浊大计划"》，收入《考古人类学随笔》一书中，读者可以参阅。

有关三代考古的文章，都已收入《中国青铜时代》（第一、二集）。

最后一篇文章，是我给李济之先生身后在大陆第一次出版的学术著作所写的《编者后记》，也是我对李先生对中国考古学的贡献的讨论的一个尝试。李先生是中国考古学之父，对他的学术成就和建树详细讨论的文章，还很少见。我希望这篇跋语在这里发表，能够起一点抛砖引玉的作用。因为李先生在中国考古学上所做的事太多了，还需要有人做进一步的研究。

考古学与"如何建设具有中国特色的人类学"*

在"如何建设具有中国特色的人类学"这一个大题目的下面来讨论考古学,我们至少要牵涉到三个小题目:(1)在"具有中国特色的人类学"的建设上有没有考古学的地位?(2)如果考古学在人类学这门学科里占有一席之地的话,有没有"具有中国特色"的考古学?(3)考古学的建设是不是在"具有中国特色的人类学"之所以"具有中国特色"上面能够作出重要的或甚至是独特的贡献?这篇文章里我就这三个小问题直抒己见。

一 人类学与考古学之间的关系

把考古学放在人类学里面的这种做法,是美国的习惯。美国考古学上有句名言,说"美洲的考古学便是人类学,不然它便什么都不是"。这种看法是适合美洲考古学的现实的。美洲的人类虽然至少有一万多年的历史,但除了中美的玛雅文明以外都没有文字记录,而且即使玛雅的文字记录所包括的范

---

* 原载陈国强主编《建设中国人类学》,北京:三联书店,1992。

围也只限于历法的记录与片段的王朝历史。西方文明自1492年哥伦布"发现"新大陆以后便逐渐进入美洲,美洲的土著文化逐渐缩减,但直到今天美洲土著文化还是活的文化,是人类学者研究的对象,所以研究美洲考古的学者便不能不从人类学者研究的结果与资料出发。

旧世界文明史研究的情况与美洲大不相同,所以人类学、考古学这些学科在学术分类系统中的地位也就大不一样。首先,旧大陆的考古学是在历史科学的温床里产生出来的。爱琴海古典文明的考古,是19世纪后期德国人谢里曼根据荷马的史诗在特洛伊奠基的,而中北欧最初的旧石器时代考古是19世纪后期的地质学家在地质层位里辨认出来的。在中国,考古学的传统基础是建立在金石学上的,而金石学一向是史学的一个分支。

旧世界人类学的产生,不论是体质人类学还是文化人类学(或称民族学)与社会人类学,都是与西方文明的工业革命(18世纪中叶),与继之而产生的全世界的殖民活动分不开的。当西方工业文明伸展到亚、非及大洋洲与拉丁美洲时便与土著民族接触,当即强烈意识到其人种上与文化社会上的分歧性,而人种学与民族学又成了学术上与行政上的需要,因而促成了这些学科在19世纪的发展。这些学科传入中国也是在欧洲通过翻译开始的。据芮逸夫的记述[1]:"最早的一部书是德国人写的《民族学》,其书出版于1898年。两年后,英国人洛伊将其译成英文,称为《文化人类学》。我国的林纾和魏易二人又将其从英文译成汉文,称为《民种学》,并于1903年(清

---

[1] 芮逸夫《民族学在中国》,《大陆杂志》3卷7期,203—206页,及3卷8期,251—255页,1951。

光绪二十九年）由北京京师大学堂（今北京大学）官书局出版发行。但同年满清政府学部订颁的大学学制及其学科，在文学科大学各门学科'中外地理门'主课中，则将其称为'人种及人类学'。"

既然旧世界学科系统中考古学与人类学来自不同的渊源，那是不是就说在人类学的讨论当中应当没有考古学的地位呢？学科的区分只不过代表我们对学术界内一种分类系统的认识，它是有时代性的，因为学科的分类系统是经常变化着的。20世纪初期在中国属于历史学范畴的考古学并不是不可以在20世纪的末期独立起来或与人类学结合起来的，这主要得看从事考古学的人对自己学科的新了解、新认识与新的分类。但是在这些问题上，从业者必须做一番细心的检讨。讨论的焦点应当是这样的一个问题：考古学与人类学（在这里当指文化人类学或社会人类学）密切结合起来对考古学有什么益处？对人类学又有什么益处？

因为人类学家能够观察和分析现代的活的社会，它能够把社会当做一个系统性的有机体来研究，能够了解这个有机体各组成部分间的联系，甚至因果关系。另一方面，人类学研究的对象是世界性的，它包括人类社会的各种不同的类型，所以人类学所分析出来的人类社会的有机系统性的构架也有种种不同的类型。换言之，人类学供给我们人类社会活动与社会结构的各种不同的蓝图。受过人类学训练的考古学者在这两点上要比没有受过人类学训练的考古学者占有优势的地位：第一，他很自然地把考古资料当做"人"的活动遗迹来看而不仅仅当做器物本身来看。第二，他知道要把考古遗物拼合起来从而复原古代文化社会，而其中哪些蓝图是可供参考的。后面这点有时会有人误以为用考古的资料去凑合人类学的理论，其实这是一种根本的误解。用考古资料来复原古史，我们最终的依据还是资料本身，而绝不能把某种人类学的理论奉为教条，拿资料去凑合。但我们对人类社会各种蓝图的了解，可以在我们复原历史时从已知的各种模式中得到启发。近年来甚至有考古学者专门研究现代民族中器物的形态和行为，并把其作为考古复原的参考，我们称这种研究为"民族考古学"。

反过来看，人类学者所观察研究的现代文化与社会，是历史的产物，对它们的了解需要相当的时间深度。19 世纪与 20 世纪初期研究现代原始社会的学者，在这方面有无所适从的苦恼。因为从一方面来说，作为他们研究对象的原始社会都是没有文字记载的历史资料的，所以他们只好使用各种拟测的方式，根据神话传说来将他们的历史加以复原；可是从另一方面来说，他们又意识到这样复原、拟测出来的历史是缺乏客观基础的。迄今为止，社会人类学者对历史的态度，对研究原始民族的历史的方法，还一直处于犹豫不定的状态中。但是不论从理论上说这个问题应当如何解决，在实践上社会人类学者在对过去的社会的研究上，在绝大多数情形之下是有历史资料的，这就包括有文字记载的社会（如中国社会）中的历史资料与没有文字记载的社会（如大部分的美洲土著社会、大洋洲社会、非洲大部分社会）的考古资料。即使在有文字记载的社会中，他们的历史也可以因考古资料而加强和延伸。换言之，考古学是供给人类学从事历史研究的重要工具，甚至是主要工具。

根据上面简短的讨论。我们可以对文首提出来的第一个问题做一个初步的回答，那就是说在"具有中国特色（或任何特色）的人类学"的建设上，是可以有考古学一席之地的。固然在中国传统学科的分类上，考古学与人类学有不同的来源，在当代建设中国人类学的设想之中，依我们的拙见，是应当把考古学放在一起来讨论的。

二 中国考古学的特点

如上面所说，现代中国考古学的主要渊源是中国传统上的史学以及作为传统史学附庸的金石学。要了解现代中国考古学的特点便不能不自传统史学的特征说起。中国传统史学史是一门博大的学问，我自己不是学它的，在短短的几段文字里更不能将其精髓摘要说明，因此只能列举下面这几条公认的特征。第一，中国传统的史学所治的材料限于历史上的中国范围之内。第二，传统史学资料的采取是个案式的，以历史人物的传记为主。第三，传统的史学重视人物的褒贬，所谓"春秋大义"。(《史记·太史公自序》说："夫春秋，上明三王之道，下辨人事之纪，别嫌疑，明是非，定犹豫，善善恶恶，贤贤贱不肖，存亡国，继绝世，补敝起废，王道之大者也。……春秋之中，杀君三十六、亡国五十二，诸侯奔走不得保其社稷者不可胜数，察其所以，皆失其本也。……故有国者不可以不知春秋，前有谗而弗见，后有贼而不知，为人臣者不可以不知春秋。")第四，传统的史学因为有春秋大义，所以是供今人治世参考的，可谓"古为今用"。(《史记》卷六《秦始皇本纪》："野谚曰：前事之不忘，后事之师也。是以君子为国，观之上古，验之当世，参以人事，察盛衰之理，审权势之宜，去就有序，变化有时，故旷日长久而社稷安矣。")[1]

从传统史学到当代中国考古学中间相接的桥梁是宋代以来

---

[1] 杜维运《比较史学与世界史学》，载《史学评论》1979年第1期，25—39页。

的金石学与1928年到1937年的殷墟发掘。宋代吕大临自述他作《考古图》（1092）的目的，是"探制作之原始，补经传之阙亡，正诸儒之谬误"。刘敞《先秦古器记》中也说："礼家明其制度，小学正其文字，谱牒次其世谥，乃能尽之。"这两位北宋金石器的大师笔下，金石学便是史学的附庸，而王国维认为宋代学者对中国考古学实有开创之功，蔡元培在《安阳发掘报告》的序中也说："我们现在做考古学的同志，不可忽略这个光荣的历史。"[1]安阳发掘是中国现代考古学之肇始，它在把考古学维持在中国史学传统之内上发挥了很大的作用。现代科学考古学固然是由西方的科学家输入的，而中国本部最早发掘的考古遗址是周口店和仰韶村，但中国考古学家自己主持和做大规模、长期发掘的遗址却是殷墟（1928年）。如果中国考古学家在周口店或仰韶或其他史前遗址最早进行大规模、长期的发掘的话，以后考古学在中国的发展很可能会走相当不同的道路，它可能会从历史学的范围中走出来，而与自然科学做比较密切的结合。但殷墟是历史时代的遗址，殷墟最初的发掘是由对甲骨文的寻求而促成的，而甲骨文的研究更是文献史学的延伸。李济在他总结殷墟发掘成果的一篇文章[2]里说，殷墟发掘造成中国史学界革命性的变化，但他所指的变化主要指"地下材料"的增加，而殷墟发掘的主要收获在"累集的史料"。李济列举殷墟发掘的价值如下：（1）肯定了甲骨文的真实性及其在中国文字学上的地位；（2）将史前史的资料与中国古史的资料连结起来；（3）对于殷商时代中国文化的发展阶

---

[1] 李济《中国古器物学的新基础》，台湾大学《文史哲学报》，1950，63—79页。
[2] 李济《安阳发掘与中国古史问题》，载《中央研究院历史语言研究所集刊》（1969）40，913—944页。

段做了一个丰富而具体的说明;(4)把中国文化与同时的其他文化中心做了初步的连结,证明中国最早的历史文化不是一种孤独的发展,而实在是承袭了若干来自不同方向的不同传统,表现了一种综合性的创造能力。这几点都很富见地,但他忘了说明殷墟发掘在中国建立了一个新的考古学的传统。这是李济偶然的忽略,还是殷墟发掘在方法体系上仍然脱不开传统史学的窠臼,这是值得我们深思的问题。

上面的讨论令人想到中国当代考古学界中所讨论的"中国学派"的问题。这个说法是1981年苏秉琦最先提出来的。据俞伟超和张忠培的综合,考古学的"中国学派"包括下面这三个特点:(1)"以马克思列宁主义、毛泽东思想为指导,从考古材料出发,运用考古学的手段,仔细观察与分析考古现象所呈现的矛盾,具体地研究中国境内各种考古学文化所反映的包括生产力和生产关系,经济基础和上层建筑这些内容的社会面貌及其发展阶段性";(2)"在科学发掘的基础上,运用……考古类型学方法,分区、分系、分类型地研究各种考古学文化发展过程,……研究……中国……国家的形成和发展过程";(3)"这种研究是以揭示历史本身面貌作为自己的唯一目的,对促进人民群众形成唯物主义历史观,激发他们的爱国主义、国际主义和民族团结思想情感有着重要的作用"[1]。仔细咀嚼这几点的含义,我们可以看出现代中国考古学的精髓是沿着中国传统史学的精神一贯下来的:以中国为对象,以新的春秋大义为目标,以文化个案为基本资料,以对现代群众的教育为目的。

---

[1] 俞伟超、张忠培《探索与追求》,载《文物》1984年第1期,1—9页。

三 考古学对"具有中国特色的人类学"的可能贡献

从上面的讨论来看,考古学在中国是历史科学的一支,它的主要功能是重建史前史并且辅助文献史料重建古代史。根据考古学与文献史学的资料,我们可以研究中国文明起源的程序与动力,并且可以研究中国古代文化与社会的内容,也就是近代中国社会的历史底层。由于中国文明的古老与连续性,这些中国史前史与历史发展的资料是极其丰富的,在世界史学界里占很大的分量。

文化人类学与社会人类学是产生在对现代社会文化研究的基础上的。西方人类学家最初研究的对象是没有文字历史或罕有文献资料的亚、非、大洋洲与拉丁美洲的原始社会,所以西方人类学(与社会科学一样)的理论和方法论,一般来说,是有点忽略了历史深度的。这一点我上面已经提到过,去年我在为陈其南所著的《台湾的传统中国社会》一书所做的一篇小序中,曾对这一点做过下列的论述:

> 社会人类学自从在西方诞生以来,所研究的对象,主要是没有文字和历史记载的社会,因此它所发展出来的一些有关社会文化变迁的理论系统和研究方法,都基于所研究的对象没有信史这一前提。数十年来,社会人类学者把西方这一套方法和理论介绍到中国来,但一直都还没有机会处理如何将这些理论和方法与一个有悠长文字记载的历史社会相结合问题。向来研究汉人社会(尤其是台湾汉人社会)的中外人类学家都以当代的社会现状为研究对象,而很少想到如何将台湾汉人的社会人类学研究与台湾

史研究结合起来,以及结合起来以后这种研究对社会人类学这门学科在理论和方法上可能有的新的贡献。实际上有不少人已逐渐意识到,目前在整个社会人类学的领域之内要做崭新的、有创造性的贡献,唯一的机会,是如何针对像中国这样有历史时间深度的社会,利用其文献资料来研究文化社会变迁的问题。把社会人类学与历史研究结合起来,则对彼此都会有所启发的[1]。

这里所说的"历史研究"当然包括考古学的研究在内。事实上,从考古学研究上所看到的中国文明起源的程序与动力已经在社会科学上对文明国家起源的一般理论有很鲜明的启示了[2]。把包括考古学在内的中国史学研究作为验证与创造一般理论的一个基础是建设有中国特色的人类学的一条大路。

---

[1] 陈其南《台湾的传统中国社会》,台北:允晨公司,1987,4—5页。
[2] 张光直《连续与破裂:一个文明起源新说的草稿》,载《九州》,1986,1—8页。

考古学和中国历史学 *

作为一种通过物质遗存对过去所做的系统调查，中国的考古学和它所研究的文明一样古老。不过，传统上它仅仅是中国历史学的附庸。近代以来，田野考古学作为一门科学始从西方传入中国。最近这些年，新的考古发掘给我们带来大量的新材料，它们正迅速地改变着中国的历史面貌。但是，尽管有着这样新的科学的背景而且声誉日隆，考古学在中国却依然是历史学的一种工具，纵使作为工具，它比过去任何时候都更强大。

中国的历史学似乎是独立于中国历史之外的一个实体：它不因改朝换代而稍有终止。正如余英时所说的那样，"中国文学史具有两个最大的特点：一是源远流长，一是史学传统一脉相承，不因政治社会的变迁而中断"。[1]不过，历史学不断地从新的技术、新的理论和方法中取得营养。其中的一些技术和方法便是通过考古学的途径而来。以考古学研究中国历史，有两个十分重要的标志：一个是完成于 1092 年的吕大临的《考古图》，它标志着中国传统的古器物学的开始；再一个是 1920 年中国石器时代遗址的首次确认，它揭开了中国科学考古研究

---

* 译自 *World Archaeology*, Volume 13, No. 2（October, 1981）。（陈星灿译）
[1] 余英时《历史与思想》，台北：联经出版公司，1976，172 页。

的序幕。

在我们进一步讨论中国考古学的三个阶段：古器物学（1092—　）、科学考古学（1920—　）和社会主义中国的考古学（1949—　）之前，让我们简单回顾一下传统的中国历史学的一些主要目的和特征，这是因为中国考古学的目的和特征与其大同小异，可以相互观照。

首先，传统的中国历史学有明显的道德价值取向。已故的瑞德（Authur F. Wright）曾这样问道："为什么历史研究（在中国）受到如此的尊崇？它的价值取向何在？"他认为，"其一，历史上的成功与失败，给研究者的时代提供了明确的指导……因为儒家文化传统，视历史研究为吸取相关经验的法宝。其二，如果说体现传统智慧的儒家经典，为人们提供了行为的准则，那么，历史研究就给这些准则在人事上提供了具体的事例和证明。增补历史的记录，便是参与了一项由圣贤们开创的伟大工程，研究历史，便是试图通过大量的具体事例，理解古人遵循或者背离儒家道德说教的因果报应"[1]。因为历史记录了以往的经验教训，所以为后人指出了方向。正如公元前2世纪后期中国伟大的历史学家司马迁所说，"前事不忘，后事之师"。历史学家希望以此唤起人们尤其是统治者的荣辱感和对其身后名誉的关心。据说孔子编纂《春秋》的时候，"乱臣贼子"非常害怕他们的罪行和丑事被记录下来，留给后人。

由于中国历史学的道德价值取向，最好的历史著作，不会任意地随政治和意识形态的变化而更改自己的立场。在儒教成

---

[1] Wright, Authur F., "On the Uses of Generalization in the Study of Chinese History", in *Generalizations in the Writing of History*, ed. Louis Goeeschalk (University of Chicago Press, 1963), pp. 37–38.

为不变的正统之后，历史学也形成了与其相应的一套规则，并且变成为一个独立的存在。其实，不受短暂的外部干预的历史学的独立性，在官方的儒教形成以前很久已存在。这可以《左传》记载的发生在公元前548年的著名故事为证。该年5月，崔杼杀死了他的主人齐庄公。主事的史官因此记道："崔杼弑其君。"崔杼生气，把这个史官杀掉了。史官的弟弟秉承其兄做了同样的记述，因而也被崔杼杀害。他的第二个弟弟也落了个同样的下场。最后，史官的另一个弟弟又秉笔直书，崔杼无奈不得不听之任之。这个故事的下一部分更有意思。据说住在齐国另外一个地方的史官，听说主史官们全被杀害，他抱着竹简来到主史官受害的地方，准备再把崔杼弑君的故事如实记载。只是当他知道此事已经记录在案，才心安返家。

与其独立性可能密切相关的中国历史学的另一个主要特征，是个案的历史记载，而非抽象的历史概括，起了主导作用。所谓正史，一般来说，都是一个朝代的宫廷为前一个朝代编写。这种历史的主要内容，除了各种各样的图表和清单之外，就是重要人物包括从皇帝、大臣到商人、学者的传记。人们显然以为，只要忠实地记述历史，道德的教化就不揭自明。不过，历史家们的个人意见明显地与事实相分离。司马迁就说他编写《史记》的目的，是"通天人之际，究古今之变，成一家之言"。

说到历史的概括，传统的中国历史学有其独特之处。瑞德归纳如下：（1）因果的概括。改朝换代，比如说一般把一个富强的时代与某人的统治时期联系起来，把妇女对朝廷的影响，视为王朝行将灭亡的征兆和原因，把"官逼民反"当成王朝覆灭的综合症。（2）贴标签式的概括。比如"中国"一词，意味着中心和优越；"封建"一词，表示一个制度的综合体或者它的片段遵循一个已知的模式；相对立或者相补充的一对概念；一些简明扼要的声明，即意味着规律和两个不同序列的事件之间的固定联系[1]。毫无疑问，这些总结并没把传统中国历史家的种种概括包罗殆尽，不过，它们确实点到了那种历史范式，那种受到传统训练的中国学者惯于思考和讨论的历史范式。

传统学者还往往把历史探讨，局限在中国的地理空间之内。瑞德曾指出，中国学者所以专注于他们的国家，主要是中国中心思想在作怪[2]。不过，我们应该进一步指出——就像钱穆所做的那样[3]——中国历史上演的地理舞台是又巨大又孤立的。二十五部正史的地理范围，与其记载的政治王朝的统治区域，互相交合。但是，人们关注的焦点，却总是所谓中国文明（汉文明）的中心区域。恐怕不能说传统的中国历史学家，对他们境外的事情没有兴趣。因为，对边远地区的记述，从先秦的《山海经》，到元朝的《真腊风土记》，都是传统文献的一个重要组成部分。很明显，中国的地理如此辽阔多变，历史又如此悠久，对它本身的历史记载，似乎就包括了一切可能从过去学到的经验教训。

一 古器物学

当代的中国考古学，有三个学术来源，在上面曾经提及的三个时期进入中国考古学的舞台，即传统的古器物学，西方考

---

[1] Wright, Authur F., "On the Uses of Generalization in the Study of Chinese History", pp. 41—45.
[2] 同上注。
[3] 钱穆《史学导言》，台北：中央日报社，1970，24页。

古学和马克思主义的历史唯物主义。这三种东西都明显地存在于当代中国考古学的实践中。

古器物学，作为传统的历史学的附加成分，形成于宋代。根据李遇孙[1]的统计，宋代可以称为古器物学家的学者有61人，据杨殿勋统计，宋人所著现已失传的古器物学著作，即有89部之多[2]。存留下来的30部[3]之中，最早的是吕大临的《考古图》，据说完成于1092年。该书从宫廷和30家私人的藏品中，精选了从商代到汉代的青铜器210件，玉器13件，用文字和线图做了描绘。稍后，又出现了由王黼受朝廷之命编写的《博古图》。该书初编于1107—1110年，在1119—1125年又得以修改和扩充，它收录了839件古器物。宋代的著录，既收有器形的摹绘、款识的拓片，又有器物的外部特征和大小尺寸的描述，开创了著录宫廷和私家收藏青铜器的古器物学传统。宋代的著录，还开创了用古代典籍中的术语命名器物及其纹饰的传统。其中的一些器名，用得很对，另一些则成问题。我们马上就会讨论到它们。

这些著录的主要目的，不是建设一门作为历史材料的独立范畴的基于对古代遗物研究的新学问。不过，宋代考古学家也试图做一些别的方面的工作，而不是仅仅协助历史学家。吕大临在他的《考古图·序》中，罗列了金石学的三个目的，即所谓："探制作之原始"，"补经传之阙亡"，"正诸儒之谬误"。在一本早已失传的名叫《先秦古器记》的著作的"序"里，刘敞也认为，对古代青铜器的研究，必须从三个方面入手：

---

[1] 李遇孙《金石学录》(1824)。
[2] 杨殿勋《宋代金石遗书目》，《考古》1926年第4期，204—228页。
[3] 容媛《金石书录目》，上海：商务印书馆，1936。

"礼家明其制度，小学正其文字，谱牒次其世谥。"[1]倾力于青铜铭文的研究可以理解，但是，吕大临和刘敞都意识到，研究青铜器，对探讨典籍没有涉及的礼仪，以及古代文化的其他方面的起源和早期形式，至关重要。遗憾的是，宋代之后，传统的古器物学严重倒退。宋代以后的古器物学著录和著作，专注于铜器的铭文及其与文献的关系，而在宋代记录甚详的许多信息，比如器物的出土地、特征以及大小尺寸等等，则很少受到重视，或根本不予描述[2]。尽管如此，除了他们草创且沿用至今的青铜器的著录方法——文字的描述，形象的摹绘（现在是照片）和铭文的摹写（现在是照片或拓片）之外，关键的是宋代的金石学家还留给我们一套古代器物的命名方式。就像鲁道夫（Rudolph）所说的那样，"对中国考古学最重要的一项贡献，是宋代学者对青铜礼器及其他青铜器的分类和命名。除去某些错误以外，宋代学者建立起来的名称和分类，现在基本上还在沿用"[3]。实际上，命名涉及器形和纹饰两方面的问题。下面我们看看《博古图》的两个例子。

（器物）右高五寸二分；耳高一寸，阔一寸二分；（腹）深三寸二分；口径五寸；腹径五寸二分。容二升二合；重二斤十有四两。三足。铭二字，曰瞿父。商器，以父铭者多矣。瞿则莫详其为谁。然瞿作两目，与商瞿祖丁卣之两目相似，固未易以名氏考也。是器耳足纯素，无

---

[1] Rudolph, Richard C., "Preliminary Notes on Sung Archaeology", *Journal of Asian Studies*, 22 (1963), pp. 167—177.
[2] 李济《中国古器物学的新基础》，《国立台湾大学文史哲学报》1950年第1期，63—79页。
[3] Rudolph, Richard C., "Preliminary Notes on Sung Archaeology", p. 176.

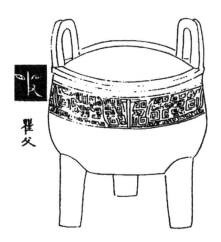

图1　商代的鼎，上铸"瞿父"，著录于12世纪的《博古图》。该图取自1528年的明代版本。

（器物）右高五寸七分；耳高一寸一分，阔一寸三分；（腹）深三寸；口径五寸，腹径五寸二分。容二升二合；重二斤一两。三足。铭三字，一字作禾形；二字曰父巳。后世传习之谬，而以畀彝画禾稼其上，虽一时俗学之陋，固亦有自来矣。父巳，商巳也。今所收父巳彝，而一字持戟形。大抵商器类取诸物，以为形似。盖书法未备，而篆籀未分也。是器耳足纯素，三面为饕餮而间之雷纹。文镂与父巳彝近似之，其一代物也。

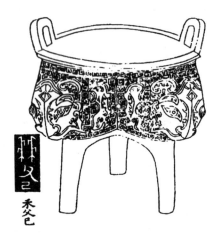

图2　商代的鼎，上铸"禾父巳"，著录于12世纪的《博古图》。该图取自1528年的明代版本。

纹。纯缘之外作雷纹饕餮。历年滋多，如碧玉色，宜为商器也。（卷一，21页）

有几点需要在此指明一下：所谓鼎，是指有三个实足的青铜容器。饕餮，指动物的面纹装饰。雷纹，指方形的螺旋纹装饰。纹饰被用作断代的一个依据。刻在铜器上的祖先的名字，也是商代器物断代的依据。另外一个判定年代的标准是器物外观的古老程度。

器物的断代，依据其外观、铭文和纹饰，这些标准当然在古器物学里已经全部得到认可和应用，今天我们也还在这样做，尽管由于宋代以来知识的积累和扩充，使我们对这些标准的运用大大地复杂化了。不过，鼎和饕餮两个名称的使用，的确代表宋代古器物学研究的基调，这个基调决定了至今尚被中国考古学家追随的研究方向。

这种可称为文化相对性（emic）的研究方法，大约只有中国考古学具备，因为只有中国才拥有大量可资利用的文献材料。中国古代的礼器种类繁多，名目复杂。有些名称就刻铸在铜器上，但是，更多的则是在古代文献里。比如"鼎"这个名称，就刻铸在许多鼎类的器物上。不过，作为古代最重要的礼器，它也见于许多古代文献。实际上，"鼎"字本身，即是鼎这类三足器的象形。因此，用鼎这个词指代那种特殊形式的器物，就像宋人的著作所做的那样，和古代中国人的用法是一致的。但是另一方面，有一些名称宋人显然用错了。比如"敦"，是东周时代一种圆形器的名称，宋人却错误地用来指称商和西周时代的一种盛食器——段。"段"字也曾见诸某些簋形器的款识，但是宋代的著录家们却把它隶定为"敦"字。还有，某些古代的名称，并非仅仅指代某一种器物，相反，它往往升格为指称某些器类。比如"彝"字,宋代的学者用它指簋这种特殊的器物,事实上它却是礼品的总称。

尽管有上述那些可贵的材料,古代器物的本名的使用并不成系统。宋代古器物学家的考古研究,开创了应用古代名称命名器物的先河,但是宋代以来的传统学者只留给我们一堆主观而又含糊的名称。现代的考古学家,一直试图把古代的名称和客观的形式结合起来,对古代的青铜器进行分类[1]。尽管不能说我们已经具备了一个尽善尽美的命名分类系统,但是把两者结合起来的方法,似乎是卓有成效且切实可行的。10 年以前,我编著了一本包括四千多件有铭文的商周铜器的图录[2],对关键的信息进行了分析,并把它们纳入原来的系统。表 1 即根据此一方法制成,由此我们可以发现许多非常有意思的东西。比如,只有鬲、鼎、甗、簋和壶可能是指称某些特定的类型;其中,鬲、鼎、甗和簋是食器,壶是酒器。另一方面,尊和彝是一般的名称,用来代表各种酒器。这个表格说明,古代的器物名称蕴藏着许多重要的信息,对它们的任何研究都必须与古代的文献结合起来。尽管宋代学者对古代名称的使用不够准确,但却给我们指出了方向。

不过另一方面,宋代学者用"饕餮"一词表示器物装饰的做法,却引出很多麻烦。在晚周的一部哲学著作《吕氏春秋·先识览》里,记载着下面一段话:"周(有的版本写作夏)鼎著饕餮。有首无身。食人未咽,害及其身。"在其他的文献里,饕餮也被说成是残暴成性贪得无厌。宋代的学者,以

---

[1] 李济《记小屯出土的青铜器·上》。《中国考古学报》第 3 册 (1948),1—100 页。
[2] 张光直等《商周青铜器与铭文的综合研究》,《中央研究院历史语言研究所专刊》,(1973) 62。

饕餮命名青铜器上的兽面纹，并且猜想说古代的艺术家所以把饕餮的形象刻铸在铜器上，是要警告人们戒贪。因此，饕餮一直是这种兽面纹的共名，但是它的确切含义——如果有的话，却还是莫衷一是。

二 现代考古学的传入

1840—1842 年的鸦片战争，使西方的影响在各个方面开始急剧地进入中国人的生活和意识，也使得眼睛只盯着中国的传统的中国观土崩瓦解。西方的历史学，在 20 世纪初期的几十年，对中国的历史学家产生了深远的影响。中国的历史学家，开始寻求中国传说时代历史的经验证明，传说时代的历史包括了大部分的——如果不是全部的——中国上古史[1]。地质学、考古学以及其他可能从地下发现经验材料的学问，都在中国找到了自己的热心观众。用李济的话说：

> 自本世纪初起，地质学者、古生物学者和考古学者的田野工作迅速遍布整个世界，田野资料的重要性也很快得到人们的认识。被欧洲帝国主义国家侵略几百年的古老中国，被迫打开她的大门，一任"高级的白人政权"为所欲为，科学的田野工作也在其中。地质学家、地理学家、古生物学家以及各式的冒险家，蜂拥到远东特别是中国。……只是在 1911 年的革命以后，受过教育的中国人才开始觉醒。"田野方法"作为学问之道，

---

[1] Ku. Chieh-kang, *The Autobiography of a Chinese Historian*, trans. from *Ku Shih Pien* by A. W. Hummel（Sinica Leidensia series, Leiden: E. J. Brill, 1931）.

表1 中国古代铜器自名与考古分类对照

拓文自名 \ 考古分类	食器 盖鼎	鼎	方鼎	鬲	甗	段	盛酒器 壶	方壶	罍	觥	彝	卣	觯	温酒 尊	瓿	饮酒 盉	角	爵	斝	水器 盘	盆
宝 — 乃宝											×			×	×	×					
宝											×				×						
旅宝												×									
彝 — 尊	×	×	×		×		×							×				×	×		
彝		×		×	×	×			×	×	×	×	×					×	×		
宝彝	×		×	×	×	×			×	×	×	×	×					×			
尊彝	×	×		×	×	×	×	×		×	×	×	×	×					×		
宝尊彝	×	×	×	×	×	×	×		×	×	×	×	×	×							
宗彝	×																			×	
宝尊宗彝									×	×	×										
车彝											×										
车旅 — 旆彝				×																	
车旅 — 旅彝				×					×												
车旅 — 旅尊彝											×										
车旅 — 旅宗彝											×										
车旅 — 旅宗尊彝											×										
从 — 从彝		×		×	×					×	×	×	×								
从 — 从	×		×							×	×	×	×					×			
甬鼎 — 鸞彝	×																				
甬鼎 — 鸞	×	×																			
鼎 — 鼎	×																				
鼎 — 甬鼎	×																				
鼎 — 宝鼎	×																				
鼎 — 尊鼎	×																				
鼎 — 宝尊鼎	×																				
甗 — 甗					×																
甗 — 宝尊甗					×																
簋 — 宝段						×															
簋 — 宝尊段						×															
簋 — 宗段						×															
簋 — 费段						×															
尊壶							×														

如它在欧洲一样,对中国的思维方式产生了影响[1]。

李济接下来还谈到代表西方科学的田野工作的早期主

---

[1] Li, Chi, *Anyang* (University of Washington Press, 1997), p. 34.

要执行机关——1916年建于北京的中国地质调查所，以及对中国产生重大影响的曾经在此工作过的西方学者：美国的葛利普（A. W. Grabau）、瑞典的安特生（J. G. Andersson）、加拿大的步达生（Davidson Black）、德国的魏敦瑞（J. F. Weidenreich）和法国的德日进（Pierre Teilhard de Chardin）。

在这些西方学者中，安特生无疑是对中国考古学产生了最重要影响的一个。正如他自己所说的那样：

> 幸运之神多次光顾，使我许多次捷足先登成为开拓者。1914年，我第一个发现了叠层矿石的有机生成（organic origin of strormatolite ore）。1918年，我发现了聚环藻属的模数（Collenia modules），辨认出它与北美前寒武纪地层出土类似"化石"的联系。1921年特别值得纪念：这一年我们发掘了仰韶村新石器时代聚落遗址、黄河流域的上新世哺乳动物化石、奉天的沙锅屯洞穴遗存以及因后来者的工作而蜚声世界的更重要的周口店洞穴遗址[1]。

这其中，以1921年在仰韶村和沙锅屯的工作为最重要，因为这两个遗址发现了以黑褐色彩绘的红陶钵、罐和磨光的石斧为特征的中国第一个史前文化[2]。紧跟着，安特生在甘肃又发

---

[1] Andersson, J. G., *Children of the Yellow Earth* (London: Kegan Paul, Trench, Trubner, 1934), p. xviii.

[2] Andersson, J. G., (a) "An Early Chinese Culture", *Bulletin of the Geological Survey of China*, 1923, No. 5: 1—68. (b) "The Cave-deposit at Sha Kuo T'un in Fengtien", *Palaeontologia Snica*, series D (1923), No. 1.

现了数量众多的彩陶文化遗址[1]。这些以仰韶文化著名的彩陶遗址，在中国北部相当广大的地区普遍存在，为该地区史前人的活动提供了最初的实物依据。安特生获取和分析考古资料的手段，自然地为中国的学者所吸收。因而，中国有了同样的田野考古研究。

在这里，我无意对安特生的考古方法进行详细分析。但是，有必要指出，安氏和他的地质调查所的西方同事应用于考古学和地质学的某些基本方法，对中国考古学产生了深远的影响。同样有必要了解，安氏和他的同事们是地质学家和古生物学家，而非受过专业训练的考古学家。他们的主要方法更适合于地质学和古生物学，而不是考古学。这些方法包括收集田野资料，跟自然科学家的合作，地层学，以及标准化石的使用等等。如此看来，中国的情况和西方并无根本的不同，因为欧洲之外的早期考古学的很多工作，是探险家和自然历史学家完成的。对中国来说，关键的是这些早期的方法的传入和延续。

尽管如此，所有这些早期的方法并不坏。地层学在任何时候都是基本的年代学的方法。同样地，中国考古学家和地质学家、古生物学家合作的传统——肇始于中国地质调查所，特别是为发掘和研究周口店北京人遗址而设立的新生代研究室——对中国考古学中一直延续下来的对人地关系的浓厚兴趣至关重要[2]。另一方面，安特生利用采集员搜集考古遗物及地质、古生物学标本的做法，并没有形成对遗址和地层的清楚的认识，尽管这是当时的普通做法且很容易被改变。对考古学产生

---

[1] Andersson, J. G., *Preliminary Report on Archaeological Research in Kansu* (Memoirs of the Geological Survey of China, series A), 1925, No. 5.
[2] Chang, Kwang-chih, "Chinese Palaeoanthropology", *Annual Review of Anthropology*, 6 (1977), pp. 137—159.

的一个更为持久的负面影响，是安氏经常利用标准化石断代和进行历史的比较。这种方法在西方也同样流行，不过它的缺点很早就被注意到了。在 1935 年的史前学会主席致辞中，柴尔德（Childe）这样说：

> 地质学不仅教给考古学家划分年代的必要性，也指出了科学断代的方法。地层学的原理即来自地质学……但是考古学还在从地质学的方法和概念中借用那些不适宜人文科学的东西。在地质学里，沉积岩的序列确实是通过地层学建立起来的。不过，一旦层序确立，该层序中某地点的年代，即可以蕴藏其中的标准化石（leitfossilen）确定。考古学的年代是通过类型学建立的。一群遗物的相对年代应当由其中的一些典型遗物来判别[1]。

他还指出，文化比地质学和古生物学的标准化石要复杂多变得多，一个斧头和一个陶片对包含它的整个时代可能并无很大的价值。不幸的是，标准化石几乎是安特生方法论的中心。通过对很少一些分别出土于中国和西亚、中亚的有相似点、线和弧线的彩陶片的比较，他会声称发现了这些地理上相隔遥远的地区之间史前文化的紧密联系甚至同构性[2]。安特生的工作早在柴尔德 1935 年的致辞之前，但是安氏到 40 年代还在继续使用他的标准化石法，许多研究中国的考古学家一直到现在也还在使用。

---

[1] Childe, V. Gordon, "Changing Methods and Aims in Prehistory", *Proceedings of the Prehistoric Society for* 1935（1935），pp. 1—15.
[2] Adersson, J. G., "Researches into the Prehistory of the Chinese", *Bulletin of the Meseum of Far Eastern Antiquities*（Stockholm, 1943），No. 15.

如果说安特生代表着基于田野工作和发掘材料的现代考古学向中国的传播，那么李济就是中国学术界掌握了这个新学科的体现。如果说安特生和他的西方同事，有意无意做了西方帝国主义者的帮凶。总的看来不具对中国和中国科学发展的责任，而且其科学活动发生在国际学术圈，对中国人的生活少有直接影响的话，那么，李济和他的中国同事及其学生们，则是注定要使中国考古学现代化，且使它在当代社会成为中国历史学的一种有效工具的爱国者。从许多方面来讲，李济——正如人们所认为的那样——都是现代中国考古学之父。

李济（1896—1979）出生于湖北省钟祥县一个殷实的家庭。进入现代学校之前，接受了传统的教育，先是在他的家乡钟祥，后在北京。1909 年，他考入清华学校——中国第一所现代的仿效西方的大学预科。1918 年，他赴美留学，先是在麻省罗切斯特的克拉克（Clark）大学拿到心理学的学士和社会学的硕士学位，接着 1923 年在哈佛大学取得人类学的博士学位。李济在哈佛的主要导师，是狄克逊（Roland Dixon）和虎顿（Earnest Hooton）。他从他们获得了民族学和体质人类学的训练，他的博士论文《中国民族的形成》(1928)[1]即是上面两门学问结合的结晶。李济在哈佛只听过托策（Tozzer）的考古课，不意考古学竟成为他回国后的主业。从 1923 年回国至 1979 年去世的 56 年间，他在中国考古学史上留下了许多第一。1923 年，他发掘了山西夏县的西阴村仰韶文化遗址，这是中国人发掘考古遗址的第一次。1928 年，他成为中央研究院历史语言研究所的第一位考古组主任，该年设立的考古组正

---

[1] Li, Chi, *The Formation of the Chinese People* (Harvand University Press, 1928).

是为了负责殷墟——安阳附近的晚商都城的发掘。1945年，他被任命为第一个国立中国历史博物院——中央历史博物馆的首位院长。1949年，他建立起中国大学的第一个考古系——国立台湾大学考古人类学系，并成为系主任。最后，在60年代，他开始编辑一部由多学科参与多人参加写作的中国上古史，这是基于考古和铭刻资料撰写的第一部中国上古史。

作为拓荒者，李济对中国考古学的影响是多方面的和持久的。这里不准备评价李济的学术生涯，但是我们必须指出，在当代中国考古学的许多领域还留有他的影子。

首先，他主持的从1928—1937年的殷墟发掘，相当程度上塑造了现代中国的考古学。殷墟成为年轻考古学者的训练基地。从50年代至今所有中国考古学的领导者，都曾在殷墟接受过培训，包括：夏鼐，中国社会科学院考古研究所所长；尹达（即刘燿），中国社会科学院历史研究所副所长；高去寻，中央研究院历史语言研究所所长；石璋如，历史语言研究所的考古组主任；南京博物院的主要考古学家、已故的尹焕章和赵青芳。所有这些考古学家当然都为中国考古学作出了他们自己的贡献，不过，他们也都在殷墟接受了李济和他的年轻同事梁思永关于田野考古技术和方法的最初训练。梁思永也毕业于哈佛大学的人类学系，他曾在祁德（Alfred V. Kidder）的指导下参加过美国西南部的考古发掘。

在把新的考古学和传统的历史学及其古器物学的分支结合这一点上，殷墟的发掘扮演了十分重要的角色。假如这个第一个大规模的由国家执行的持续发掘，是对一个史前的遗址，那么一个主要以社会科学为取向的考古学的独立分支，就可能在中国诞生。但是殷墟是历史时期的遗址，出土了丰富的文字材料：甲骨文和青铜器铭文。不仅如此，古器物学家收藏的许多青铜器，即是历代在殷墟盗掘的产物。因此，对殷墟出土材料的任何研究，虽然用考古学的方法给予描述，却必须在传统的历史学和古器物学的圈圈里打转。这服务于两种目的：一方面使考古学成为一门人文科学和更新了的传统的中国历史学的一个分支。另一方面，也许有人会说，还使传统的中国历史学"获得了新生"。由于上述原因，在中国，考古学无论是在国家的研究所、博物馆或是大学里，都属于历史学科的范畴。

在我看来，李济个人的研究取向和成就有如下方面具有特别深远的影响：他一生坚持以使用第一手的科学取得的经验材料（而非过去写在书上的教条）为信仰和立论的依据；他主张考古遗物的分类应以可定量的有形的东西为基础；他从文化人类学的观点出发，对考古资料作出解释；他不把对中国问题研究的视野局限于中国的范围。我们不可能在此对李济漫长而多面的考古生涯的每一侧面详细评述，然而，仅仅罗列这些方面就足以表明，就中国考古学说来，我们仍旧生活在李济的时代。

三 1949 年以后的中国考古学

1949 年，中国共产党建立了中华人民共和国。但是，由安特生和李济所代表的传统的古器物学和新的考古学的所有主要方面，在 1949 年以后继续存在。在新政权下，考古学呈现出两种新的重大变化。第一种，是马克思主义的历史唯物论成为指导考古学解释的主要理论；第二种，是考古学无论在机构设置、经费来源和意识形态方面都变成国家控制的一个单位。此后，中国考古学取得了一系列划时代的成果。

即使简单回顾近年来马克思主义在中国考古学的统治地位，我们也不能不从20世纪30年代和1950—1978年间担任中国科学院院长的郭沫若说起。郭沫若是著名的作家、诗人和创造社的发起人之一，20年代他是激进的作家和倾向于共产主义的革命者。1927年，蒋介石与共产党决裂并大肆围剿共产党员，郭沫若被迫逃亡日本，过了10年的流亡生活。这10年，郭氏集中精力研究中国的古代遗物，撰著了数种不朽著作：《中国古代社会研究》（1930年）、《两周金文辞大系》（1932年）、《卜辞通纂》（1933年）、《两周金文辞大系图录》（1934年）。这些著作及其他流亡日本时期撰写的关于古代中国的著作，无疑奠定了郭沫若在中国古代研究方面的巨人的地位。他在甲骨文、金文和青铜器风格演变方面的开拓性著述，至今仍是不可或缺的[1]。所以，尽管郭沫若在中央研究院有许多政治上的反对者——特别是李济，但出于对他在上述领域的杰出贡献的尊重，1948年他们仍然推选郭氏为中央研究院第一届院士（具有讽刺意味的是郭氏拒绝接受）。然而，郭沫若并非田野考古学家，他对考古学的主要贡献，体现在他1930年出版的首部著作《中国古代社会研究》里。这是第一次严肃地以马克思主义的社会发展模式解释中国古代历史的尝试。因为在马克思的模式中，原始社会和奴隶社会先于封建社会而存在，郭氏将之应用于古代中国，因此就把商代划入晚期原始社会，把周划入奴隶社会。根据30年代殷墟商代考古的发现，郭沫若在1945年出版的《奴隶制时代》一书里，修正了他的分期法，把商代划入奴隶社会。此外，作为忠实的马克

---

[1] 夏鼐《郭沫若同志对于中国考古学的卓越贡献》，《考古》1978年第4期，217—222页。

思主义者，郭氏着重于生产力和生产关系的分析，因此贡献了一个与传统的关注艺术、宗教和意识形态其他方面的研究截然不同的解释模式。1949 年以后，马克思主义成为中国和中国共产党的指导思想。郭沫若的两个理论上的重点——中国古代历史的分期和视生产力为社会基础的观点，也遂被古代史家和考古学家奉为圭臬。考古学家一直试图以此撰写古代史和对新的考古材料作出解释。不仅如此，考古学的政治化还表现在其他方面。由于毛泽东说过"人民是推动历史发展的动力"，于是考古学便开始把精力倾注到穷人、被压迫者（比如囚犯）以及富人和统治者的遗存上。由于毛泽东主张"古为今用"，于是考古学家便试图以当前的需要调整他们的工作。"文化大革命"时期，"影射史学"大行其道，考古学也部分厕身于中国历史的所谓"儒法斗争"的批判。

翻检过去 30 年的考古学书刊，就会发现政治化的倾向始终存在。不过，概因忠实于传统的史学的独立性，在我看来，中国考古学还没有受到政治化极端的影响。资料、对资料的分析和政治术语共存于大多数考古报告和论文中，但是，在很多情况下，两者泾渭分明，互相之间的影响不大也不深。这种状况也好也坏。好，是因资料和不断变化的政治口号可以区分开来，资料还可用于将来的客观分析。坏，是因政治干扰到考古学的某些方面，使得进行这些方面研究的复杂的方法论在中国付之阙如。假如考古学家能够多注意这些经验的处理办法，那么方法论的进步便可能实现。比如，即使是注重和生产相关的活动，但是诸如生产系统、聚落形态和贸易的考古学研究也几乎不见。古代社会组织和亲属制度，是马克思主义的社会进化理论的关键，但是中国考古学家却甘愿奉摩尔根（Lewis Henry Morgan）和恩格斯（Frederick Engels）的理论为教条，不加批评地随意引用。因此，他们失去了一些很好的机会，去利用中国丰富或者也许是独特的材料，为建构更完善的一般社会科学理论作出积极的贡献。比如，尽管历史学家对亚细亚生产方式进行了许多讨论[1]，掌握着大量与此密切相关材料的考古学家，却一直没能加入讨论[2]。总之，尽管新中国的考古学家有理论上的自觉，大致说来，在方法论方面，他们还是满足于沿用从李济及其同时代的中西方考古学家那里学到的方法，来处理考古资料。

尽管如此，从某种意义上说，这种研究的做法还是最好的。在过去的30年中，考古学研究的队伍严重乏人，但是却发掘出大量的新材料。由于前所未有的工农业建设，也由于意外的发现得到国家所属的专业考古学家的重视，在全国各地都有从史前到各个历史时期的众多的新发现。许多新材料极大地丰富了中国历史的方方面面，使我们正经历着中国历史学的质变[3]。

---

[1] 侯外庐《中国古代社会史论》，上海：三联书店，1954。
[2] Chang, Kwang-chih, *Shang Civilization* (Yale University Press, 1980).
[3] Chang, Kwang-chih, "Chinese Archaeology since 1949", *Journal of Asian Studies*, 36 (1977), pp. 623—646.

对中国先秦史新结构的一个建议 *

一

中国史的分期有好几个不同的系统,但是秦始皇帝统一中国(221B. C.),建立了中国历史上的头一个帝国这个事件标志了一个新阶段的开始,中外史学者在这上面一般而言是没有不同的意见的。但在秦以前的中国历史。便问题重重了。首先,这段历史从何时开始?是从中国有人类踪迹时期就行开始,还是要等到有文字记史的时代?讲这段历史的时候,"中国"这两个字用起来便有困难:如果秦代的中国能从大致的地域上和文化上说是中国的开始,那么在秦代之前的六国及其邻近诸国能否笼统地叫它们为中国?如果在这里将"中国"两个字作为地理名词来用,就像"欧洲"或"近东"这些词一样,那应该是可以的。但是"中国"这两个字在今天看来是无法脱离文化、民族上的意义的。例如我们讲人类进化史,讲中国的直立猿人,只将在中国境内的直立猿人包括进去,而完全不涉

---

* 1994年1月4日在台湾台北中央研究院历史语言研究所主办"中国考古学与历史学整合国际研讨会"上宣读。

及中国境外的，这便完全说不上科学的理由，因为在四五十万到一百多万年以前，直立猿人活动的时代，"中国"这块地理区域没有任何理由作为一个内外有别的特殊的单位。在现代中国区域之内的猿人化石，一定要与在它外面的化石放在一起研究不可。这个例子在不同的范围之内适用于秦代之前的全部历史。所以，要讲秦代以前的"中国"历史，要包括哪些地区的资料，是一个需要考虑、说明的问题，而不是（像很多中国史学者所假定的）不言自明的。最后，这部历史管它叫什么名字，也有不同的说法：中国古代史，中国上古史，中国先秦史，中国远古史，都有人使用。是尽管各用各的，还是要标准化？这些名称除了字面不同以外，是否代表内容上的区别？

这一段历史是建筑在什么材料上的，里面包含些什么内容，答案也是很混乱的。传统的上古史，就是在20世纪初期以前中国人所写的上古史，根据经书，尤其是诗、书、三礼、春秋三传和几本子书，把上古史系统化，排成三皇、五帝，和夏商周三代这样一个顺序。这个顺序，从东汉到民国初年基本没有变化。民国初年"古史辨"这个学派，从资料和方法论两端夹攻传统的古史系统，使知识分子对它产生了极端的怀疑。正在这时，西方的考古学传入中国，学者中有就转向考古学去寻求文字史学以前的材料。几十年来，考古学在中国给了我们另外的一套有系统的文化顺序：旧石器时代，新石器时代（再分为磁山文化等时代，仰韶文化、大汶口文化等时代，和龙山文化时代），青铜时代等。考古学上的青铜时代与传统历史上的三代基本相符，所以一般写古史的写三代时采用考古材料，写三代以前则古史与考古话分两头。换言之，先秦史在讨论研究时，常常分成几个性质不一的园地：有文字以前的传说古史；用考古学建立起来的史前史；夏、商、周三代历史和夏、商、周三代的考古学。于是，人类在中国（这个地方）进展、变化的同一个时代的整个的历史，在说明、研究起来就分成好几个以资料为分类标准的平行的历史来处理了。

我们早已认识到但是还没有痛痛快快说出来的一件事实是：中国的先秦史，作为一门有系统的学科，需要从头一砖一瓦地盖造起来。有文字以前的传说古史，自古史辨的时代就已经知道是大不可靠的了。自从20世纪初期以来，考古学的发现愈积愈多，愈多便出现好些以前从来没有看过、听过、想过的新文化、新民族和新问题。用考古学建立的历史因此更得随时改变。考古学还发掘出新的文字材料来，加强了古文字学这一门学问。研究夏、商、周三代历史又可以使用古文字学，近百年来使用古文字学的结果，是知道了传统的三代古史有许多处被古文字学证实了，但还有更多处被古文字学全部改观了。我们在20世纪的后期和21世纪的前期有一个绝无仅有的机会来创造一个新的学科。我们在下面试将这个新的学科描写一下，在描写它以前，我们需要先做一件事，即将过去的古史——古史这个学科与我们自小学时代起所学的古史的内容——要暂时完全抛掉。

二

秦始皇帝国开始以前中国地区的人类历史，可以作为一大段处理，就叫它做先秦史；也可以分成几段来处理：旧石器时代、新石器时代、青铜时代、铁器时代；或分为渔猎采集时代、初期农业公社时代、部落酋长时代、王国时代；除此以外，还可以使用其他的分法。怎样来分，是不是只有一种分法，还是可以有好几种分法，这都是该讨论的问题。整个先秦史可说是一条线从头穿到尾,那便是从人类在这个地区落脚起一直到文明(或说诸文明)的起源为止。但这段历史很长,至少有一百万年左右。它包括的内容,就已知的线索和问题来说,最好是根据内容的质的变化,分成四个大段。这四段历史在性质上,在可用的资料上,在研究的地理范围上,在研究方法上,在产生的理论上,和专业学者的训练上,都有基本性的区别。我所建议的中国先秦史的四段如下:

虽然我们这部历史从人类初现开始,在讨论人类初现以前还要做些准备工作,就是要把人类来到以前的地质、地形、古动物、古植物、古气候等等环境情况研究清楚。灵长类(猩猩和各种猴子)的历史须搞清楚。研究的地区至少要包括到整个的东亚;对欧亚大陆和非洲须常识性地涉及。

(一) 东亚"人类"(hominid)的历史的头一个段落是"直立人"(Homoerectus)生存的时代,大约从100万年前起一直到20万年前左右。直立人的化石在中国境内的元谋、蓝田、郧县、和周口店等地点发现,有的还伴生石器或骨器。要研究直立人及其文化,不能只研究中国境内的,而必须将整个旧大陆所发现的直立人的化石和文化做整体的研究,因为直立人是人类进化史上共有的一个阶段,他的历史不是中国的问题而是全世界的问题。

(二) 下一个大段落始于"现代人类"(Home sapiens)在东亚之出现(约10万到15万年前),终于农业生活在中国境内及邻近地区之建立。后者导致许多在自然地区区域中适应生活而它的考古遗存有特征性可以辨认的许许多多的文化。可是在这第二段里发现的文化,还是基于渔猎采集的生活方式,他们的考古遗存以打制石器为主,很难作"文化"分类的基础。但是他们的石器已经分化,对区域环境的适应,可有相当的效率。所以专从器物上说，这一个段落——所谓旧石器时代晚期——是可以一个区域一个区域地分析下来，将在中国疆域一带比较类似的工业群圈出来，作为研究"中国"史前的对象。但是这个时候的人类化石，在人类进化史上的意义，还有很多争议。有的学者，根据遗传学的证据，主张旧大陆所有的"现代人"都是从非洲起源的；也就是说，包括东亚在内的各区域的直立猿人都告绝灭而为自非洲出来的新人类所取代。别的学者认为各区的现代人多半是当地直立猿人演化而来，但各区之间有过遗传因子的不断交流。所以，要研究这一段现代人类的历史，研究的范围仍旧不能限制在中国疆域之内。

（三）上面两段是中国先秦史的头两段，可是要研究起来都得把它们作为一般世界性的题目来处理，而在这几个时代还没有界说"中国"的基础。后来的中国人里面很可能有这第二段的人口的后代，可是他们之间的关系当不是直接连续的：在中国的化石的后代子孙一定有许多现在在中国之外，而现代的中国人的祖先在当时也一定有在现代中国疆域之外的。可是"中国"这个观念在下一段历史里面便可以开始讨论了。

下面第三段历史是从农业开始（英国考古学者柴尔德所谓"新石器时代革命"）到文明起源，在中国大致自1万年前到公元前3000年前后。农业和农作物的开始培植，在中国还没有用科学的方法详尽地研究过，我们约略知道，北方始植小米（粟、黍、谷子），南方始植大米（稻）。早期种小米、大米的农民住在村落里面，疏密不一的村落多沿河谷分布。在中国这个地区的大大小小的河谷中成千成万的村落就集中在自然的地理区域里面聚居。在同一个区域中聚居的农民，由于环境相同，来往密切，很自然地形成一个区域文化。区域文化有大有小，大者可以再分类型。这种分类分型的区域文化的概念，苏秉琦先生称为"区系类型"；苏先生在70年代的中国考古材料里，认定了6个主要的区系类型：（1）陕豫晋邻境地区；（2）山东及邻省一部分地区；（3）湖北和邻近地区；（4）长江下游地区；（5）以鄱阳湖—珠江三角洲为中轴的南方地区；（6）以长城地带为重心的北方地区（《文物》1981年第5期，10—17页）。这6个区域的主要的新石器时代文化是仰韶文化、大汶口文化、大溪文化、马家浜文化、石峡文化和红山文化。安志敏先生最近对区系类型的观点有所批评，其一是中国新石器时代文化不限这六处（《考古》1993年第7期，609—615页）。但是这六个区域是只根据目前的材料划分的。在其他的区域堆积了新材料，我们还可以将文化区域的数目增加，范围扩大或缩减，或修改其特征。

  这些个区域文化彼此之间比较起来，异远多于同。其同处有时有很重要的意义，如仰韶、大溪、红山三文化都有龙的艺术形象，很可能表示一个共同的文化底层。但是在一般的物质文化的比较上，这些个区域文化每个都有自己的独特的风格。专就这些区域文化彼此之间的关系来看，我们并没有理由将这6个（或少于6个，或多于6个）区域文化放在一起讨论，因为在这6个文化区域的外围，还有一个个的区域文化连接起来，其中有的与上述的6个区域文化中的很有类似之处。例如黑龙江—大兴安岭这一区域的文化，与红山文化很为近似，其近似之程度可能要超过红山文化与大汶口文化近似的程度。南方区域文化更可能与中南半岛北部区域文化极其接近。为什么只选了这6个（或多或少）区域文化来讨论呢？

  这是因为从新石器的物质文化遗存，我们在历史上第一次能够从作为基点的秦汉文明往前追溯中国文明的源头。能够从考古遗存的连续性与后日中国文明接起来的区域文化，就构成先秦史的必要成分。区域文化在旧石器时代应该已经形成，但因为材料的性质，它与新石器时代区域文化的连续性，是很难辨认出来的。所以在东亚有人类这一百多万年的历史中，上面那头两段都只能作世界史来研究，要到了这第三段，农业生活开始以后，才能有根有据地讲中国史。假如把中国史当做中国文明史或文化史，则中国先秦史应自农业开始讲起。假如将来的研究能够把作为中国文明的源头的区域文化向旧石器时代追踪上去的话，"中国"先秦史的起头可能提早。但是现在还没有到那个时候。因此中国史要到农业开始以后才能辨认出来，而前面那两段还是要用世界史的眼光来不停地研究的。

（四）中国先秦史的最后的一段，是文明的开始及继续发展直到高潮。这一段历史是中国历史上又一个转捩点，导致柴尔德所谓的"城市革命"，和作为人类史上的里程碑的"文明"、"国家"，和"阶级社会"的出现。在中国历史上，这是龙山文化和夏、商、周三代，也是金属时代的开始。

近十年来中国考古古史学界对"文明"在什么时候开始的这个问题讨论得很热烈。根据现有各方面的材料来看，各区域的龙山文化可以标志文明之开始。我们所用的"文明"这个词，在定义上必须可以用来作世界性的比较。

过去中国古史讲文明起源，注意力集中在黄河流域，而且采取一条一条线的看法，即夏为首，商继夏，周再继商。今天的看法是从龙山时代开始，中国的各个区域都发展了大大小小的平行的、互相竞争、彼此交流的王国。龙山时代的王国（苏秉琦先生称之为古国）规模尚小，遗址中还只有小件红铜器物。到了夏、商、周三代，中国各区域都出现了大规模的国家。在黄河流域有夏、商、周，在长江流域也有规模相似，势均力敌的方国，如最近发现的四川三星堆、江西大洋洲所代表的政治势力。这些国家经过两千年征战吞并的结果，到了东周只剩下十几个大国，到公元前221年，完全为秦所灭，中国首次形成一个大帝国。

上面写了一个中国先秦史的大纲，是根据现有资料写的。新的中国先秦史，就要处理这些长短不一的段落中的一切历史问题：文化的界说及分布、时空的安排、人口、聚落形态、社会、政治、经济、宗教等等各方面的结构与制度，各种变化，变化的动力与程序。很显然的，这些问题的研究方法与方向，在这历史各段落中有不同的焦点。

三

照上面界说的中国先秦史是建立在多种资料上的，获取、选择，与解释这些资料，都是中国先秦史家的责任。很显然的，今天的新先秦史学者，与昨天的旧上古史学者，是完全不同的了。先秦史的这四个段落，所处理的资料与需要深入讨论的问题，很不相同，我觉得不宜把它们放入一个学科的名称之下。我建议将上面的（一）和（二），即旧石器时代的两段，称为"中国远古史"，将第（三）和（四）两段，即农业开始以后的区域文化时代，称为"中国上古史"。我还可建议另一种分法，即将（一）、（二）、（三）三段合称为"中国史前史"，将第（四）段单独分出来，称之为"中国古代史"。"中国古代史"这个名词几十年来在大陆上一直指自鸦片战争以前中国的全部历史，我觉得这个名词还是应该留给真正古老的时代。

先秦史的前两段，即农业生活以前的旧石器时代，几乎全要建立在自然科学的资料之上的。传世的文献在这里毫无用武之地。传说中的伏羲氏和燧人氏，最多可以说是集体记忆的留痕，对当时历史的实际情况的了解，是完全没有用处的。要了解当时实际的情况，历史学者所根据的材料，是地质学、古地形学、古生物学、古植物学、古人类学、旧石器时代考古学等好多种学科的资料。这些资料包括（1）地质学的层位、土壤、岩石等；（2）古生物化石；（3）古植物、孢粉；（4）人类化石；（5）考古遗迹，如居住面、打石工场；（6）考古遗物，如石器、骨器等。在当时人类行为的解释上，历史学者必须研究石器打制实验学和石器微损研究，观察灵长类猿猴的行为，又要参考近代渔猎采集民族生活的资料。这显然牵涉历史学者的训练的问题。但是无论一个历史学者的训练多么广泛。这段历史的研究，必须是集体的工作，而且是把焦点放在田野里面的工作。目前历史系的本科生或研究生，对这诸种资料的采取和解释，不但不能胜任，而且常常缺乏基本的常识。除非我们决定将农业以前的历史从中国先秦史里面抽出来，不然历史系的课目恐怕需要彻底的修改。

如果不做彻底的修改，历史系训练出来的学生对下一个段落的历史，即早期农业时代的历史，也缺乏处理的能力。从公元前1万年到公元前3000年这一段时间里，要了解区域文化的特征，先要了解它的生态环境。生态环境的资料，显然又是来自地质、古地形、古生物、古植物这一类的环境科学。调查发掘遗址遗物，又是田野考古学。田野考古生产出来大批资料，它们的处理不但要用考古学，而且要用矿物学、动物学、植物学这一类的科学技术和方法。要了解说明那些农业聚落的社会、政治、经济、宗教等行为和制度，历史学者又须熟知社会文化人类学的资料和原理，才可以将所知的诸种模式与不知的考古资料加以比较，并将后者重建。［这些近现代民族的诸种模式的研究，不能限于所谓"民族考古学（ethnoarchaeology）"的范围里面，而要扩展到正规的文化人类学和社会人类学这些学科中去。］这也就是说，要研究新石器时代的历史，仅仅做考古工作是远远不够的。

当我们步入有阶级、有文字、有城市的文明时代以后，田野考古和环境科学继续产生新的历史资料，所以龙山文化时代和夏、商、周三代在资料和技术方法上与这之前并无不同。但从这个时候开始，文字的资料逐渐加入历史的资料里去，造成历史资料质量的重大上升。文字资料有两大类：传世的文献（如《诗》、《书》、《三传》），和考古出土的古文字（如卜辞、金文、简册、帛书）。考古出土的古文字到了商代的殷墟期才开始有所贡献。传世的文献是三代历史的基本材料，其中可能也包括时代早到龙山时代的传说。这两大类文字资料，在研究第四段中国古代（文明）史上，显然是非使用不可的。研究龙山文化和三代的历史的学者，要有很重的资料负担，他们要能采集和解释自然科学的资料，要能做考古田野，又要能使用古文字。这些学者还要通熟当代文化社会人类学中关于比较高级的原始社会中各种经济、政治、亲属制度、宗教等领域中的诸种模式。

四

上面将中国先秦史的内容、资料和方法做了一次简短但是比较广泛的检讨，相信可以说明中国先秦史需要一个新的结构。传统的中国史学中的先秦部分，自五四运动以来，便早已失去了它的权威性。这以后从事先秦史研究的学者，获得了一些新的资料和工具，其中主要的是田野考古学与古文字学。但是这八十五年以来，文献史学者、古文字学者、考古学者，经常是各干各的，没有把这整个的局面检讨一下，看看这些新资料、新工具，与新看法，应当如何整合起来。上面所做的简短的初步检讨，说明中国先秦史已经形成一个新的学科，要有它的新定义与新结构。上面所说的新结构与中国先秦史的旧结构有什么不同？

现在的传统中国先秦史，根本没有系统，也没有结构。它是从五四运动以前的上古史，加上古文字学，再加上考古学这样像滚雪球一般滚出来的。新的先秦史是在检讨了人类在中国各阶段的特征和所存史料以后慎重地界说了的。这只是一个初步的建议，提供业者参考。同时随着学科的进展，它的结构还要随时修改。

旧结构将中国上古史垂直地劈分为好几个学科，如考古学、古人类学、古文字学（又分为甲骨学、金文研究、六国文字研究等）、古地理学等等。新结构将中国上古史水平地分为四段，每段自身都是完整、整体的。中国先秦史在新结构之下也要分工，但这新的分工是不同时代的分工，是不同阶段的分工，在每一个时代，每一个阶段之内，它的研究的对象是整体性的人类文化和社会。先秦史这四个阶段就可以说是先秦的四段历史，它们的性质和后来的秦汉史、魏晋南北朝史、隋唐史、宋史等等断代史比较相像，但先秦的四个断代史彼此之间的差异要大得多。新结构的先秦史学者并不可能，也不必要，从事每一个段落的历史所有方面的研究，在他们之中也可以有专搞环境科学的，有专搞甲骨文的。但是他们除了自己的专长以外，对有关的事业都有相当的常识，知道到哪里去找专家，找资料，找专家研究的结果。

新结构下分工的历史学者，是直立猿人时代的历史学者，是现代人时代的历史学者，是初期农村区域文化时代的历史学者，或是早期文明时代的历史学者。或用上面建议的名词，他们是中国远古史学者，中国史前史学者，或中国上古史学者。他们彼此之间的关系应该如何？很显然，时代邻近的彼此就要多熟悉些，例如研究三代的，要对新石器时代较熟悉，研究新石器时代的要对以前的现代人的时代和以后的三代都有相当的知识。

旧结构将文字资料当文字看，作考证、训诂、定声这一类的文字学的研究；将考古遗物当做器物来研究；将传世文献当书本看，研究它的年代、版本、真伪、脱字这一类的问题。新结构对"资料"、"技术"、"方法"和"理论"这四个概念有清楚明白的界说，用合适的技术，采集在每一个先秦史的阶段中全部有关一个整体文化或社会的资料，用经过考验的适当的方法来研究这批资料，有系统地加以解释。因为它将人类社会作整体的观察与研究，新结构的古史可能导致有广泛适用性的历史原则原理，可能对一般历史学作重要的理论性的贡献。所以新结构的先秦史是要随时与世界史互动的。

旧结构以黄河流域为着眼的中心，以华夏为中心。新结构没有先入为主的成见，跟着材料和客观研究的结果走。如果将秦始皇统一中国以后秦汉两个大帝国的文明，作为界说中国文明的基线，将能够确认为秦汉中国文明的源头文化作为中国先秦史的主要成分，则照目前的资料来看，中国文明要有好几个来源，可以追踪到华北、华中、华南好几处区域文化中去。时间上，这些区域文化目前在农业开始以后，即大约 1 万年以前，可以辨认出来。这些农业区域文化，将来可能再往上追溯到旧石器时代晚期的区域文化中去，也就是可以把先秦史的上限推长。在这上限以外的历史，只能兼用中国史与世界史的眼光处理。

如此界说的中国先秦史是一个新的学科。它使用的资料，一部分是几千年传递下来的古代文献，一部分是永远采集不尽的考古和自然科学的资料。为了后者的采集，田野工作必须作为先秦史研究的一个重要成分。取得了资料以后的研究方法，要包括人文、社会与自然科学的成分。先秦史的理论也是多学科的。由于先秦史的多学科的性质，新结构的先秦史的研究常常需要集体的方式，而如上所说的，个别学者虽然只能做专门的研究，却一定要对整个学科的全形和所有的组成部分都有相当的知识与熟悉程度。这样的先秦史的人才的训练，必须要有专门设立的中国先秦史系才能实现。新结构下的先秦史的学者，在目前海峡两岸各大学的历史系、人类学系或考古系里面，都不能充分地训练出来。

30 年以前，先师李济先生在中央研究院历史语言研究所所长任上的时代，推动并主持了一套规模很大的《中国上古史》的编辑计划。为了如何组织这套大书，李先生花了许多心思来斟酌现代的中国上古史如何写法。他的许多初步的结论，发表在《再谈中国上古史的重建问题》(《中央研究院历史语言研究所集刊》33 本，1962)。他对古史材料的范围和"中国"的定义等，在三十多年以前，便提出来新的看法。我这篇文章的要点，受李济先生的启示很多。今年 8 月 1 日是李先生 15 年忌辰。我就将这篇文章呈献给他，作为纪念。

参考书目

李济

    1990 《再谈中国上古史的重建问题》，《李济考古学论文选》，88—97 页，北京：文物出版社，原出版于 1962 年。

贝冢茂树
 1979 《中国古代再发见》，东京：岩波书店。

杜正胜
 1992 《考古学与中国古代史研究——一个方法学的探讨》，《考古》第 4 期，335—346 页。

徐旭生
 1960 《中国古史的传说时代》（增订本），北京：科学出版社。

夏鼐
 1985 《中国文明的起源》，北京：文物出版社。

张光直
 1983 《中国青铜时代》，台北：联经出版公司。

苏秉琦
 1991 《关于重建中国史前史的思考》，《考古》第 12 期，1109—1118 页。

苏秉琦、殷玮璋
 1981 《关于考古学文化的区系类型问题》，《文物》第 5 期，10—17 页。

中国新石器时代文化断代 *

一 绪 论

年代学（Chronology）是史学的间架。中国史学发达，年代学的观念似乎可以上溯到三代。除了朝代的兴亡、君主的更替的记载以外，古代的史学家也有人注意到物质文化的演进秩序。《越绝书》卷 11《越绝外传宝剑纪》第 13 载风胡子对楚王曰：

> 轩辕神农赫胥之时，以石为兵，断树木为宫室，死而垅藏……至黄帝之时，以玉为兵，以伐树木为宫室，掘地，死而垅藏……禹穴之时，以铜为兵，掘江，通河，作伊朔，通龙门……当此之时，作铁兵，威服三军。

风胡子似乎比丹麦的 C. Thompson 早 2000 年创始了石器时代、铜器时代与铁器时代的相承次序。可惜锄头考古学没有在中国

---

* 原载《中央研究院历史语言研究所集刊》（1959）30。

诞生。风胡子死了两千多年之后的 20 世纪初叶，中国人对古代物质文化发展秩序的观念，仍然停留在风胡子的阶段（假如没有更退步），即中国人在使用铜器之前曾使用石器，用石器的时代可分两期：（1）普通石器时代，（2）加入玉器的时代。

北洋政府的矿业顾问瑞典人安特生（J. G. Andersson）与日本的人类学家鸟居龙藏，大约在同时把西方的近代考古学观念带进了中国。安特生的影响尤其大，他（1）第一次在中国本部用锄头掘出新石器时代的文化遗留（河南渑池仰韶村与辽宁锦西沙锅屯），并且（2）第一次在中国新石器时代与金石并用时代的范围内拟定了一个年代学的间架，即著名的甘肃六期（齐家、仰韶、马厂、辛店、寺洼、沙井）与河南二期（不召寨、仰韶）。

1928 年，吴金鼎调查山东历城县的城子崖，发现了与甘肃河南的彩陶文化迥异的黑陶文化，从此华北新石器时代的分期问题，进入了一个新的局面。中央研究院历史语言所在城子崖的发掘证明了黑陶文化在山东早于春秋（或战国）时代；在殷墟的发掘证明了黑陶文化在豫北早于殷而晚于彩陶文化。从 1931 年后冈的发掘以后，中国考古学家对华北新石器时代一般年代学的意见是：（1）华北新石器时代晚期，有分布偏西，以甘肃、陕西、山西、河南为中心的彩陶文化（或仰韶文化），与分布偏东，集中于河南、山东与淮河流域的黑陶文化（或龙山文化）。（2）一般而言，彩陶文化早于黑陶文化，但在豫西似乎有二者同时而相混合的迹象。这种意见，更由于傅孟真先生《夷夏东西说》一文中所提出的文献证据而加强。安特生对于不召寨与仰韶二文化相对年代的假定，已经推翻。很多人甚至怀疑仰韶村遗址实在也应当包含两个文化层——仰韶与龙山——而安氏的发掘把两层的关系搞乱了。吴金鼎的《中国史前陶器》（英文）一书中，更检讨华北各区域彩陶文化的内容，断定豫北的彩陶最早。夏鼐于 1945 年的发掘，又断定了甘肃的仰韶期早于齐家期。中国的北疆有细石器文化，它的年代至少有一部分与彩陶文化同时。中国的南方有所谓几何印纹陶文化，时代相当殷周到汉初。

上述是 1949 年以前，中国新石器时代文化年代学的一般梗概（参见 Teilhard de Chardin et Pei，1944；裴文中，1948）。1949 年以后大陆上的考古资料，经日本学者的转介（水野清一，1957；林巳奈夫，1957），也颇不少可资利用，但年代学的一般意见，似乎与前并没有重要的改变。

本文的目的，是想利用现代欧美考古学的若干概念和方法，初步将四十年来的中国新石器时代资料作一个整理，看看现有的假设是不是能站得住，还看看什么新的问题可以发现出来。这与其说是一篇综合性的讨论，毋宁说是一篇试验方法，寻找问题的文章。所有的问题，都限于有关年代学的。在一种意义上，中国新石器时代的研究，还在欧美各国考古学史上的所谓"碳 14 以前的阶段"。欧美碳 14 以前阶段的许多年代学的假设，自碳 14 断代法广泛应用以后，都如摧枯拉朽倒了下去。因此我们目前做任何大规模的推论，都是很危险的。本文的研究，并不看重所得的是什么结果，而是试验一下，这些年代学的方法，在中国能得到什么结果？我叫这篇文章为《中国新石器时代文化断代》，而不叫作《中国新石器时代年代学》，也正是基于这方面的考虑：年代学暗示一个完整的体系。"断代"呢？从字义上看可有两种解释：（1）断定一个遗址或文化的时代；（2）将一个时代"断"开，分成数期。我在这里所用的"断代"，就包含这两层意思。

过去中国新石器时代年代学研究的理论根据，为型式学（Typology）与层位学（Stratigrapny）的反复应用。这两种方法是相对年代学最基本的方法，它们在中国田野中的使用也得到了相当的成绩。但二者之不适当的使用，在40年来新石器时代的考古文献中，也可以找到不少例子。

最重要的一项错误，是化石指数（Leitfossilen）观念在考古学上无限制的使用（参见 Childe, 1936）。化石指数是地质学上的一项重要观念。如果在某一个地层中发现了真马（Equus）的化石，地质学家便可以肯定这一地层属于更新统以后；古代象的化石则是更新统下期间冰期时代的指数。这种化石之作为地质年代的指标，一般而言，有全球的适用性。考古学在西欧发达的初期，借用了不少地质学的观念，而化石指数是重要的一项。这项观念用到考古学断代上时，很容易导致重大的错误。地质学的年代常以百万年或千万年为单位，某种古生物的发生与绝灭，常可以在这种广泛的年代范围内界限下来；考古学的时代则可以数十年或数百年为单位，某项文化特质的兴盛发展常常有地域性的限制，而且文化现象到底比生物现象多变化，其发生与绝灭常常不能限定在某一特定的时代之内。因此考古学器物之作为时代的指标，其偏差的可能性远比地质学上的使用所致的为大。即使在地质学上，化石指数也有一定的应用限制；例如乳齿象（Mastodon）在北美经常代表冰河时代，但在北美东部它一直延续到纪元前不久。

"化石指数"可以说是过去中国新石器时代研究的根本断代方法。"彩陶"、"黑陶"、"白陶"等等都当做化石指数来应用。它们的应用在个别的例子中可能是对的，但在一般原则上，我们不能不提出下面这几点应用上的限制：(1) 两项化石指数的时代先后，有极显著的区域性。(2) 一种化石指数所代表的绝对年代,通常自其溯源的中心地区向四方逐渐低降,但并不依一定的比率。(3)考古学上的化石指数不是一项孤立的固定的个体,而是整个文化丛体的一个组成部分。我们在认定两个区域中同一项化石指数的时代,先决的问题是:这"化石"在这两个文化中是不是有同等的地位?它的性质是不是可以比较的?这两个问题的不同答案对于断代就有不同的决定影响。

这最后一点所提到的"文化整体"的观念,在过去新石器时代研究上的被忽略,也是造成许多失误的缘由。上述的化石指数观念之无限制的使用,主要的缺点即在将器物或其他文化特质与其一般文化社会环境割裂了开来。例如,安特生之置不召寨于仰韶村之前,主要的根据是"单色陶早于彩陶"这一项简单的演化观念。事实上,不召寨遗址作为一整体来看,在许多方面比仰韶村有进步的倾向。再例如 Heanley(1938)曾主张"新石器时代"这一个名词,在东亚根本不能适用,因为据他的看法,东亚的磨制石器都受过金属器原型在形制上的影响。这也是犯了"以偏赅全"的毛病——第一,以一部分的例子代替整个"东亚新石器时代";第二,以"磨制石器"代替"新石器时代文化"。

作者在这里企图把若干现代在欧美普遍应用的年代学方法在中国新石器时代的材料上做一次初步的尝试。不用说,任何这一类的尝试都要遇到两点困难:(1)多半的年代学方法都有地方适用性;欧美适用的方法不一定适用于中国。(2)这里所做的工作,是外国人所谓"遥望式的安乐椅研究"。我用的这个名词,似有低贬的暗示,其实它的英文原名(armchair study at a distance)并不带什么价值性,而且全世界的考古学家都承认,室内研究至少与田野工作有同等的重要性。但是这种研究有一项先天性的缺点，就是要受到材料的限制。因为别人在采集与发表的当时，未必想到他的材料将来会有这种用途，因此我们所亟需的若干消息，他也许没有注意收集，或收集了而没发表。我们只能就所有的发表的材料，求出一个"最大公约数"来，做最大的利用，因此我们所得的结果也就受到很大的限制。这一点必须牢记在心。

下面数节中，我将分别就下列几项标准将中国新石器时代的材料做一些一般性的断代研究，最后把各方面的结果综合起来，看一看可以得到什么样的结论：

（一）文化的一般相貌：中国新石器时代有哪些文化？是一个首须检讨的问题；其时间的阶段与空间的分布等概念，在本节中须初步做一界说。然后再检讨：从进化的观点，哪些文化应当在先，哪些在后，哪些是从哪些发展出来的。

（二）层位。

（三）地理分布。

（四）风格层。

（五）母题排队。

从（二）到（五）这些概念，将在每节中详细界说、分析。在分析之前，本文题目中的"中国"与"新石器时代"两个名词，应当先下一个清楚的定义。"中国"本是一个政治名词，但在考古学研究上，的确可以自成一个单位，这一方面是由于中国文化的分布与中国政治区划有相当的合致性，另一方面是由于考古学文献中的一个自然趋势。本文所处理的对象，包括青康藏高原以外的大部中国。"新石器时代"一词则指谓人类文化史上旧石器时代与中石器时代以后，城市文明产生以前的一个阶段，它的特征是：（1）农业，（2）村落为社会政治经济之自给自足之单位，（3）豢养家畜，（4）使用与制作陶器,(5)使用与制作磨光石器。在华北,新石器时代文化指殷代以前的文化;在北疆和华南,新石器时代至少延续到汉代。

二　文化的一般相貌

新石器时代的中国,从自然地貌与文化历史的观点,可以分为三个区域来研究:(1)黄河流域,以河南北部、山西南部、陕西中部、甘肃南部、山东半岛、河北南部为中心;(2)北疆,包括河北北部、山西北部、陕西北部、内外蒙古及东北地方(下文有时为行文方便或用南满、北满等名词);(3)淮河秦岭以南,包括自河南南部、江苏、陕南以南的、长江、淮河与珠江流域及台湾、海南大岛屿。就我们所知的而言,它们的史前文化必须分别叙述[1]。

(一)黄河流域

古气候古生物学家对新石器时代及历史时代早期黄河流域的自然景观,尚未做过详尽的研究。我们只能根据下面的几种证据做一个不完全的初步推断——在更新统的晚期,黄土广泛堆积,气候干冷。冰河时代之后,经过一个板桥侵蚀期,温度

---

[1] 中国新石器文化与社会的分析叙述,详见另文 "Chinese Prehistory in Pacific Perspetive"(MS., 近刊)及 *Prehistoric Settlement and Society in Eastern Asia* (Ph. D. Dissertation in Preparation, Harvard University),本节之叙述仅一节略,以为年代学研究之助。
　　新疆史前考古的资料不多;照德日进、杨钟健与布格曼等人的调查资料,新疆史前文化的历史,似与北疆南部的情形相似,或可并入北疆讨论。本文从略。

可能逐渐上升，并保持温暖，直到数千年以前为止。在这段"气候的高潮"（Climatic optimum）之内，华北的平原高地上，有不少地方可能生满密林与灌木丛，林内林间，沼泽密布。从历史时代以后，至于今日，华北的树木几已砍尽，一半是由于自新石器时代开始的伐林，另一半也可能由于气候的渐趋干冷，与欧洲冰河时代以后的植物分布史相似。沼泽的数量逐渐减少，土地日益干燥，可能是气候变冷与伐林二者并进的结果。我们做这种推断的证据[1]，第一种是直接的，大量的木材的遗留。例如，木炭在每一个新石器时代与青铜时代的遗址中都有大量的发现；木梁的遗迹曾发现于仰韶村（Andersson，1947：22）；殷代曾有大型木棺椁的使用；木器的制作又可由殷代铜器的形状与花纹来推断（Li，1955）。

第二种证据是新石器时代及青铜时代遗址里伐林与木工器具之普遍与大量的出土。这一点马上还要提到。

第三种证据是新石器时代与青铜时代遗址里出土的动物与植物的遗留。动物与植物都有生活在（或说适应于）一定的环境（气候、植物、动物等）的习惯，因此成为研究史前自然环境最好的指数（Meighan et al, 1958）。下面几种动物的骨骼出土于古代华北，今日却居于华南及其以南，而绝迹华北：竹鼠（Rhizomys troglodytes，见于仰韶村与安阳）、象（Elephas indicus，安阳）、犀牛（Rhinoceros Sp.，马家窑）、纳玛牛（Bos namadicus，马家窑）、貘（Tapirus cf. indicus，安阳）、水牛（Bubalus indicus，三河泥炭层：Bubalus mephis-

---

[1] 地质学家早有人做过类似的推测；见 Teilhard de Chardin, 1936/37：219；1941：38—39 页。（本文所提的证据，多属考古学本身的发现，可为地质学说之坚强的佐证。）

topheles，安阳)、水鹿（Hydropotes inermis，三河、城子崖、安阳)、四不像鹿（Elaphurus davidianus，三河、洪家楼)、孟氏鹿（Elaphurus menziesianus，城子崖、安阳）及豪猪（北平附近)。(见：Andersson，1923：90；1943：35—40；Rausing，1956：195—196；Sowerby，1922：3；李济等，1934：91；Teilhard and Young，1936；Drake，1956：140）此外，生长于温潮气候的几种贝类（Lamprotula tientsiniensis rochechouauarti, L. leai）曾出土于天津附近的泥炭层（Rausing，1956：196）与城子崖遗址。象和犀牛两种并有雕刻与文字记录可资佐证（陈梦家，1936：497—498；Rausing，1956：198—201页)。这种动物的遗骸似乎代表一种比今之华北湿暖而多树木的气候。除此以外，树木的丰富尤以普通的鹿属（Cervus）之多为证。鹿骨角大量见于所有的古代文化遗址；鹿的骨角又做成各种器物；鹿的肩胛骨在城子崖曾作占卜之用；普遍出土的石骨镞与石刀当曾用来猎鹿与割制鹿皮；如半山区及不召寨的鹿葬（Anderssdon，1943：130；1947：75）所示，鹿对于古代华北人可能有相当的仪式意义；古代鹿群之多及其对人类生活之重要，又可见于若干古代谚语如"庸庸碌碌（鹿鹿)"、"逐鹿中原"，及"鹿死谁手"；古代华北地名之含有鹿字的又不胜其数。

古植物学的证据，可举仰韶村出土的稻米（Anderssdon，1943：21—22）与龙山时代器物形制所代表的竹。这一方面的研究，所谓花粉分析（Pollen analysis）的科学，未来将大有可为。

第四种证据是中石器时代与新石器时代聚落的位置，表示出今已干涸了的古代水源。最明显的例子是仰韶村。仰韶村今日位于两悬崖间的一片高地上，古代的河流水面可能与今日的高地齐平（Andersson，1943：7，20—21；1939：30）。陕西朝邑、大荔两县境的中石器时代沙苑文化，散布在干燥的沙丘区域，古代当是富水草的渔猎场（水野清一，1957:3）。

第五种证据是上面提及的河北三河县与天津附近的泥炭层（Peatbogs），它们代表现已干涸了的古代水泽。高本汉也从文献上提出华北古代富沼泽的证据。

第六种证据是北疆地带的类似气候曲线所供给的旁证。下节叙述北疆时再行提出。

这六种证据指向一个较今日的华北为温暖潮湿而富森林沼泽的自然环境。详细的气候与植物分布区域，今日当然还不能划出。这一段期间之内一定也还有较小的气候游动（Oscillations），这如今也无法说定。大致说来，华北的中石器时代与新石器时代的人类就生活在这一类的环境之内，可想象地居住与耕作在河谷林缘的平地、林间、砍伐后的空地，渔于河沼，猎于山林。

华北古代文化，整个而言，具有下列诸项特征而（整个地来看）与北疆古代文化与淮河秦岭以南古代文化区别开来：

小米、稻米、高粱的种植。

猪、犬、牛、羊、马的豢养。

大豆及种种副产品（？）

夯土建筑与白灰面。

蚕丝与麻。

绳席篮纹的陶器。

陶鼎、鬲、甗、鬶。

半月形与长方形的石刀、石镰。

木雕及仪式用的铜器。

饕餮纹的装饰母题。

用甲骨占卜。

中国象形文字。

以上这些特征，也可以说是发源于黄河流域的古代中国文化的定义。但它们并不是自中石器时代以后一蹴而就的。古代中国文化的特征，在不同的时间不同的空间有不同的表现。从时间上的发展来说，中石器时代（周口店上洞文化与陕西的沙苑文化为迄今所发现的中石器文化在黄河流域仅有的遗留）的末期，经过了一次柴尔德（V. Gordon Childe）所说的"新石器时代革命"（Neolithic revolution），才迈进了新石器时代的范围；新石器时代的末期，经过了一次所谓"城市革命"（Urban revolution），才迈进了商代的文明世界。本文的对象，以新石器时代文化为限。我们先检讨一下：华北新石器时代的发展，在一般的文化相貌上有何表现。

新石器时代的最早一期，可想象地先经过了一个所谓"初期农业"（Incipient agriculture）的阶段（Braidwood and Braidwood, 1953）。这时农业刚刚开始，渔猎对人类的生业还有很大的重要性。华北的初期农业阶段，到今还没有一点证据可寻。农业是中国人自己发明的，还是农业的观念来自公元前1万年始有农业的近东（Braidwood, 1958），也没有证据可以说定[1]。值得注意的事实，是从已知新石器时代的一开始，华北的文化已经具有其"中国"或"东方"的全副特征。40年来考古家的锄头掘出来的华北新石器时代文化，如篇首所述，一般以为包含两个"文化"——彩陶文化或仰韶文化，

---

[1] 除了早年安特生与毕士博（Bishop）等人主张彩陶西来说最力之外，最近维也纳学派的海涅戈尔登（Heine-Geldern, 1950, 1956）主唱世界文明起源巴比伦之说，认为中国之彩陶文化、黑陶文化与殷商文化代表从西方传来的已知的三次文化波动，可说是最为极端的论者。其说虽颇新奇，证据则极为薄弱。作者拟另文介绍中西文化关系之各学说并讨论中国史前文化之动力。本文则只着眼于中国史前文化之传统，外来影响问题暂不多谈。

与黑陶文化或龙山文化。这种说法是不是可信，一大部分是要看我们对于"文化"下一个什么样的定义。这个问题的详细讨论不在本文题内。但我们可以举出几点事实，来说明这种两个"文化"的区别已是应当抛弃的陈说：（1）过去主张两文化说最大的原因，毋宁说是考古学史上的：安特生在豫西与甘肃发现彩陶文化于先，中央研究院在山东发现黑陶文化于后；嗣后的发现，彩陶文化向东不到山东，黑陶文化向西不越秦晋，加上文献材料中夷夏的对立，彩陶在西黑陶在东的看法便深入人心。但今日的材料已把这一观念打破：山东也有彩陶（林巳奈夫，1957：339—340），而灰黑陶及其伴存文化也可西见于陕西甚至甘肃（齐家期）。如下节论层位时可见：黑陶文化到处晚于彩陶文化。（2）过去学者把彩陶与黑陶文化对立，主要的办法是举出陶器的不同。如果我们抛开先入的成见来重新检讨一下，二者的不同只是一部分陶器的不同，而一般的文化相貌只是大同小异。即使在陶器上，也可看出二者相递嬗的现象（Mizuno，1956；Sekino，1956）。（3）在黄河中游及若干文化中心地带，如山西三门峡、豫西洛阳的孙旗屯、陕县的庙底沟，与广武的青台，发掘者都报告他们观察到从早期的仰韶文化到晚期的龙山文化的转变。豫西也是过去所谓"仰韶龙山混合文化"的中心；混合文化不如说是转型期的文化。（4）基于现已没人使用的标准，龙山与仰韶文化都被称为"新石器时代晚期"的文化。因此学者也许觉得：既然同是"晚期"，它们又有许多不同，当然应称为两种文化。我们今日重新考虑，似乎有把新石器时代作一不同的分期的必要。

我提议把华北的新石器时代文化（一个"文化"）分为三期：（1）初期，假定的阶段，农业方才开始，渔猎还盛行，渔猎时代的聚落形态大半持续。（2）早期（或仰韶期），农业已成为主要的生业,渔猎降到辅助地位,集中性村落为聚落的基本形态,农业为游耕式的（Slash-and-burn）。(3) 晚期（或龙山期），农业仍为基本生业,渔猎为副业,集中性村落仍为聚落的基本形态。但农业已进入定耕式（使用灌溉或轮耕或施肥?），村落定居,初步的手工艺分工出现,防卫的需要加强,各地区的文化趋向孤立而多地方变态。这个分期法与近东、欧洲、东南亚,与美洲新石器时代分期大致相一致。

仰韶期与龙山期的共同特征（亦即华北新石器时代的特征）可举：谷类农业（小米 Setaria italica、Panicum miliaceum; 高粱 Andropogon sorghum; 稻米 Oryza sativa）、锄耕、豢猪、犬、牛、羊、磨光石器、长方形与半月形的石刀、绳席篮印纹的陶器、长方形与圆形的地上与半地下建筑、白灰面、灰坑作贮窖,蚕丝与麻（?）。

新石器时代的早期,可叫做仰韶期,是为了观念上的便利。事实上仰韶村遗址可能属于这一期的最末,或早晚期之间的"中期"。我在这里暂不提议一个新名称。这一期的重要遗址,可以举：(1) 河南：洛阳的大东店、孙旗屯、涧滨、高平砦村、洛宁附近、广武的秦王寨、牛口峪、池沟寨、青台、陕县的灵宝、庙底沟、伊阳的上店、郑州的林山砦、安阳的后冈、侯家庄、浚县的大赉店、信阳的北丘。(2) 山西：夏县的西阴村、万泉的荆村、临汾的高堆、祁县的梁村、永济的金盛庄。(3) 陕西：西安的半坡、米家崖、丰镐的五楼、宝鸡的斗鸡台、凤县的郭家湾。(4) 甘青：甘肃兰州、临洮、洮沙、宁定、渭源、陇西、天水、甘谷等县境的无数遗址；青海贵德的罗汉堂、西宁的朱家寨,与碾伯的马厂沿等。(5) 山东：滕县的岗上、安丘的景芝镇,及栖霞、济阳、梁山等县境。(6) 河北：正定的南阳庄、曲阳的钓鱼台。这些遗址在本期之内的早晚问题，后文再谈。

早期文化的特征，最显著的是游耕农业所造成的聚落的游动性。聚落一般不大，平均在30万平方米以内，而且最小的（罗汉堂、半坡村、马家窑）均只有数万平方米；文化堆积层一般在3米以下。偶然可见极大与极厚的遗迹（如荆村与五楼），但并不一定表示大量人口长期的定居，因为早期聚落常常在游动一定期间之后，再回到旧居址，造成一个遗址的重叠性。如荆村有3层占居，半坡有4层，孙旗屯有6层。西安附近的21处仰韶期遗址，"发现地点多，散布广，同一地点的内涵遗物时代比较单纯，互相毗邻地点可以从遗物内容上分辨时代先后"。这种现象显然表示游耕村落的特性。

与游耕农业有关的是早期的石器中富伐树工具（treefalling complex），即其磨石斧多为对称刃（中锋）、圆形或椭圆形剖面。偏锋的石锛与长方形剖面的石楔与石凿较少。这些现象表示当时人们的劳作，主要是砍伐树木，开辟农田。

早期的石刀多为长方形，单孔或两侧带缺刻，以中锋的为主。比起晚期的石刀来，它们似乎以切割兽皮为主要用途，这说明狩猎的位置在早期比晚期重要。

陶器一致是手制（有用螺卷法的）或范制的，颜色红或灰，装饰以范印、模印或拍印（？）的绳席篮纹为多，尤以绳纹为主。彩陶在本期内似乎是晚期的发展，主要用为饮祀之器。本期之末，黑陶与灰陶出现并增加。陶器的形制以尖底和平底的为主，后期出现了鬲，鼎和圈足器都罕见。

早期的装饰艺术以陶器的彩绘为代表。

埋葬的方式均为仰身侧身的直肢或屈肢葬。

以上这些早期新石器文化的特征，都是考古学上可以看到的。此外还可以根据这些事实，对当时的物质文化、社会组织与宗教信仰做进一步的推论。

华北新石器时代晚期,或称龙山期,以下列遗址为代表:(1)河南:洛阳的涧滨、洛宁附近、渑池的不召寨、陕县的庙底沟、伊阳的上店和古严店、郑州市的旭旮王、安阳的后冈、侯家庄、小屯、浚县的大赉店、信阳的三里店和阳山、永城的造律台和黑孤堆。(2)山西:晋南曲沃与夏县境、太原的光社。(3)陕西:西安的开瑞庄、阿底村、米家崖。(4)甘肃:各县的"齐家文化"遗址。(5)山东:龙山的城子崖、济南的洪家楼、日照的两城镇。(6)河北:唐山的大城山。从早期到晚期的转变,可能发生在汾、渭、河三水汇合处一带的晋南、豫西、秦中区域,因为这一带所谓"混合遗址"特别多,而且是龙山期文化几个区域形态的交界处。

与早期文化特征相对照:晚期文化的农业似乎已经定耕(是借灌溉、轮耕法,或肥料之助?都没具体的证据发现),因其聚落的面积较大,文化层较厚较纯。在许多遗址,如齐家坪、西安、洛宁、大赉店与后冈,早晚两期的遗留重叠或相邻近;几无例外地,晚期的遗址都较早期的为大为深,而且代表连续的占居。与21处仰韶期遗址相对照,西安附近只调查到龙山期遗址6处,它们"堆积面比较集中,在同一地点可以从堆积和内涵上看出时代的复杂性"。从这显然看出龙山期遗址固定化的倾向。聚落面积之加大,可由数字表示:在7个仔细测量过的龙山遗址中,3个在10万到20万平方米之间(城子崖、齐家坪、丹土村),一个在30万到40万平方米之间(安尧王村),一个在40万与50万平方米之间(洛宁西王村),一个为99万平方米(日照两城镇),另一个为175万平方米(日照大洼村)。各址都是单一层的连续占居,厚1—4米。城子崖与后冈的夯土村墙进一步指示其定居的特性。

村落之定居又见于伐木工具之减少与制木工具（woodworking complex）之增加——偏锋不对称刃与横剖面方形与长方形的石锛、石凿及鹿角制楔子在龙山期遗址里大量出现。这表示村落比较定居，伐木垦地的工作降到次要而伐木做木器的工作重要起来。

晚期的石刀多半月形、双孔、偏锋，或镰形。这或许表示石刀的主要用途为摘割谷穗，割制兽皮的用途降到次要。这又表示新石器时代晚期农业活动比早期更集中。

陶器以灰黑色的绳篮纹陶与方格纹陶为主。除了手制、范制的以外，快慢陶轮制作或修整的陶器逐渐出现于华北的东部（河南、山东、河北），其精制者为薄细的蛋壳陶。彩绘的装饰方法衰落，但仍偶见（如豫西的伊阳、陕县、豫西南的信阳，与鲁南与豫东的淮河流域）。弦轮纹与刻纹增加。形制方面，三足器（鼎、鬲、甗、鬹）、圈足器及器盖都增加。

贝器的使用增加；竹器可能在东南部使用。

夯土式的建筑出现。

肩胛骨占卜方式出现。

装饰艺术不再在彩陶上表现，可能转向木雕。

俯身的葬式出现。

围着村落的夯土墙指示战争与防卫；陶轮的出现表示初步的手工艺分工。

从新石器时代早期到晚期到殷商文化，是一个黄河流域土生的文化的传统的演变与进步。把仰韶与龙山当做两个"文化"，再在两个文化以外去找殷商文化的来源，似乎是不需要了。从前一个时期到次一时期的转变，常有进步的新因素出现。这些新因素，可能是自己发明的，可能是外面的。输入的根本的问题，不在新因素之来源，而在其出现的原因与影响。

(二) 北疆

北疆指华北的北缘，内外蒙古与东北地方。内外蒙古今日是干燥的草原，但在中石器时代及新石器时代，整个的北疆可能都是林木繁生、水草众多的地带。此区更新统以后气候与植物变化的曲线，与黄河流域可能大致相似；除了其南的黄河流域或其北的西伯利亚的气候变化都有踪迹可寻可为旁证外，北疆以内的证据也有若干。第一种证据是鸵鸟蛋壳广见于蒙古草原的中石器时代，表示当时繁生的水草。第二种证据是中石器时代与新石器时代聚落的位置。美国自然历史博物馆的中亚探险队与斯文赫定所领导的中瑞两国合组的西北科学考察团都确定，在中石器时代与新石器时代的蒙古曾有连续不断的水草田，适于人居；因采集遗物于其上的沙丘"在盆地与洼地内规则地出现，因而指示其形成可能发生于大小湖泊存在的时代"（Maringer, 1950: 207—208; Nelson, 1926: 250）。第三种证据为东蒙与东北的黑土层。如林西及昂昂溪所见的，人工器物皆出现于更新统末期的黄土层与现代黄沙层之间的黑土层内。这一层含有大量的有机物质，可能代表古代气候高潮时期的森林。

北疆中石器时代的文化可能是与黄河流域中石器时代文化属于一绪，自河套——汾河旧石器文化传留下来而适应于全新统新环境的新文化，与西伯利亚南部的中石器时代文化（Chard, 1958: 5—6），日本的绳文以前文化，及新旧世界一般的北方森林文化（Spaulding, 1946: 146）相似。代表的遗址有外蒙的沙巴拉克乌苏（Shabarakh-usu），内蒙古的 Ikhen-gun、Gurnai 与 Sogho-nor，及北满的札赉诺尔和顾乡屯。这中石器时代文化的特征是：（1）用细石器，（2）渔猎，（3）用鸵鸟蛋壳为饰物，（4）无陶器。

黄河流域的农业文化起源发展以后,北疆文化也逐渐受其影响。因为地理环境的限制,北疆的北部(北满、外蒙、内蒙北部)与南部(南满、辽东、内蒙东部与南部、华北北缘)所受的影响不一。北疆北部因气候寒冷,不适农业,自华北新石器时代文化接受了:(1)磨光石器,供作木工之用;(2)陶器之制作,为较定居的部落容器之用,因此其遗留初看有新石器时代文化的外貌,实际上仍是中石器时代的底子,形成Gjessing(1944)所命名的"亚新石器时代"(sub-neolithic)。外蒙大部有陶器的遗址与满北的昂昂溪等细石器文化遗址都是这一些文化的代表,实际上仍是北亚森林与苔原文化的边缘。北疆南部则首先输入陶业与若干农业,终于逐渐成为真正新石器时代的聚落,如内蒙的西辽河和老哈河上游、南满的大凌河谷、辽河下游、松花江及图们江的上游,及辽东半岛的诸遗址。华北新石器时代早期文化的影响,似只达到连接林西、赤峰、朝阳与锦西的一线,这一线以东的"农业化"则自华北新石器时代晚期以后才逐渐完成。

北疆文化史上述的纲要,对于这一区域新石器时代文化的断代,有下举的意义:(1)陶器的阙如与鸵鸟蛋壳饰物的使用为将中石器时代与北疆亚新石器时代分开的仅有的标准;因为中石器时代的一般生活方式在本区的北部一直延续到南区新石器时代以后。(2)北疆南部有中石器时代—亚新石器时代—新石器时代—汉文化的次序,可从一般文化相貌上来区别文化的先后;但北疆北部的中石器时代与亚新石器时代一直延续甚久。北疆南部与北部的遗址因此不能互相比较其一般文化相貌而断代,裴文中(1948)所推断的细石器文化札赉—龙江—林西—赤峰诸期的顺序也就没有坚强的根据。

北疆文化史上最重要的课题之一为文化接触(culture contact situations）与渔猎民族之外导的农业化之程序等的研究，但这都不在本文年代学研究的范围之内。

(三) 淮河秦岭以南

淮河秦岭以南古代自然景观气候完全未经研究，也乏证据可资利用。但我们大致可以推想，整个长江、珠江流域的平原山麓地带都为中纬混合森林与亚热带森林所覆盖，地潮湿多水泊，人类居于林缘山麓高岗地区。这一区的汉化自殷代开始，迄汉代大致完成。汉代以前的古代文化，似具有下列之特征，与黄河流域者相关而相异：（1）南方的中石器时代文化与北方者似截然不同，迄今仅在四川、云南、广东、广西有发现，以打制石斧为特征，缺乏细石器。目前的材料似为中南半岛的和平文化（Hoabinhian）向北的延长，而代表一种似美拉尼西亚的海洋尼格罗种的居民（Chang，1956）。（2）南方新石器文化似为华北新石器文化的延长，但有遗失也有添加。其一般特征似华北早晚两期的新石器时代文化，所缺乏的若干显著的特征如夯土建筑似由于自然环境之限制，其重要的增添，或为新的发展（如东南海岸的有段石斧），或为混合土著文化的成分（如打石斧），或为对新环境的新适应（如稻米与芋蓣作物之重要性，房屋的架高的趋势——东部之据岗或建岗而居与南部之建桩而居，竹器之可能的普遍使用与轮制陶器的逐渐消失）。

南方的考古学资料还不够丰富，其文化的一般相貌还不能胜任断代的目的，但大致的趋势，也不无可说：（1）南方新石器文化是一个还是多个，也看"文化"的定义如何。我个人的意见，以为华中、华南新石器文化是华北新石器文化的延长，而在各个不同地区有不同的发展与面貌。（2）这个文化在华中、华南至少有三个大的地方相：西南、华中与东南海岸，可能代表华北新石器文化沿三条主要路线南下的结果——沿渭河上游及嘉陵江入四川盆地，沿汉水入云梦湖区，及沿海岸东南下。（3）这个文化至少有三期可分，每期可由陶器作代表：绳纹陶期，散见于四川与台湾，可能代表华北新石器时代早期的小批移民；"龙山化"期，散见各地，可能代表华北新石器时代晚期的大量移民；及几何印纹陶文化期，可能为龙山化期文化之继续发展加上中原殷周文化的影响而成。第二期的遗址可举四川盆地东缘；湖北宜都的古老背和仙人桥，湖北天门石家河、京山屈家岭和圻春易家山；江苏新沂花厅村、淮安青莲岗、南京北阴阳营下、江宁湖熟、无锡仙蠡墩；浙江的良渚；福建的漳浦；广东海丰的西沙坑（SOW）；与台湾的圆山，台中第一黑陶文化，高雄凤鼻头。第三期的遗址可举四川盆地的宜昌与下巫山峡，湖北圻春易家山；湖南长沙烟墩冲；江西清江；安徽灵璧蒋庙村；江苏南京北阴阳营上、安怀村、锁金村；浙江杭县良渚古荡，嘉兴双桥；福建闽侯浮村、昙石山、光泽、长汀、武平；台湾台中第二黑陶文化；广东海丰的菝仔园（PAT）与三角尾（SAK）；香港的舶辽洲与石壁。

这个假说否定了 Linton（1955）与 Sauer（1952），以东南亚为农业起源中心之一的假说，并牵涉民族学资料之使用。这两项问题的讨论及南方古文化一般相貌的叙述，将在另文中发表。

上文为断代之目的将中国三区史前文化发展的全貌做了一个初步的假定，本节讨论是一切年代学研究的基础，为下节所述各方面的断代方法提供了一个简短的文化整体观念的背景。

三　层　位

层位学是年代学的基本根据，是最简单也最重要的方法。

由上节的暗示，层位学的基本空间单位越小越准确，基本时间单位则应以文化整体为讨论的根据。照现代美洲考古学者常用的术语，遗址（Locality）的层位单位不是人工分成以时或公分为标准的单位而是以生活面为标准的占居层（Component）；同一文化整体的占居层构成一遗址的一文化层（phase），但文化层的分布经常不限于单一遗址而扩展到考古学上的区域（region）或地方（area）（Willey and Phillips, 1958）。本文讨论层位时，将使用一个文化整体在一个遗址中某一段时间的全部遗留为一个文化层，给予文化整体的名称。以文化整体的某一片面代替文化整体全体的错误，这里尽量避免。

（一）黄河流域

就新石器时代早期文化一般而言，龙山期文化压在仰韶期文化之上的层位，广见于华北，如豫北安阳的后冈、侯家庄高井台子、同乐寨、浚县的刘庄、大赉店、草店、凤凰台、芦台；豫西伊阳的上店、陕县的庙底沟；河南的三门峡；陕西西安的开瑞庄、丰镐村、武功的杜家坡。甘肃天水的西山坪与七里墩、渭源寺坪、宁定阳洼湾与永靖的刘未家。这些层位上的证据相当可信地确立了全华北性的仰韶、龙山两期文化的相对地位。兼有二期文化特征的许多遗址（如仰韶村），多集中在豫西、秦中、晋南，很可以认为代表二期文化之间的过渡阶段。可注意的是，迄今未发现一个可信的龙山期文化在下仰韶期文化在上的层位。

仰韶期文化压在中石器时代文化之上的层位，尚未发现，但显然是可以假定的。龙山期文化压在历史文化之下的层位，不胜其数。河南境内多压在殷商文化下面，陕西境内压在周文化之下，山东境内城子崖的黑陶文化压在晚周文化之下。这都表示各地历史文明的发展时代不一。

龙山期内可能也有许多阶段可分，但还没有人注意到龙山期文化本身的分层问题。仰韶期文化本身以内显然也可分为不少阶段，目前从层位上可分的至少有三层：先彩陶文化层、彩陶文化层与彩陶与黑（灰）陶文化层。先彩陶文化层与彩陶文化层的层位关系，早就发现于陕西宝鸡的斗鸡台。徐炳昶在1934年到1935年发掘斗鸡台的沟东区，在彩陶期绳纹与彩绘的陶片下面得了一层无彩陶以绳篮纹粗陶片为主的文化，其石骨器与彩陶期者无异（徐炳昶，1936）。发现的当时，因中国考古学的知识尚在开始的阶段，一般学者对徐氏发掘的意义还不能认清。今日虽然这仍是唯一的层位证据，但根据其他方面的研究（下文），斗鸡台的层位可以认为是成立的了。从这一层位我们可知华北新石器时代早期的文化，是以绳篮纹陶片和一般石骨器为主。到了早期的后半才有彩陶的出现。

仰韶期彩陶层早于彩陶黑陶层的层位关系，可见于仰韶村。这个遗址的陶片出土深度的记录，见于安特生发掘的两坑（Ⅱ，Ⅲ）；安氏公布他的记录如下（Andersson，1947：23—25）：

坑 Ⅱ

	灰黑陶	红 陶
0 – 70cm	70	33（一片为彩陶；另外32片代表一个打破的罐子）
70 – 150cm	15	5
150 – 200cm	3	5
200 – 240cm	4	2
240 – 270cm	2	7
270 – 315cm	1	3

坑Ⅲ

	灰黑陶	红陶
0 – 70cm	51	11
85 – 140cm	31	16

从这记录可以看得出彩（红）陶渐减而黑灰陶增多的情形；与黑灰陶之增加一起可见的是这一遗址文化之趋于固定与繁荣，也是从早期文化转变到晚期的迹象。安氏的记录可靠到什么程度，有无代表性，我们都不敢说定。但这种从较纯的彩陶层到含灰黑陶较多的彩陶层的变化，还见于别处。

彩陶层本身是不是可以再分层，是很值得注意的问题，前文提及荆村的仰韶期文化代表三层居住面，半坡代表四层，孙旗屯有六七层。可惜这些层的器物没有分别发表，使我们无法判断中原彩陶层内的变化。甘肃的资料中，则似可见到分为两层的可能：中原彩陶层（与河南陕西者相近）与甘肃彩陶层（包含半山马厂二期）（参阅水野清一，1957：17）。二者的层位关系可见于临洮马家窑——瓦家坪遗址："于马家窑南麻峪沟口北岸的第一台地（10—30cm）上，灰层堆积较厚。在一处厚灰层的断面上，有一米的扰土，其下为厚灰层，厚约3.5m，上部约有1.5m厚的一层灰土，较松软，所出均陶片，有彩陶、泥红、泥灰、砂红、砂灰。彩陶为黑彩，以宽条纹为主，多平行纹，还有圆点纹，有内彩片和口沿繁彩片，器形有碗、盆、壶、罐。泥红灰陶片多素面碗器。砂陶为绳纹、侈口外卷之罐盆类。上述情况似兰州雁儿湾（甘肃仰韶文化马家窑期）。其下为较密而硬的下部灰层，出土物除磨石凿、骨器，及灰陶环外，为陶片：彩陶片为黑彩，以弧线三角纹及钩叶圆点纹为主，还有细线条纹、网纹、宽带条纹、口沿单彩碗片，敛口的盆片；泥红灰陶片有素面碗片，大量细绳纹尖底瓶片，多红少灰，粗砂陶片多红褐、少灰、斜绳纹、弇口和口沿加厚的盆缸罐——下部似渭河上游的纯仰韶。"根据这一报告，我们很可推断甘肃的彩陶层比中原的为晚，二者的过渡阶段在渭河上游一带表现得很为清楚，下节讨论"分布"时还要提到。

(二) 北疆

北疆新石器时代内的分层研究，还没有人作过详尽的研究。我们对这一区域的新石器时代遗物的断代，多半只能用间接的层位学，即根据由华北输入或影响而产生的特征在华北出现的先后来断定它们在北疆的先后。如赤峰红山后第二住地的文化近似新华北石器时代文化的早期而辽东的羊头洼近似晚期。下文论及风格层时再谈。

南满新石器时代文化有早于汉代文化的层位证据。在吉林市郊松花江右岸的江北土城子遗址，有两文化层：新石器时代文化层在下（以沙陶为代表），汉代文化层在上（以汉代的细泥灰陶为代表）。这当然不是说：南满的新石器时代文化到了汉代便告结束。

(三) 淮河秦岭以南

华南中石器时代打石斧迄今只发现于西南与广东，已知的遗址有：广西武鸣县苞桥、芭勋、腾翔及桂林北门外，云南邱北县城西黑景隆村岩荫，四川盆地各地，广东海丰（Maglioni, 1938：211）与香港（Schofield, 1935）。这一层文化之早于华南新石器文化，不但在一般文化相貌上可想而知，而且在四川代溪有层位上的证据：在此地，Nelson 曾找到一块暴露面，面上所示，打制石斧可及地面下 14 英尺深，而陶片到 9 英尺以上才陆续出现（Cheng，1957：34）。

从文化一般相貌、层位，与地理分布的各项证据来看，华南最早的新石器时代文化是绳纹粗陶伴打制石斧或磨制石斧的一层。这一层文化是中石器时代的人接受了北方传来的陶业与农业（？）的结果，还是北方新石器时代早期先彩陶层南下的移民，目前还难说定，但后一种可能性似乎比较大些。绳纹陶文化层在华南尚只发现于四川、台湾与香港。它在四川之年代的古远，全靠地理分布上的证据，但在台湾与香港则有层位的证据予以支持。在台湾西海岸中部的大甲水源地、铁砧山、清水牛骂头，与北部的圆山贝冢，绳纹陶文化层都很显然的是台湾新石器文化最早的一层。香港舶辽洲大湾遗址的最下层，照芬神父的报告，出土粗制绳纹陶器，为舶辽洲最早的文化（Finn，1932—1936：258）。

继绳纹陶文化层之后，彩陶层文化对四川盆地也略有影响：磨光细泥红陶见于宜都古老背、仙人桥、归州的新滩和巫山的代溪；彩绘的细泥红陶见于古老背和岷江的卫州。但整个四川盆地以外的华中、华南到今尚未发现彩陶层的移人文化。这是因为工作不够因而尚未发现，还是因为华北彩层文化在其持续期间因为某种原因未向南方移动与扩张，目前还不能说定。

华中华南新石器文化之大批出现，为相当华北龙山期文化水准的若干遗址所代表的我所谓"龙山化层"。它的文化相貌，如前节所说的，具有似龙山期的石器与陶器，但添加许多地方性的特征。在四川盆地这一层文化的地位，全靠分布和风格层决定。在长江中游，在湖北黄陂的杨家湾与江西的清江则有层位上的证据，知道它早于次一文化层，即几何印纹陶文化层。江西清江附近的几处新石器时代文化遗址中，"就几处遭破坏出现的灰层的坑沿看来，只见沙陶、泥陶的堆积，未见印纹硬陶的共存。另外，有沙陶、泥陶和印纹硬陶共存在于地面的遗址"。这沙陶和泥陶，其制作风格和纹饰习尚，有与安徽寿县、青莲岗，江宁湖熟镇，浙江良渚、老和山等处出土的陶片，颇多近似的地方，也具有龙山文化的某些特征。在东南海岸，龙山化文化层之晚于绳纹陶文化层的层位见于台湾圆山贝冢与大甲水源地；龙山化文化层早于几何印纹陶文化层之层位见于江苏南京北阴阳营，浙江崇德北道桥及良渚镇，和广东海丰的西沙坑（SOW）。

华中华南几何印纹陶文化层比龙山化层为晚，比历史文化为早。这所谓历史文化在各地是相对的：在若干处可能是西周，若干处可能是东周，若干处可能是汉。几何印纹硬陶在江苏溧阳的社渚和无锡荣巷的漳山都出于春秋战国时代的墓葬；在前一遗址共存的器物有饰兽头的璁铜匕首与战国式的铜镜。在浙江绍兴漓渚、宁波祖关山，江苏无锡、苏州、溧阳等地与广州市郊的汉墓，与浙江萧山临浦的汉窑址，也都有几何印纹硬陶的发现。也就是说，作为文化整体的几何印纹陶文化层，在东南海岸各地可能结束于周汉。在长沙、新石器时代的几何印纹硬陶片出土于楚文化层的填土内，证明在长沙一带新石器时代文化可能到西周以后便告结束。

华中华南三大新石器文化层层内的再分层，目前也有一些材料可说。绳纹陶与彩陶文化层发现还少，可置不论。龙山化文化层本身的有相对年代资料的只有湖北天门石家河遗址。这一遗址整个来说，属于龙山化层，但本身又可分为三个地层：下层出彩陶纺缍、灰黑陶、黄陶、红陶和彩陶；中层出陶土制的禽兽模型与灰黑陶、黄陶与红陶；上层出陶窑，多灰陶少红陶。这个文化相承的次序与华北新石器时代早期之末与晚期之初颇为相似。

几何印纹陶文化层内的地层区分，仅在东南海岸有可靠的资料，有层位记录的有四个遗址：（1）丹徒大港葛村癞鼋墩。分三层，下层出土物以夹砂红陶三足炊器为主，此外有泥质印纹软陶与磨光黑陶，其印纹陶为红色，多手制；中层为混合层；上层出土物仍以夹砂红陶为主，此外有灰黄色、模制、质硬的印纹陶片。（2）南京锁金村。分上下两层，上层有几何印纹硬陶，下层有夹砂红陶、泥质印纹软陶、泥质黑陶。（3）福建闽侯昙石山。出土物以几何印纹硬陶为主，但下层出土的比上层的略软；上下层均有彩陶，下层比上层质软而纹饰复杂。（4）香港大屿山石壁。由层位测量来看。印纹粗陶与硬陶同层而软陶及绳纹粗陶为较低（Schofield，1940：279）。由这四处层位可见，几何印纹陶文化层的早期与前一文化期（龙山化期）相近，而几何印纹陶越晚而越精制质硬。固然各报告所描述的"硬"、"软"，并没有一个客观清楚的标准，但由四处层位所证明的一致的发展趋势是值得注意的。

四　分　布

地理分布这一概念在年代学上的应用，最常见的有两原则：（1）某种文化特征之年代久远与分布范围成正比；（2）地理上相毗邻的两遗址如在文化整体上迥异，则其年代有先后之不同。这两个原则都只能作为断代的辅助工作，而不能单独胜任作证，因其致误的可能性颇大。这都是考古学上的一般知识，不必赘叙，我们且选择两项文化特征考察其分布，以为例示。

(一) 绳纹陶

绳纹陶是东西区域分布最广、持续最久的一种陶器。在"绳纹陶"这个名称之下，事实上包括许多种类的陶器：颜色多半是红色或灰色；质料有粗有细，多半含不少杂拌质料；制造的方法不一，有范制的，有模制的，有手制（圈泥法）后再拍打的；器的形状不一，从尖底的炊器、贮器到平底器、三足器、圈足器；装饰都是绳纹，但有粗细正斜之别，施印的方法也不一，而与制法有关，其拍打上的绳纹有用绳缠的拍子的，有用雕绳纹的拍子的，拍子或是一根棒棍（滚印）或是一块平板（拍印），施印以后有保全全面绳纹的，有抹掉一部分再加上其他纹饰的。所有这些"绳纹陶"都可以认为是有关系的一项文化特征，因为（1）其地理分布是连续的，（2）其时间分布也是相连续的，(3) 主要的特征相同（绳纹、多作成含砂耐火的炊器、绳纹多半是拍上去的），（4）伴存的文化特征也是相连续的。

绳纹陶的分布，北起西伯利亚（并向东达到北美东北部，向西达到斯堪的纳维亚半岛），中经中国本部，南达中南半岛、泰国与马来亚，甚至太平洋区域（Solheim, 1952）。中国的新石器时代遗址中，我敢冒险地讲，多半多多少少有些绳纹陶片，而且经常占全体陶片的一大部分。许多考古调查发掘的报告里忽略了这种"太常见"的陶片的叙述而尽量注意一些花纹美观奇特的彩陶片、印纹陶片之类，以至于这些报告给我们的印象与事实不完全一致。时间上的分布呢？华北的遗址里，从注意到陶片数目的统计的报告里可以看出，从仰韶期的半坡（水野清一，1957：11）到殷商时代的小屯（李济，1756），绳纹陶都是出土陶片里的大宗。华中、华南如上节所示,绳纹陶片出土最早,且一直持续。鹿野忠雄(1952)在台湾有层位的遗址未曾发现之前已经从地理分布的见地推测台湾先史文化的底层为绳纹陶文化层。郑德坤(1957)研究四川盆地绳纹陶片的分布,也认为是最早一层的新石器文化。绳纹陶器在东亚分布如许之广,其起源一定相当古远;层位学的证据也证实了绳纹陶是中国新石器时代最早出现的陶器。Ward 早已怀疑到这一点,曾做过如次的观察(Ward,1954:133):

> 华北所有的新石器时代遗址,不论是红陶文化还是黑陶文化的,都包含另外一种以绳席纹为特征的陶系;这一陶系与普见于东亚(北自西伯利亚南到印度支那与马来亚)的陶器有密切的关系。在华北与这种陶器一起,也有和在西伯利亚、印度支那和马来亚的绳席纹陶器伴存者相同的磨石斧。如果这些关系可靠的话,这些文化特质在东亚如此广泛的分布一定曾经过相当长的时间。因此我们便不得不假定,这一型陶器和磨光石斧在华北平原的初次出现,是在彩陶与黑陶在本区之较晚的发展之前。这个假定的证实,全靠不含彩陶和黑陶而含有绳席纹和石磨斧的遗址的发现。迄今为止,这种遗址在华北还未有人报告过……但其最后的发现几乎是不成问题的。

北平研究院在斗鸡台的发现,是在 Ward 作此"预言"之前;嗣后在洛阳附近发现过三处遗址,我怀疑可能代表先彩陶文化层的新石器时代初期文化:(1)大东店遗址。在宜阳城东八里村东南黄土台地上,遗物有石斧、石凿、灰色夹砂粗绳纹陶片,和灰色堆纹陶片。(2)厥山村遗址。在新安县城西十五里涧河南岸,出土夹砂粗灰绳纹陶,及夹砂粗红绳纹陶。(3)南岗村遗址。在新安西二十里河北岸，出土灰色绳纹陶、灰色篮纹陶、夹砂粗绳纹陶、粗红陶、附加堆纹陶，形制有鬲和罐。最后一个遗址有鬲，也许较晚；但鬲在中国新石器时代的历史还不算太清楚。这三个遗址都没有彩陶与灰黑细陶，其位置却在彩陶与龙山期陶器发展中心的豫西区域；同在新安县城西边的暖泉沟村和高平砦村则都是典型的彩陶遗址。因此它们早于彩陶期的可能性非常得大[1]，就华北一般而言，新石器时代最初期的陶器可能以绳纹陶为代表，大概是不成什么问题的了。华中与华南的证据则上文已经详述。

不但如此，新石器时代的华北在地理分布的位置上还是整个东亚绳纹陶文化分布的中心区域。我们颇有理由相信，整个东亚地区以及北方森林地区的绳纹陶业都是由黄河流域这一个中心放射出去的：（1）黄河流域的新石器时代以绳纹陶为主要特征之一。（2）绳纹陶在黄河流域自已知中石器时代一开始就大量出现，与黄河流域其他文化特征是互相结合的一体，不像是外面传入的文化。（3）南方的绳纹陶层分布稀疏，显是北方同层的延长。（4）北方森林地带的中石器时代文化不像是独立发明陶器的中心；这里与绳纹陶相伴的特征如磨光石斧、半月形和长方形的板岩石刀、磨光的板岩石镞，都是华北新石器时代的特征遗物。（5）绳纹陶虽可见于中石器时代的斯堪的纳维

---

[1] 高晓梅（去寻）师来信说："在彩陶文化之前应该是绳纹陶文化的意见，在理论上是可以成立的。但这几个遗址仅出了碎陶片……春秋战国时的陶器（家用者）大都是带粗砂或细砂，有粗绳纹或细绳纹之陶瓦。如果这时期的遗址中未发现金属品而陶器又仅是碎片，便容易被认为是史前遗迹。桑志华在北疆发现的所谓史前陶瓦便有这种错误。"不但春秋战国的陶片，连辽代的印纹陶片都常被认为是史前的。高先生这一段话，应该牢记，解决的办法只有发掘。

亚（Erteblle，Maglemose）与6000B.C.左右的近东，却都是零星出现；假如北欧亚的绳纹陶是从这方面传入的，在伴存遗物上几乎完全找不到痕迹。当然，这绳纹陶业起源于黄河流域的说法只是数种可能假定之一，但目前所见的证据似乎在这种解释之下都可以说得过去。也许从黄河流域的新石器时代的一开始，绳纹陶便始向南北传布。南方传到南洋、北方经西伯利亚一直传到美洲。北方森林地带是一片文化传布的大道，如Spaulding所说（1946:146）：

> 北方森林地带（Taiga）的有限资源促成频繁的民族移动，因为人口的少量增加便会在不久之后在老地方产生压力，因而新的社会群便游迹于尚未住人的地区。这种环境上的影响造成广大地域之人口稀薄而文化齐一。文化之齐一，不但是由于环境的限制力量，而且由于自然障碍的稀少与自然资源在全区域之类似性所促成的广泛传播力量。

因此绳纹陶器与相伴特征之向北广布，不是不可能的。假如我们接受这一假定，即接受黄河流域始制绳纹陶器的说法，则我们对于黄河流域新石器时代开始的绝对年代就有了一个猜测的基础。假如黄河流域是绳纹陶业起源的中心，而南北的绳纹陶业是继起的传布，则绳纹陶业在东亚及毗邻地区的时空分布，便以一个倒装的金字塔的形状，其尖端亦即最古老的源头，在中心的黄河流域，越往外边时代越晚。绳纹陶器的绝对年代，已经碳14测定法得知的，重要的有下列两条：

北美东北的森林文化：4400 ± 260（ca. 2400 ± 260B.C.）（Libby，1955:93）

日本的绳纹式文化：5100 ± 400（ca. 3100 ± 400B. C.）
（Crane，1956∶8）

由其他方法估计的：

北欧绳纹陶文化：3000 - 2000B. C. 之后期（Gimbutas，1956∶181）

西伯利亚陶业开始：4000 - 3000B. C. （Michael，1958∶33）

照这四个较早的年代来推，黄河流域新石器时代开始的年代，至少要在4000B. C. 以前。事实上，本文未能尽述的若干证据更暗示一个比这个年代早得多的起源。换言之，华北从新石器时代开始到城市文明产生，中间经过了3000年以上的发展。从近东和美洲的年代学来看，这个数字不多也不少。但这时暂时先不提它。

(二) 彩陶

观察华北彩陶的分布，我们可以看到下面这几点：（1）作为黄河流域新石器时代早期文化的一个成分的彩陶（用彩绘为装饰的磨光红陶）的出现与其衰落都相当的"突然"。（2）它的分布以黄河流域的中下游（从甘肃到山东、河北两省的西部）为主。（3）整个黄河流域的彩陶，从装饰艺术的观点来看，都相当齐一，下节讨论风格层与母题排队时，还要详加讨论。这几件事实指向一个结论：彩陶持续的时间不长，它只出现于新石器时代早期之末，不久即为新石器时代晚期的其他装饰艺术所代。这种现象的成因，不是本文年代学研究的主题。与地理分布有关的事实是：持续不长的彩陶出现在黄河流域新石器时代文化兴盛发达的时代，其出现与黄河流域新石器时代文化之扩张相一致，但它的扩张，北以赤峰、锦西为限，南以淮河、秦岭为限。

但我们并不是说，华北的彩陶文化是"昙花一现"的文化，它持续时间之"短"，只是相对的比较的看法。在华北彩陶持续期间内，尤其在部分地区，新石器时代的文化可能经历了相当的变化。从地理分布的观点来看，这种变化在中原彩陶与甘肃彩陶交错地带的渭水上游一带表现得最为清楚。在甘肃极东部的渭水上游、西汉水流域及泾水流域的彩陶文化，似关中河南，如天水樊家城、甘谷渭水峪、武山雷家沟口下、陇西暖泉山等遗址，并散见于平凉、泾川、灵台、庆阳等县。但此一区域，也有若干遗址含有轻微的甘肃彩陶成分，如天水西山坪，柴家坪、甘谷灰地儿、武山大坪头、陇西吕家坪，和渭源寺坪。从这一区域向西向北，到洮河、大夏河、永靖与兰州附近的黄河沿岸和永登、榆中等地，则以甘肃彩陶文化为主。但也有中原式彩陶的存在。这两种彩陶文化的交错分布情形，暗示时代上有先后之别，马家窑—瓦家坪的层位关系是进一步的证实。

除了黄河流域新石器时代早期整体文化之一成分的彩陶以外，在考古文献上彩陶一名还用于辽东半岛单砣子、望海埚、大连滨町、大台山及羊头洼等遗址出土的涂彩陶器与华中、华南若干新石器时代（多属龙山化期）遗址（湖北天门石家河、京山屈家岭、江苏淮安青莲岗、南京北阴阳营下、福建闽侯昙石山、台湾澎湖良文港、高雄桃子园、凤鼻头，及广东海丰的西沙坑）出土的涂彩陶器。这些涂彩陶器在形成的来源上与华北的彩陶有无关联，虽是颇耐人寻味的问题，但事实是它们都出土于龙山化期遗址或更晚，因而它们（1）或与华北彩陶无关，各为地方性的产物，（2）或其涂彩的观念为华北彩陶文化影响下的余波。照后文所作花纹母题的分析，可知这些彩陶的花纹接近同遗址出土的印纹或划纹而与华北彩陶花纹距离辽远，再鉴于技术上的差异（多是烧成陶器后再上彩），第一种可能性远较第二种为大。唯湖北的彩陶为可能的例外。

(三) 其他

地理分布的研究，应用至广，且常与他法并用。彩陶与南方几何形印纹陶花纹母题的分布情形在断代上的意义，留待下节。

五　风格层

美洲古代印第安人考古学，由于其材料之性质（即文字记录之缺乏），以年代学方法之繁复见胜于旧世界，尤其对陶器装饰与美术雕刻的分析研究，更可为我们的参考。本节的"风格层"与下节的"母题排队"两个概念，都是从美洲考古学上的类似观念变化而来以求适用于中国的材料。

"风格层"（style horizon）是我杜撰的新名词，由美洲学者所谓 horizon-style 与 horizon 两个概念之结合而来。"风格"（style）系指"若干形式之依特殊款式之相当固定的结合"（Kroeber, 1957: 26），其特征为（1）特殊（unique or particular）与（2）固定（consistent），因而代表一定之文化在一定之时间的表现形式，而可供年代学上重要的利用。horizon-style 最初用于南美秘鲁之考古，为 Max Uhle 首创，Kroeber 继成，乃指某一种"占大片的地域而持续甚短期间"的一种美术风格。"根据美术风格之历史的独特性的假设，再加上风格通常相当迅速变化这进一步的假设，于是那时间的范围就在理论上减缩到使 horizon-style 可将空间上相隔甚远的文化单位在时间上相等的那一点"（Willey and Phillips, 1958: 32）。因此，horizon-style 是确定 horizon

的手段之一，后者之定义是："一种由文化特质及其集合所代表的以空间为主的连续体，其文化特质及其集合的性质与出现的方式，容许学者假定一种广泛而迅速的传布。"（同上书：33）一个 horizon 内之诸考古单位，假定为大致同时。这些观念在中国新石器时代的研究上，都非常有用，但由于材料和时间的限制，我对这一方面的研究，还不能说是完全，下面只选出少数风格层来，看看这一方面的研究可能有什么性质的贡献。我们所称"风格层"，是指主要建立于 horizon-style 之上的 horizon。这 horizon 除了 horizon-style 还能包含些什么样的"文化特质及其集合"，在不同的个例中有不同的情形。

我们还不妨把风格层分成两种：大风格层（macro-style horizon）与小风格层（micro-style horizon）。二者之"大"、"小"，完全是相对的：我们可以做出一大串风格层出来，依其时代范围之广狭，排成一列，自时间最长的一端开始，每一层对次一层言都是"大"，对前一层而言都是"小"。这种区分的用途，下文逐渐可以看出来。下文风格层区分的标准，以陶器花纹母题为单位。关于"母题"的分析，下节有详细的讨论。

(一) 华北彩陶风格层

如上文谈分布时所说的，华北的彩陶构成一分布辽阔而持续不长的文化层，其主要特征为陶器的装饰方法与若干特征性的花纹母题。在这一层之内，另可以分为若干小风格层，对这些小层而言，华北彩陶是一大风格层。目前所能判断的小层，只有中原风格层与甘肃风格层。二者的分布不同而在甘东相错，开始的时间当以前者为早，但二者必曾同时存在过一个时间。二者之衰落何者在先，也尚不能决定。

1. 中原风格层：目前可以提出来的花纹母题，可以下列的几种为例，这几种也许不完全是同时的。换言之，中原风格层将来或可再分小风格层。

• 长方块的二方连续，每个长方块中用深色的底衬出一个斜置的叶形或瓜子形，其两尖端之间或用一深色直线相连。（例：曲阳钓鱼台、夏县西阴村、广武秦王寨与牛口峪、天水李家湾。）

• 长方块的二方连续，每个长方块中用深色的底衬出一个曲尺形或四边形或三角形。形内有一黑色圆点及一两条长线。（例：西阴村、永济金盛庄、陕县灵宝与庙底沟。）

• 长方块的二方连续，每个长方块用深色的底衬出一个半圆形出来，半圆形的一边与长方块的一长边为一条线；每两个长方块之间用若干条直线相隔（例：洛阳涧滨、广武秦王寨与牛口峪、天水李家湾、渭源寺坪）。有时半圆形内加一圆点（临洮马家窑、渭源魁星阁）或一眼纹（西阴村、秦王寨）。

• 长方块的二方连续，每个长方块拦腰画一条深色线轴形衬底，形成两个半圆形出来；两个长方块之间用直线或直波纹或交叉线相隔。（例：西阴村、安阳的侯家庄、广武的秦王寨与青台。西安半坡有类似的母题。但半圆形成为三角形，中间的线轴形为两个尖端相接的实心三角形。）

• 圆形的二方连续，圆形之中有两个三角形相叠。（例：西阴村、仰韶村、秦王寨、庙底沟。）

2. 甘肃风格层：目前可提出的花纹母题，例如：

• 齿纹，为装饰图案的单独成立或组成部分，见于洮河流域及其以西以北。

• 垂幛，系主要图案的附属部分，为以一条或多条波纹绘于全图纹的最下部。分布同上。

- 半圆形上下相叠所组成之二方连续,每个半圆形包含多条平行曲线。主要分布于马家窑、兰州永靖和罗汉堂,但也偶见于渭源的魁星阁。
- 正圆形相连之二方连续,每两圆形之间或填以直条纹成树枝形或以条纹或带饰顶踵相连。以前种方式相连者见于洮河流域之西北,以后种方式相连者仅见于半山区、马家窑和朱家寨。
- 菱形横行相连之二方连续,见于洮河流域及其以北以西。

以上各母题之分布较广,其持续时间也可能较长。此外有两个母题,持续期间可能甚短,或系代表甘肃风格层内的两个小层:

- 葫芦形花纹组成之二方连续。只见于半山区,但寺洼山有一例。
- 蹲坐伸臂人形之二方连续。见于马厂沿、兰州及永登。安特生报告了两件"半山"式的陶瓮,上有这种母题。这两件却是在"兰州购买"的。(Anderssion,1943:241)。

(二) 华北龙山风格层

华北新石器时代晚期文化的陶器装饰艺术,远不若其以前的早期及以后的殷商时期的发达。可作为风格层之标准的特征性的装饰母题也极有限。有若干母题(如三角形带纹及弦纹)始盛于此期,但一直持续到殷商,因而难作风格层的标准。目前所能提出的,仅有:

蛋壳黑陶,仅盛见于东部。

- 底部穿孔:平底器或极低的圈足器之底缘或圈足上穿有一圈小孔(例:城子崖、不召寨)。
- 镂孔豆足:细长圈足上穿以各式的孔(例:仰韶村、

两城镇）。

(三) 华北殷商风格层

华北的殷商文化为装饰艺术发展到峰巅的时代。但这一文化期已不在本文处理的时代范围之内，这里只选择其对于北疆与华南新石器时代文化有断代意义的：

- 白陶：一定之色质及雕刻花纹。
- 波状篦纹：用篦形具在陶器未干时画上的连续波纹，数条或十数条为一带。
- 饕餮纹：包括一切兽头纹。
- 双 F 前型纹（参见 Finn, 1932：36）。
- 有放射线之圆形；同心圆纹，一侧有放射线。
- 叠人字形纹：人字形纹相叠于雁行状，拍印于器之全表或一部。
- 复化的方格纹：中国新石器时代与殷商时代有不少花纹母题是贯串各时代的，如绳纹、篮纹、方格纹。这些母题有文化史的意义，对断代的直接用途则极有限。但方格纹之复杂化者，即每一个方格之内再加上其他花样如小点、小方块，或方格由重线相交而成，则在华北自殷商才开始。
- 方形回纹：拍印文之以一线作棱角回旋而形成之方块为单位者。
- 方转波浪纹：即简单之相连回文。
- 席印文：席编织图案之拍文。

(四) 华北风格层向北疆之延长

华北史前陶器装饰艺术风格史的材料比较完备。由于华北新石器时代文化不断向南北扩张，北疆与华中华南乏有陶器的遗址，当可以根据其陶器花纹之显然受到华北影响者在华北风格层中的地位做一种初步的或辅助的断代。这种断代方法与上文批评过的化石指数断代法在手段上虽然相似，但在观点和出发点上有两点基本的不同。（1）"化石指数"是未经选择未经分析的；风格层是经分析过的，时间短暂而性质独特的。因此风格层的断代意义远非化石指数可比。（2）"化石指数"是孤立于文化背景之外的；风格层是用各种方法建立起来的文化整体层次的一部分。

如前所述，华北彩陶风格层向北似乎延长到了相连赤峰与锦西的一线，而赤峰红山后第二居址与锦西沙锅屯的时代，在华北新石器时代早期范围之内，似乎是没有什么疑问的。如照前节层位的讨论，华北新石器时代早期再分为绳纹、彩陶、彩陶与黑陶三层，则上述二址似乎都是彩陶层的。在这一层之内，它们与甘肃彩陶风格层近还是与中原的近，则不能做确定的判断。沙锅屯有近乎秦王寨式的半圆点纹，赤峰有近乎半山区的底部编织印纹与近乎永登县的直平行曲折纹，这也许对二者的关系有若干暗示的意义？彩陶层似乎未曾到达辽东。梅原末治（1947）曾指出旅顺文家屯出土的两片"与中原彩陶文化者完全相同"的磨光红陶片，但这还不够建立起一层文化或风格的证据。

南满的新石器文化可能自华北新石器时代晚期传来，但风格层的证据只有在辽东较为清楚：旅大的豆足镂孔与一部分标准黑陶是断代的良好证据；旅顺老铁山石冢出土的白陶片，也是殷商文化波及辽东的有力证明。

（五）淮河秦岭以南的风格层及其与华北的联系

严格地说，淮河秦岭以南最早可辨的风格层在龙山化时期，比华北的龙山风格层更难完善的确立：唯一代表的母题是豆足的镂孔，见于北阴阳营下、仙蠡墩、双桥、良渚下、老和山、屈家岭、石家河、易家山、清江、武平、西沙坑和大湾。鉴于文化整体的考虑，其中一二遗址，如武平、大湾，必须除去，其地的豆足镂孔可认为是古代传统的遗存。

龙山化期以后一直到汉代，是一个持续期间不算太短而分布地域极为广阔的几何印纹陶风格层。这可说是一个"大层"。这一大层内的小层，从风格层来入手，至少可从早到晚分为下面这几层：

1. 可与华北殷商文化风格层相联系的风格母题：
- 白陶：见于广东的韩江流域（饶宗颐，1954）。
- 波状篦纹：黑孤堆、北阴阳营上、浙江萧山汉窑址、江西清江、福建武平、台湾凤鼻头上、海丰山角尾（?）、广州西汉墓。这一母题显然在此区持续甚久，失去了作小风格层的条件。
- 饕餮纹：见于葛村与安怀村。
- 双F纹：见于广东清远，香港榕树湾、大湾与右壁。
- 有放射线之圆形：见于崇德北道桥上层。
- 叠人字形纹：广见，其情形与波状篦纹相似。
- 复化的方格纹：同上。
- 方形回纹：见于武平、龙岩、榕树湾、北阴阳营居址、锡山公园乙、光泽、葛村、北道桥、清江、浮村。
- 方形波浪纹：见于安怀村、葛村、锁金村及北道桥上。
- 席印纹：广见。

2. 不见于殷商风格层，但在本区形成风格层，其形式有从前层变化出来的：
- 鱼骨形纹：似由叠人字形纹变化出来，见于徐婆桥、北道桥上、锁金村、锡山公园甲、葫芦山、三角尾、石壁、河田、浮村、光泽、大湾。

- 牙刷形纹：以一直线之一侧连接一排短平行线为单位，广见。
- 正斜方格纹相叠：成米字或灯笼孔形，见于双桥、北道桥、徐婆桥、良渚上、清江、武平、龙岩，及绍兴、萧山、广州之汉址。

3. 显然较晚的风格层，似乎近于汉代，只有一种母题：

- 填充花纹：即在方格纹、席纹或牙刷形纹之间，隔相当距离即填一方形、菱形或铜钱形之简单花纹者，见于武平、北道桥、葫芦山和广州的西汉墓。

第一组可能代表较早的一层或数层风格层；第二组可能较第一组为晚，或部分同时；这一组无疑代表数个风格层；第三组可以晚到汉代，这三组风格层可再分多少小层，各小层之确切时空分布如何，都有待进一步的研究。从地理分布的观点，似可看出，以上三组花纹的分布有重心南移的趋势。换言之，南方新石器时代文化的重心，随中原历史文化之南下而逐步南移。殷文化的统治势力似到淮河流域为止，但与南方直到海岸都有往来；西周文化到了江苏、安徽和湖北；东周文化统治了湖南、浙江；而广东、福建之入中原文化版图是秦汉以后的事。历史的知识，可给我们的风格层断代方法一层有力的旁证。但每一区域之加入中原历史文化版图，也不是一朝一夕的事。原始文化在本区域高文化中心建立起来以后，还能持续一个长时期，是想当然的事。所以就江苏而言，新石器文化不一定绝迹于周，就广东而言，不一定绝迹于汉。

六　母题排队

(一) 母题分析与母题排队[1]

"母题排队"（Motif-seriation）这个杜撰的怪名词，在中国考古学上尚属初见。它虽然是仿照美洲考古学常用的技术而来，但经过概念上基本的刷新，因此我先把这项方法详细说明一下。

"排队"（Seriation）的断代法，发展于北美洲，因为这一区域遗留丰富，代表的年代长久，而层位学的证据不足应用，"排队法"是考古学家在没办法时想出来的断代法。其法的程序：将以不同之比例出现于一连串遗址之中的一种有风格变化的型式（A Stylistic Variable，例如陶器）的遗物，根据某种附属的参考标准，依照一种因素（如一种陶器的型式）的序列，而加以排列（Spier，1933：283）。这种方法，最先由 Kroeber（1916）与 Spier（1917）施用于 Zuni 印第安人旧址的断代，甚为成功，从兹为美洲考古学家广泛采用，并为 Rouse（1939）与 Ford（1935 a，b，1936，1938，1949，1951，1952；Phillips，Ford，and Griffin，1951）做详尽的理论上的发展与修正。

这种排队的方法在中国新石器时代的研究上，很为适用，因为中国新石器时代陶器的风格变化丰富，而且考古学者对陶器的形制与花纹一向注意描写与发表。但在另一方面，陶器之

---

[1] 本节原稿用英文写，曾给 Clyde Kluckhohn 与 Philip Phillips 两位先生看过，获益不浅，敬此志谢。

各型式的层位与数字则在绝大多数的发掘报告中毫无资料可寻，因此使用百分比的任何方法目前都不能使用。不幸的是，几乎所有的排队断代法都需要百分比的数字。但在原则上，Ford应用于美国东南部的下述断代技术可供我们发展一种新技术的参考：首先将一考古区域（越小越好）内诸遗址出土的陶器花纹分为各种成分（Components，包括元素Elements与母题motif）：

> 分类必须详尽。某一种装饰在不同遗址中重复地出现可使考古学者断定这种装饰到底是代表一个真实的有意义的类型还是只是一个地方性的变态。逐渐也许可以看出：在许多不同的遗址中有好几种不同的装饰相伴地出现。这些相伴存的装饰就是成组出现的风格样式，形成我所谓的"装饰丛"。分布于一个有限的区域内的……装饰丛就很可以代表一个独特的时间的水平。（Ford，1938：262）

把这一方法应用到中国的材料上时，我们可以采取下述的步骤：（1）把某一遗址的陶器装饰纹样分析成独立之母题；（2）列举某一考古区域中一连串遗址中各种母题的出现情形；（3）将各址的花纹母题依其异同排列在一起成为一个"区域母题队"；（4）队有排头有排尾，依某项附属标准断代哪一头在时间上在先，哪一头在后。这种方法实行起来，非常啰唆但毫不难办，大致与Prouskouriakoff（1950）排列古典时代玛雅人的石柱（Stela）的方法相近。记得劳贞一先生在研究敦煌各石室壁画的年代先后时似也采用过类似的技术。

然而，任何一种母题排队法都要遭遇一项基本观念上的难题，即作为研究之中心的风格样式之单位的概念上的界说。排队断代学者在把两个时间水平依其风格样式之同异而排在一处时必须先作一假定，即后一时间水平内之若干单位为其革新，另外若干则为前一水平者之延长。例如，A水平有三角形、圆圈与方块，B水平有三角形、圆圈与交叉线，C水平有三角形、交叉线与点。乍看起来，排一条队容易之至：

A：方块——圆圈——三角形

B：　　　圆圈——三角形——交叉线

C：　　　　　　　三角形——交叉线——点。

但深究起来，这一条队牵涉两个基本的问题：（1）形式上的相同，是不是能代表历史上的延长？会不会只是偶然的？（2）假如我们承认它们是历史上的延长，我们要先断定，所使用的单位在A、B、C三个水平所代表的社会中的确都被认为是"单位"，才能把它们互相比较；如果A社会以三角形为单位，而C社会中三角形只作为单位的一成分而存在，则二者的相同只是偶然的，A、C两水平的关系就没根据可言。这两个问题是彼此相关的，但不妨分别讨论。前一问题也许又要引起"历史传递"与"独立发生"的辩论，但我们所使用的母题不像这例子中所用的这样简单，而通常应代表一种特殊的风格。下面仅把第二个问题详细地讨论一下，第二个问题解决了以后，第一个问题也就大部分解决。这第二个问题牵涉辩论了数十年的，型式学的型式是人工的还是历史的真实的问题。即使我们先把"型式应当是什么"的问题搁在一边，只要我们把一个型式（在这里指一种陶器装饰花纹的单位）看做时间持续性的代表，我们就非找那艺术家眼中的型式不可。换言之，我们面临的问题是如何做妥当的母题分析，如何能找到在当时的艺术家的眼中看来是一个单位的母题单位？

现有的考古学文献不能解决这问题。Ford承认他的分析方法

"是极度的主观，主要依照分类者的判断"（Ford，1936：18）。唯一的补救办法是"尽量使用一个分类者"（Ford，1935：8）。可见 Ford 分析出来的单位（包括母题与其组成元素）只是 Ford 眼光中的装饰单位。在这两方面，Prouskouriakoff 的研究也很少帮助。

最近，人类学家有使用以语言分析为范本的结构分析法于人类学各分野的趋势（如：Levi-Strauss，1949，1958；Kluckkohn，1956；Chang，1958），法国人 Jean-Claude Gardin 也试用这种观念作考古学器物的一般分类。Gardin 氏是法国考古学社（Institut Français d'archéologique）研究员，以数年之力发明了一种考古器物的卡片机械登记箱（Fichier mécanographique），为使用机械以登记考古学文献之内容。为此有必要发明一种全世界适用的分类方法以便于登记。在"装饰"一项下，Gardin 对其单位之分类法的说明如下：

> 在全世界所见装饰花纹之构成的杂乱无章的变异性，多少可为许多次经验分析后所得的少数单位之频常的再现所调剂。这些单位可以分成两组：有些是具体的"花样"（signs），如螺旋纹、"Z"形、环线，这些花样历种种结合与变形而不失其特殊的形象；另外一些是抽象的"动作"（operations），如对称，在一条线上的分级、轮转；这些动作应用于花样之上而产生特异的装饰范畴——棕榈叶形、回纹、玫瑰花形——或较大的装饰纹样……我们在分析了千万种不管其个别来源如何而选出的装饰花纹之后，得到了不到 20 种的花样和 15 种的动作，后者可再分为 6 组。（Gardin，1958：341—342）

如任何一种"基本花样"（elementary signs）"依一种样式重复多次，则可得称为'一级花样'的一组"（同上文：342）。一级花样共有 600 个，"可再由一种或一种以上之附加动作演变出 18000 种'二级'花样来"（同上文：342）。分类与分析单位的标准，不是任何"比较客观的规则"（同上文：352），而基于"由许多经验分析"（同上文：341）而来的"几条实际上自然产生的类化作用"（同上文：352）。

到此为止，Gardin 与前人的研究并无基本上的区别。但他并不以分类分析为满足，而要进一步从"现代语言学理论"上找寻基础（同上文：335），认为他的基本单位是与"语位相当的单位"而称之为"图位"（graphemes）（同上文：351）。他的"图位"是不是合乎我们对历史研究之单位的要求呢？由进一步的检讨，我认为它们实在名实不副，与 Ford 的装饰成分在基本上仍是相同的，虽然我们必须承认他把结构分析的概念在装饰花纹之分析上提出的功劳。

如上所述，一个有历史延续性的装饰花纹单位必须"有意义"（meaningful）。换言之，一个装饰花纹单位可以为一抽象体，但应为"真实"的抽象，而不应为纯形式的抽象。所谓"真实"，应包含其表达给感官的内容在内（Prall, 1936：58）。对一个艺术家而言，一个感性的单位必当代表一定的意义。在语言学上，音位代表"真实"，因它既有一定的音调，又为"造成意义上之差异的最小单位"（Bloomfield, 1933：136；又见 Bloomfield, 1939：21）。Gardin 似乎并不是不知道这一点，因他也说"只要我们一把我们的单位'音位化'。我们就移到不稳的基础上了。……换句话说，虽则同位音素（Allophones）之断定可以根据较客观的规则，'同位图素'（Allographs）的定义却只是少数实际上自然产生的类化作用的一种不固定的产物而已"

(Gardin, 1958:352)。他也承认在他的处理之后，真实性会走了样（同上文:345）。但他为自己辩护说："我的目的不是要发明一门装饰艺术的科学，美学的也好，不是美学的也好。这一地步的分析只不过是通常的叙述之经济的表达法而已；我故意地把它剥去学术上的牵连而代以一种与历史和艺术不相干的粗糙的几何式的表达法——至少在一个短时间之内。"（同上文:345）由这段话我们可以看出，Gardin 的"图位"之被剥掉了"真实"的意义，正因为它们是得自"不管其个别来源如何而选出来的千万种装饰花样"（同上文:342）。不错，Gardin 说了"在一个短时间之内"。但我们一旦把与语言学者相似的结构分析的概念提出来，就不能把所分析的因素褫除于其文化社会环境之外。在语言学上，从没听说过"全世界性的音位"的观念，音位代表个别语言集团的结构系统。在美学上，情形也相似：美术上之诉人心弦的焦点（focus of intelligibility）是在感性表现中所呈示的"感情"或"看法"（feeling）（Prall, 1939: 141, 147—148）。"看法"是艺术家的，而在原始社会里，也就差不多是全社会的（Firth, 1961:173）。在理论上，虽然"螺旋"在 A 社会可能被认为一个感性表现的单位，在 B 社会则未必。某一种图样是否可认为"图位"，系在个位的情形必须单独决定的问题，而不是一件可以先行假定的事实。每一个图样固然在它所能代表的意义上有一定的范围，亦即有若干可作为"单位"的条件，但某种"看法"或"感情"之与某种图样的特殊的结合，常常是纯粹人为的，而为个别的社会文化所决定。因此，Gardin 的"图位"事实上只有国际音标的作用而不一定能相当音位的作用，它还是不能胜任我们要求历史研究单位的条件。

上面用很多的篇幅来讨论这似乎与本题无关的问题，并不算是多余，一方面这个问题所牵涉的种种理论是目前（以及将来）世界考古学上争论的中心问题之一，值得我们的注意，另一方面我们只有把这些基本的探讨交代过去以后才能开始着手发明我们自己的一套技术。关于我们自己的母题分析的目的和性质，先有几点应说明的：（1）为了减少关于装饰形式之诸决定因素的枝连（Bunzel，1938：540），我们分析的原料以陶器装饰花纹为限。分析的对象完全是形式上的，对装饰的方法（彩绘、刻画、拍印等）与所要表达的"看法"，不做直接的探讨，因为这些因素影响形式而反映于形式之上。（2）分析的目的是考古学的断代研究。因考古遗址中经常发现的是陶片而不是全整的陶器，所以我们只注意单个的母题而暂时不管各母题在全器上的结合关系，虽然后者在美术风格史的研究上远比单个的母题为重要。（3）装饰母题的界说。根据个别史前遗址住民的"看法"而做个别的分析。

一件陶器的全部装饰花纹（以任何一种方法投影）是一个别的陶器集团（亦即一个考古遗址之一个占住层）的陶器装饰的最大单位，可称为"装饰单位"（décoreme）。一个装饰单位由一个或一群母题（motif）组成；母题是分析下来的最小的装饰的单位。一个或一个以上的母题可以归入一个"母题单位"（motifeme），为最小的有辨义作用的单位，而其诸构成母题可称为"同位母题"（allo-motifs）。母题单位有三种形式：（1）自由形式（free form），可单独出现形成装饰单位，或为两个以上的装饰单位中可互相移位的构成因素（interchangeable constituents）。（2）有限形式（bound form），只能作为两个以上的装饰单位中可互相移位的构成因素而不能单独出现为装饰单位。（3）飘移形式（adrift form），为在一块陶片上暂时认出来的临时母题单位。材料更多时可能证明为前两种形式之一种，或只是一个同位母题。一个考古学单位中所能发现的母题单位之总体可称为母题群（motif-assemblage）。考古学单位或为一占居层或为一文化层；前者之母题群与后者相对比时可称为"小群"（micro-assemblage）而后者为"大群"（macro-assemblage）。但文化层之母题群与更大单位（如考古文化区）相对比者，则成为小群，而后者为大群。所有的母题群均为广义的同时代的集群（synchronic groupings）。

母题单位之辨认标准为一个或一个以上之母题作为特异之一组而与同一母题群内的其他母题都有本体上与意义上的区别。其特异性的发现可以有下列的三个标准：（1）独立性（Independence），即当装饰单位之一构成分子可独立出现或重复出现而形成另一装饰单位时，可认为一临时的母题单位。（2）互相移位之可能性（Interchangeability），即当一装饰单位之一构成分子可原样出现为另一装饰单位之构成分子时，可认为一临时的母题单位。（3）互斥性（Exclusive occurrence），即当两个或两个以上之临时母题单位之具有类似的形式者（如圆圈与同心圆，五指的手形与三指的手形）不出现于同一装饰单位之内或不出现于两个以上之相似装饰单位之同一位置时，可结合为同一单位，即一母题单位，而构成此一单位内之同位母题。但如同时出现，则显然被当时的艺术家当做不同的形式单位，而每一个临时母题单位即可认为一个母题单位。

施行这几条原则的手续如下：（1）把一个文化层内所有的装饰花纹搜集。（2）依独立性与互相移位性原则提出临时母题单位。（3）依互斥性之原则把临时母题单位合并成为母题单位。所得的就是一个小母题群。此一手续虽然简单，却可发现个别社会之有历史真实性的装饰单位。对于原始艺术家而言，环绕一个典型（model）反复出现的事物就是真实的事物（Eliade，1954：34）环绕一个可独立存在或可互相移位的典型反复出现的装饰单位，对于个别的文化或社会中的美术家而言就是真实的单位。此法因此可以避免以我们的分类法代替个别社会的分类法的缺点，并不以产生普遍适用之单位为目标。固然我们的资料常限于陶片因此常常不得不分析到临时母题单位（为飘移单位）这一步为止，但我们的错误只是"暂时"把同位母题当做母题单位，我们的单位仍不失其真实性而可为历史研究的基础。

再进一步要做年代学的研究，只须把各小母题群依异时（diachronic）的次序加以排列。做排列时，所用的基本单位最好是社会学界说的考古单位：一个遗址的一个文化层可视为一个社群（Chang，1958：303），一个小母题群则代表该社群内陶器花纹变异的范围。民族学家早已指出：二相邻社群如文化相同时代相同则其美术风格的表现也常相似（Boas，1927：175—176），因此如两个或两个以上的相邻社群之小母题群可彼此契合，则这些社群可称在陶器装饰风格上属于同一部落（Chang，1958：307），而其母题总体构成一同时代的大母题群。反之，如彼此不相契合但互相重叠，则可依此建立一时代的次序。这一步骤之后，一般的排队断代法便可施用。

上面所述的母题分析与母题排队法，完全是尝试性的。施行起来时，我们将遇到许多实际上的困难，而错误产生的根源也会发现不少。例如，考古报告所刊布的花纹不一定代表全部。即使作者发表了他所挖出来的全体陶片花纹，各作者工作的深入性也须分别估价，因而"选样错误"就不能归于一致。另一个错误的来源，是我们的许多母题单位的临时性。此外，还有许多任何一种排队断代法都要面临的困难，如邻接社群形式之不同，有几分是代表文化的不同（任何社群都应有其特异性），有几分是代表时代先后的问题，以及二相邻社群间的距离不能一致，其内选样的数目也不能一致。但是，我们只要知道这种限制就好了，因为无论如何，如 Ford 坦白的陈述，"这样一个初步的断代总比没有强得多"（Ford，1938：263）。

（二）中国新石器时代遗址之初步母题排队

母题排队或类似的断代技术，显然可以许多种文化特质为材料。除陶器的装饰花纹以外，陶器的形式细节与色质，石器的种类与形式，都可作为排队研究的单位。由于时间和篇幅所限，我们只处理了陶器装饰这一项。

作者所做中国新石器时代遗址母题排队的工作，包含了下列的几个步骤：(1) 根据各遗址报告所载的图版和插图做成各遗址每一文化层的小母题群。(2) 把每区域内的小母题群联系起来排成一个有头有尾的系列。(3) 依照层位、分布，或其他断代标准把区域母题队的首尾之时代先后判定。(4) 把相邻二区域的母题队再加联系，看看区域间的时代关系。为登记的方便，分析出来的母题各用号码代表；共得了母题 1074 号，分属 151 处遗址。因材料的性质，有些是小的遗址，有些是包含若干小遗址的较大行政区域；有些是单文化层，有些两层以上。这些遗址再分为下列的区域：(1) 贵德、(2) 湟水中游、(3) 白亭河流域、(4) 永登、(5) 兰州市及其附近、(6) 大夏河下游、(7) 洮河中下游、(8) 渭水源头、(9) 渭水上游、(10) 渭水中游、(11) 渭水下游、(12) 汾、涑水下游、(13) 河洛一带、(14) 郑州一带、(15) 豫北、(16) 太行山脚、(17) 济南一带、(18) 日照一带、(19) 滕县一带、(20) 辽东半岛、(21) 锦西、(22) 老哈河流域、(23) 西辽河流域、(24) 包头、(25) 永城、(26) 淮安、(27) 南京一带、(28) 太湖岸、(29) 钱塘江口、(30) 云梦湖区、(31) 长沙、(32) 洪泽湖区、(33) 鄱阳湖区、(34) 闽江口、(35) 富屯溪、(36) 九龙江上游、(37) 韩江上游、(38) 台湾西海岸南部、(39) 潮阳、(40) 海丰、(41) 香港舶辽洲、(42) 香港大屿、(43) 广州市一带、(44) 清远。以上并非中国新石器时代文化之区域划分，只是就材料之分区的自然趋势并以作母题排队法的尝试，当然文化的相似性与地理距离也在考虑之列。这四十几个区域相连起来以后，正显露出中国新石器时代文化层的一个南北剖面与一个东西剖面，颇透露出一些新颖的事实。这些母题群的母题分类、内容与排队表，所占篇幅太多，详见另文[1]。这里选择数个区域略述排队的结果以为举例。

1. 甘肃彩陶文化遗址的陶器装饰母题队

甘肃区域最重要的一条母题队可从青海的贵德沿黄河经甘肃兰州南下一直排到洮河流域。这条队可分三段排：第一段包括贵德与湟水中游；第二段专排兰州附近遗址；第三段排洮河流域各遗址。

贵德罗汉堂据 Bylin-Althin 发表的材料，可得母题单位 53 个。本区域只此一遗址，无队可排。湟水中游遗址有朱家寨、马厂沿、甲窑、下西河、十里铺。据 Andersson (1943, 1945) 与 Palmgren (1934) 发表的材料，朱家寨居址得母题单位 47 个，葬地得 46 个（彼此有重复的），马厂沿[2]18 个，甲窑 1

---

[1] "Motif-Seriation and the Dating of Chinese Neolithic Remains".
[2] Palmgren 及 Andersson 发表之材料几全依型式学定其年代；其马厂期之材料，泰半得自购买，且大部购于兰州。今知马厂式陶器在兰州及永登皆有出土，故只择其注明在马厂沿购买之材料，以为该遗址之出品。下文用及洮河流域遗址材料时亦仿此。

个，下西河 4 个、十里铺 5 个。这几个遗址加上罗汉堂的材料可排队如下：

罗汉堂	朱家寨	甲窑	下西河	马厂沿	十里铺
					5
33					
12	12				
3	3			3	
2				2	
	63				
	1	1			
	1		1		
	3			3	
			3		
				10	

这个表的内容，需要太多的篇幅来说明，从略。每个数字代表母题单位的数目。如马厂沿自有的单位有 10 个，与朱家寨相同的有 3 个，与罗汉堂相同的 2 个，与罗汉堂和朱家寨共有的 3 个，以此类推。它们代表的什么母题，都见另文。读者也可以自己到原报告中去用上文详述的方法找出来。这个表的意义，重要的有几点：（1）3 个重要的遗址，马厂沿、朱家寨与罗汉堂，有时间上的距离。但距离不大，尤其在把文化与地理上的差异除去以后尤为显然。十里铺则独树一帜，表示不在其余 5 址所包含的时代范围之内。安特生把十里铺与马厂沿并列的理由，未见他的说明。（2）马、朱、罗三址有先后相承的次序。安氏把后两者放入仰韶期，以罗较早。把马放入马厂期，最晚。他列仰韶在前，马厂在后的理由有两条：齐家坪没有马厂式的陶器，而安氏以为齐家早于仰韶；马厂式装饰艺术比较

成熟而且因袭化（Andersson，1925：21）。第一条理由已不成立，反而应证明马厂式较早；第二条本极薄弱。因此马厂晚于朱家寨、罗汉堂之说并非不可动摇之定论。我个人揣想，安氏所以作此断代，也许是为了使在西者早，在东者晚，以凑合他的彩陶西来说。真正三址的次序，很可能正与安氏所定的相反：马厂沿最早，朱家寨次之，罗汉堂最晚。我的根据是把本段母题队与下两段比较时，发现在马厂式以前的次序中（半山、马家窑等，见后），没有罗汉堂与朱家寨的地位。(3) 十里铺自马厂期取出，其年代可能在整个这一段队伍之后。它的五个母题单位中，四个是自有的，另一个见于灰嘴。

第二段排兰州附近的遗址。兰州附近的遗址众多，但多系调查资料，且只有初步的报告。初步排列的结果：(1) 所有的彩陶遗址都可以联系起来，亦即其时代形成一连续之序列，但颇有早晚之别。(2) 若干遗址包含母题甚多，有能延续较长时期；若干较少，可能较短。整个言之，较早的一端包含半山区与马家窑若干常见之花纹，如重叠波纹（上下相套之半圆形连续）及数种齿纹，较晚之一端包含马厂沿特征之花纹，如人形纹及以枝形条纹相隔之圆圈的二方连续等。

第三段排洮河流域的几个主要遗址。这一段可以半山区的四个遗址为基础，即半山、瓦罐嘴、边家沟与王家沟。大致来说，四个遗址几乎是完全同时的，其装饰母题群互相契合到了相当完全的程度。但半山与瓦罐嘴似乎时间相距更近，共同的母题单位有 7 个；半、瓦、边三址共同的有 4 个；半、瓦、边、王四址共同的只 3 个，都是甘肃彩陶风格层共享的特征，即两种齿纹与一种垂幛纹；瓦、边、王三址共同的有 2 个；边、王二址共同的有 2 个；瓦、边共同的有 2 个；半、边共同的和半、王共同的都只有 1 个。半山、瓦罐嘴—边家沟—王家沟这一条队似乎可以排得起来，但哪一头在先则不能决定。四个遗址有段时间曾同时存在（或使用）的可能性不是没有，但半山与王家沟多半先后继起。如用这四个遗址所代表的一段时间来衡量其他的遗址：牌子坪 7 个母题单位中有 5 个在这一段时期（可称半山期）之内。偏于王家沟的一端。齐家坪 41 个母题单位中，37 个不在这一段落之内；加上层位的证据，显系远较半山期为晚。马家窑发表的材料多，母题单位也不少；其一小部分平均分配在半山期之内，一大部分自成一格。但自成一格者中，有些在半山期中可找到相似的代表（如垂叠波纹），有些则似马厂阶段的（即以树枝条纹相隔的圆圈）；可能这一遗址代表的时间甚长。层位证据更证明这一带还有早于一般甘肃彩陶层的中原风格层。

总结以上三段遗址母题排队的结果，参以层位关系的帮助，甘肃彩陶文化各遗址的断代可能如下所示：

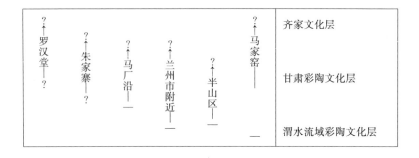

2. 汾、渭、河三水交汇地区新石器时代母题排队

这一块地区包括豫西晋南与秦中，是作者假定的中国新石器时代文化发祥地与早期新石器时代文化向晚期发展的中心，其地文化繁盛、遗址众多，所代表的时代可能也相当得长。我

们排队可先自豫西开始。豫西的三个大遗址，秦王寨、仰韶村与不召寨，在花纹母题上正好排成一条队伍：不召寨这一端代表较晚的而秦王寨为较早，似乎没什么可疑的了。仰韶村正好处于豫西仰韶与龙山期文化的转型阶段。广武县的其他几个遗址，与秦王寨可能大致同时，材料较少，不敢作定论。洛阳涧滨的彩陶层得母题单位16个，同于秦王寨者4，同于仰韶者3，同于不召寨者5；可能其时代持续不短，但因其与不召寨共同之母题中包含弦纹，故可能主要处于仰韶与不召寨之间。从此地再往东排：郑州仰韶层的母题群几乎全部可入于洛阳的范围内；豫北大赉店的母题可得3个，其一见于不召寨，另二见于仰韶；安阳后冈及侯家庄的仰韶层共有母题单位10个，只2个见于仰韶村，余自成一格。我颇怀疑豫北彩陶早于豫西（尤其秦王寨）之说，其纹饰之简单毋宁为彩陶不发达之故。

不召寨	仰韶村	秦王寨
26		
1		1
3	3	3
	34	
	5	5
		52

晋南的几个遗址中，西阴村发表的材料最多：有母题单位48个，其中见于仰韶者8个，见于不召寨者5，与仰韶秦王寨共有者2，见于秦王寨者2，见于其他广武县遗址者2，余自成一格。其时代范围当与仰韶村所代表者相若。

荆村母题单位 19 个，其中 6 个散见于不召寨、仰韶与秦王寨，余皆异。我颇疑心荆村的时代在以上所排列的所有遗址之前。

秦中西安一带的遗址，陶器装饰的材料不多，但有不少与仰韶村及西阴村相同的母题单位。

总结这汾、渭、河三水交汇的地区，其新石器时代文化有早期与晚期之别；在其东部晚期结束于殷，在其西部结束于周。其早期的仰韶彩陶期文化，至少可分成两个时期：荆村秦王寨代表较早的彩陶期，西阴村仰韶村代表较晚的彩陶黑陶期。从层位与风格层的证据，此地的彩陶期文化向西扩展到渭水上游，比甘肃的仰韶文化为早。

3. 山东、辽东半岛龙山期文化的母题排队

过去的看法，山东是"黑陶文化"的发源地。因此不少人把山东的龙山期遗址的时代排在河南的前面。可是照前文的看法，山东不但是彩陶期中原文化的末流，且在龙山期也是中原文化的一支发扬光大的支派。发表材料最多的城子崖下层，可分析出陶器花纹母题 32 个单位，其中 4 个同两城镇、4 个同不召寨，似乎正介于二者之间；日照与不召寨虽也有 3 个相同的母题，都是新石器时代最常见的。因此我们可暂时把城子崖放在不召寨之后，两城镇又放在城子崖之后。这一顺序与一般文化背景的趋势相符。

辽东半岛南端四个发表材料较多的遗址，地理毗邻，作母题排队至为理想。把其母题群与城子崖者同排：这个表的意义，不需进一步的解释。城子崖与望海埚在时代上大概相去不远，其余三个遗址一个晚于一个。这四个遗址虽在时代上可能是相续的，却不一定曾同时存在。

城子崖下	望海埚	单砣子	羊头洼	大连滨町
				10
			10	
			2	2
		5		
	1			
	8			
	2		2	
	2	2		
1				1
1	1		1	1
1		1		
1		1	1	
2	2	2		
4	4			
22				

4. 淮水流域与东南海岸新石器时代文化母题排队

从河南北部的龙山与殷商时代遗址，经河南东部、安徽与江苏北部的淮河流域沿东南海岸南下一直到香港，其陶器花纹母题群可排成一条几乎不断的队伍，但这条队伍所示的意义，不出风格层与层位所吐露的消息之外。这一条断面上可分龙山与几何印纹陶两大层，后者的年代从殷商一直延续到汉，其年代的延续是从北向南上升的一个斜线，斜线上各遗址零星散布。为篇幅所限，不再详细叙述。

以上这几条母题队的简单叙述，只是一些大致的结果的报告，详细的节目要牵涉许多困难问题的解释与长篇大幅的表格图片的说明。最重要的一些困难问题，如：二遗址间相同的母题单位，是不是一定代表时代相同，是否可能只是偶然的？各种母题单位在断代的分量上是不是都一样？如果不同，衡量的标准是什么？不同的母题，有不少在原则上相似的，它们是不是一定不同时代？相似到什么程度才能说是同时？不同的母题，有多少是由于地理上的原因，有多少是由于时代的？第一问与最后一问，在前面已略为提到，但不能说是已经完全解决了的，其余的更有待缜密的分析研究。上面所报告的一些，只是方法上的一些例证，其结果多有其他方面的标准可以为旁证的。重要的一点是：这个方法是不是在中国新石器时代的研究上可以应用？我相信由上文的介绍我们可以作一肯定的答复，虽然这方法本身有待许多方面的改进。

七　结论：中国新石器时代文化之分布与断代

我在绪论里说过，这篇文章的主要目的，是若干考古学方法和概念在中国新石器时代文化材料之应用的一个实验。我觉得过去对中国新石器时代文化年代学的研究，一方面在方法的使用常可见到一些不合适的地方，另一方面由于工具方法的欠缺没有把材料利用到最大限。本文里描写了几种中国新石器时代年代学研究可以利用的方法，并且证明了它们各有所长，都能适用。几方面研究的结果，颇能得出一致的结论出来，这又表示：（1）这些方法的利用方式大致是对的；（2）所得的初步结论大致也是对的。

新的初步结论与传统的看法很有些重要的不同，下面把它们做一小结：更新统结束以后，气候逐渐变暖，林木茂生，华北与北亚的旧石器时代文化逐渐适应新的环境，成为所谓中石器时代的文化；其文化特征是渔猎生业、制作与使用细小石器、大量的使用骨器、季节性的聚落。

公元前数千年以前，黄河中游中石器时代民族的一支，开始种粟、养猪、磨光石器、制陶器、全年性定居聚居，而奠定了华北新石器时代的基础。新石器时代的初期，农业方才开始，渔猎尚为重要的生业，人口稀疏，聚落游动，我们尚未发现他们的遗迹。等到农业的重要性增加而成为主要的生业时，就进入了我们所谓的新石器时代早期。这一阶段的遗迹，发现甚多，遍布黄河流域，其时代持续甚久，可再分为三期：绳纹陶文化期、彩陶文化期与彩陶黑陶文化期。绳纹陶期持续可能最久，但其分布可能最为有限，以汾、渭、河三水交汇地区为中心，人口尚少，遗迹亦不丰富。到彩陶文化期则人口增加，聚落广布，文化兴盛，其游耕的农业方式尤为此一阶段村落遗址众多的主要原因。此一文化期也以河南、晋南与秦中为中心，向东扩延到山东，向西扩延到甘肃、青海；在甘、青延续较久，发展出来甘肃彩陶文化，在中原则不久表现转型期特征（彩陶黑陶期），终变为新石器时代晚期文化。

新石器时代晚期文化以定耕农业，定居聚落与灰黑色的陶业为特征。其分布更广，向东一直扩展到海岸。因其持续时间甚长，分布亦广，且因定居关系村落比较孤立甚至彼此战争。所以文化的地方相较早期为著；甘肃、陕西、山西、河南与山东，各自显示大同小异的诸相。从这一阶段的文化再进一步，华北便产生了城市文明、使用文字、制作铜业、城市与国家逐渐形成，即中国历史上的殷商时代。殷商文化华北以河南为中心，在其兴盛的时代，新石器时代文化还持续于陕西以西与鲁东，与北疆及华中华南。周文化继殷而起,向外扩张,新石器文化渐减;到秦汉以后,整个华北的新石器时代逐渐结束。

华北新石器时代发达之初,北疆的中石器时代文化持续。但因其与华北新石器时代文化的接触,输入了不少农业文化的特征,如陶器与磨光石器。整个生活方式的改变只见于南缘:彩陶期文化接触到了东蒙,黑陶期文化传入南满。到汉代以后才有大量中原土著移入。北疆的北部则因地理环境的限制,中石器时代与亚新石器时代的文化持续甚久。

淮河秦岭以南,在中石器时代,密林多泽,不适人居,仅有可能近似海洋黑种人的一群居民曾居于西南。华北新石器时代以后,中原农民逐批南移。最初南下的是绳纹陶期文化,移民少而范围狭,今其遗迹仅见于台湾岛与四川盆地。中原彩陶期持续不长,南下的移民可能较为有限。到中原新石器时代晚期,或因人口增加、村落定居、移民之需要增加,南下的移民为数也增加。其南下的路径可能以三条为主:一沿嘉陵江入四川盆地,为数较少;一沿汉水、云梦湖区;一沿淮河流域过江沿海直到广东。此一时期即我所谓华中华南龙山化时期。龙山化文化在南方继续发达,又接受中原继起的殷商文化的影响,形成次一文化层即几何印纹陶文化期。自华北输入的成分,除美术的风格以外,尚有青铜器之使用甚至制造;但其村落社会的特性仍未消失,仍可认为新石器时代。华中华南新石器时代之逐渐结束,亦即其逐渐纳入华夏历史文化之内,在时代上由北而南,始于殷商而底定于秦汉。

这个极简单的年代学的假设,在大体上大概是可以成立的,但细微节目与待补充修改之处尚多而且引起了许多传统解释下所不能见到的新问题。下面这两张表,以极为一般性的方式综括了本文的结论:

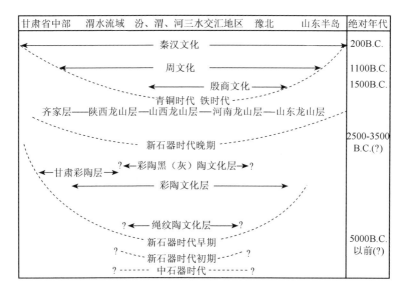

表1　黄河流域新石器时代前后之文化层次

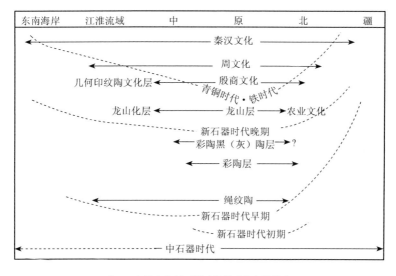

表2　中国南北新石器时代前后之文化层次

参考文献

本文参考文献至多,为节省篇幅,下面只列举理论上的讨论所引用的重要书籍论文,其余及资料来源皆从略。

水野清一
    1957 《中國先史時代研究の展望》《東洋史研究》(京都),16:3:1—39。

李济等
    1934 《城子崖》(中央研究院历史语言研究所)。

李济
    1956 《小屯陶器》上辑(中央研究院历史语言研究所)。

林巳奈夫
    1957 《現代中國におけゐ殷以前の文化の綜合的研究について》《古代學》(大阪),5:3/4:337—358。

徐炳昶
    1936 《陕西最近发现之新石器时代遗址》,国立北平研究院《院务汇报》(北平),7:6。

陈梦家
    1936 《商代的神话与巫术》,《燕京学报》(北平),20。

鹿野忠雄
    1952 《東南亞民族學先史學研究》,東京矢島書房,卷2。

梅原末治
    1947 《南满洲特に关东州の史前文化关すゐ新见解》,《东亚考古学概观》(第2版,京都),60—70。

裴文中
    1948 《中国史前时期之研究》,上海商务书局。

饶宗颐
    1954 《华南史前遗存与殷虚文化》,《大陆杂志》(台北),8:3。

Andersson, J. G.
    1923 "Essays on the Cenozoic of Northern China", *Memoirs of the Geological Survey of China* (*MGSC*), Series A:3.
    1925 "Preliminary Report on Archaeological Research in Kansu", *MGSC*, A:5.

    1939 "Topographical and Archaeological Studies in the Far East", *Bulletin of the Museum of Far Eastern Antiquities* (*BMFEA*), 19:1—24.
    1943 "Researches into the Prehistory of the Chinese", *BMFEA*, 15.
    1945 "The Site of Chu Chia Chai", *BMFEA*, 17:1—63.
    1947 "Prehistoric Sites in Honan", *BMFEA*, 19:1—124.

Bloomfield, Leonard
    1933 *Language* (New York: Hemy Holt & Co.).
    1939 "Linguistic Aspects of Science", *International Encyclopaedia of Unified Science* (The University of Chicago Press), 1:4.

Boas, Franz
    1927 *Primitive Art* (New York: Dover Publications Inc., 1955 ed.).

Braidwood, Robert J.
    1958 "Near Eastern Prehistory", *Sienee*, 127:1419—1430.

Braidwood, Robert J., and Linda Braidwood.
    1953 "The Earliest Village Communities in Southwestern Asia", *Journal of World History*, 1.

Bunzeil, Ruth
    1938 "Art", in: *General Anthropology*, F. Boas ed. (Boston, D. C. Heath, & Co.)

Chang, Kwang-chih
    1956 "A Brief Survey of the Archaeology of Formosa", *Southwestern Journal of Anthropology*, 12:371—386.
    1958 "Study of the Neolithic Grouping: Examples from the New World", *American Anthropologist*, 60:298—334.

Chard, Chester S.
    1958 "An Outline of the Prehistory of Siberia", Part 1. *SWJA*。14:1—33.

Cheng, Te-kun
    1957 *Archaeological Studies in Szechwan* (Cambridge: Harvard University Press).

Childe, V. Gordon
    1936 *Changing Methods and Aims in Prehistory* (Proceedings of the Prehistoric So-

ciety for 1936, Cambridge: England), 1—15.

Crane, H. R.
   1956 "University of Michigan Radiocarbon Dates I", *Science*, 124:664—672.

Drake. F. S.
   1956 *Neolithic Site at Hung Chia Lou, Shantung, N. China* (Proceedings of the Fourth Far Eastern Prehistory Congress), Part 1: 133—149

Eliade, Mircea
   1954 *The Myth of the Eternal Return*, Translated from the French by R. Trask, (New York: Bollington Foundation).

Finn, D. J.
   1932/36 *Archaeological Finds on Lamma Island near Hongkong* (University of Hongkong, 1958 Reprint).

Firth, Raymond
   1951 *Elements of Social Organization* (New York: Philosophical Library).

Ford, James A.
   1935a "Ceramic Decoration Sequence at an Old Indian Village Site near Sicily Island, Louisiana", *Anthropological Study* (New Orleans, Louisiana Geological Survey), No. 1.
   1935b "Outline of Louisiana and Mississippi Pottery Horizons", *Louisiana Conservation Review*, 4:6.
   1936 "Analysis of Indian Village Site Collections from Louisiana and Mississippi", *Anthropological Study* (New Orleans, Louisiana Geological Survey), No. 2.
   1938 "A Chronological Method Applicable to the Southeast", *American Antiquity*, 3:260—264.
   1949 "Cultural Dating of Prehistoric Sites in Viru Valley, Peru", in: *Surface Survey of Viru Valley, Peru* (Ford and Willey), *Anthropological Papers of the American Museum of Natural History* (AP-AMNH), 43.
   1951 "Greenhouse: A Troyville-Coles Greek Period Site in Avoyelles Rarish, Louisiana", *AP-AMNH*, 44.
   1952 "Measurements of Some Prehistoric Design Developments in the Southeastern

States", *AP-AMNH*, 44.

Gardin, Jean-Claude
 1958 "Four Codes for the Description of Artifacts", *American Anthropologist*, 60: 335—357.

Gimbutas, Marija
 1956 "The Prehistory of Eastern Europe. Part 1", *American School of Prehistoric Research Bulletin* (Peabody Museum, Harvard University), 20.

Gjessing. Gutorm
 1944 "Circumpolar Stone Age", *Acta Arctica* (Copenhagen), Fasc. 2.

Heanley, C. M.
 1938 "Letter to the Editor", *Hongkong Naturalist*, 9:92—93.

Heine-Geldern, Robert von
 1950 "China, die Ostkaspische Kultur und die Herkunft der Schrift", *Paideuma*. Bd IV:51—92.
 1956 "The Origin of Ancient Civilizations and Toynbee's Theories", *Diogenes*, 13:81—99.

Kluckhohn, Clyde
 1956 "Toward a Comparison of Value-emphasis in Different Cultures", in: *The State of the Social Sciences*, L. D. White ed. (The University of Chicago Press).

Kroeber, A. L.
 1916 "Zuni Potsherds", *AP-AMNH*, 18:1—37.
 1957 *Style and Civilizations* (Cornell University Press).

Levi-Strauss, Claude
 1949 *Les structures. élémentaires de la Parents* (Paris: Presses Universitaires de France).
 1958 *Anthropologie structurale* (Paris: Plon).

Li, Chi
 1955 "Diverse Background of the Decorative Art of the Yin Dynasty", *Annals of Academia Sinica*, 2:119—129.

Libby, Willard F.

    1955 *Radiocarbon Dating*, 2nd ed. (The University of Chicago Press).

Linton, Ralph

    1955 *The Tree of Culture* (New York: A. A. Knopf).

Maglioni, R.

    1938 "Archaeological Finds in Hoifung", Part 1, *Hongkong Naturalist*, 8: 208—244.

Maringer, John

    1950 *Contribution to the Prehistory of Mongolia* (Reports from the Scientific Expedition to the Northwestern Provinces of China Under the Leadership of Dr. Sven Hedin), Ⅶ.

Meighan, C. W., et. al.

    1958 "Ecological Interpretation in Archaeology", Part 1, *American Antiquity*, 24: 1—23.

Michael, Henry N.

    1958 "The Neolithic Age in Eastern Siberia", *Transactions of the American Philosophical Society*, N. S., 48: 2.

Mizuno, Seiichi

    1956 "Prehistoric China: Yang-shao and Pu-chao-chai", *P4FEPC*, 1: 89—98.

Nelson. N. C.

    1926 "The Dune Dwellers of the Cobi", *Natural History*, 26: 246—251.

Palmgren, Nils

    1934 "Kansu Mortuary Urns of the Pan Shan and Ma Chang Groups", *Palaeontologia Sinica*, Series D: 3.

Phillips, P., J. A. Ford, and J. B. Griffin

    1951 *Archaeological Survey in the Lower Mississippi Alluvial Valley*, 1940—1947, Papers of the Peabody Museum 25, Harvard University.

Prall, D. W.

    1936 *Aesthetic Analysis* (New York: T. Y. Crowell Co.).

Prouskouriakoff, Titiana

1950 "A Stuay of Classic, Maya Sculpture", *Carnigie Institution of Washington Publications*, 593.

Rausing Gad

1956 "On the Climate of North China in Earlier Times", *Bulletin de la Societe des lettres de Lund*, 3:191—203.

Rouse Irving

1939 "Prehistory in Haiti: A Study in Method", *Yale University Publications in Anthropology*, 21.

Sauer, Carl O.

1952 "Agricultural Origins and Dispersals", *Bowman Memorial Lectures Series*, The American Geographical Society, New York, 2.

Schofield, W.

1935 "Implements of Palaeolithic Type in Hongkong", *Hongkong Naturalist*, 5:272—275.

1940 "The Proto-Historic Site of the Hongkong Culture at Shek Pek, Lantau, Hongkong", *P3FEPC*, 236—284.

Sekino, Takeshi

1956 "On The Black and the Grey Pottery of Ancient China", *P4FEPC* 1:103—114.

Solheim, Wilhelm G., II

1952 "Oceanian Pottery Manufacture", *Journal of East Asiatic Studies*, University of Manila, 1 (2):1—39.

Sowerby, Arthur de Carle

1922 "The Natural History of China", *Journal of the North-China Branch of the Royal Asiatic Society* (Shanghai). 53:1—20.

Spaulding, Albert C.

1946 "Northeastern Archaeology and General Trend in the Northern Forest Zone", in: *Man in Northeastern North America*, F. Johnson ed. Papers of the Robert S. Peabody Foundation for Archaeology 3, Andover.

Spier, Leslie

1917 "An Outline for a Chronology of Zuni Ruins", *AP-AMNH*, 18:333—362.

1931 "N. C. Nelson's Stratigraphic Technique in the Reconstruction of Prehistoric Sequences in Southwestern America", in *Methods in Social Science*, S. A. Rice ed. (The University of Chicago Press).

Teilhard de Chardin

1936/37 "Notes on Continental Geology", *Bulletin of the Geological Society of China*, Vol 16:195—220.

1941 "Early Man in China", *Institut de Géo-Biologie*, *Péking Pub.*, 7. Teilhard de Chardin et Pei Wen-chung.

1944 "Le Neolithique de la Chine", *Institut de Géobiologie*, *Pékin*, *Pub.*, 10.

Teilhard de Chardin and Chung-chien Young

1936 "On the Mammalian Remains from the Archaeological Site of Anyang", *Palaeontologia Sinica Series*, C12.

Ward, Lauristan

1954 "The Relative Chronology of China Through the Han Period", in: *Relative Chronologies in Old World Archaeology*, R. W. Ehrich ed. (The University of Chicago Press).

Willey, Gordon R., and Philip Phillips

1958 *Method and Theory in American Archaeology* (The University of Chicago Press).

中国远古时代仪式生活的若干资料 *

最近凌纯声师在本刊陆续刊布了数篇论文，借助台湾高山族与波利尼西亚土人的民族学资料，对中国古代宗庙与社稷的解释，有极新颖与精深的发挥。中外学者至今对于中国古代宗教的研究虽多，但很少利用考古学资料；其有利用到的，则其解释在今对中国新石器时代的了解眼光下，也有待补充或修改。作者想借本文，把目前所能看到的若干中国史前时代仪式生活上的资料，做一初步整理，以为凌纯声师的研究续貂并为蔡子民先生逝世20周年纪念。

迄今学者从考古学的资料上研究中国史前宗教者，首推高本汉氏[1]。他的研究的主要资料，是安特生氏在河南渑池县仰韶村的史前聚落里发现的两件陶器，作男性生殖器形状者。高氏认为此种器物，是古文"祖"字的象形，证明古代对男性生殖器的崇拜。仰韶村时代的生殖器崇拜，高氏又解释为一种繁殖之祀（Fecundity cult），而繁殖之祀实与祈求谷物丰收

---

* 原载《中央研究院民族学研究所集刊》(1960)。
[1] B. Karlgren, "Some Fecundity Symbols in Ancient China", *Bulletin of the Museum of Far Eastern Antiquities* (*BMFEA*), 2 (1930): 1—54; "Some Ritual Objects of Prehistoric China", *BMFEA*. 14 (1942): 65—70.

之祀（Fertility cult）有密切的关联。生殖器崇拜可说为祖祭之始，而祈年之祀为社祭之始，二者均可追溯到仰韶村出土的性器模型。故高氏之说，实为郭沫若与 M. Granet 等氏主张祖社同源之说下一有力的诠脚。

但近年对于中国新石器时代文化的重新整理[1]，使我们对中国古代宗教与祭仪生活及其与一般文化演进史的关系有了一些与前不同的估价。尤其是仰韶村遗址的地址，我个人的看法，是近于龙山期而不近于仰韶期。这一项年代学上的变更，虽然把高本汉氏的讨论内容强迫地改动了不少，但使古代宗教祭仪的资料，各方面都能得到圆满的解释。"祖社同源"之说的意义，也可以得到相当程度的澄清。下文拟就中国新石器时代文化逐期提出其宗教生活上的资料，并就文化生活的一般背景上试作初步的诠释。

一 仰韶期新石器时代的仪式资料

华北旧石器时代与中石器时代的住民，无疑有他们一套宗教观念与仪式行为，但从考古学资料上能够看到的，极为有限。周口店上洞遗址是一个墓葬区，死者有埋葬行为与殉葬品。显然当时的住民对死后的鬼域已经有虔诚的信仰，生前即做死后的准备。但是由于对死后世界（Afterlife）的信仰过于普遍与一般性，我们对于这一时代的宗教仪式，还不能做什么具体的认识。渔猎时代结束以后，农业与家畜的豢养开始于华北，最初可能有一"初期农业"阶段与以绳纹陶为代表的文

---

[1] 张光直《中国新石器时代文化断代》，《中央研究院历史语言研究所集刊》(1949) 30, 259—309 页。

化期。这一阶段的资料甚少，甚至可说没有。因此我们对中国古代仪式生活的粗浅认识，始于农业村落生活已经确立之后的仰韶期。

"仰韶期"的名称，尤其在本文而言，是一个很不巧的名称。中国新石器时代的早期，其遗址的显著特征之一，是涂彩的陶器。中国北部新石器时代的涂彩陶器，是安特生氏于1920年在河南渑池县仰韶村第一次发现的。于是华北新石器时代的涂彩陶器期也就称为仰韶期。安氏的发现以后，考古学家又在华北发现另一种文化面貌的遗址，以灰黑色陶器为主要特征，因首次发现于山东历城县龙山镇的城子崖，故称此一晚于仰韶期而在豫北早于殷商的文化期为龙山期。更进一步的研究，又显示了龙山期是仰韶期文化进一步的发展，而在一部分的华北为殷商文化的前身；仰韶与龙山二期文化的差异，不但见于陶器，而且表现于整个文化的面貌之上。从这新的观点再去看那仰韶村遗址，就发现这个遗址虽然有彩陶，在文化的一般面貌上实近于龙山期而远于仰韶期，于是就产生了仰韶村的出土物不属于仰韶期而属于龙山期的怪现象。将来仰韶期的名称，恐怕还是非改不可，但在未改以前，我这篇文章里要引用到出土于仰韶村的器物，所以我请读者记住这一点，把仰韶期与龙山期这两个名称只当做文化期的代表，不必想到它们的来源。

仰韶期的华北农民，种粟、稻与高粱，养狗、猪、牛和羊。耕种用锄、铲和掘棍，"刀耕火种"的游耕。农民住集中性的村落。每个村落有十几家农户，可能属于一个或一个以上的单系亲族群。村落之内，可能有首长，但村内的分工与地位的区分，可能仅以性别、年龄及个人的成就为主要的根据。村落对外而言，自给自足，和平相处，是传说中的"耕而食，织而衣，无有相害之心"的神农氏的社会。其主要的分布地区是华北的黄土高原。

这种自给自足式的农业社会里主要的生活资源是农耕，主要的期盼是丰收，主要的仪式是农业祭。农业生活与农业祭在中国五千年史上一直不失其主要的地位，但在那有史可考的最早的华北农村——仰韶期的农村里，祈年祭是我们从考古学上可以看到的唯一的重要祭祀。在历史上祈年祭称为"社祭"：

> 所有的祭仪里最古老者大概就是社祭。所谓社，即一个代表"土地"的土冢，位于村落的中央，其顶上或其旁有一丛社树[1]。

考古学家锄头掘出来的仰韶期的村落，未闻有这代表"社"之土冢发现。但我们可以间接地从许多其他方面的材料，来推测当时有关农耕仪式的情形。

"同类相生"，是原始民族中常见的哲理。使用在巫术上，成为 Frazer 所称"同类相生律"（Sympathetic principle）；使用在宗教祭仪上，就有普遍于世界的对"妇女繁殖"与"土地丰收"相关的信仰。大地之生产鱼、兽与农作物，与妇女的产子是同一范畴的事件，因此"祈丰祭"（不论是猎兽、渔鱼，还是种田）就常以土地之神为祈求的对象，而以妇女或其生育器官为繁殖的象征。欧洲旧石器时代晚期 Perigordian 文化期的女像（所谓 Venus），一般的解释，就是祈求丰猎的灵物。近东和美洲古代农业文明的初期，也都有妇女的泥像出

---

[1] E. R. Hughes and K. Hughes, *Religion in China* (London: Hutchinson's University Library, 1950), p. 15.

土。近东新石器时代早期,最要紧的可称为仪式生活资料的考古学遗物,就是 Iraq 的 Hassuna 与 Halaf 期和埃及 Merimdian 与 Badarian 期的女像(Female figurines),多用泥塑,但也有软石雕刻的[1]。墨西哥新石器时代的早期,更出土大批的妇女塑像,Vaillant 氏对她们的解释如下[2]:

> (焙土制的人像)一般的女性,也许代表一个 Mother goddess,象征生长和繁滋——人类宗教观念上一个普遍的想法。……农业民族的宗教的一项普遍的观念是一种女性原则的观念,或是生殖力量的观念,而与生长和繁殖密切地结合。一个女神常常象征这种信念,因为人们常常把自然界的程序赋以他自己的德性与动机。

世界史志里关于各民族把繁殖、女性和大地这三个观念结合在一起的例子,可以说是尽人皆知的常识,不需我再来赘举。中国古代之祈年祭社而不祭天,也不需要更多的解释。

> 我要提出来一说的,是"地"而非"天"被认为是给与者,生命的源泉,由之而来作物的丰收和妇女的繁殖。这两者有密切的关系,譬如谷子储藏在新房的附近,订娶在春秋节日前后举行[3]。

因此我们在仰韶期虽找不到社坛,却可以朝这类象征性的遗存

---

[1] V. G. Childe, *New Light on the Most Ancient East* (New York: F. A. Praeger, 1952), p. 112.
[2] G. C. Vaillant, *The Aztecs of Mexico*, Pelican Book Edition, 1955, pp. 50—53.
[3] Hughes and Hughes, *op. cit.*, p. 15.

上去找线索。高本汉先生把祈年（Fertility）与繁殖（Fecundity）相联系这一步是合理的；但他进一步找到安特生在仰韶村发现的两件代表男子阳物的陶器，以为这便是象征繁殖的社祭之对象，则似乎是大错特错了。所以说"大错特错"者，正是因为他的理论有两点错误：一个大错是以男子的生殖器代表祈年在新石器时代宗教研究史上尚少先例；一个更大的错误（我不怪高先生）则是把仰韶村断代为新石器时代的仰韶期。如果把这两点矫正——第一，男子的生殖器与祈年的关系似少，与祖先崇拜的关系似多；第二，仰韶村的男子阳物模型与龙山期的祭祀有关——则两方面的问题都迎刃而解。这且留到下节再谈。

但仰韶期的遗物中并没有发现过任何妇女的塑像，Venus也好，Female figurine 也好。事实上仰韶期的美术虽然发达，造像美术则尚无充分的证据证明其先进。迄今为止，我所知道的仰韶期人像只有四例：陕西西安半坡村、陕西扶风绛帐姜西村、甘肃宁定半山区与青海碾伯马厂沿。除了半山的一个人头上有点胡子（也许还是 Tattoo）以外，这几例多是难辨雄雌。假如是女像，则女像的特征，一般考古学上常可辨认的，如胸臀之夸张，在这几例都不见。

高本汉和安特生[1]都举出仰韶期的另一种与"性"有关的装饰图案，即（子安）贝（Cowry shell）的纹样。以子安贝开口的这一面为女阴的代表，在各民族中不乏先例可寻。但问题是：仰韶期华北农村的遗址里，子安贝的遗留少到近乎没有。甚至在龙山期的遗址里，贝也是罕见之物[2]。一直到殷

---

[1] J. G. Andersson, *Children of the Yellow Earth* (1934), pp. 309—312.
[2] 高去寻《殷礼的含贝握贝》，《中央研究院院刊》第 1 辑，1954 年，308 页。

代，贝才大量出现，也许是"海禁大开"之故？安特生所举的仰韶期出土的子安贝有三例：仰韶村、沙井村与朱家寨，朱家寨出土的是骨制的仿品。这三者之中，沙井村时代晚矣，不必讨论。仰韶村，刚刚说过，也不在标准仰韶期的范围之内。朱家寨地处边陲，在华北的仰韶期内是很晚很晚的，也许晚到中原龙山期发达之后，也不为奇。而且此地出土的骨贝，是不是真的仿"贝"，恐怕还待考。照安特生发表的图片看来，它们虽有贝的上下二孔，却无贝的开口面的一线[1]。

但贝形的纹样却是仰韶期彩陶上常见的装饰母题。图1举了十几个例子，都是中原与甘肃彩陶层的花纹，两头尖，中间凸，中间有一线分开（除12外）。其中5、6、8~10五个，为马厂式彩陶，Palmgren 称之为贝纹（Cowry pattern）的[2]。我觉得安特生颇有绕着圈子说话的作风：贝纹代表贝，贝象征女阴。既然贝在仰韶期的遗物中罕见，或不见，我们何不干脆说，这些纹样就是代表女阴的！看图1中的1，是河南广武县秦王寨出土的一块陶片，其上的枣核形带刺的纹样，像太阳而太扁，像眼睛而无眼珠，难怪 Arne 只好描写它是"放射短划的曲线"（Curved lines from which proceed short strokes）[3]。把它与其他那些图样比较来看，它显然是代表一个女性的器官。

仰韶期的彩陶，不少是日常生活的用具。但也有些由其制造的精美与彩绘的细致来看，不是没有用于仪式的可能。仰韶期农村里最要紧的仪式是祈丰收，拜土地。在他们仪式用的器

---

[1] Andersson, "The Site of Chu Chia Chia", *BMFEA*, 17 (1945), Pl. 27.
[2] Nils Palmgren, "Kansu Mortuary Urns of the Pan Shan and Ma Chang Groups", *Palaeontologia Sinica*, Series D (1934), Vol. III, Facs. 1, pp. 127—130.
[3] T. J. Arne, "Painted Stone Age Pottery From the Province of Honan, China", *Palaeontologia Sinica*, Series D (1925), Vol. 1, Fasc. 2, Pl. VI. Fig. 15.

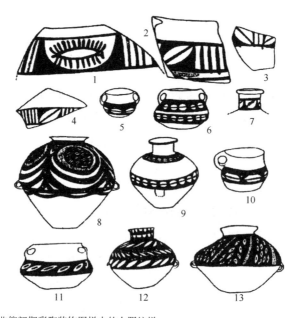

图 1　华北仰韶期彩陶装饰图样中的女阴纹样
1：秦王寨 1/1（Arne，1952，Pl. Ⅵ：15）。　2：秦王寨 1/1（Arle，1925，Pl. Ⅴ：13）。　3：牛口峪 1/2（J. G. Andersson，1947，"Prehistoric Sites in Honan," Pl. 146：14）。　4：秦王寨 1/2（同上，Pl. 140：9）。　5：临洮县詹庄，马厂式，原高 8cm（Palmgren，1934，Pl. 25：8）。　6：榆中县，马厂式，原高 12cm（同上，Pl. 40：4）。　7：半山区瓦罐嘴，半山式，原高 40.6cm（同上，Pl. 35：3）。　8：兰州，马厂式，原高 41.5cm（同上，Pl. 39：4）。　9：同上，原高 31.8cm（同上，Pl. 26：4）。　10：同上，原高 12.4cm（同上，Pl. 25：7）。　11：兰州，半山式，原高 13.4cm（同上，Pl. 14：11）。　12：同上，原高 28cm（同上，Pl. 13：5）。　13：同上，原高 32.8cm（同上，Pl. 13：4）。

皿上画几个象征繁殖力的女子性器的纹样，正说明我们祖先祭祀时的虔诚，并吐露作为这片诚心之原动力的耕作生活之艰苦。这里面没有丝毫亵渎的意思隐藏，需要 Freud 的徒弟们来发掘出来，或是东洋研究中国不很相宜民族性的专家来钻研的。

　　"性"与农业祭的关系还不只此也。有祭仪，就可能有神话，并有相应的宇宙观。《易·系辞》说："天地絪缊，万物化醇；男女构精，万物化生。"《吕氏春秋·大乐》说："万物所出,造于太一,化于阴阳。"中国古代最重要的哲学思想之一的阴与阳的观念,很可能就是这来源久矣的祈年祭在观念上的代表。作者在另文谈到中国古代"一生二、二生万物"的宇宙观,及"二始祖"(World-parents)神话时,曾指出:

> 把天地的生成比于人类的生殖,显然是代表一种种根于华北的农业民族之由来已久的崇拜皇天后土希冀土地肥腴一如男女生殖之兴旺的观念,可能启源于新石器时代。其后的传布,广见于南方的农民,而不行于黄河流域以北[1]。

这种"性"与"繁殖"的观念,与仰韶期的祭皿上的女阴图像,正好代表信仰与仪式的两面。这里又回到高本汉先生的老问题:古人祈年祭社(地、阴)而不祭天(阳),正足以表示农业祭与女性的关系近而与男性的关系远。"天",不是不祭;祭天与祈年的关系本来不是那么密切。

仰韶期的农民,除了耕田以外,也打鱼打猎。渔猎的重要性,固然不及农耕,在当时的经济生活上也占有很大的分量,则是不待说的。仰韶期聚落遗址中出土的矢镞、兽骨、鱼骨,与器物上彩绘的鱼兽纹样,都是证据。为了渔猎的丰获,古人有没有宗教仪式的保证,我们虽然可以推测,却少实物作证明。"少",却非没有。女阴图样所象征的繁殖力,固然由近东与中美农民的例子,以及我们由一般原始宗教上所理解到的女性与大地的联系观念,主要是与农业有关,但在仰韶期而言,我们并找不到女性与大地的直接联系。换言之,说女阴图像为

---

[1] 《中国古代创世神话之分析与古史研究》,《中央研究院民族学研究所集刊》第8期。

象征渔猎的繁收，也不是完全没有可能的。在更直接性的材料出土以前，我们暂时以不再深究为宜。

谁掌管仰韶期的祈年祭与祈渔祈猎祭？当时有没有巫师与祭司的区别？祭司是不就是政治上的村落首长？考古学上的资料离回答这些问题尚远。根据后来的情形看，祈年为社祭，是全村福祉所系，常由村落的领袖主祭；在国则由皇帝亲祭。村长、王、帝就是祭司。仰韶期的聚落，其仪式性的遗留很少，祈年祭社也许就是日常生活的一部分，由村长主祭的可能性不是没有。但对这个问题，我们暂且也以不再深究为宜。另一方面，仰韶期的农村里已经有了巫师（至少是兼任的）的可能性也很大。西安半坡村出土的一个完整的彩陶钵里面画了一个人头和两尾鱼，人头的脸上好像涂了彩，四周顶上装了5件头饰。5件之中，有2件是确凿不移的鱼形，另3件说它们是简化的鱼形也无不可（图2）[1]。这个头形，我个人的看法，似乎很可能是画的一个掌管祈渔祭的巫师，画在盛鱼或用于祈渔祭的器皿之内，器内除他之外还有两尾鱼。该器之绘鱼与巫师头饰之做鱼形，也许又是同类相生律的应用。欧洲旧石器时代的壁画中，有个著名的巫师（图2：1），头戴鹿角，身穿鹿皮，画在洞穴的深处，四周的墙壁上也绘满了鹿及其他猎物的翊生形象。当时的猎物，以驯鹿为主，所以祈猎祭的巫师着鹿饰。至今在西伯利亚的渔猎民族，这种巫师，称为萨满（Shaman）的，即常以鹿角或羊角为头饰[2]。中国远古有巫，其性能与今之萨满相近，似乎是大家公认的事实。《说文》巫字："祝也，女，能事无形，以舞降神者也。"与那北亚的萨

---

[1] 采自贝冢茂树等《东洋文化史大系·中国（一）》，东京，1959。
[2] 例如，凌纯声《松花江下游的赫哲族》上卷，1934，105—106页。

图 2　巫师：1. 欧洲旧石器时代；2. 华北仰韶期

满，形事都似。《山海经·东次二经》：

> 凡东次二经之首，自空桑之山至于𥗽山，凡十七山，六千六百四十里。其神状皆兽身人面载觡。（郭注：觡音音格；觡，角之中实者，鹿麋之属也。载戴通。）

《东次三经》：

> 凡东次三经之首，自尸胡之山至于无皋之山，凡九山，六千九百里。其神状皆人身而羊角。

所记东山的二神，其一"兽身人面载觡"，其一"人身而羊角"，活像那东北亚洲的老牌萨满。萨满降神以后，神即附巫身体而言动，说巫即是神，并无不可。总之，中国境内，古代有巫，或说是道教以前之巫，似乎并非例外。在渭水流域仰韶期已经有巫，司祈渔大祭，似乎并不是不可想象的事。

除了祈渔祭，仰韶期的农民也许还有祈猎祭。这只是猜想，在考古学上没有什么充分的证据。在半山区的一个墓葬里，有一个鹿头放在陶瓮里给人殉葬。这虽与猎祭无关，却颇表现鹿在仪式上的重要性[1]。

上面举的这些资料，都是与村落生活息息相关的祭仪的资料：农耕与渔猎。它们可能是由村长或祭司或巫师主持，而以全村的福祉为念[2]。广义而言，这些或都可称之为社祭。考古学上的资料，固然是相当得稀少，其代表的意义却相当得截然。换句话说，仰韶期农民之祭社，大抵是不成什么问题的。但在另一方面，中国古代宗教的两个基本因素[3]的另一个，祭祖，则在这一文化期找不到什么确定的痕迹。尤其把黄河流域的次一文化期——龙山期——比较来看，龙山期的考古遗物所指的祖先崇拜，证据相当的确凿。把龙山期文化一般内容与祖先崇拜联合起来看，更表示出祖先崇拜是到了龙山期的一项突出的新发展。与龙山期的文化比照来看，那仰韶期的祭祖仪式的重要性就微不足道了——假如我们不说它不存在的话。

说到这里，我们必须把"祖先崇拜"这个名词下一个严格的界说。广泛地讲，凡是相信有死后的世界（Afterlife）而对死者有敬畏有祭祀的人都有祖先崇拜：死者不是祖先是谁？因此欧洲旧石器时代有埋葬仪式的 Neanderthal 人，我们中国的山顶洞人，也都可以说有祖先崇拜。但在比较宗教学上所讲的祖先崇拜，或是讲中国社会的人所讲的祖先崇拜，则专

---

[1] J. G. Andersson, "Researches into the Prehistory of the Chinese", *BMFEA*, 15 (1943), p. 130.
[2] Max Weber, *The Religion of China* (Glencoe: The Free Press, 1951), p. 173.
[3] Henri Maspéro, "Les Religions Chinoises. Mélanges Posthumes sur les Religions et l'Histoire de la Chine I", *Civilisations du Sud. S. A. E. P.* 1950. p. 20.

有一个狭义的解释。狭义的祖先崇拜至少有两点要紧的因素：（1）祭者只祭自己的（以及同姓的）祖先，不管别人的祖先；祖先掌管自己子孙的休咎，不管别人的子孙的休咎。换言之，祖先崇拜是与（单系）亲族群相联系的。（2）祖先崇拜所牵涉的一套信仰与仪式，是制度化的（Institutionalized），有它的一套信仰和神话传说（与亲族制相联系），仪式制度、祭品祭器、祭祀的地点与对象。用这两个标准来衡量中国古代的仪式生活资料，我们可以确定地指出：殷商时代有祖先崇拜，龙山期也有祖先崇拜；但我们不敢说仰韶期已有制度化的祖先崇拜。

仰韶期的聚落常常附带一个葬地，死者有时伴以丰盛的殉葬品，在半山区的墓葬中有很多玉器。我们可以推测：仰韶期的农民，有对死后世界的信仰，也许有一套繁缛的葬仪，但我们找不到制度化的祖先崇拜的痕迹。这并不是说一定没有：半山区葬地，照安特生说法，是好几个农村合用的一个坟地。假如他的推测可靠，我们或可想象仰韶期的农民虽然在"母村"膨大有分开建立"子村"的习惯，却把其死者葬在母村的墓地，表示对自己亲族群的忠诚。这一种表示，与祖先崇拜在观念上，相差微矣。但是，与龙山期的仪式生活资料对比来看，仰韶期的社祭固然无比重要，其祖祭在社会生活上尚未取得支配的地位。

二 龙山期新石器时代的仪式资料

中国新石器时代从仰韶期转变到龙山期，不是代表不同民族文化的更替，而是一个黄河流域文化本身的一项更新。这项更新所牵涉的文化社会各方面的种种变化，绝非若干学者所设想从彩陶变到黑陶那样单纯,也不是本文所能给这问题的几段文字的篇幅之内能够说明清楚的。我只能就那最要紧、与宗教仪式生活关系最密切的几点,简略地叙述一下。

龙山期的农民,仍用锄头、铲子与镰刀耕种和收割粟黍稻和小麦,豢养狗猪牛羊。当时假如有犁(石或木制),则尚未有其无疑问的发现。马骨在龙山期遗址里发现了不少,可能是已经驯服了的?除了耕种以外,龙山期的农民也采集(尤其贝蛤)、打猎、营渔捞。在华北农业的基本技术上,从仰韶到龙山,并没有什么显著的跃进,至少从考古学的证据上说。甘肃齐家文化一遗址及河北唐山大城山的龙山文化遗址,据说都有少量铜器发现。照龙山期陶器的多棱角作风而言,其陶器模仿铜器的可能性很高。换言之,新石器时代之末的龙山期也许已经有了初期的金属工业。但当时金属器使用于农耕的可能性,可以说是太小了。到了殷周,青铜器那么发达,农具仍是石木制的。金属农具,在华北而言,广泛地始于战国与秦汉之交,铁器初露头角的时代。

但从考古遗物上来看,龙山期的遗物,比之仰韶期而言,有许多显著的不同,这些似乎代表一种农耕技术与社会组织上的革新。中国新石器时代考古的历史尚短浅,我们在这方面所作的解释,只能根据若干直接与间接的资料,作若干一般趋势上的推测。但下面这几点革新的趋势是很显然的:

(一)游耕的方式渐放弃,而采用定耕的方法。龙山期的遗址多代表长期连续性的占居,不像仰韶期的聚落遗留多是许多层薄薄的居住面。这期的石斧比起石锛在数量的比例上锐减;石斧的主要用途是伐垦,这说明华北龙山期伐垦的需要减少,是定耕方式的一层间接证明。

(二)人口的压力促使华北龙山期的聚落,从黄土高原向东扩展到华北大平原及山东半岛,向北到南满,向南直到东南海岸。在各地呈示对地方环境的适应。

(三)"耕而食,织而衣,无有相害之心"的神农之世已成过去,"内用刀锯,外用甲兵"的黄帝之治逐渐萌芽。对外而言,龙山期的村落与村落间有战争,如厚而高的夯土城墙及石制的兵器(匕首、戈头、棍棒头、矛头、镞)所示。对内而言,村民之间显然在地位上分化、在工作上分工:制陶用陶轮,表示专业的陶工出现;卜骨及仪式用器的大量出现,指示专业的巫师;玉器在两城镇的集中出土及两城镇、大城山俯身葬式的出现,表现地位上的分化。总之,龙山期的村落之内,已经产生了许多种类的小群;小群的分别基准,可能与亲属制度有关。但对殷商时代而言,龙山期的村落仍是大体上自给自足的农村。村落之间构成村落网,及城镇之出现,在龙山期尚未有充分的证据。

(四)在艺术上说,仰韶期的彩陶(以生活用具为主的装饰美术)衰落,甚至消失;仰韶期全华北美术文化风格的一致性也消失。到了龙山期,美术可能与社会中的小群发生了直接的联系。就全华北而言,由于村落之定居及其向不同环境中之扩张,以及村落间的战争及孤立性,产生了许多区域性的小文化传统,如河南、淮河、南满、山东、山陕、甘肃、汉水及东南海岸,各呈示不同的文化样相。

(五)基于上述的龙山期社会文化的革新,产生其仪式生活的革新。一言以蔽之:龙山期的宗教仪式,除了祭社以外,出现制度化的祭祖与专业性的巫师。这种仪式不是以全村的福祉为念,而是以村内一部分人的福祉为念。这一部分人的范围界限的标准可能是与亲属制度有关。我们且根据考古上的资料,略加说明。

龙山期的主要断代标准，即其聚落中出土的大批灰黑色的陶器。其形多棱角，有的具三足，有的圆底或平底无足，有的具圈足或高圈足；其质有的极细腻，薄而光。其中至少如豆、皿等若干器形，考古学家多同意不是日常生活上的用器，而是祭祀仪式用的器皿。从殷商时代铜制仪式器皿的器形看，这种看法是可以成立的。图3中1~10为若干可能为仪式用的陶器器形的代表。拿龙山期的仪式陶器与彩陶期的若干精美彩陶比较，有两点重要分别：（1）许多龙山式的黑陶是轮制的，虽同时的日常生活用具仍以手制的为主；（2）仪式用陶有时极薄极精，不像有实用价值。换言之，仰韶期的彩陶，虽有若干可能用于仪式，但实用的与祭祀用的，不易截然地分辨。龙山期则不然，若干陶器很可能是专为仪式使用而制造的。这点事实，再加上我们对龙山期社会地位区别与分工的了解，暗示龙山期农村中的祭祀仪式，不但重要性更加显著，而且可能与一部分人而非全体有密切的联系。这是第一点。

城子崖、两城镇，和江苏北部新沂花厅村的龙山期聚落里，有塑为鸟形的器盖纽（图3：11、12）。我们从文献资料所记神话传说上知道商与秦之先世之诞生都与玄鸟有关。可能为仪式用的器皿与鸟发生了关联这一事实，指出龙山期的仪式可能与村落中一部分成员的始祖传说有关。这是又一点。

龙山期的遗址里，常有卜骨出土（图3：13），其分布东起海岸，西至甘南，北到辽东，南及江苏南部，包括河北、辽宁、山东、山西、河南、陕西、甘肃，与江苏各省。骨卜今在北亚洲为巫师的专业，其功能与渔猎有关；在古代之殷商，为太史的职责，为殷王服务。龙山期的骨卜很可能指示专业巫师的出现，而且其服务的对象可能与村落里少数特权人物有关。这是第三点。

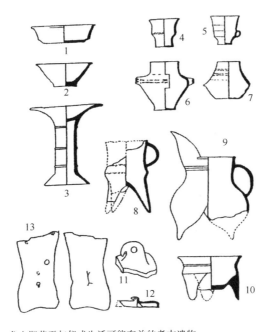

图3 龙山期若干与仪式生活可能有关的考古遗物
1—10：陶容器；其中大部分可能主要用于仪式（1—4，8—10：出土于城子崖；5—7：出土于两城镇）。
11—12：鸟形纽的器盖（11：城子崖；12：两城镇）。
13：鹿肩胛卜（羊头洼）。

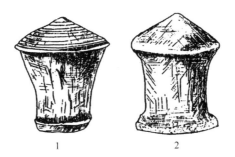

图4 仰韶村出土的陶祖
1：采自 Andersson 1943, "Researches into the Prehistory of the Chinese", Pl. 30：3；1/2 大。
2：采自 Andersson 1947, "Prehistoric Sites in Honan", Pl. 31：3；1/2 大。

这三点考古学上的事实指向一个结论，即龙山期祭仪发达，且与村落中的特权人物有关。这些"特权"人物产生的基础，很可能在亲属集团的范围之内。何以说与亲属集团有关？第一，我们有安特生在仰韶村所发现的陶祖为据；第二，我们可以在古代大姓的起源神话里找线索。

安特生所发现的标本，他有如下的描写：

> K.6458号标本（图4：1）：仰韶村。一物，其形状如图。其底似曾附于一容器上。棕色陶质，表面黑晦。[1]
>
> K.6459号标本（图4：2）：仰韶村一物，其形状可按图推测。此件标本有一平底可立于平面上。棕色陶质，表面黑晦。全高120mm。高本汉教授在一专文中根据其与印度Mohenjo Daro之若干发现的关系，解释此物为一生殖器象征[2]。

这两件标本，照其形状推测，并比照其他文明的类似出土物，很可能如高本汉所说，是男性性器的模型，中国史上拜"祖"的最早的实证。男子生殖器的崇拜，可能来源甚古。作者1949年在法国南部Les Eyzies的旧石器时代晚期遗址Abri Pataud的Perigordian 5c文化层的居住遗址里，亲手发掘出来两件男性性器的模型（石制）。但它在中国史前时代不出现于仰韶期而出现于龙山期，从整个文化的进展情形看来，则显示特殊的意义。在近东[3]及墨西哥[4]的新石器时代晚期，除了

---

[1] Andersson, "Researches into the Prehistory of the Chinese", *BMFEA*, 15 (1943), p.68.
[2] Andersson, "Prehistoric Sites in Honan", *BMFEA*, 19 (1947), p.51.
[3] Childe, *op. cit.*, p.20.
[4] Vaillant, *op. cit.*, p.58.

女性的塑像之外，男性的塑像也逐渐出现，与华北的情形，很有平行之处。男性的塑像在华北龙山期的不召寨遗址也有遗物发现[1]。中国古代的"祖"字，本来是个性器的图画，亦即祖先牌位的原形，在学者间已无异辞。因此，龙山期的仪式，至少有一大部分与村落中亲族集团的祭祖有关。祖先崇拜，固然如学者所说，以祈求本宗亲属的繁殖与福祉为目的，但其更重要的一项功能，是借仪式的手段，以增强与维持同一亲团的团结性，加重亲团成员对本亲团之来源与团结的信念[2]。

亲团团结性的加强，一方面借祖先崇拜的仪式为手段，另一方面借神话传说为其基本信念的根据。照史籍所记，商周秦以及其他三代时的大国，其统治集团都有始祖起源的神话。依现在考古学上的知识，它们的始祖时代，只有追溯到龙山期的可能。龙山期各区域的不同文化传统，正好与他们的个别的始祖传说相扣。

由此看来，龙山期的祭祖仪式，及其不以村落全体为基础而以村落中的个别亲族团体为基础，是一个很合理的推测。同时，村落中仍有社祭，有渔猎祭，都是很显然的事。但他们在考古材料中所显示的重要性，远不如祭祖之甚。不召寨有鹿祭的遗迹，可能与猎祭有关，是唯一可靠的考古资料[3]。

三 结 语

中国远古时代的祭仪，由考古资料及文献记录所示，最重

---

[1] Andersson, 1943, Pl. 180.
[2] E. Colson, "Ancestral Spirits and Social Structure Among the Plateau Tonga", *International Archives of Ethnography*, 47 (1954):1.
[3] Andersson, 1947, p. 75.

要的可分两组：与生业（农、渔、猎）有关而以村落之福祉为念的祭仪，及以村落内个别的亲属集团的团结与福祉为念的祭仪；前者可统称为祭社，后者可统称为祭祖。这两种祭仪多与一部分的神话传说有密切的关联，同时又都以整个文化社会的环境为背景。

在农业社会开始村落生活初立的仰韶期新石器时代，我们有社祭的证据，而无系统化祭祖的证据。到了龙山期新石器时代，则祭祖的证据突然普遍出现。上文简单地讨论了这种仪式生活演变的文化与社会上的原因。到了龙山期及殷商时代，祭祖与祭社同有绝顶的重要性，而且在主祭的人物上，也许互相符合。但这也许是因为中国古代社会中主持祭祀人物的双重性格而来：他们一方面是村落或王国的政治首领，另一方面是亲属某团的代表。因此，祖祭与社祭在龙山期及殷商时代，也许有同一主祭，在同一地点或邻近举行，但它们所代表的社会群及祈求福祉的对象既不同，且由更早的仰韶期的资料所示，可能有不同的来源。

仰韶文化的巫觋资料 *

仰韶文化是中国新石器时代文化中最早发现、研究历史最长、资料最多的一个，已知的遗址已有一千多处，"主要分布在陕西关中地区、河南大部分地区、山西南部、河北南部，远及甘青交界、河套地区、河北北部，湖北西北部也有一些发现。"[1][有的学者主张把甘青的仰韶文化从中原的仰韶文化中分出去，别立马家窑文化[2]，但一般看法多同意甘肃仰韶文化诸类型（马家窑、半山、马厂为主）是在中原与甘肃地区的庙底沟类型的基础上发展演变出来的，而"它们本来是一个文化系统"[3]。]仰韶文化的年代，大致起于公元前5000年前，在中原终于公元前3000年前左右，在甘青地区又延续了近千年左右[4]。因为仰韶文化的研究已有70多年的历史，我们对仰韶文化的类型分类、陶器特征、物质文化、聚落形态、埋葬习俗，甚至社会组织，都已有相当深入的了

---

* 原载《中央研究院历史语言研究所集刊》，(1994) 64。
[1] 《新中国的考古发现与研究》，北京：文物出版社，1984，41页。
[2] 夏鼐《考古学论文集》。北京：科学出版社，1961，11页。
[3] 严文明《仰韶文化研究》，北京：文物出版社，1989，312页。
[4] K. C. Chang, *The Archaeology of Ancient China*, 4 th edition New Haven: Yale University Press, 1986, pp. 111, 142.

解[1]。但是我们对仰韶文化的宗教生活则所知甚为有限。

在20世纪50年代的后期，在仰韶文化的新资料尚少，而已有的材料尚未充分消化的时代，我在《中国远古时代仪式生活的若干资料》[2]一文中，曾根据仰韶文化彩陶上的若干纹饰对当时的仪式生活做了两点推测。其一，彩陶上的贝纹可能代表女性，象征祈求农业丰收的社祭。其二，带有鱼形饰物的人头形象可能是当时巫师的象征："仰韶期的农村里已经有了巫师的可能性也很大……这个（带鱼的）头形……似乎很可能是画的一个掌管祈渔祭的巫师，画在盛鱼或用于祈渔祭的器皿之内。"[3]

三十余年以来，新从仰韶文化遗址所发现的艺术资料之中，又有好几个例子对仰韶时代巫觋人物与作业有鲜明肯定的启示。下面对这些资料一一叙述讨论。

一 舞蹈纹彩陶盆（图1）

1973年青海大通县上孙家寨遗址中一座马家窑类型墓葬（M384）中出土陶器里面有一件彩陶盆，"口径29、腹径28、底径10、高14厘米。器形较大、敛口、卷唇、鼓腹……小平底……（内壁上缘）有舞蹈形画面三组。……主题纹饰舞蹈纹，五人一组，手拉手，面向一致，头侧各有一斜道，似为发辫，摆向划一，每组外侧两人的一臂画为两道，似反映空着的两臂舞蹈动作较大而频繁之意。人下体三道，接地面的两竖

---

[1] 关于仰韶文化最详尽的研究，见严文明《仰韶文化研究》。这本书主要各章的题目是：（一）典型遗址分析；（二）类型、起源和发展阶段；（三）聚落形态；（四）埋葬制度；（五）彩陶初探。
[2] 《中央研究院民族学研究所集刊》，(1960) 9, 253—269页。
[3] 同上，260页。

图1

道,为两腿无疑,而下腹体侧的一道,似为饰物。"[1]

这幅画面说明当时有组织的舞蹈。舞蹈不一定是宗教仪式活动,但熟悉中国古代礼乐制度者,马上可以想到舞蹈在中国古代礼乐仪式上的重要地位,而仰韶文化的舞蹈也可以从当时礼乐活动的背景来看。头上坠下的"发辫"与下腹体侧的"一道"都见于下项:下面的一道与其说是饰物不如看做男性的阳物或阳物的伸展或夸张。从这两点看,使人怀疑这不是纯粹娱乐性的舞蹈的图画。

二 丧仪巫舞地画(图2)

1982年在甘肃秦安县五营乡大地湾仰韶文化遗址中发现了一座房基,编号为F411。它的方向是东偏北42度,背山面河,平地起建,平面呈长方形,长5.82—5.94米,宽4.65—4.74米,东北壁正中有一向外延伸的门道。居住面经过复修,形成上下两层。下层居地面先将原地坪铺平夯实,铺一层草泥

---

[1]《青海大通县上孙家寨出土的舞蹈纹彩陶》,《文物》1978年第3期,49页。

图 2

土,表面再抹一层厚 0.2—0.3 厘米的料姜石白灰面。上层居住面是在原居住面的基础上,铺垫一层厚 9—10 厘米的干净夯土和草泥土,表面也抹一层白灰面,厚 0.3—0.4 厘米。在上层居住面近后壁的中部有一幅地画,用黑炭绘成,所占面积东西长约 1.2 米,南北宽约 1.1 米。依原报告者的描述:

> 地画中有人物和动物图案。上部正中一人,高 32.5 厘米,宽约 14 厘米。头部较模糊,犹如长发飘散,肩部宽平,上身近长方形,下部两腿交叉直立,似行走状。左臂向上弯曲至头部,右臂下垂内曲,手中似握棍棒类器物。此人的右侧,仅存黑色颜料的残迹,系久经摩擦脱落,推测也应为一人。上部正中人物的左侧,也绘一人物,高 34 厘米、宽 13 厘米,头近圆形,颈较细长而明显,肩部左低右高,胸部突出,两腿也相交直立,似行走状,其左腿下端因居住面被破坏而残缺。其左臂弯曲上举至头部,右臂下垂也作手握器物之状。两人相距 18 厘米。在正中人物的下方 12 厘米处,绘一略向右上方斜的黑线

长方框，长55厘米，宽14—15厘米。框内画着两个头向左的动物。左边的一个长21厘米，头近圆形，头上方有一只向后弯曲的触角，身躯呈椭圆形，有弧线斑纹，身上侧绘有两条向后弯曲的腿，身下侧有四条向前弯曲的腿，身后还有一条向下弯曲的长尾巴。右边的一个长26厘米，头为椭圆形，头上有三条触角形弧线呈扇形分散，长条形身躯上有弧形斑纹，身上侧绘有向不同方向弯曲的四条腿，身下侧有四条向前弯曲的腿。

在人物图案的左下方，还绘有反"丁"字形图案，并见模糊的黑颜料残迹[1]。

对这幅地画的意义，学者有不同的解释。原报告者解释上面的人物为祖神，下面方框内是动物，为供奉祖灵的牺牲[2]。严文明先生说"这画很像是几个人面对作为牺牲的动物在跳舞，或者在做巫术。……这所房子也许是巫师专用的宗教性建筑"[3]。李仰松先生以为上方两个主要人物中一个是巫师，一个是女主人，下面的方框是长方形木棺葬具，全部地画是表现一种"驱赶巫术"，即巫师和女主人手持法器，驱赶下面木棺中所画两个象征害人生病的鬼像[4]。宋兆麟先生认为下面的方框是木棺，但内装的是两个呈蛙形屈肢安葬的死者，地画是表现丧舞[5]。

---

[1]《大地湾遗址仰韶晚期地画的发现》，《文物》1986年第2期，14页。
[2] 同上，15页。
[3] 严文明《仰韶文化研究》，211页。
[4] 李仰松《秦安大地湾遗址仰韶晚期地画研究》，《考古》1986年第11期，1000—1004页。
[5] 宋兆麟《巫与民间信仰》，北京中国华侨出版公司，1990，166—178页。

我相信说下部方框是棺，里面的两个形象是死者的说法是正确的。死者做蛙形屈肢这种画法与下面几个例子还可以连起来看。特别值得注意的是死者的身体是用线条表现的，表现出死者的骨骼脉络，这是所谓 X 光式或骨架式的画法，在民族学上是代表巫术宇宙观的一种有特征性的表现方式。对近现代的原始民族中的巫师而言，将人体缩减为骨架常是向神圣世界转入的一个步骤，因为骨架状态是向母体子宫回入的象征，因此骨架状态又象征"死者再生"[1]。佛斯特（Peter T. Furst）指出古代中美文明中巫术信仰宇宙观的一个特征，是相信人与其他动物的生命本质存在于骨骼之中，因此人兽死后均由骨骼状态重生，这便是骨架式或 X 光巫术性美术的理论基础[2]。大地湾地画下部长方框中画的两个死者是中国现存的最早的 X 光式人像美术。同时死者屈肢做蛙形，似乎是回到母体子宫中胎儿的形象（见下）。

　　上面一排人物，可能有 4 个巫师舞蹈作法。如果人物的"左臂"可以解释为白头上垂下来的发辫，则这几个人像在发辫和阳具（或夸大的阳具上）与上述上孙家寨的舞蹈人物是有同样装饰或配备的巫师。这两幅像中的发辫，又令人想到多年前安特生在半山采集的一件面上刺黥，头顶上有盘蛇（?）下旋的人头形的陶盖（图 3）[3]。地画中的巫师似在一个葬仪中舞蹈，行法祈使死者复生。

----

[1] Mircea Eliade, *Shamanism*, translated from the French by W. R. Trask (Princeton University Press, 1972), pp. 62—63.

[2] Peter T. Furst, "Shamanistic survivals in Mesoamerican religion", *Actas del XLI Congress International de Ameicanistas*, vol. 3 (1967), p. 152.

[3] J. G. Andersson, "Researches into the prehistory of the Chinese", *Bulletin of the Museum of Far Eastern Antiquities*, 15 (1943), p. 240, Pl. 187.

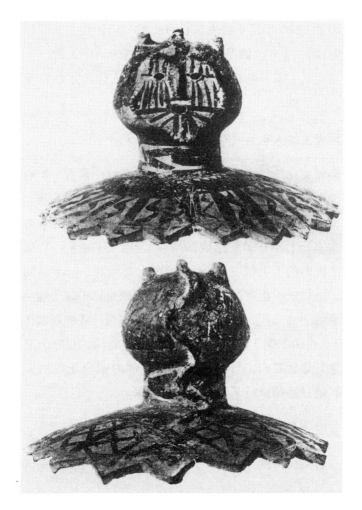

图 3

三 骨架（或 X 光）式人像钵（图 4）

20 世纪 20 年代安特生在甘肃临洮半山区购买的彩陶中有一件陶钵，"主要纹饰是一个像小孩子画的一副人骨"[1]这是代表巫觋式宇宙观的骨架（或 X 光）式人像美术在仰韶文化中的又一个例子。

四 陶壶上的人首蛙（?）身形象（图 5）

仰韶文化马厂类型的陶壶上部彩色花纹中常有一组有人称为蛙纹的形象，由一个中间的直条，两个 V 形的上肢，和两个 V 形的下肢组合而成。1991 年青海民和县出土的彩陶中有一个陶壶，上部有黑彩绘成的简化蛙纹，但在两个 V 形交点有一个泥塑的人头像[2]。人头的面上有刺黥，与半山陶盖的相似。同样地，也有面上刺黥的人头塑像也见于波士顿美术馆新收藏的一件马厂式的陶壶上，位于典型马厂式蛙形胴体的上端[3]。这两个例子说明马厂彩陶上所谓蛙纹，实际上是巫师的形象，作屈肢式，与大地湾地画下部木棺内死者的姿势相同，可能是巫师举行某种作业时的形象。

五 双性人体形象陶壶（图 6）

在青海柳湾的一个马厂类型的墓地里面采集到一个人像彩

---

[1] J. G. Andersson, "Researches into the prehistory of the Chinese", *Bulletin of the Museum of Far Eastern Antiquities*, 15 (1943), Pl. 241, Pl. 182∶1.
[2] 《中国文物精华》，北京：文物出版社，1990，彩图 7。（本书称此件陶器属于马家窑文化）
[3] *Selected Masterpieces of Asian Art, 1890—1990*, *Museum of Fine Arts*, Boston, #153.

图 4

图 5

陶壶:"标本采01,小口短颈,圆腹平底,泥质红陶,从口到器腹中部涂敷一层红色陶衣。彩绘一组对称两圈网纹,另一组为蛙身纹加塑绘裸体人像。塑绘人像是先捏塑出裸体人像,然后在人像各突出部位之周围黑彩勾勒。头面在壶之颈部,目、口、耳、鼻俱全,披发,眉作'人'字形,小眼、高鼻、硕耳、张口。器腹部即为身体部位,乳房、脐、下部及四肢袒露。乳房丰满,用黑彩绘成乳头,上肢双手作捧腹状,下肢直立,双足外撇。彩陶壶通高为34厘米。"[1]

这个陶壶上的人像可以说是上面所描写的马厂类型陶壶上的人头蛙(？)身形象的全貌,是一个仰韶时代的巫师形象无疑。这个形象经过李仰松、宋兆麟等先生的分析,都认为是代表男女两性同体。李仰松先生说:

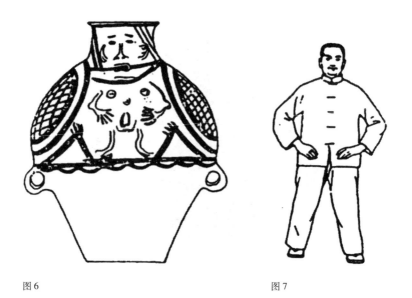

图6　　　　　　　　　　　图7

---

[1]《青海柳湾》,北京:文物出版社,1984,116页,彩版2。

仔细观察了实物，认为陶壶上这个塑绘人像是男、女两性的"复合体"。人像的胸前有一对男性乳头，另外，在两边还有一对丰满的女性乳房（乳头用黑彩绘成）。人像的腹部似为男性生殖器，又为女性[1]。

宋兆麟先生也说，"其生殖器又像男性，又像女性，说明是一种'两性同体'形象"[2]。按两性同体也是近现代巫觋美术中的一项常见特征[3]。叶理雅得（M. Eliade）先生的解释是："这些巫觋们被认为是两个宇宙面——地与天——的中介人物，而且他们在他们自身结合着阴性（地）与阳性（天）。"[4]换言之，巫觋以沟通天地为主要任务，因而具有阴（地）阳（天）两性的特征。[这与古文字中的巫字解释相符；巫字代表两件矩形器，而矩形是又画方（地）又画圆（天）的工具，也可以代表巫觋自身之内天地或阳阴的结合[5]。]

近年讲气功史的，常引柳湾这个人像，作为中国气功运作的最早的一个图像[6]。比较这个图像与气功的入定式（图7）两者确有相似之处[7]。近现代巫师在升天入地之前，常需要进入一种迷幻的精神状态（ecstacy）。气功的入定也许可以当做巫师进入这种状态的一条途径。

---

[1] 李仰松《柳湾出土人像彩陶壶新解》，《文物》1978年第4期，88页。
[2] 宋兆麟《巫与民间信仰》，134页。
[3] Joseph Campbell, *The Way of the Animal Powers*, Vol. I of the *Historical Atlas of World Mythology*, 1983, A. van der Marck editions, p. 173.
[4] M. Eliade. *op. cit.*, p. 352.
[5] 张光直《中国青铜时代·二集》，北京：三联书店，1990，43页。
[6] 如李志庸《中国气功史》，郑州：河南科学技术出版社，1988。
[7] 引自赵金香创编，刘仲春整理，《鹤翔庄功法和功理》，载于《鹤翔庄气功》1982年8月号，3—12页。

六　濮阳三蹻（图8）

以上五组巫觋形象都属于甘肃、青海的仰韶文化。中原仰韶文化的巫觋形象最初只有上述半坡的鱼饰人头纹，到了1987年则有河南濮阳西水坡遗迹的发现，是仰韶文化中最早的有关巫觋的资料，而且内容非常丰富，有极大的重要性。这组遗迹包括一个后冈类型的墓葬（M45）和与之有关的三组用蚌壳摆塑的动物形象：

〔第一组蚌图〕在墓室中部壮年男性骨架的左右两侧，〔是〕用蚌壳精心摆塑龙虎图案。蚌壳龙图案摆于人骨架的右侧，头朝北，背朝西，身长1.78米、高0.67米。龙昂首、曲颈、弓身、长尾、前爪扒、后爪蹬，状似腾飞。虎图案位于人骨架的左侧，头朝北，背朝东，身长1.39米、高0.63米。虎头微低、圜目圆睁、张口露齿、虎尾下垂、四肢交递，如行走状，形似下山之猛虎。……虎图案北部的蚌壳，形状为三角形，……〔在三角的东面〕还发现两根人的胫骨[1]。（图8，左）

第二组蚌图摆塑于M45南面20米处。……其图案有龙、虎、鹿和蜘蛛等。其龙头朝南，背朝北；其虎头朝北，面朝西，背朝东，龙虎蝉联为一体；其鹿卧于虎的背上，……蜘蛛摆塑于龙头的东面，头朝南，身子朝北。……第三组蚌图，发现于第二组动物图案的南面……约25米。……图案有人骑龙和虎等。……人骑龙和奔虎腾空而起，如在空中奔驰，则

---

[1]《河南濮阳西水坡遗址发掘简报》，《文物》1988年第3期，3页。

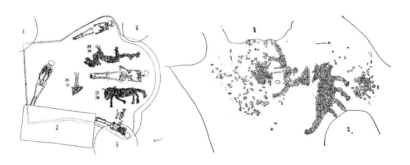

图 8

非常形象,非常壮观[1](图8,右)。

这三组图像很明显地代表巫师与助他上天入地的动物,后者以龙、虎、鹿为主。在《濮阳三跷与中国古代美术上的人兽母题》[2]一文里面,我引用《抱朴子》和《道藏》中的《太上登真三跷灵应经》里面对于原始道士使用龙虎鹿三跷的记载,提出濮阳的蚌图逼真地表现出来仰韶时代的巫师借三跷的助力可以上天入地,与鬼神来往。葛洪(c.283—343)《抱朴子》内15中说:

> 若能乘跷者,可以周流天下,不拘山河。凡乘跷道有三法,一曰龙跷,二曰虎跷,三曰鹿卢跷。……龙跷行最远,其余者不过千里也。

《三矫经》云:

---

[1]《1988年河南濮阳西水坡遗址发掘简报》,《考古》1989年第12期,1058—1059页。
[2]《文物》1988年第11期,36—39页。

> 《三蹻经》者，上则龙蹻，中则虎蹻，下则鹿蹻。……龙能上天入地，穿山入水，不出此术，鬼神莫能测，能助奉道之士，混合杳冥通大道也。

用《抱朴子》和《三蹻经》的记载是来解释濮阳龙、虎、鹿形的蚌图的。这就是说，濮阳西水坡 M45 的墓主是个仰韶文化社会中的道士或是巫师，用蚌壳摆塑的龙、虎、鹿则是巫师能够召唤使用的"三蹻"的艺术形象，是助他上天入地的三蹻的形象[1]。濮阳西水坡的仰韶文化属于后冈类型，是仰韶文化早期的遗存，比上面所引的甘肃、青海仰韶文化诸例，都要早得多。从这早期的三蹻到历史时代的三蹻之间的数千年间有一连串的艺术中的巫蹻形象把这两头接连起来。但这是题外之话，这里不遑详述。

45 号墓第一组蚌图所含意义还不止此。庞朴[2]与冯时[3]两位先生都根据 45 号墓的平面图，特别是龙虎两兽的东西位置，人体下面由三角形蚌堆与两根胫骨构成的北斗星，与墓穴头部作圆弧形、脚部作平方形等等特征，推测在这个图像的背后，仰韶文化中已有天圆地方、二十八宿的宇宙观或宇宙模式。这样说来，这个巫师的墓穴正好形成一个广大的宇宙天地，正是他骑乘龙、虎、鹿来邀游的太空。是巫觋式的宇宙观在中国已有很长的历史，而仰韶文化时代恐怕还不能说是这种宇宙观的起点。

上举的这几条资料虽嫌散漫，合起来看，它们的意义却非

---

[1] 《文物》1988 年第 11 期，36 页。
[2] 庞朴《火历钩沉》，《中国文化》1989 年第 1 期，11 页。
[3] 冯时《河南濮阳西水坡 45 号墓的天文学研究》，《文物》1990 年第 3 期，52—60 页。

常鲜明。总括地说，仰韶文化的社会中无疑有巫觋人物，他们的特质与作业的特征包括下列诸项：

1. 巫师的任务是通天地，即通人神，已有的证据都说巫师是男子，但由于他们的职务，有时兼具阴阳两性的身份。

2. 仰韶时代的巫觋的背后有一种特殊的宇宙观，而这种宇宙观与中国古代文献中所显示的宇宙观是相同的。

3. 巫师在升天入地时可能进入迷幻境界。进入这个境界的方法除有大麻可以利用[1]以外，还可能使用与后世气功的入定动作相似的心理功夫。

4. 巫师升天入地的作业有动物为助手。已知的动物有龙、虎和鹿。仰韶文化的艺术形象中有人（巫师）乘龙上天的形象。

5. 仰韶文化的艺术中表现了巫师骨架化的现象；骨架可能是再生的基础。

6. 仰韶文化的葬礼有再生观念的成分。

7. 巫师的作业包括舞蹈。巫师的装备包括黥面、发辫（或头戴蛇形动物）与阳具配物。

以上各种特征在本质上是与近现代原始民族中常见的巫觋宗教或称萨满教（Shamanism）是相符合的。仰韶时代萨满教的证据是全世界萨满教历史上有强烈证据表现的最早期的形式之一，对世界原始宗教史的研究上有无匹的重要性。

---

[1] 甘肃古代遗址如东乡县林家遗址的马家窑类型文化层中出土大量的大麻（Cannabis sativa）种子；见《甘肃东乡林家马家窑文化遗址出土的稷与大麻》，《考古》1984年第7期，654—655页。

中国相互作用圈与文明的形成 *

在前文里面撮述了新石器时代文化在中国好几个区域中发展的有关资料。过去 10 年来考古学的进展已经告诉了我们,新材料在不久的将来一定会出现,而建立在老材料上的假说一定会坍毁。但是已知的各区域的史前史已将两个发展趋势表示得相当清楚。其一,所有的区域文化在经过一定的时间之后都更广泛地分布,而它们彼此之间的相互作用趋于深化,终于在公元前第四千纪中间形成了一个"相互作用圈",布定了最早的中国历史文明的地理舞台。其二,每个区域的新石器时代文化在文化上与社会上都愈来愈复杂、愈分歧、愈分层,终于导致这些区域中产生文明的基础。这两个趋势大概不会彼此不相关的。在本文中,我们先追溯一下上文已经勾画出来的区域文化的发展,并且指明它们在公元前 4000—公元前 3000 年期间彼此之间连锁关系的基础证据。然后,我们从公元前 3000 年开始检讨一下显示在一系列的新的考古学文化之中的一个文化之上的每个区域内向文明之转变,这些新文化便包括山东龙山

---

* 本文译自 *The Archaeology of Ancient China* (Yale University Press,1968,Rev. ed.) 第五章,译文原载《庆祝苏秉琦考古五十五年论文集》,北京:文物出版社,1989 年。

文化、河南东部龙山文化、河南北部龙山文化、河南西部龙山文化、山西龙山文化、陕西龙山（客省庄二期）文化、齐家文化、良渚文化和青龙泉三期（湖北龙山）文化。最后，我们再简快地看一下这些文化以外的有关的考古资料。

一　中国相互作用圈的形成

假如我们将大约公元前7000—公元前6000年期间、公元前5000年和公元前4000—公元前3000/2000年期间（上列年代不规则的理由下面不久便可明了）的新石器时代文化和它们的地理分布比较一下，我们便会发现一件有意义的事实（图1）：起初，有好几处互相分立的新石器时代文化，我们实在没有什么特别的理由把这几处文化放在一起来讨论——我们所以把它们放在一起来讨论是有鉴于后来的发展，但在公元前7000年时并没有人会知道这种情况的。后来，在公元前5000年左右，有新的文化出现，而旧有的文化继续扩张。到了约公元前4000年，我们就看见了一个会持续一千多年的有力的程序的开始，那就是这些文化彼此密切联系起来，而且它们有了共同的考古上的成分，这些成分把它们带入了一个大的文化网，网内的文化相似性在质量上说比网外的为大。到了这个时候我们便了解了为什么这些文化要在一起来叙述：不但它们的位置是在今天的中国的境界之内，而且因为它们便是最初的中国。这一点且等下文再说。

在目前所有的考古记录中，陶器最初出现以后的数千年之内，华北有四组互相关系密切的遗址群，而华南有多在石灰岩洞穴中的孤立的发现。华北的遗址中出土了粟米农业的证据和有关的器具，包括镰刀、磨盘、磨棒。陶器特有附在底上的三

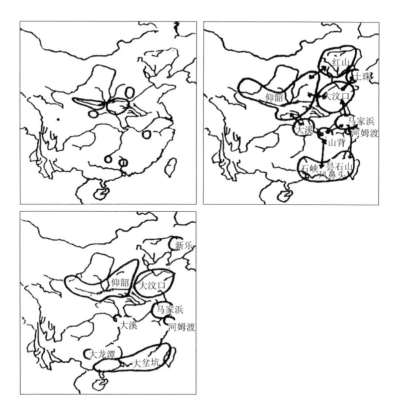

图1 中国新石器时代区域文化自公元前7000年（上左）到公元前5000年（下左）和公元前4000/3000年（上右）的扩张

条小型而锥状的足——这些是最早的特征性的中国式的容器即鼎。陶器多素面，但有些器上印有绳纹，还有相当数量的有篦印纹和摇椅式印纹。在华北常见的半地下式草泥土家屋和窖穴式的居住形态在这时候已很普遍。同时，华南的洞穴住民生产了一套颇为不同的器物：砾石砍器、绳纹陶器，以兽骨和渔猎具形式出现的丰富的狩猎与渔捞的证据。可能从事若干农耕，主要作物当是稻米和根茎类作物。

到了公元前5000年前，考古文化的数目增加了，它们占据的区域扩大了，而且各个文化的界说更明显化了。在过去为较早的四组新石器文化遗址群——磁山、裴李岗、渭水流域和李家村——所分布的区域内，现在有了一个仰韶文化，下面分为界说明显的地方类型。若干类型很可以看做较早的遗址群在同一地区内的持续，可是仰韶的整个分布区域要广大得多，包括了从河北到青海的大部黄河中游地区。一个新的文化，即大汶口文化在山东和苏北出现了，被现已越来越窄的豫东和鲁西南的沼泽地带与仰韶文化分隔开来。这个文化很可能是从北辛类型发展出来的；北辛类型好像是磁山和裴李冈穿过沼泽地带移动后在山东的登陆点。再往北看，在辽河下游有新发现的新乐文化，它的平底篦印纹的陶器指向亚洲东北部的联系，可是它的篦印纹和摇椅印纹也可能指向河北的较早的磁山类型的联系。仰韶、大汶口和新乐都是种植粟米的文化。虽然如此，虽然它们彼此可能有关，它们却是三个各有特色的文化。

华南的情况也显示了好几个各有特色的区域文化，可是都是种植稻米的。在长江下游和太湖地区的是有红陶的马家浜文化，而在它南边与它隔杭州湾相望的是有黑陶的河姆渡文化。沿着长江向上流追溯。最近在长江中游盆地发现了一个非常早的新石器时代文化，然后到了公元前5000年前有了大溪文化。再向南走，沿着东南海岸地区，有以绳纹陶或篦印纹陶为特征的零星遗址，可能是从由仙人洞和甑皮岩的石灰岩洞穴文化所知的早期的底层文化持续下来的，但是遗址数目还太少，分布又太稀散，还不能加以稳固地分类。仅有的发掘较多的遗址是属于台湾的大坌坑文化的，而这个文化将来很可能把进一步的研究推早到仙人洞和甑皮岩这一时代。那个时代的绳纹陶文化很可能是所有的华南的种植稻米的文化的祖先：大坌坑、河姆渡和马家浜早期都有绳纹陶,可是大溪的绳纹陶较少。可见到了公元前5000年前,各区域的文化又有个别性,有各自的特色。

到了公元前4000年前左右,华北和华南这些各有特色的文化开始显露出一种互相连锁的程序,并在其后1000年内及1500年内在华北及华南地区继续深化。各个区域文化向外伸展而互相接触,在文化上互相交流,表现了持久而重要的交流关系的具体的、逐渐增加的证据。这个交互作用的程序无疑在数千年之前便已开始,但是到了公元前4000年前,它在考古记录中的表现才显得清楚而且强烈。这些表现可以从两部分来叙述,即华北诸文化之间的交互作用的表现和华北、华南文化之间的表现。

在华北之内,相互的关系在仰韶、大汶口、红山和土珠山各类型之间开展。到了公元前4000年前,黄河下游冲积平原已经大致形成,而仰韶与大汶口之间的陆上交往必由这个空隙的变窄终于消失所促进。整组的大汶口陶器在河南数处遗址中发现,最西到达了偃师,而且典型的大汶口器形(如背壶、袋形足的鬶、镂孔足的豆和高足杯)见于豫西类型的仰韶器组[1]。仰韶对大汶口陶器尤其彩陶的影响也很显著[2]。仰韶和大汶口所共有的石器、骨器和陶器类型的单子是很长的,而两者之间的互相作用、互相影响是不容否认的。

辽河中上游和大凌河谷的红山和辽东半岛南端的土珠山无疑是属于同一个运行轨道之内的,都具有细石器和篦印纹平底陶器这种北方的特征。土珠山和大汶口经由山东半岛和辽东半

---

[1]《考古》1981年第3期,261—265页。
[2]《远东博物馆馆刊》(瑞典斯德哥尔摩),(1981)53。

岛之间的列岛相接触，如山东蓬莱以北长岛县的北庄遗址的考古遗存所示，在这里篦印纹陶器和大汶口类型伴存出现[1]。至于红山和仰韶，我们在"对中国先秦史新结构的一个建议"里已经谈到他们在河北北部以及北京地区彼此之间直接的接触。在红山文化最初发现的中国考古学的早期阶段，因为它有绘黑彩的红陶，考古学者很快地作出它是仰韶文化在北方的一个分支的结论。现在我们对这个文化本身了解比较深刻，一般的看法是以为红山文化是辽河河谷本身的发展，也许是在新乐文化的基础上发展出来的。但是它的发展过程中接受了外面的影响，包括仰韶的影响[2]。"如'红顶碗'式的陶钵，与仰韶文化后岗类型的陶钵相似，彩陶中的平行线纹、平行斜线组成的三角形纹也与后岗类型的同类彩陶相似。有凸饰的圆腹罐，和半坡遗址的有凸饰的尖底罐也类似。"[3]

华北的大汶口文化与长江流域和东海岸文化连锁关系的考古证据就是所谓"龙山形成期"的成形；龙山形成期在第四千纪的中叶在华北和长江流域出现，然后沿着东海岸直到台湾和珠江三角洲一直到第三千纪的中叶。龙山形成期这个概念是最初在1959年作为贯穿若干区域文化序列的空间性的整合工具而提出来的，用来说明整个中国东海岸在一段连续的时期之中的许多石器和陶器特征与类型上的相似之处[4]。为了解释龙山形成期的迅速而且广泛的扩张，在提出这个概念的当时觉得把它当做从一个核心区域，即华北的中原地区，汾、渭、黄

---

[1]《史前研究》1983年第1期，114—130页。
[2]《中国考古学会第一次年会论文集》，文物出版社，1980，78—79页。
[3]《新中国的考古发现和研究》，文物出版杜，1984，175页。
[4]《哈佛亚洲学报》，(1959) 20，100—149页；《中央研究院历史语言研究所集刊》(1959) 30，259—309页。

三河交汇的地带，放射出来的文化扩展是合理的解释。作这种解释的基础是新石器时代文化发展在中原有一串完整的系列，而在东部和东南海岸当时没有这样的一个完整的发展系列，因此在东部和东南海岸地区的与中原类似的文化想必是自中原较早的文化传布而来的。可是到今天这个基础已经不复存在了，因为在好几个区域中今天也已经有了完整的或近乎完整的发展系列了。因此，"龙山形成期的大扩张"不能再来作为解释龙山形成期的理论基础。但如西谚所云，我们却不可把婴儿与洗婴儿的水一起倒掉，因为婴儿——龙山形成期——是真有的。

沿着史前时代交互往来的路线在几个区域文化之间移动，我们不妨自大汶口开始。沿着海岸平原我们可以走入马家浜文化的领域。从这里我们有两条路线可走：向南穿过杭州湾到河姆渡的领域及其更南到东南海岸，在这里稍后我们可以接触福建的昙石山与溪头文化和台湾的凤鼻头文化。另一条路是自马家浜转向西而沿长江向上游走。在这条路上我们先碰到安徽的薛家岗文化，然后在江西又碰到跑马岭文化（或称为山背文化）。从这里我们可以再向上游走到湖北的大溪和屈家岭文化，或沿赣江转向南方走入粤北和石峡文化。在这些区域的已知的文化和遗址不都是完全同时的，但它们的文化传统都是彼此平行的，只是多半都还没有为考古学所揭露。一般而言，在年代学上看北方稍早（公元前第四千纪）而南方稍晚（公元前第三千纪早期），但这可能只是由于资料不全所产生的幻象，而且至少所有的区域之间都有重叠现象。

沿着东海岸和长江流域做这个贯穿各个考古文化区的假想中的旅行，我们会看到我们所遇的史前居民在物质文化上有许多相似之点。磨制石斧、石锛、石刀和许多骨角蚌器在这个区域中可以说是普遍存在的，固然在一般的形式上来说它们在所有的相当的文化中都有。可是特别引人注意的类似点——考古学上所谓共同水平的标志——可见于陶器的形制和装饰上面。这中间最令人信服的是我所谓的龙山形成期的诊断特征，即有镂孔的高低不一的圈足的豆与三足的鼎形烹饪器（图2）。这两种器形不但在龙山形成期遗址出现，而且数量众多。此外还

图2 龙山形成期的标志器物：豆（左）及鼎（右）
    1、6：山东呈子　2、7：南京北阴阳营　3、13：湖南三元宫
    4、9、14：上海崧泽　5、16：广东石峡　8：湖南汤家岗
    10、15：福建昙石山　11：香港春坎湾　12：山东大汶口

有若干其他的相似点,有的比较一般,有的很特殊。在一篇谈论山背文化的文章[1]里,彭适凡举证说明这个在赣江流域占据战略位置的江西文化曾经作为与东边(长江下游)、西边(长江中游)和与南边(广东)文化接触交流关系的枢纽。他绘制了一张分布遍及我们所谈这个区域的若干陶器石器类型的比较表。虽然他用作比较的文化都是公元前第三千纪的,这个表现所显示的陶器水平期都是有长久历史的。

如上所述,不论是华南还是华北,我们都可以提出一个假说,就是自公元前 4000 年左右开始,有土著起源和自己特色的几个区域性的文化互相连锁成为一个更大的文化相互作用圈(sphere of interaction)。这个"相互作用圈"的概念是自葛德伟(Joseph R. Caldwell)那里借来使用的。在他的一篇讨论北美东部侯泼威廉(Hopewellian)的资料的文章里,葛氏必须处理两项显著的特征:分布广泛的侯泼威廉式遗物中间在世俗性的、日常生活上的和非墓葬中的各方面很显著的差异性,和少数在埋葬习俗和葬用器物上在很大距离中间的很有趣的极端的相似性。葛氏用这个名词主要来指称各区域之间在葬仪上或宗教上的相互作用[2],但他也很明显地暗示着说,相互作用圈也可以建立在他种的相互作用活动的基础之上。这里所谈的中国相互作用圈似乎牵涉范围远较广泛的诸种活动。我们可以借用的另外一个概念是本奈特(Wendall C. Bennett)初用于秘鲁的所谓"地域共同传统"(area cotradition)。他的定义是:"文化史的总单位……在这里面其构成文化在一段时期之间彼此发

---

[1]《考古》1982 年第 1 期,44 页。
[2] "Interaction spheres in prehistory", in: Hopewellian Studies, J. R. Caldwell and R. L. Hall (eds.), *Illinois State Museum Scientific Papers*, 12 (1964), No. 6, pp. 135—143.

生关系。"[1]我在这里选用葛德伟的名词，因为它比较有叙述性，并且不言自明。这个在公元前4000年前开始形成，范围北自辽河流域，南到台湾和珠江三角洲，东自海岸，西至甘肃、青海、四川的"相互作用圈"，我们应当如何指称？我们也可以选一个完全中立的名词而称之为X，可是我们也不妨便径称之为中国相互作用圈或中国史前相互作用圈——因为这个史前的圈子形成了历史期间的中国的地理核心，而且在这圈内所有的区域文化都在秦汉帝国所统一的中国历史文明的形成之上扮演了一定的角色。

二 龙山及相关文化与向文明时期之转变

在一个相互作用圈里面的区域文化或地方文化之间显示着由它们彼此之间相互作用而来的类似性。考古学者制定各种"文化水平"（horizon）或"水平形态"（horizon-style）来把这种类似性加以特征化。另一方面，一个大的相互作用圈也可以在个别的区域之内起一定的作用。一个区域文化与其他区域长期的相互作用是会与它内部的发展连锁起来的。因此，在公元前第四千纪中国相互作用圈的形成，与其内各组成文化区域内部向文明时期的转变，乃是同一发展的两面。

在描述中国新石器时代史前史时，我将资料组织成"文化"（cultures）与"类型"（phases）[2]，这些范畴是世界上任

---

[1] "The Peruvian co-tradition", in: *A Reappraisal of Peruvian Archaeology*, W. C. Bennett (ed.), *Memoirs*, *Society for American Archaeology* (1948), p.1.
[2] 美国考古学上对"文化"和"类型"的使用法，见 G. R. Willey and P. Phillips, *Method and Theory in American Archaeology* (Chicago: University of Chicago Press, 1956).

何区域文化史的建筑单位,让我们能用经济的语言来将考古遗物群提出来。但是在讨论文化的相互作用和它的社会结果以前,我们得先说几句话将我对实行相互作用的确实单位的看法说明。

用考古学的方法来研究人类史前史和历史的一个途径,是把这些人生活在地方社群里来看,而且这些地方社群一般可以认同于个别聚落的考古遗迹。这在新石器考古学上尤其如此,因为新石器考古学处理人类历史上以自给自足的社群为主要生活单位的阶段。在讨论黄河中游的仰韶文化时所说的姜寨或半坡遗址,便可以看成是这样一个社群的遗迹。我们可以进一步根据各种不同的标准把许多社群集在一起,形成各种更大的分类单位以适用于各种不同的目的。同一个社群可以在一种分类之下分入某一个较大的社会单位,而又可以在另一种分类之下分入另一个较大的社会单位。这些标准和由之而来的分类单位可以包括生态学的、生产的、婚姻的、政治的、军事的、宗教的和风格的。当社群依照风格(style)这个标准而分类时,它们才分类成"类型"与"文化"。这是最常使用来描述资料的标准,因为我们的资料的性质(形制和装饰)最便于这种的分类[1]。所以,一个相互作用圈并不是作为行为单位的文化的相互作用。它实际上是社群与社群之间在一个很大的相互作用层次分级结构体之内的相互作用(接触、信息、货物的交换以及冲突)。我们可以假定在同一个"类型"(phase)之内的社群之间的相互作用比不同类型的社群之间的要彻底、要频繁,同时同一个文化中的社群之间比不同文化之间的社群彼此

---

[1] 关于遗址与器物群的考古分类的基本原则,见 K. C. Chang, *Rethinking Archaeology* (New York: Random House, 1967).

相互作用更为彻底与频繁。我们使用类型与类型或文化与文化之间风格类似的程度为接触关系的彻底性或频繁性的指数。

对外交互作用与内部复杂性的增加一定是相辅相成的。近来研究国家形成的学者屡次地指出，许多政体所组成的网乃是其个别组成分子向国家转化的必要条件。巴蓓拉·普赖丝（Barbara Price）在对墨西哥中部早期国家的分析上，提出了一个"丛体相互作用"（cluster-interaction）的模式："在一个丛体之内，类似的因果关系作业在每一个成员中产生类似的、平行性的或辐辏的效果。因此就在适应程序上有一种基本性的类似性。这种类似性又由丛体成员彼此作规则性或至少是间歇性的相互作用这件事实所加强。这种相互作用采取两种主要形式，即交换与竞争或争战，而它们播放新的成就并将文化演化的整个程序加速化。"[1]在讨论国家形成这个一般问题但主要引用近东的具体的例子的时候，瑞德（Henry Wright）指出，复杂的酋邦"也许在得天独厚的岛屿上有所存在，但在它们牵引列入一个更大的系统之内以前似乎不会进一步发展成为国家"[2]。也正像我在谈到中国古代三代文明的发扬的时候所指出的，"三个或更多发展程度相当的国家彼此在经济上的连锁关系造成全华北自然资源与生产品的更进一步的流通，对每个国家之内的财富集中和剩余财富的产生造成更为有利的条件。同时，依仗国外的威力来加强国内的统治是古今中外共同的统治术"[3]。

---

[1] "Shifts in production and organization", *Current Anthropology*, 18（1977）：210.
[2] "Recent researches on the origin of the state", *Annual Review in Anthropology*, 6（1977），382.
[3] K. C. Chang, *Shang Civilization*（New Haven：Yale University Press, 1980），pp. 366—367.

显然在公元前第四千纪中国相互作用圈形成时还没有迈过国家的门槛，但与此类似的内外交互作用过程，在那较早的网络之中也一定照样进行，因为在这以后一千年间左右，我们在这相互作用圈里的每一个区域内，都可以看到相似的文化社会变迁的程序在纪元前第三千纪之末走向一个复杂并且分级到可以使用文明这个称呼的社会。在这里我们简略地看一下考古资料可供使用的若干区域中文化变迁的程序：（1）山东，大汶口文化演变为山东龙山文化；（2）长江下游，自马家浜文化产生而将之取代的良渚文化区；（3）黄河中游河谷，仰韶文化地区，在这里各区域类型经过一过渡期类型——庙底沟二期，而发展成为好几个区域性的龙山文化（河南、陕西、山西）；（4）甘肃有齐家文化在此时兴起；（5）长江中游青龙泉三期文化的区域。如严文明所指出的[1]，这些龙山和有关文化在许多方面彼此相似而且它们约略同时在舞台上出现。这两件事实便可指明各地龙山的发展乃是彼此有关的。下面略述这些龙山与有关文化的要点。

（一）山东龙山文化

导致龙山文化最初的制定的 1930—1931 年在城子崖的发掘，已在叙述山东大汶口文化发现时提过。另外一个重要的龙山遗址，是 1936 年在山东东南海岸的日照两城镇发掘的，出土了一套比城子崖的还要精致的黑陶器[2]。梁思永在第六届

---

[1] 《文物》1981 年第 6 期，41—48 页。
[2] 两城镇龙山遗址发掘报告（刘燿、祁延霈著）的原稿现存中央研究院历史语言研究所。对遗物简述见 S. Y. Liang, "The Lungshan culture", *Proceedings of the Sixth Pacific Science Congress*, 4 (1939), pp. 69, 79; 和尹达，《中国新石器时代》，三联书店，1955。

太平洋科学学会上宣读的一篇龙山文化考古资料的综合文章里，将已有的龙山遗址分为三个类型，即山东海岸（为两城镇所代表）、豫北和杭州湾。在他这个分类里面，城子崖分为一个介于两城镇和豫北之间的类型[1]。1959年大汶口的发掘以后，山东龙山文化的研究又集中到他与新发现的大汶口文化之间的关系上了。同时，随着60年代与70年代许多新的龙山文化遗址（包括许多出土龙山与大汶口两文化遗物的遗址）的发现与发掘——如茌平的尚庄[2]、梁山的青堌堆[3]、泗水的尹家城[4]、潍坊的姚官庄[5]、平度的岳石村[6]、胶县的三里河[7]、诸城的呈子[8]和日照的东海峪[9]——我们现在对山东龙山文化的一般特征和内部区分已经有了更多的了解。层位的资料与放射性碳素的数据使我们对年代学上的问题有了一定的掌握。

可是大规模发掘过的遗址是很少的。最早发现龙山文化的城子崖遗址到现在还是唯一有夯土城墙的一个[10]，虽然最近有过另一个龙山文化城墙遗址的初步报告。城子崖的城墙呈长

---

[1] 上引 S. Y. Liang, "The Lungshan Culture."
[2] 《文物》1978年第4期，35—45页。
[3] 《考古》1962年第1期，28—30页。
[4] 《考古》1980年第1期，11—17页；《文史哲》1981年第1期；《考古》1985年第7期，595—601页，632页。
[5] 《考古》1963年第7期，347—350页；《文物资料丛刊》1981年第5期，1—83页。
[6] 《考古》1962年第7期，509—518页。
[7] 《考古》1977年第4期，262—267页。
[8] 《考古学报告》1980年第3期，329—384页。(呈子资料承潍坊市博物馆杜在忠先生来信补充，谨此致谢。)
[9] 《考古》1976年第6期，377—382页。
[10] 《城子崖》，南京中央研究院历史语言研究所，1934，27页。

方形，南北长450米，东西宽390米，以所谓"夯土"的技术筑建的：

> 最先在地面上挖成一道宽约13.8公尺、深约1.5公尺之圆底基沟，然后将沟用生黄土层层筑满，筑成坚固的墙基。……所用生黄土中掺有干姜石以增加其凝结力；筑成之土层厚度颇规则，约在0.12—0.14公尺之间，亦颇平整。挖开筑土可以看见土层间所保存的夯印，径约3.0—4.0公分之圆形小凸起与坷坎。墙的本身就建筑在这根基上，也是厚约0.12—0.14公尺的土层所叠成，每上一层由墙面向内缩3.0公分，形成墙面之倾斜[1]。

原墙早已坍掉，但据发掘者的估计，城墙上端平均厚度约9米，而城墙原高约6米。这是我们在探索中国史前史过程中所碰到的第一个这样大规模的城墙。这样雄大的城墙显示出来至少在龙山文化时代的两点新的特征：最早的需要巨大劳动力的公共建筑和一个史前聚落的防御墙的最早的建立。当我们进一步描述山东（以及其他地区）龙山文化的其他方面的时候，我们就会看到与上述特征相符合的一个社会水平。

在聚落遗址里面有一般常见的房基、贮藏窖和墓地。有些房基还是半地下的，如在呈子所发现的，直径4.5—5米，但在其他遗址如东海峪房子，方形，约6米见方，建筑在由薄而坚固的土层构成的低台基（约30厘米高）上。在新的社会秩序上特别有启示的是当时的墓地，在这里面大汶口晚期墓葬随物尖锐分化的趋势更深刻化了。在呈子的龙山层里，在1976—1977

---

[1]《城子崖》，南京中央研究院历史语言研究所，1934，27页。

年曾发掘了87座墓葬,都是单人葬,长方竖穴,头向东南。11个墓有熟土二层台,大多数墓葬有陶器、饰物或猪下巴随葬。根据墓葬的构造和随葬物的数量,87个墓葬分为四组:(1)大型墓,有三层台、木棺,随葬品多,都包括高足薄杯和猪下巴;(2)较小型墓,有二层台,有的有木棺,有相当数量的随葬物,有时有高足薄杯和猪下巴;(3)小墓,无二层台,无木棺,少随葬物;(4)狭小墓坑,仅容尸体,无木棺,无随葬品。第一级的墓葬一共只有5个,第二级的11个,第三级的17个,第四级的54个。很重要的一个现象是这些墓葬在墓地中分为三组而每一组中都有四级不同的墓葬。这是与中国古代嗣后常见的分级的宗族制度相伴的埋葬方式的最早的例子之一。

龙山的器具仍是石、骨、木制。这些器具中有一显著特征:矛头和箭头的数量特大,尤其从这时农业生产量可想象的高水平的观点来看更值得注意。在呈子,116件石器中有28件分类为箭头;53件骨器中,29件为箭头。在姚官庄所采集的194件石器中64件是箭头,7件是矛头,而在50件骨角器中23件是角制箭头。这些现象都强烈地指示出当时的弓箭(和矛)不但是猎具而且是兵器,城墙的确是作防御工事的。

在三里河发现了两件金属的锥子。它们的原料是铜,掺入若干锌和微量的铅和锡[1]。这是山东所发现的最早的铜合金。

与大汶口和仰韶相对照,龙山陶器绝大部分灰黑色,有少许棕、红和白色。陶器轮制、高火候烧成,器表常素面,但弦纹、刻纹、附加堆纹和镂孔等装饰纹样也很常见。器形包括鼎、甗、鬶、豆、带把杯和有盖的罐。龙山陶器中一个令人注目的成分是极薄而黑亮的杯、盒和罐,多半是祭祀用器。另外

---

[1]《考古》1977年第4期,267页;《文物》1981年第6期,47页。

一种常见的龙山仪式遗物是骨卜，即烧灼而产生裂纹的鹿或其他哺乳动物的肩胛骨。蛋壳黑陶、骨卜、玉斧和黑陶上面的动物面纹都指向一种超过过去水平的祭仪活动。刻画的动物纹样和偶见的泥制艺术品只对龙山工匠活动作有限的暗示，因为后者无疑还使用了其他未经保存的媒介[1]。

（二）良渚文化

20世纪30年代中期在杭州良渚[2]和湖州钱山漾[3]最初发现的良渚文化，现在已经由层位证据与放射性碳素年代确立为同一地理区域的马家浜文化的较晚期的进一步的发展。除了良渚[4]和钱山漾[5]以外，这个文化的主要遗址包括浙江嘉兴雀幕桥[6]，上海马桥[7]和福泉山[8]，还有江苏吴县张陵山[9]和草鞋山[10]、苏州越城[11]和常州寺墩[12]。这些遗址常包括

---

[1] 山东龙山文化概述见上引 S. Y. Liang, "The Lungshan Culture"；《文物》1981年第6期，41—48页；《文物》1979年第11期，56—62页；《考古学报》1984年第1期，1—21页。

[2] 何天行《杭县良渚镇之石器与黑陶》，杭州吴越史地研究会，1937；施昕更《良渚》，杭州西湖博物馆，1938；S. S. Beach, *China Journal*, 31（1939）：262—266.

[3] 慎微之《吴越文化论丛》，1937，217—232页。

[4] 《文物参考资料》1956年第2期，25—28页；1956年第3期，84页。

[5] 《考古学报》1960年第2期，73—91页；《考古》1980年第4期，353—358，360页。

[6] 《考古》1974年第4期，249—250页。

[7] 《考古学报》1978年第1期，109—136页。

[8] 《文物》1984年第2期，1—5页。

[9] 《文物资料丛刊》1982年第6期，25—36页。

[10] 《文物资料丛刊》1980年第3期，1—24页。

[11] 《考古》1982年第5期，463—473页。

[12] 《考古》1981年第3期，193—200页；1984年第2期，109—129页；《文物》1984年第2期，17—22，25页。

许多邻近的居住点，每个居住点占地很小，一般只有数百平方米[1]。房屋的遗迹见于钱山漾和水田畈[2]。都是自平地起建，长方形，大小在5—20平方米之间。房墙木构筑，填草泥土。屋顶当是人字形。有高水平的农业的证据。在钱山漾发现有稻米（包括籼稻和粳稻）遗迹，还有桃（Prunus persica）、甜瓜（Cucumis melo）和菱角（Trapa natans. T. bispinosa）的遗存[3]。农具遗物中，扁平穿孔石铲、所谓"两翼耕作器"、长方形和半月形有孔石刀和石镰都常见。一件大型、粗质尖底器与一件木杵一起发现，可能是捣稻器具。家生动物骨骼遗存中有水牛、猪、狗和羊。网坠、木漂和木桨的遗存表示对水船和渔捞的熟悉。

由于保存条件良好，良渚文化的木制器物为我们所熟知：木质遗物有房屋、船、工具和器皿。石器和骨器也很发达，包括有特征的有段锛。较细质的轮制陶器，有的摩擦光亮。器形包括双耳罐、高足豆、鼎、浅盘和鬶。圈足多镂孔并常有竹节纹。除此以外也有各种陶质（包括含砂和贝壳掺和料）的红陶与灰陶，手制和轮制都有。含砂陶常饰以绳篮印纹。彩饰也偶见。有的陶器与陶片上有刻画纹饰，而且有一大型陶盘口缘上有好几个不识的文字。

近年来有许多良渚文化的墓葬发现。葬俗基本上与崧泽的相同：单人葬，直肢，葬在平地然后覆土，但墓坑和棺也偶然

---

[1] 《中国考古学会第一次年会论文集》，文物出版社，1980，126页。
[2] 《考古学报》1960年第2期，93—106页。
[3] 最初的报告还列了花生、芝麻和蚕豆，但这几种遗物以及丝织品的出土层位被人提出怀疑，见《考古》1972年第6期，41页；《考古》1979年第6期，400—401页和原作者的解释；《考古》1980年第4期，353—358、360页。关于丝织品，见《考古》1972年第2期，13—14页。

使用。但在随葬品上良渚文化显示值得注意的革新与宗教意义。在寺墩，一个青年男性的墓葬里出土了4件陶器、14件石玉器具、49件玉饰物、24件玉璧和33件玉琮。若干玉器和腿骨有烧过的痕迹。无疑这是一个重要人物，也许是个宗教人物的墓葬。张陵山的两座良渚墓葬有特殊现象：其一（M4）有40多件随葬物，而且在墓的中部和北部放了三个人的头骨；另一墓（M5）除了墓主的骨骼之外还有两个人头骨和一堆肢骨。某人认为M5的多余的人骨是二次葬的遗迹[1]，但也有人认为这两墓都是用人殉葬的证据[2]。在草鞋山的一座良渚墓葬有一个男性骨骼和两个女性骨骼，后者可能是二次葬埋入的。

  在仪式性的物品之中，良渚墓葬中大量发现的玉琮有特别的重要性[3]。良渚的玉有好几种：透闪石、阳起石、岫岩玉和玛瑙；玛瑙在南京附近出产，其他的玉据说都采自太湖区域[4]。这些岩石的制作都需要大量长期的劳动，因此葬有57件精美的玉璧、玉琮的寺墩男性必定是位非常有权力的人。内圆外方的玉琮一向在中国古器物学上是个难题[5]。寺墩、草鞋山和其他遗址出土的玉琮中有的饰以动物面纹，包括两目一嘴。这种花纹令人想到两城镇玉斧上的动物面纹与商周青铜器上面的饕餮纹。同时有不少良渚玉器上刻有鸟纹，而福泉山的玉琮上兽鸟纹同时并存。良渚的兽面纹的鸟纹——尤其是装饰在玉琮

---

[1]《文物资料丛刊》1982年第6期，27页。
[2]《中国考古学会第一次年会论文集》，文物出版社，1980，120—121页。
[3]《文物》1984年第2期，23—36页。
[4]《文物资料丛刊》1982年第6期，35页；《考古学集刊》1993年第3期，217—224页；《考古》1984年第2期，34，29页。
[5]《考古》1983年第5期，459—460页。

上面的——意义,在我们将所有的龙山文化与三代的美术一起讨论的时候就可以明显地看出来了。

(三) 黄河中游的龙山文化

归入这个大类的各个文化多半分布在黄河中游河谷和它的支流如渭水、汾河和洛河,但也有的位于其他流域系统,如淮河的支流和流入运河的卫河。这些文化归入一处的原因有两个。第一个是这些文化的陶器都显著的相似:它们都是灰色的而且都饰以印纹如绳纹、篮纹和方格纹。石璋如曾将这类陶器称为彩陶文化与黑陶文化以外华北第三种新石器时代文化的产物,而他称这种文化为拍纹陶文化,因为这种陶器上的印纹多是由带绳纹、篮纹或方格纹纹样的拍子拍印上去的[1]。可是这个分类现在已不适用了,因为这种陶器不再代表一种与仰韶同时的文化。这些文化放在一起讨论的第二个理由是这些文化都似乎是由仰韶文化(所谓彩陶文化)或其各个区域类型演变下来的。

在公元前第四千纪近结束的时候,除了在甘肃和青海仰韶文化仍持续于几个较晚的类型之外,整个的仰韶文化的几个区域类型在晋南、陕西东部和河南西部普遍地转化为所谓庙底沟二期文化。这个文化是在 1956 年和 1957 年河南陕县(现三门峡市)庙底沟遗址的发掘中发现的[2]。这个遗址的下文化层是仰韶文化庙底沟类型的代表遗址。在上文化层(庙底沟二期)中发现一组遗物中含仰韶与龙山两者器物类型,因而认定为一个转变期的类型。这个庙底沟二期转变类型的认定是在

---

[1] 石璋如《新石器时代的中原》,《大陆杂志》第 4 卷第 3 期 (1952), 65—73 页。
[2] 《庙底沟与三里桥》,科学出版社, 1959。

60年代初期把仰韶、龙山（过去当做两个同时平行的文化）当做两个先后承续的文化这种新看法的关键[1]。类似的器物群也有广泛的发现，较重要的遗址有河南洛阳王湾[2]、晋南的平陆盘南村[3]、芮城西王村[4]和襄汾陶寺的下层[5]，陕西东部华县泉护村[6]和华阴横阵村[7]。放射性碳素的年代数据只有一件，来自庙底沟（ZK111），经树年轮校正后是约公元前3015—公元前2415年。

除了仰韶遗址中常见的两侧有缺口的打制石刀以外。在这个类型中出现了磨制的半月形和镰形石刀，表现较为进步的农业，有两个叉的木制耕器（耒），从它们在泥土中的印痕上可以看出来。家鸡的骨头与狗和猪的骨头都有发现。石制的网坠和石制骨制箭头广泛发现。

陶器主要采取泥条圈卷技术。轮制陶器偶有报告；用慢轮磨光和修整的技术在当时大概已有，但真正的陶轮可能还没有。陶质粗糙，灰色，在有改进的陶窑中烧到840°C左右；在这时的陶窑中的烧坯膛（膛壁向内倾斜形成较小的上口）直接放在火膛的上面，而不像仰韶陶窑那样放在旁边[8]。纹饰多是印制的，有篮纹、绳纹和方格纹，也有附加堆纹和刻纹。彩陶还很多，主要的形式是一种大而深的红色陶钵，上部绘有

---

[1]《考古》1959年第10期，559—565页；《考古》1959年第10期，566—570页；《中央研究院历史语言研究所集刊》30（1959），259—309页。
[2]《考古》1961年第4期，175—178页。
[3]《考古》1960年第8期，5—7页。
[4]《考古学报》1973年第1期，58—60页。
[5]《考古》1980年第1期，19—23页。
[6]《考古》1959年第2期，71—175页。
[7]《考古》1960年第9期，5—9页；《考古学集刊》1984年第4期，20—27页。
[8]《中国陶瓷史》，文物出版社，1982，12—13页。

黑彩纹。少数的薄、硬、亮黑陶也有发现。除钵、罐和盆以外，陶器的形式有三足器和一些圈足器，三足器中有鼎和斝，但还没有鬲。

庙底沟二期陶器的过渡性质有特别的重要性。就因为这种性质使许多学者接受河南龙山陶器是自仰韶演变而来的这种看法：其中有不少的陶器好像是承袭了仰韶文化器形发展而来的，尤以杯、罐、尖底瓶及鼎等较为突出。尖底瓶是仰韶文化中的典型产物，类似这里的尖底瓶也见于渑池县仰韶村，在陕西华阴横阵村也有碎片出土，都和仰韶文化的尖底瓶有很大区别，而又有比较密切的联系。涂有红陶衣的小杯是这里的特殊产物，和仰韶的粗陶小杯也有一定的联系。……总之，从庙底沟第二期文化的陶器上来看，具有由仰韶到龙山的过渡形态是非常浓厚的[1]。

在庙底沟发现了145座墓葬，多是单人葬，仰身直肢，头向南，排成整齐的行列。随葬物极少。在洛阳王湾的39座墓葬中有两座是俯身葬，有一人在埋葬时似双臂后绑。

庙底沟二期文化的地理范围和准确的时代持续仍在研究中[2]。当时的情势比较复杂，因为很快好几个区域性的龙山文化类型便在考古资料中出现，可是它们大概不会都是自狭义的庙底沟二期文化发展出来的。在黄河中游整个地区内从仰韶到龙山诸类型的演变的详细的历史还有待进一步地研究。

照目前的知识，可明确界说的龙山文化类型有下述数个：豫东类型、豫北类型、豫西与豫中类型（通过黄河伸入山西西南）、晋南临汾盆地类型和陕西渭水流域的客省庄二

---

[1] 《庙底沟与三里桥》，110—111页。
[2] 《新中国的考古发现和研究》有一晚近的撮述，69—73页。

期类型[1]，其层位和年代的数据都指向这些类型在年代学上占有相似的地位的这件事实。除此以外，似龙山式的器物群又见于晋中太原一带[2]和河南西南部汉水上游[3]，但资料还少。所知颇详的龙山类型撮要如次。

豫东类型

黄河中游龙山文化的豫东类型（又称王油坊或造律台类型）实际上位于河南最东部的淮河流域范围内，但它的陶器虽有特征，却是黄河中游龙山系统的一部分。"陶器以泥质灰陶为主，其次是夹砂灰陶、褐色陶、红陶和黑陶等。制法以轮制为主，兼用手制。纹饰多方格纹，其次是篮纹和绳纹，还有弦纹、镂孔、划纹、指甲纹和附加堆纹等。器形：以侈口深腹罐、敞口碗为多，其次是罐形鼎、袋足鬶、圈足盘和平底盆（盘），还有甗、带柄杯和器盖等。"[4]有可用资料的主要遗址有淮阳平粮台[5]、郸城段砦[6]、商丘坞墙[7]，永城黑孤堆[8]和王油坊[9]，都在河南。

---

[1] 关于龙山文化区域类型的分类，见《中国考古学会第一次年会论文集》，32—49页；《中国文物》1982年第2期，20—25页；《中国考古学会第三次年会论文集》，文物出版社，1964，195—197页；又见《新中国的考古发现和研究》，175页。

[2] 《中国考古学会第三次年会论文集》，1984，195—197页。

[3] 《文物》1972年第10期，11—12页。

[4] 《中国考古学会第一次年会论文集》，36—37页；《文物》1983年第2期，50—59页。

[5] 《文物》1983年第3期，21—36页。

[6] 《中原文物》1981年第3期，4—8页。

[7] 《考古》1983年第2期，116—121，132页。

[8] 《考古学报》1947年第2期，83—120页；《考古》1981年第5期，385—397页。

[9] 《考古》1978年第1期，35—40，64页。

这个类型最重要的遗址是1979年、1980年发掘的淮阳平粮台。城墙位于一个5万多平方米大、高于周围平地3—5米的平顶的台地上，方形，每边长约185米，方向正南北偏西6°。残墙仅高3米多，但在底部厚13米，在顶部厚8—10米。墙的建造方式与城子崖的城墙相似，但每个夯土段较小。掺着烧土块的棕色土用来建造墙基，约80—85厘米宽，1.2米高，夯土层仅15—20厘米厚。多层的夯土段作为内墙，在内墙外堆土夯层到内墙段的高度为止，然后上面加筑一段，如此向上加筑到城墙筑就为止。夯土的器具圆头或椭圆头，或系用四根木棍绑在一处。北墙和南墙的中间有缺口，想系城门所在。南面缺口左右各有一个房屋，用土块堆成或大个晒硬土坯筑成，大概是卫房。

平粮台土堆上的城墙仍在调查研究中。迄今已发现十几间长方形房屋，排列成行，用晒干的土坯或土块所筑成。有的筑在地面上，有的在低台基上。一号房是前者的一例。房子13米长、4.5米宽，以土坯造墙，墙厚约34厘米。每块土坯约32厘米长，27—29厘米宽，8—10厘米厚；房子分隔成三间，在北墙里面沿墙用土坯筑成一条约30厘米宽、8厘米高的台子。三间屋子中两间有炉台。这种土坯盖的房子也见于王油坊。

在南门下面有一段5米多长的地下水沟，由陶水管接成，每管35—145厘米长，大头套小头相接，然后埋在地下，覆以小石子和土，最后为路面掩盖。其他出土的现象有3个陶窑、16个婴儿葬（用瓷棺或土坑）和2处窖穴。在一个窖穴中发现了铜绿状碎土，可能是铸铜遗迹。在这层土下面有两支整牛骨架。

平粮台的初步发现指向与山东龙山文化可以相比的社会水平，有城镇生活，并可能有冶金技术。牛肩胛骨卜骨在这一类型的遗址中广有发现，但至今尚未有文字发现的报告。

豫北冀南类型

黄河中游龙山文化的豫北类型在文献里又称为后冈或后冈第二期类型，这是依据1931年这个类型最初发现所在的河南安阳后冈而来的[1]。自此以后，龙山文化这一类型的遗址已有一百余处，多在卫河、漳河及其支流在豫北冀南的洹水和淇水流域[2]。报告较详的遗址在河南安阳数处[3]，尤其后冈[4]和汤阴白营[5]，以及河北南部的磁县下潘汪[6]和邯郸涧沟[7]。这个类型的特征依李仰松的撮述如下："陶器以泥质灰陶为主，其次为夹砂灰陶，泥质黑陶和红陶最少，多为轮制。纹饰除大量素面磨光灰陶外，以绳纹陶最多，其次是篮纹和方格纹，堆纹和划纹较少见。……器形有单把绳纹鬲、甗、鬶、小口高领瓮的残片。还有深腹小底罐、泥质双腹盆、大平底盆（盘）、直筒杯、斜敞口碗（盖）和带把纽的子母口盖等。比较突出的陶器为鬼脸式（铲形）鼎足。"[8]

后冈类型的遗址沿着这个区域的小河两岸密集地分布。在殷墟的范围之内沿着洹水两岸便有九个以上的龙山村落，彼此

---

[1]《安阳发掘报告》1933年第4期，609—625页。
[2]《考古学报》1985年第1期，84页。
[3] 见于《安阳发掘报告》，1—4（1932—1933）；《考古学报》1936年第1期。
[4]《考古》1972年第5期，8—19页；1982年第6期，565—583页；《考古学报》1985年第1期，33—87页。
[5]《考古》1980年第3期，193—202页；《考古学集刊》1983年第3期，1—50页。
[6]《考古学报》1975年第1期，73—115页。
[7]《考古》1959年第10期，531—536页；1961年第4期，197—202页。
[8]《中国考古学会第一次年会论文集》，35页。

相距0.5—1公里，堆积很深，表示占据时间较久[1]。坐落在一个400米×250米大小的天然土台上的后冈遗址的周围发现过一道夯土围墙；仅南墙与西墙有70米长的一段存留，2—4米宽[2]。在墙内地区发掘了几十座房基，多圆形，2.5—5.5米直径，平均3.6—5米。房子都建于地面，居住面用夯土和白灰面，墙用草泥土或土坯。土坯20—52厘米长，15—38厘米宽，4—9厘米厚，系自混有烧土块的深褐色土切成，半干后一块接一块平放。瓮棺或土坑中的婴儿埋葬常与筑屋活动相联系：有的埋在房基下面，有的在木柱下，有的在墙基下甚至在墙内，还有的在附近垃圾下面或在散水面下。这些婴儿被认为是与建屋有关的仪式中的牺牲者。与此相似的房屋建造方式也见于白营，但白营未发现婴儿埋葬。

在涧沟发现了中国史前史上人与人之间暴力活动的最早的证据。在这里的龙山文化层中发现了一片房基和两口干井。"在房基中发现人头骨（六）具，有砍伤痕与剥皮痕，显系砍死后又经剥皮的……水井被废弃后而埋有五层人骨架，其中也有男有女，有老有少，或者身首分离，或作挣扎状。由此推测：死者可能有被杀死，或被活埋的。"[3]严文明推测人头骨可能是自敌人酋长或战士的头上砍下来的，作为饮器之用[4]。既然当时已有这种活动，龙山村落的夯土围墙就很有存在的理

---

[1]《考古学报》1985年第1期，84页。
[2]《中央研究院历史语言所集刊》(1948) 13，23页；《考古学报》1984年第1期，33页。
[3]《考古》1959年第10期，531—532页，据最初的报告，房子中的人头骨共有4个，据当初参加发掘的严文明的报告，实际上发现了4个完整的人头骨，另外有2个残缺的人头骨，所以一共是6个。见《考古与文物》1982年第2期，38—41页。
[4]《考古与文物》1982年第1期。

由了。在发现的石器中有箭头和矛头。

窖穴和陶罐中发现有粟的遗存。家畜有猪、牛和狗。后冈所发现的家畜骨骼之中,猪骨占 90% 以上。用以占卜的猪和鹿的肩胛骨也有发现。

豫西豫中类型

这个类型又称为王湾或煤山类型,在黄河中游龙山文化诸类型之中分布最广,所发现遗址最多。遗址分布于山西河南之间黄河两岸、河南的洛河河谷和嵩山地区,向东沿淮河支流颍河伸延到禹县以东。这个类型的特征撮述如下:"陶器以泥质和夹砂灰、黑陶为主,褐陶逐渐减少,不见红陶。制法以轮制为主,其次是手制。纹饰以拍印方格纹、竖篮纹为主,其次是绳纹,还有一些划纹和指甲纹等。器形:以侈口夹砂罐、高领瓮、双腹盆、斝、甗、单柄杯、斜壁碗(盖)、圈足大盆等为最常见。另外,还有乳头足罐形鼎、袋足鬹、平底三足鬶、鬲、盉、豆、垂腹罐(壶)、研磨器和器盖等。"[1] 这个类型的主要遗址包括:洛阳数处,包括王湾[2]、孟津小潘沟[3];郑州地区数处[4]、沁阳点军台[5]、登封王城岗[6]、禹县数

---

[1]《中国考古学会第一次年会论文集》,34 页;《中原文物》1983 年第 2 期,15—21 页。

[2]《考古》1964 年第 4 期,175—178 页;1 期,5—17 页;1983 年第 2 期,101—105 页;《文物》1981 年第 7 期,39—51 页;《中原文物》1982 年第 3 期,2—7 页。

[3]《考古》1978(4),244—255 页;1982 年第 2 期,186—191 页。

[4]《考古学报》1958(3),41—92 页;1958 年第 4 期,19—216 页;1979 年第 3 期,301—374 页;《中原文物》1982 年第 4 期,22—29 页;1983 第 4 期,1—8 页。

[5]《中原文物》1982 年第 4 期,1—21 页。

[6]《文物》1983 年第 3 期,8—20 页。

处[1]、临汝煤山[2]、陕县三里桥[3]和夏县东下冯[4]（以上遗址除东下冯在山西西南角外，都在河南）。

1977—1981年在登封王城岗发掘出土一座夯土城墙。城有东西两城，但东城大部都已冲蚀，只余西南角。西城的东城墙即东城的西墙，城作方形，南北约92米，东西82.4米。西墙南北走，偏西5°。南墙有一缺口，可能是城门所在。城墙用夯土建筑，夯层多10厘米厚，但有若干层仅6—8厘米厚。每层上表铺一层细砂，然后该层用河床砾石捶紧，砾石的印痕在每层表面都可见到。在西城中央高地上和城西南部发现了夯土基址的残迹，但保存不足，无法复原。基址当中掺有圆形地下穴，常填有成层的夯土。夯土层中间发现大人或小孩的墓葬，每墓2人到7人不等。这些墓葬被认为与房屋奠基的仪式有关。以第一号坑为例：共20层夯土，每层8—24厘米厚，从第三层到第六层之间发现了7具骨架。

煤山遗址出土了17处房屋。房屋均建筑在略低于地面的居住面上，以草泥土为墙和隔墙。居住面上抹数薄层石灰。房屋之一的大小是3.5米×5米，东下冯遗址出土许多墓葬，都是单人土坑墓，有生土二层台但少随葬物。M313墓穴圆形，中埋一青年尸体，两足都被整齐地斩掉。

虽然龙山文化这个类型的遗址已有不少发现，关于它的资料仍嫌不足。在王城岗我们见到贵族的房屋，和可能与之相关

---

[1]《考古》1978年第1期，23—34页，1979第4期，页300—307；《文物》1983年第3期，37—43页。

[2]《考古》1975年第5期，283，294页；《考古学报》1982年第4期，427—475页。

[3]《庙底沟与三里桥》，科学出版社，1959。

[4]《考古》1980年第2期，97—107页，《考古学报》1983年第1期，55—91页。

的人牲祭祀。没有夯土房基的煤山房屋以及其他遗址发现的房屋代表至少低下一格的阶级，而东下冯的墓葬显然属于再低下的阶级。除此以外，当时的社会还有许多缺环。还应当一提的是在王城岗的一个窖穴里发现了一个青铜容器的残片，经分析证明为铜锡和铅的合金[1]。煤山陶制坩埚的碎片发现于两个窖穴，其中有的在里面表面上附有金属渣滓，有一件经化验含95%的红铜。最后，像其他龙山类型一样，卜用的肩胛骨广有发现。

晋南类型

晋南类型（又称陶寺类型）是最近在晋南襄汾陶寺遗址发掘以后才辨认出来的。目前在临汾盆地的坡地上已发现70多处遗址[2]，但仅陶寺遗址有较详的报告[3]。这个遗址面积很大，其遗迹遗物分布范围有1.5公里×2公里，但仅有一小部分经过发掘。除了少数房屋、窖穴和陶窑外，这个遗址中主要的发现是一处巨大的墓地。调查者相信这个墓地有数千座墓葬，已发掘的有千余座。这里所发现的陶器与豫西豫中类型的相似，但包括数种有特色的器形：''直口肥足鬲、方格纹带把或带纽鬲、平口鬲、圈足罐、扁壶、斝、簋''等器形是豫西豫中所不见的[4]。

与墓地内各墓葬之间的差异有关的陶寺最令人注目的发现是在若干墓葬中出土的值得注意的一些器物。墓葬都是单人土

---

[1]《史学月刊》1984年第1期，2页；此文报告系一铜鬶残片。
[2]《中原文物》1982年第2期，20—25页。
[3]《考古》1980年第1期，18—31页；1983年第1期，30—42页；1983年第6期，531—536页；1984年第12期，1068—1071页。
[4]《考古》1980年第1期，30页。

坑墓，头朝东南，而这些墓葬似乎排列成两个或两个以上的组合，而在每一组之内各个墓葬又好像依照某种规则而排列。这使人想到山东呈子的墓地，但陶寺的资料所知尚不完整而且多未报告。我们可以清楚知道的是已发掘的千余座墓葬可以分为大型、中型和小型三等：

（一）大型墓：已发现9座。墓坑约3米长，2—2.75米宽。能鉴定性别的骨架都是男性的。用木棺，里面铺以朱砂。随葬物丰富，有一两百件，包括一件绘有龙纹的红色陶盘及包鳄鱼皮的木鼓、石磬、鼓形陶器、木案、木桌、容器，其他有鲜艳彩绘的器物、石玉璧环和斧、整猪的骨架。但大墓中有四座没有包含鳄皮鼓、磬和鼓形陶器的乐器组。

（二）中型墓：约80座。墓坑浅而宽或深。浅而宽者2.5米长，1.5米宽，不深于附近的大型墓；深墓坑集中在墓地的另一处，长2.2—2.5米，宽0.8—1米，深2—3.5米。浅坑墓多在大型墓附近，其中骨架似均男性。用木棺，有的有朱砂。随葬物包括整套的陶容器、彩绘木器、玉琮、斧、环、饰物和猪下巴。若干位于大墓附近的浅穴墓似乎是女性墓葬，用彩绘木棺，内有朱砂。死者戴繁缛头饰和臂镯，随葬有彩绘陶瓶。若干浅穴墓和全部深穴墓没有随葬的陶器或木器；在这里面发现的有木棺、繁缛葬衣、玉石斧、环、综、梳、笄和猪下巴。有少数中型墓葬（浅和深穴）很少随葬品。

（三）小型墓：610多座已发掘，大小多2米×0.4—0.6米，多无随葬物。

上述现象指向财富之在大型墓（占全部墓葬1.3%）与中型墓葬（占11.4%）中显著地集中。这是比我们迄今讨论过的任何其他龙山基地中更大程度的集中。大墓两旁各一中型墓的一组可能是一家的男主人和他的两个配偶。古代文献中记载鳄皮鼓和石磐为王室的象征,而龙纹盘、玉器和木器都是这段时期特别值得注意的发现物。1983年,在一座墓葬骨架的近骨盆处发掘了一件似铜铃器物,原来裹在纺织物里,化学分析证明它的成分有97.86%红铜,1.5%铅,0.16%锌。

陕西类型

一般称为客省庄二期[1],陕西龙山文化类型的代表遗址有西安客省庄[2]、临潼姜寨[3]、华县横阵村[4],以及渭水两岸的其他遗址。在姜寨,这个类型的遗物在半坡晚期或称西王村类型的上层发现。在横阵村,它的遗物在庙底沟二期文化层上面发现。在西安附近的张家坡,这个文化的年代在西周遗物以前。陕西龙山类型大致与其他龙山诸类型同时,但它与西周的关系以及它与殷商的相对年代关系等下面谈到周文明起源时再作探讨。

在客省庄发现了10座半地下式房屋的遗迹。房屋或只有一间屋子,或有两间屋室相接。双室的房屋,或有两间方形房间或内室为圆外室为方,尤有特色。房内的居住面铺有生活杂坡,然后经长期使用而踏紧。袋形窖穴有细口颈和大达4米直径的窖室,也是有特征性的遗存。

在遗址中所发现的器物,多属农业文化,但渔猎具仍有发现。器物包括石刀、镑、斧和矛头;骨制的鱼钩、箭头和板状具;泥制的纺锤。贝壳器没有发现。兽骨中有狗、猪、牛、水牛、羊、兔和水鹿。除了兔和水鹿以外都是家畜,比起仰韶来

---

[1] 《考古与文物》1980年第4期,78—84,90页。
[2] 《考古通讯》1956年第2期,32—38页;《沣西发掘报告》,文物出版社,1963。
[3] 《考古与文物》1980年第3期,1—13页。
[4] 《考古学集刊》1984年第4期,1—39页。

有显著的进步。陶器中约80%是灰色的,像海岸地区龙山式的黑陶片不超过1%。印纹陶多印绳纹或篮纹;方格纹陶片很少。彩陶片(深红彩绘于红外衣上)有偶然发现。器形上,单把的鬲、绳纹罐和绳纹斝最为常见,鼎极少见。陶器多用手制,用泥条筑成,而且有的鬲是范制的。很少数的陶片有轮制痕迹。

在横阵村发现了一座一男一女的双人葬,随葬有六件陶器。在客省庄遗址,尸体有时埋葬在被废弃不用的窖穴里,每穴可达五具骨架。这个文化的另一特征是使用羊肩胛骨来占卜,烧灼过的羊肩胛骨时有发现。

(四) 齐家文化

跟着陇东洮河流域广河县齐家坪标准遗址命名的齐家文化是安特生在1923年所发现的,安氏认为齐家文化是甘肃最早的新石器时代文化,而甘肃与河南的仰韶文化都是从之演变而来的[1]。这个说法早已证明是完全错误的。在它整个分布范围之内都可找到的层位上的证据表明,齐家文化在时代上在仰韶文化之后,而在渭水上游的周文化层和西面的几个并存的金石并用时代文化之前[2]。它的分布范围东到渭水上游,西到青海湟水流域,南到西汉水流域,北到宁夏和内蒙古的最西端[3]。

---

[1] J. G. Andersson, *Memoirs*, *Geological Survey of China*, series A. S. 1925; *Children of the Yellow Earth* (London: Kegan Paul, Trench, Trübner, 1934);《远东博物馆报刊》, 15 (1943)。
[2] 齐家在上、仰韶在下的层位关系在洮河和渭水上游许多遗址中都可看到,见《考古学报》,1948年第3期,101—117页;《考古通讯》1956年第6期,9—10页;1958年第5期,1—5页;1958年第7期,6—16页;1958年第9期,36—46页;《考古》1959年第3期,138—142,146页。
[3] 关于齐家文化一般概述,见《考古与文物》1981年第3期,76—83页;1980年第3期,77—82,33页。

齐家文化的遗址现已发现的有三百多处，其中除齐家坪[1]以外，所最熟知的有甘肃永靖大何庄[2]和秦魏家[3]、武威的皇娘娘台[4]和青海乐都柳湾[5]。一小串的碳14年代把齐家文化放在公元前第三千纪的后半，大致与其东的龙山诸文化年代的后半相符。

齐家陶器的特征是具有篦纹或刻纹的黄棕色的陶，尤其是一种束颈、侈口、在肩上有两个大直圈状把手的平底壶。彩陶偶见。绳纹也有。粟粒遗迹和陶器上纺织物的印痕发现于永靖大何庄；占卜用过的猪骨和羊骨见于灵台的桥村[6]；卜用羊肩胛骨见于大何庄和永靖秦魏家；卜用牛、羊、猪的肩胛骨见于武威皇娘娘台；红铜装饰品和小件用具见于上举三址。狗、猪、牛、马和羊骨以及大麻的遗迹也有发现。这些发现都表示齐家是发达农业民的文化，但在他们中间家畜似乎比在华北其他各处多且较重要[7]。

在永靖大何庄遗址发现有涂白灰的长方形房屋居住面，在房子附近或里面造有圆形或方形的灶。在房子的周围有各种形状的窖穴。从房屋和窖穴里发现了23件红铜的器具和铜炼渣，前者包括刀、锥、齿和坏。一件刀和一件锥经分析发现红铜占金属成分99%以上，包括不到0.4%的杂质（铅、锡等）。在青海贵南尕马台遗址发现了一个红铜镜，直径89厘米，厚3厘

---

[1] 《远东博物馆馆刊》，(1946) 18，457—458页。
[2] 《考古学报》1974年第2期，29—61页。
[3] 同上，1975年第2期，57—95页。
[4] 同上，1960年第2期，53—70页；1978年第4期，421—427页。
[5] 《青海柳湾》，文物出版社，1964。
[6] 《考古与文物》1980年第3期，22—24页。
[7] 关于齐家文化内农业与家畜豢养之相对重要性，见《考古》1961年第1期，3—11页；1961年第7期，338—389页；《考古与文物》1981年第3期，76—83页。

米,在背面有花纹,由两个同心圆圈及其间的平行纹组成的单位所构成。经中子激活法分析所得的铜锡比率为1∶0.096[1]。

齐家文化的村落包含它们自己的葬地。在秦魏家遗址发现两个葬地,一在遗址西南部,一在东北部。1960年在东北部墓地中100平方米大小的一块地内发现了29座墓葬,南北排成三列,头均向西。其中24座为单人葬,另外5座各葬两个大人,一男一女。男子骨架直伸,女子在其左方,屈肢。所有墓葬都有石陶器随葬,并有一件到15件猪下巴。西南墓地下文化层出土了8座墓葬,上文化层出土99座墓葬,后者分六排自东北向西南排列,头皆向西北。墓葬绝大多数为单人葬,都有葬品——陶器、石骨器、饰物、卜骨和猪下巴。这种埋葬方式在了解齐家社会组织上的重要性是很显然的。在大何庄遗址的地表上发现有小石块排成的圆圈圈,可能是一种宗教遗迹,附近有祭供用的动物的埋葬。

关于齐家文化的来源问题学者有不同的看法。它的粟米农业无疑是仰韶文化传入的,但它的文化从属则是值得讨论的问题。它与渭水流域仰韶和龙山文化以及与西周文化的相似性已经有人指出[2],但这些相似性可以用在不同时期的文化接触关系加以解释。可能在接近西北和内蒙古干燥草原而现代气候也趋于干燥的这个区域,仰韶式的农业文化较不适应而为以土著为基础的文化类型所取代,而后者接受了相当的仰韶农民的文化影响。与它同时的文化类型以及许多接着齐家而起的文化传统的性质似乎指向上述的可能性,可是那土著的基础如何还不

---

[1] 《考古》1980年第4期,365—368页。
[2] 同上,1959年第3期,138—142页;1959年第7期,323—325,345页;1959年第10期,517页;1961年第1期,10页;1976年第6期,352—355页;《文物》1979年第10期,60—69页。

能断定。同时由于最近在甘肃极东部镇原常山遗址的发掘[1]，有人又建议齐家文化是自早期常山文化发展出来的，后者可以把齐家与渭水流域仰韶联系起来[2]。我们对这个区域未来的发展付以密切的注意。

（五）青龙泉三期文化

又称为湖北龙山文化，青龙泉三期文化最初是在1958—1961年发掘的湖北西北部汉水流域的郧县青龙泉遗址中辨认出来的[3]。在这个遗址里，仰韶、屈家岭和青龙泉三期文化的器物群发现有层位关系。最晚的这个器物群的特征：陶器以灰色为主。黑光陶较少。陶器一般手制，个别的轮制。篮纹为主，多交互拍印，彩绘陶片极少。代表器形有盆形鼎、厚壁的喇叭形杯、红顶碗、鬶、斝，鬲和甗未见[4]。

根据李文杰在1980年的综合研究，青龙泉三期文化在湖北、河南南部和湖南北部有不到20处遗址发现，大致与屈家岭文化的分布范围相符合[5]。这些遗址多半未经正式报告[6]。从层位和绝对年代证据上证明为比青龙泉三期文化为早的屈家岭文化显然是后者在本地的祖型，但青龙泉三期文化具有轮制陶器。灰陶、篮纹和方格印纹，以及上举的新器形，已演进为

---

[1]《考古》1981年第3期，201—210页；1982年第4期，392—397，406页。
[2]《考古与文物》1980（3），77—82，33页。
[3]《考古》1961年第10期，519—530页。
[4]《中国考古学会第二次年会论文集》，1982；《江汉考古》1985年第1期，76—81页。
[5]《中国考古学会第二次年会论文集》，1982。
[6] 青龙泉以外的资料有报告的见：《考古》1976年第3期，187—196页，160页；1983年第1期，17—29页，《考古学报》1983年第4期，427—470页；《江汉考古》1980年第2期，77—90页。

龙山式的新形式。从随葬的财富上说,当时已有显著的社会分化[1],现有的资料还不能使我们做进一步的推论,但这种龙山式文化的存在,暗示一种与其北和其东的龙山或龙山式文化相当的原始文明底层在湖北存在的可能性。湖北的长江中游盆地及其附近正好是公元前第二千纪晚期与第一千纪中有绝大重要性的楚文明的老家,这使得我们对上述的可能性感觉更大的兴趣。

公元前第三千纪(3000 B.C.—2000 B.C.)是龙山文化的时代,这个时代继续维持着本章开始所说的中国共同传统。上面简略地撮述的几个文化——山东龙山文化、良渚文化、黄河中游龙山文化诸类型、齐家文化和青龙泉三期文化——都是在生态学上和考古学上很明显地界说下来的,可是它们的考古研究工作的数量和深度很是不一,而我们面临的引人入胜的线索与问题远多于实实在在的答案。

不过,相互作用圈的完整性到了龙山时期显然进一步加强了,而且到了这个阶段,我们在整个的相互作用圈内不但看到物质文化形式上的类似性,而且可以看到彼此相似的在社会组织和意识形态上的演进趋势。这表示着彼此间信息交往一定是持续的而且是频繁的,而且这种交往促进了文化和社会的穿过区域界限的彼此相关的变化。我们这里不妨简要地看一下有哪些种新建树到处滋出,而且由于形式上的相似彼此一定是有关联的。

(一)红铜器物(多为小件饰物和无农业作用的小型器具)的考古学的证据已在山东、豫西、晋南和齐家自年代相当的考古层位中有所发现。已有的发现还不足构成一种重要的

---

[1]《新中国的考古发现和研究》,136页。

金属工业，但有鉴于后来的发展，我们必须认为龙山的金属技术是值得注意的。王城岗发现的青铜容器的残片尤其有重要的意义。

（二）在工业上远为重要的是陶轮在陶器制造上非常广泛的使用。各种龙山文化的陶器彼此之间有非常重大的差异，但从红色陶向灰色陶的压倒之势的转变，以及彩绘装饰的一般衰落，一定是陶工有意选择的结果。这时的陶工具有改进了的陶窑和陶轮，一定代表龙山社会上的一种特化专业。

（三）夯土建筑技术和使用这种技术来从事的城墙建筑，是分开的两件事，但是山东、豫东、豫北和豫西的城墙表现着一种技术的传递，又表现着防御性公共工事需要的产生。

（四）与防御工事产生有关的是制度性使用暴力的考古上的证据。这种证据有两种形式：袭击或战争的遗迹，如涧沟人头骨及水井中尸体的发现，和与酋长或国王建筑有关的祭祀所用的人牲的墓葬。

（五）当时有数种祭仪的表现，有的与政治地位高崇的人物有密切的关系。首先便是若干动物和鸟在仪式性的艺术中所扮演的角色，如最近在山东两城镇、浙江的良渚遗址，以及山西陶寺的发现所示。

（六）玉琮，尤其如与动物和鸟相结合，是显示一种独特的宇宙观的一个非常有特色的仪式用具。它在海岸地区的良渚和在内陆地区的陶寺同时文化中同有发现不是偶然的。无疑地，它代表这种宇宙观穿越区域的传递，或甚至代表以这种宇宙观为特征的一个全作用圈性的底层。如果我们把璧也放入这个宇宙观的口袋里去，则齐家文化也被涉入。

（七）用肩胛骨的占卜术可说是普遍在龙山文化中出现，这是全作用圈的讯息交通或宇宙观底层的又一表现。

（八）制度化的暴力和祭仪的考古证据几乎不可避免地指向一个以在政治和经济上尖锐分化的社会，而这种社会我们正好在许多龙山文化的墓葬遗迹中可以看到。我们已经看到过公元前第五和第四千纪的新石器时代墓葬遗迹中社会分级的考古现象。这种趋势在龙山墓地中加速发展并作进一步的深化。同时，如山东呈子和山西陶寺的墓地所示，这种经济上和政治上的两极分化似乎是在单系的氏族和宗族的框架里面进行的。

所有上述现象都很清楚地见于考古学的资料，但它们并不指向一个单一的龙山文化。它们所指向的乃是在中国相互作用圈每一个区域文化之内的在文化和社会上所发生的一连串的彼此有关的变化。从每一个区域文化个别的观点来说，外面的作用网和两千年间在内部所发生的变化，在这个区域史到公元前第三千纪之末之准备向国家、城市和文明跨进的准备工作上都是同等重要的。

* 原书本画有插图104幅，为节省篇幅，译文仅存2幅。附注亦加以简化。

中国东南海岸的"富裕的食物采集文化"*

1979年6月,在日本大阪国立民族博物馆举行了一次题为"富裕的食物采集文化"的座谈会。主持召集这次座谈会的日本和美国的考古学、民族学者,相信在旧石器时代的末期,在沿着太平洋边缘的亚美两洲一带,有天然条件非常丰饶的自然环境,而这种环境里的住民虽然仍处于从事渔猎的"食物采集时代",却有相当富裕的生活,而这种富裕的生活更奠定了日后发展农业生活的基础。这个座谈会上宣读的多篇论文,后来收集在 Senri Ethnological Studies 的第9集,在1981年以 Affluent Foragers 的题目出版。其中包括我用同样观点看中国东南海岸古代文化史的一篇文字。最近承邀为上海博物馆建馆35周年庆寿论文集投稿,便决定把这篇讨论包括上海在内这个区域的这篇文章译成中文并略加修改以参加盛事。

一 前 言

在1952年初,美国的索尔(Carl O. Sauer)先生就农业的

---

* 原载《上海博物馆集刊》(1987)4。

起源和传播作了一系列纪念波曼氏的专题讲演,提出了他的一个想法,即"农业并不起源于食物的逐渐或长期缺少"。他的主张是说"在饥荒的阴影之下生活的人们,没有办法也没有时间来从事那种缓慢而悠闲的试验的步骤,好在相当遥远的未来从而发展出来一种较好而又不同的食物来源。……以选择的方式改进植物以对人类更为有用,是只能由在饥馑的水平之上有相当大的余地来生活的人们来达到的"。至于这种富裕的食物采集民族可能达到向农业转变的任务的一个理想的环境,索尔氏选定为东南亚,因为这个区域具有作为农业最初起源地的必要条件:植物和动物之显著的复杂性,以及具有淡水食物资源的森林、丘陵和山地的环境。照他的推想,那里的最早的农人是一种"在淡水河边,温和气候之下生活的进步的渔民……许多水路作为与其他村落彼此交往的路线,也就是新想法的交换与成长的路线。水禽、河边的哺乳动物,以及水旁的植物使得食物不致单调。树皮和纤维用来作渔网和绳索,而且合适的木材可用来做船舟和木桨"[1]。

  自从1952年以来,不论是在农业起源的理论上面,还是在东南亚或其他地区的考古资料上都有了很大的进步。索尔氏的假说是在东南亚的考古资料极其稀少的时候所设想的,可是从今天的眼光来看仍越来越有吸引力。本文的目的是检讨一下华南沿海比较重要的早期的农业文化资料,看看这些资料在华南海岸地区的早期富裕食物采集文化的里面,农业生活开始的程序上有没有若干有用的启示。

---

[1] Carl Sauer, *Agricultural Origins and Dispersals* (Cambridge: The MIT Press, 1969,第2版), pp. 20—24.

二 河姆渡

浙江余姚河姆渡史前遗址在 1973 年的发现与发掘是中国史前考古学上的一件大事[1]。除了其他方面的重要性以外，这个遗址指明一群早期中国农人生活的环境和文化的情况，也就是他们的祖先从事农耕试验的环境和文化的情况。

河姆渡遗址有四个文化层，其中下面的两层代表早期农耕文化。一长串的放射性碳 14 年代把河姆渡文化很可靠地放在公元前 5000—公元前 3000 年这 2000 年间。当时的人们住在沿着一个小湖的湖滨建盖的一条长形的干栏式的房屋里面，这条房屋的背后盖在一个山坡上面。遗址里面发掘了石器、骨器、木器和陶器。陶器上有特征性的印有绳纹，而且常饰以刻纹。在骨器中特别显著的有肩胛骨做的锄头[2]。

与本题最有关系的遗物是动物骨骼与植物的遗留。这里的动物群包括家生或可能家生的和野生的。前者有猪（*Sus domestica*）、狗（*Canis familiaris*）和水牛（*Bubalus bubalis*），而主要的野生哺乳动物有猴（*Macaca speciosa*, *M. mulatta*）、羊（*Naemorhedus sp.*）、梅花鹿（*Cervus nippon*）、麋（四不像）（*Elaphurus davidianus*）、水鹿（*Rusa unicolor*）、獐（*Hydropotes inermis*）、麂（*Muntiacus muntjak*, *M. reevesi*）、犀牛（*Rhinoce-*

---

[1] 浙江省文管会、浙江省博物馆《河姆渡遗址第一期发掘报告》，《考古学报》1978 年第 1 期，39—93 页；河姆渡遗址考古队，《浙江河姆渡遗址第二期发掘的主要收获》，《文物》1980 年第 5 期，1—15 页。

[2] 游修龄《对河姆渡遗址第四文化层出土稻谷和骨耜的几点看法》，《文物》1976 年第 8 期，20—23 页；宋兆麟《河姆渡遗址出土骨耜的研究》，《考古》1979 年第 2 期，155—160 页。

ros sp.）、象（*Elephas maximus*）、虎（*Panthera tigris*）、黑熊（*Selenactos thibetanus*）、貉（*Nyctereutes procyonoides*）、青鼬（*Martes Flavigula*）、猪獾（*Arctonyx collaris*）、水獭（*Lutra lutra*）、灵猫（*Viverra zibetha*，*Viverricula indica*）、猫（*Felis sp.*）、狸（*Paguma sp.*）、黑鼠（*Rattus rattus*）、豪猪（*Hystrix sp.*）和穿山甲（*Manis sp.*），除此之外，鸟类、爬虫类和鱼类的骨头也很丰富，包括鸟类中的鹈鹕（*Pelecanus*, *sp.*）、鸬鹚（*Phalacricorax sp.*）、鹭（*Andea sp.*）、鹤（*Grus sp.*）、野鸭（*Anas sp.*）、雁（*Arser sp.*）、鸦和鹰；爬虫类中的扬子鳄（*Alligator sinensis*）、乌龟（*Chinemys reevessi*）和鳖（*Amyda sinensis*）；和鱼类中的鲤、鲫、青鱼、鲶、黄颡鱼、鳢、裸顶鲷和鲻鱼等。此外还有一种无齿蚌（*Anodonta sp.*）。研究这批动物骨骼的动物学家对这些材料所指示的古代自然环境做了下面的结论：

> 从动物地理分布上看，河姆渡遗址的动物大都是适应于平原丘陵地带的种类。〔象、犀和猴〕……的存在表明当时的气候温热湿润，雨量充沛，气温应比现在稍高，大致接近于现在我国华南的广东、广西南部和云南等地区的气候。
>
> 从动物的生态习性，可以推测当时原始村庄周围的自然环境。这里有鲤、鲫、鲶、青鱼等淡水鱼类，有雁群、鸭群、鹤群和獐子、四不像等生活于芦苇沼泽地带的水鸟和动物；又有栖息于山地林间灌木丛中的梅花鹿、水鹿、麂等鹿类；过着半树栖、半岩栖的猕猴、红面猴；还有生活在密林深处的虎、熊、象、犀等巨兽。这种情况，表明当时河姆渡遗址周围的地形应是平原湖沼和丘陵山地交接

地带[1]。

根据动物遗骸所复原的这种自然情况又为植物学的研究所支持。植物性的食物遗存有稻米（*Oryza sativa hsien-indica*）、葫芦（*Lagenaria siceraria*）、菱角（*Trapa sp.*）、酸枣（*Choerospondias axillaris*）、橡子（*Quercus sp.*），还可能有芡（*Euryale ferox*），出土的叶片中有赤皮椆（*Quercus gilva*）、栎（*Quercus sp.*）、苦槠（*Castanopsis selerophylla*）、天仙果（*Ficus heekeyana*）、细叶香桂（*Cinnamomnm chingii*）、山鸡椒（*Litzea cubeba*）、江浙钓樟（*Lindera Chienii*）等，"都是属于亚热带常绿落叶阔叶林植被的组成成分"[2]。此外，两次孢粉取样的分析结果[3]，都一致地表示河姆渡文化期的气候较现在当地的气候为温暖，有亚热带常绿落叶阔叶林的茂密发育，林下多热带蕨类。遗址周围水域广阔，富有湖沼，有水稻栽培。早期（第四文化层及第三文化层中下部）气候湿润，晚期（第三文化层上部）比较干旱。

河姆渡遗址的动植物遗存指向一组早期种植稻米的文化，这种文化对它附近为森林覆被的丘陵、充满沼泽的平原和淡水湖河各种地形地貌中非常富裕的自然界的动植物资源加以广泛利用（用为食物、纤维和工艺原料）。这种环境正是克尔·索尔氏假定中东南亚农业创始者的自然环境。河姆渡所代表的环境自然不限于这一个遗址而广见于杭州湾南北，包括太湖区域甚至整个

---

[1] 浙江省博物馆自然组《河姆渡遗址动植物遗存的鉴定研究》，《考古学报》1978年第1期，102页。
[2] 同上注，103页。
[3] 同上注，104—105页；孙湘君、杜乃秋、陈明洪《"河姆渡"先人生活时期的古植被、古气候》，《植物学报》第23卷，146—150页。

的长江下游。这整个区域的古地理、古植被研究都描绘出来同样的一种富有天然资源利于早期食物采集文化向农业文化发展的环境[1]。在中国历史上,长江下游地区的富庶是众知的,而且与这个区域在文化上的创新是相关的。研究道济书画的一部艺术史专书称这个地区为"全中国农业上最富庶,经济上最富饶,文化上最前进的区域"[2]。植物学者李惠林先生对这个区域的水生植物在早期农业试验过程中的重要性特别提出注意。此地的水生植物在这方面特别重要的有菱角(*Trapa natans*,*T. bicornis*)、芡(*Euryale ferox*)、莲(*Nelumbo nucifera*)、茨菇(*Sagittaria sagittifolia*)、荸荠(*Eleocharis tuebrosa*)、菰(*Zizania caduciflora*)、芹(*Oenanthe javanica*)、莼(*Brasenia schreberi*)、蕹(*Ipomoea aquatica*)、蒲(*Typha latifolia*)和灯芯草(*Juncus effusus*)。"这些作物不大为其他地区的人们所利用,而在长江下游的特殊环境中发展成为一种特殊的农业系统,即湿地农业。这种水植农耕(Aquaculture)自新石器时代即在中国出现。……这些作物供给富有淀粉、糖质,甚至有时有蛋白质的果实、种子或多肉的地下茎,而在今日还作为主要作物使用。……这些作物在中国以外都见于其他国家甚至大洲,但只有在中国是为人工栽培的。"[3] 李氏所说的"新石器

---

[1] 吴维棠《从新石器时代文化遗址看杭州湾两岸的全新世古地理》,《地理学报》1983 第 38 卷,113—127 页;王开发、张玉兰《根据孢粉分析推论沪杭地区一万多年来的气候变迁》《历史地理》第一辑,1981,126—131 页;竹淑贞等《上海地区全新世地层与古地理》,《科学通报》,1983,296—299 页。

[2] Marilyn Fu and Shen Fu, *Studies in Connoisseurship* (Princeton University Press, 1974), p. 4.

[3] Hui-lin Li "The domestication of plants in China: Ecogeographical considerations", in: *The Origins of Chinese Civilization*, ed. by David N. Keightley (University of California Press, 1983), pp. 43—46.

时代"的发现即指河姆渡遗址而言。除了河姆渡遗址以外，长江下游许多同时代或稍晚的遗址所出的遗物也反映了类似的自然环境的资源利用，我们只举两例。

第一个是浙江省桐乡罗家角遗址。这个遗址在杭州湾以北，太湖南岸，年代与河姆渡相似，是太湖流域早期新石器时代马家浜文化的一个较早的遗址[1]。这里出土的兽骨有狗、家猪和野猪、水牛、貉、象、鹿、麋、獐、鲸、乌龟、鼋（*Pelochelys bibroni*）和鳄鱼以及鲤、鳢、青鱼、鲫等鱼类；所反映的地形，"是一片开阔的滨海平原沼泽环境，大大小小的湖泊河滩星罗棋布，林木稀疏，灌丛密接，水草十分丰盛……往东便是茫茫无际的大海"[2]。与河姆渡比较起来，因为附近无山，距密林较远，但东边距海可能较近，所以有鲸骨和居住在沿海的淡水里的鼋骨发现。

另外的一个例子是时代较河姆渡、罗家角都晚的上海市青浦县崧泽遗址。在这个遗址所采孢粉取样所作的分析结果，指明"下文化层人类活动时……当时地面是大片低凹积水之地，湖沼广布，而生长了大量的水生植物，如泻泽科、眼子菜、蓼、水鳖等，当时人类即居于湖沼间的高冈地，向东南可经海滨捕鱼，向西北可去山地打猎"[3]。

从这些遗址的材料看来，公元前5000年以前的河姆渡马家浜文化都是种植稻米的农人，但也都是"富裕的食物采集文化"。他们的食物中很重要的一部分来自自然的资源，而他们所用的器具中有很大的一部分来自兽骨。在这些文化之前的

---

[1] 罗家角考古队《桐乡县罗家角遗址发掘报告》，《浙江省文物考古所学刊》1981，1—42页。
[2] 张明华《罗家角遗址的动物群》，《浙江省文物考古所学刊》1981，43—53页。
[3] 王开发等《崧泽遗址的孢粉分析研究》，《考古学报》1980年第1期，63页。

长江下游的文化情况，目前没有足够的资料来说明，但在自然环境上显然没有显著的变化。从植物孢粉的证据看来[1]，河姆渡遗址所代表的气候植被环境至少在河姆渡文化以前两三千年前便已存在。我们只能相信河姆渡文化的直接祖先也像他们那样生活富裕，可是他们也许在农业上的倚赖程度更要少些。确实的资料要靠进一步的考古发现，但从附近其他区域较早时期已有的考古资料也许可以得到一些有益的启示。

三　台湾的大坌坑和其他遗址

台湾最早以谷类农业为生业基础的史前文化是在公元前2500年左右在考古舞台上出现的所谓龙山形成期的文化[2]。这种文化的遗址一般位于海岸和河口的台地上，距离覆有林被的山丘与淡水和海水中的食物与其他天然资源都近。根据1972—1974年在台湾西海岸中部的浊水溪和大肚溪河谷的详细调查，我们知道了这个区域的聚落史是自海岸台地一带开始的，后来到了史前住民在他们的生业活动上比较分化了以后才逐渐向里面向上面伸展到密内的山区中去。在龙山形成期的最早期，当时人们的广幅采食活动显然是对台中盆地的内容复杂

---

[1] 中国科学院贵阳地球化学研究所。"Development of natural Environment in the southern part of Liaoning province during the last 10 000 years", *Scientia Sinica*, XXI (1978), pp. 516—532; Matsuo Tsukada "Late Pleistocene Vegetation and Climate in Taiwan (Formosa)", *Procedings of the National Academy of Sciences*, 55 (1966), pp. 543—548; "Vegetation in subtropical Formosa during the Pleistocene glaciations and the Holocene", *Palaeogeography, Palaeoclimatlogy, Palaeoecoloy*, 3 (1967), pp. 49—64.

[2] 详见 K. C. Chang, *Fengpitou, Tapenkeng and the Prehistory of Taiwan* (Yale University Publications in Anthropology, 73, 1969).

的环境最好的适应方式[1]。台中盆地一直到数百年以前仍是一个淡水湖,富有丰富的水生植物资源,包括睡莲(Nymphaea sp. Nupharsp.),茨菇和灯芯草[2]。虽然台湾的适应于复杂的山地与水边的自然环境的早期龙山形成期文化要比台湾海峡对岸的浙江的河姆渡文化的年代晚好几千年,以形态学上说它们同样是住在类似的自然环境中从事农耕以外各种食物采集活动的早期谷物农民。

更值得注意的是,在台湾我们有在这种龙山形成期文化以前的考古资料,在其中农耕较少而食物采集较多。这便是台湾西海岸的大坌坑文化。大坌坑文化在1964—1965年最初证明是分布全岛的一个文化层的,现已发现于整个西海岸,但有数个缺环。这个文化的特征如下[3]:

1. 陶器　大坌坑文化的陶器一般松软破碎,陶片多属小片,厚重而且含砂。颜色自浅赭到深棕,主要器形为大罐形器和钵。罐底常带穿孔低圈足。器口中侈,常在唇下有一圈凸起脊条,与河姆渡的相似。器身常印有绳纹,是用裹着绳索的棍子或拍子印上去的,但唇部没有绳纹。唇面和肩部常有划纹,作波浪形或平行短划,系用两三个细棍作成篦形具所划的。

2. 啄制砾石　与大坌坑文化绳纹陶器一起出土的石器种类很少,其中以有人工制造痕迹的河床砾石为最多。这些砾石多径长

---

[1] K. C. Chang, "Man and Land in central Taiwan", *Journal of Field Archaeology*, 1 (1974), 265—275;张光直编《台湾省浊水溪与大肚溪流域考古调查报告》,中央研究历史语言研究专刊(1977)70。

[2] 黄增泉、臧振华《台湾之古生态研究(六)——台湾中部十八张、大邱园、牛骂头、草鞋墩等史前遗址的孢粉分析》,《国立台湾大学考古人类学刊》(1976)39—40,91—115页。

[3] K. C. Chang, "Prehistoric Archaeology of Taiwan", *Asian Perspectives*, 13 (1970), 59—77.

20厘米左右，其两端或两边或沿周有啄制痕迹，可能用为网坠。

3. 树皮布打棒　一块磨光并有条槽的石制树皮布打棒，在1953年自台北圆山遗址的大坌坑文化层出土。

4. 石锛　石锛的原料不一，但都磨光，具不对称的锋刃，横剖面作长方形。少数在一侧两边有小缺口或凹窝，似是日后有段石锛的祖型。

5. 尖器　绿色板岩制的小形（约4厘米长）尖器，薄平，三角形，中央穿孔，可能是箭头。

上述的大坌坑文化遗物内容可说相当贫乏，但很有意义和启示性。根据台湾湖底和泥炭层堆积取样的孢粉分析结果，我曾推测这个文化的生业系统中有农业的成分[1]。但是如果只考虑它的石器，则狩猎、渔捞和采集才是主要的生产活动。这个文化的遗址距离水或古代的水是很近的。例如，它最有代表性的两个遗址大坌坑和凤鼻头都位于高于海岸平原30米的老台地上，而这段海岸平原都约3公里宽，将遗址所在的台地与现在的海岸线分开。当时遗址住着人的时候，它们多半便在海边，但日后海岸线的变化产生了今天的一条海岸平原。同时，这些遗址所在的地点又近于大河的河口，因而附近富于海产和淡水两种资源。这个文化的年代还不能十分确定，但显然比同一地区始于公元前2500年的龙山形成期文化和圆山文化要早得多。我们估计它的高潮要在公元前数千年前，与冰后的湿暖气候高潮相符合。无论如何，大坌坑文化是一个在湿暖的热带、亚热带地区适应于海洋、河口和河湖性的自然环境的一种文化。

从当时的绳索在陶器表面上捺印下来的纹饰看来，它们都

---

[1] K. C. Chang "The Yale expedition to Taiwan and the horticultural evolution of Southeast Asia", *Discovery*, 2（1967），3—10.

是数条单索绞起来的，而每条的宽度从 0.5 厘米到 1 厘米左右。显然当时有用高级的技术做成的好几种绳子。绳索在当时人们的物质生活上有显然的重要性，而制作绳索所用的纤维一定是从当地丰富的植物上采取的。

除了在陶器表面上捺印以外当时的绳索还有什么用途？上述的石器类型指向网坠和木工工具的使用。不论当时的木工是否制造了舟楫，其遗址的位置和石制网坠的使用都说明捕鱼在生业上的重要性，而绳索的主要一个用途当是制作渔网的。网坠的大小令人相信当时曾使用了木船和大网以在距海滨甚远的海水中渔捞。

绳索的具体原料虽然不明，我们可以相信大坌坑文化的人们一定自培植的或野生的植物上采取了纤维，而且对当地的植物资源一定十分熟悉。在圆山所发现的树皮布打棒指明富纤维性的树皮可能是制造绳索用的植物纤维的一个来源，而采取树皮是在森林中的一种生产活动。

广泛使用水边和森林资源的大坌坑文化的古代人类并不限于台湾，因为类似大坌坑文化而早于河姆渡文化的绳纹陶器广见于华南与东南亚。在两个洞穴遗址中与陶器共存的碳 14 标本可以早到八九千年之前[1]，但因为这些洞穴都在内陆所以不在本文讨论范围之内。

四 旧石器时代晚期的文化

从中国东南海岸已经出土的最早的农业遗址中的遗物看

---

[1] 夏鼐《碳 14 测定年代和中国史前考古学》，《考古》1977 年第 4 期，217—232 页。

来，我们可以推测，在这个区域的最初的向农业生活推动的试验，是发生在居住在富有陆生和水生的动植物资源的环境中的狩猎、渔捞和采集文化中的。我们所以必须自较后的时期来做推论。是因为那关键阶段，即上述试验正在进行中的旧石器时代晚期和全新世的最初期的考古材料是非常稀少的缘故。但是我们不妨检讨一下已有的资料，因为将来就是在更多的这个时期的资料中我们才能找到中国东南海岸最早的向农业生活转化的阶段。

旧石器时代晚期的遗址遗物在东海岸诸省已发现并有简短报告的，有山东的蓬莱[1]、新泰[2]和日照[3]；江苏的东海[4]与丹徒[5]，以及浙江的建德[6]。这几个遗址出土物都不多，有的只有人齿而没有文化遗物。距河姆渡最近的建德的洞穴遗址，只在河姆渡以西150公里左右，但没有石器出土。与人犬齿一起有动物化石，包括猴子、水牛、鹿、麂、犀、野猪、大熊猫、羊以及绝灭了的鬣狗和剑齿象，代表热带的一个动物群，在时代上与所代表的环境性质上是合乎河姆渡祖型资格的，但其文化内容我们全然不悉。

[1] 山东省烟台地区文物管理组《山东蓬莱县发现打制石器》，《考古》1983年第1期，70页。
[2] 戴尔俭、白云哲《山东——旧石器时代洞穴遗址》，《古脊椎动物与古人类》卷10，1966，82页；吴新智、宗冠福《山东新太鸟珠台更新世晚期人类牙齿和哺乳动物化石》，《古脊椎动物与古人类》，卷11，1973，105—106页。
[3] 临沂地区文物管理委员会、日照县图书馆《山东日照秦家官庄发现旧石器》，《考古》1985年第5期，385—388页。
[4] 李炎贤等《江苏东海县发现的打制石器》，《古脊椎动物与古人类》卷18，1980，239—246页。
[5] 李文明等《江苏丹徒莲花洞动物群》，《人类学学报》卷1，1982，169—178页。
[6] 韩德芬、张森水《建德发现的一枚人的犬齿化石及浙江第四纪哺乳动物新资料》，《古脊椎动物与古人类》卷16，1978，255—263页。

事实上，中国东南海岸的旧石器时代晚期文化的研究，由于更新世后期海岸线的巨大变化，是比较困难的。中国东海大陆架上钻孔取样的研究已经具体地证明了在第四冰期的高潮及其后期，东海的海平面比现在的为低，因此大片的海底暴为当时的地表，"于距今15000年前〔海面〕达到最低位置，约比现代海面低130米左右"[1]，因此当时的东南海岸向东伸展到钓鱼台等现代的孤岛位置，到了距今1000年前才开始全新世的海进而逐渐形成今天的海岸线。因此，沿海岸的旧石器时代晚期人类遗址也一定随着海水平面的回升而逐渐淹没。

在这种情形之下，台湾的旧石器时代文化研究便有了较大的重要性，因为在海平面下降的期间，台湾是比较接近当时的海岸线的，而且等到大陆东南海岸线西退以后台湾岛仍是陆地，它的旧石器时代晚期遗址仍可在地面上供人发掘研究，可说是供给了非常珍贵的资料。可惜的是，虽然台湾方面考古学历史已较悠久，后期史前文化也很丰富，它的旧石器时代的资料仍然稀少。下面以发现研究的先后将已知的遗址列举：

1. 澎湖　伊能嘉矩曾报告过两件"打制石器"自更新世地层出土，但这两件石器早已佚失[2]。

2. 高雄县林园乡　在1965年初发掘凤鼻头遗址时考古工作人员曾在附近石灰岩罅隙中采集到1件"有刻纹"的兽骨，显然属于更新世的晚期[3]。

3. 台东县长滨乡八仙洞　石器和骨器在好几个面对太平

---

[1] 沈承德、周明富《中国东海大陆架碳14年代学及晚更新世以来海面变化》，《科学通报》1981，165页；参见郭旭东《晚更新世以来中国海平面的变化》，《地质科学》1979（4），330—340页。

[2] 《澎湖に於ける石器の発见》《人类学杂志》（1907）22，240—245页。

[3] K. C. Chang, *Fengpitou, Tapenkeng and the Prehistory of Taiwan*, p. 136.

洋的洞穴中发现。八仙洞发掘的重大意义不但在于这是台湾第一次出土真正可以确认的旧石器时代文化遗址,而且在这里的旧石器时代的文化一直持续到三四千年以前,台湾东西海岸都已经有发展成熟的陶器文化的时代[1]。关于最后这一点,我曾做过如次的推测:"这种洞穴位置在海滩上或其附近以及若干出土物的性质(如文化遗址出土于沙滩上,打石废料的集中堆积,以及骨角制的捕鱼钩),指明出来这不是一个长期性的聚落而是特殊性的生产活动地点。很可能这些洞穴曾经是渔民的临时栖息址,渔民在此准备和发动与渔捞有关而不用陶器的某些活动,而他们的长期聚落是在别处的,也许是在内陆区域。"[2]

4. 台南县左镇　左镇附近菜寮溪出土更新世晚期犀牙化石。1971年以来陆陆续续在这个地点采集了人头顶骨两片,其他头骨化石5片,和人臼齿1件[3]。根据右顶骨的氟和锰含量研究,这批人骨化石的年代可能在距今20000到30000年以前。

5. 南投县头社盆地　在台湾中部南投县的山区埔里和水里两镇之间有好几个一串小盆地,这些小盆地除了其中日月潭是台湾现在最大的一个湖之外都已干涸,但在更新世晚期和全

---

[1] 宋文薰《长滨文化》,《中国民族学通讯》(1969) 9,1—27页。
[2] K. C. Chang, "Review of Sung 1969", *Asian Perspectires*, XII (1969), 133—136.
[3] 刘衍《台湾史前人类之人类生物学研究》,台湾省立博物馆,1975;T. Shikama et al., "Discovery of fossil *Homo sapiens* from Cho-Chen in Taiwan",《日本人类学会杂志》84 (1976), 131—138页;尾崎博、宋文薰、马场悠男,《台湾の左镇にて发现さ水人骨片さにつぃこ(そのこ)》,《人类学杂志》(1978) 86,第二号;宋文薰《由考古学看台湾》载陈奇禄等《中国的台湾》,中央文物供应社,1960,112—113页。

新世初期都充满湖水。现在已干涸的盆地湖底下面有一层泥炭层,其中富有孢粉资料,已供孢粉学者在整个更新世的植被和气候变迁上作了不少研究[1]。这些研究中日潭和头社的孢粉资料比较最为重要。

日潭的湖心剖面是当时在耶鲁大学的塚田松雄氏在1964—1965年采集的。从14000到12000年以前开始,塚田氏在资料中看到气候暖化的趋势,而亚热带和暖温带的树木层增加。同时可见的趋势是原始森林的烧除和次生林木与灌木的不断增长。这种现象的一个可能的解释是自更新世晚期湖滨始有人居,同时当时人类的生活方式已牵涉某种程度的农业。后来在1972年,作为上述的浊水、大肚两溪流域多科际的地质和古生物研究计划的一部分,埔里各盆地中钻了好几处地心。研究头社盆地的孢粉学者得到下述的结论:"从670厘米(约3850年前)深的碳和580厘米深处(约3400年以前)的有烧痕的木片,以及4500年前以来堆积率的急遽增加,我们相信人类在4500年以前开始来到此区烧除森林。"[2]这个结论把台湾中部人类进居的年代推到了公元前2500年,但还不能支持塚田氏更早人类活动的说法。看来这个区域的石器时代文化的

---

[1] Matsuo Tsukada "Late Pleistocene Vegetation and Climate in Taiwan (Formosa)", "Vegetation in Subtropical Formosa during the Pleistocene glaciations and the Holocene";钟天福、黄增泉 R. B. Stamps, "Paleoecological study of Taiwan (3): The p'u-li basin," *Taiwan*, 18 (1973), 179—193;黄增泉 "Paleoecological study of Taiwan (4) Waichiataoken profile", *Taiwania*, 20 (1975), 1—22;刘平妹《鱼池盆地外加道坑更新统之孢粉分析》(国立台湾大学理学院地质研究所硕士论文);黄淑玉、黄增泉 "Paleoecological study of Taiwan (S)——Toushe basin", *Taiwania*, 22 (1977), 1—14.

[2] 黄淑玉、黄增泉 "Paleoecological Study of Taiwan (S)——Toushe basin", p. 1.

确立还有待进一步的详细研究。

6. 台北市芝山岩　1979年在芝山岩新石器时代遗址一带采集的遗物里发现了"一件典型的砾石砍器……在这一石器的原砾石表皮及打制加工面上黏附有原寄生于这一石器的海生动物外壳4种……证明这件石器经制造完工、使用、遗弃后，曾浸没于海水中"[1]。

根据上列台湾的旧石器时代或可能的旧石器时代遗址，我们可做下述的结论：台湾东西两岸确有旧石器时代遗物；八仙洞和左镇的较可靠，其他的有可能。这些的年代都不早于更新世的晚期，但强烈地指示了中国东南海岸在河姆渡与大坌坑文化之前食物采集的存在。至于这种文化的生业基础与聚落形态则仍有待将来的考古工作才能了解清楚。

---

[1] 宋文薰《由考古学看台湾》，110—111页。

中国东南海岸考古与南岛语族起源问题 *

在这篇文章里面，我想讨论一下中国东南海岸地区在南洋与太平洋区域的南岛语族的起源上的重要性，并且指出这个地区现有的考古资料在这个问题上的启示。中国的历史学（包括考古学）一向有孤芳自赏的传统，就是将中国历史的资料和问题的讨论限制在现代中国的地理境界范围之内。其实至少从古史和史前来说，有许多在中国境内的历史问题，其意义和它的解决途径是要靠中国境外的资料和研究来作启示、辅导和共同解决的；同时有许多中国境内的资料，其重大的意义又不限制在中国境内历史问题的解决。这篇文章所处理的题目，便是上述这两种情形的一个例子。

一　南岛语族的起源地问题

南岛（Austronesian）语系又称马来波利尼西亚（Malayo-polynesian）语系，包括300到500种不同的语言，其分布东自复活节岛（Easter Island）西到马达加斯加，是世界上唯一的

---

*　原载《南方民族与考古》（1987）1，成都。

主要分布在岛屿上的一个大的语系，其主要的居住地区有马来西亚、印度尼西亚、菲律宾、美拉尼西亚、密克罗尼西亚和波利尼西亚。说属于南岛语系语言的人口约有15000万，其中绝大多数居住在东南亚，自新几内亚以东只有100余万人[1]。

关于南岛语族的起源问题，学者至少可以自体质人类学、考古学和语言学三方面分别入手，澳大利亚国立大学的彼德·贝鲁伍德（Peter Bellwood）教授在《人类对太平洋的征服》[2]一书里有综合性的讨论。体质人类学的线索比较复杂，而且在南岛语族居住范围之内在更早、更晚的期间有过其他的种族出现，不同种族之间有过不同程度的通婚，所以这中间的条理一时难以爬梳清楚。从考古学的资料复原南岛语族的历史，应当是最为可靠的一种方式。南岛语族东部分布区域在南岛语族进入以前没人居住，因此这个区域内的考古资料的特征也就是南岛语族历史晚期时代的特征。从这个时代为基础逐渐向西、向古推上去是可以做得到的，而且本文讨论的题目也正是这样的一种做法。但是东南亚的考古工作做得还不够丰富、精确，把南岛语族的历史用考古方法自东向西一段段地推溯的话，中间要碰到很多的缺环。因此，虽然南岛语族的考古工作有无量的前途，在目前这个阶段，语史的研究对本题的讨论可以供给较大的启示。

语言学者对南岛语族起源地区和时代的研究，大致有三个不同的途径：语系的分群以及语群的层位关系的断定；词汇统计年代学的研究；"原南岛语"的拟测和它所显示出来的早期文化。

---

[1] Isidore Dyen, "The Austronesian Languages and Proto-Austronesian", in: T. A. Sebeak (ed.), *Linguistics in Oceania* (Current Trends in Linguistics, 8, The Hague: Mouton, 1971).

[2] Peter Bellwood, *Man's Conquest of the Pacific* (New York: Oxford Unicersity Press, 1979).

前两种研究方法是相似的，都是使用某一个约定的词汇单子比较这个语系之下的几百种语言，依其间同异的程度（即共有词汇的百分比）加以分群，然后推测哪些群较早，哪些较晚。这样推测下来的结果，一般都相信南岛语族是起源于东南亚及其附近地区的[1]。使用词汇统计年代学（Lexicostatistic dating，又称 Glottochronology）的学者则进一步根据共有词汇的百分比推断同系的两种语言开始分家的绝对年代。以这类研究讨论南岛语族起源最有力的学者可以戴恩[2]和格雷斯[3]为代表。词汇统计年代学自司瓦迪士在 1962 年提倡以来[4]，引起很多争论，在此地无法详谈，但后面谈到台湾的南岛语言问题时可以略略提到。

语言学者研究南岛语族起源的方式之中对考古学者最有启发性的，是根据现代语言中词汇的分布将南岛语系的祖语（称"原南岛语" Prow Austronesian）拟测出来，看它包含着什么样的文化内容与环境内容，再根据这个到个别的古代文化与地理区域中去印证。这种研究的开山工作一般归功给柯恩 1889 年的一篇大著[5]，题为《推定马来波利尼西亚语族最早

---

[1] George W. Grace "Austronesian linguistics and culture history", *American Anthropologist*, 63 (1961), pp. 359—368.

[2] Isidore Dyen, *A Lexcoistatistical Classification of the Austronesian Languages* (Supplement to Internationl Journal of American Linguistics, 31, Indiana University. 1965).

[3] G. W. Grace, "Movement of the Malayo-Polynesians: 1500 B. C. to 500 A. D. — The Linguistic Evidence", *Current Anthropology*, 5 (1964). pp. 361—368.

[4] Morris Swadesh, "Lexico-statistic dating of Prehistoric ethenic contacts", *Proceedings of the American Philosophical Society*, 96 (1962).

[5] Hendrik A. Kern, "Taalkundige gegevens ter bepaling van het stamland der Maleisch-Polynesische volken", *Verslagen en Mededeelingen der Koninklijke Akademie van Werenschappen*, afdeeling, Letterkunde 3 e Reeks, d. Ⅳ. Amsterdam 1889. English tr. by C. D. McFarland and Shigeru Tsuchida, *Oceanic Studies*, 1 (1976).

老家的语言证据》。在这篇文章里柯氏指出拟测出来的"原南岛语"里面有下列诸词：甘蔗、椰子、香蕉、竹（好多种）、苇、稻米（连糠的、去糠的、旱田的）、黄瓜、露兜树、红薯、刺人的荨麻、芋头、植物性的毒鱼药、沙鱼、章鱼、龙虾或大虾、鹞鱼、海龟、船、蚊、蝇、房屋、虱卵、蛾子或壁虱、蜘蛛、鼠、狗、猪、鸡、苍鹭、鳄鱼、水牛、黑毛猴、猿和铁。他相信有这种文化的原南岛语族可能居住在印度尼西亚或印度支那半岛的东岸，北不超过北回归线，南不超过爪哇，但据他推测最合宜的区域应在中南半岛的海岸。

语言学家对柯恩氏这种推测方式的兴趣，到了20世纪70年代骤然大为增加；这是由于大洋洲的考古工作到了这个时期有了很大的进展的缘故。我们在这里摘录三个语言学家对"原南岛语"拟测内容的新的尝试。头一个是戴恩；他在1971年的一篇文章里面指出可归于"原南岛语"的许多词都与水或海有关，可以作为它们以海边地带为老家的证据。这些字包括：船、大蚌、鳄鱼、鳗鱼、毒鱼药、捕鱼陷机、章鱼、牡蛎、桨、鹞鱼、鲨鱼、虾、蝾螈蚌、海龟等。另外又有若干词与热带的植物有关，如海芋（alocasia）、竹、香蕉、椰子、姜、木槿、红树、露兜、甘蔗、芋、榄仁、红薯和其他几种植物。戴安的结论是："大量的与居住于海边和特殊的热带植物有关的原南岛语语汇很强烈地指示着他们的老家位于热带并且位于岛屿地区或是大陆上的海岸地带。"[1]

第二个值得注意的古语言文化的拟测是1973年鲍雷（语言学家）与格林（考古学家）的一篇文章，其中对原南岛语

---

[1] lsidore Dyen, "The Austronesian Languages and Proto-Austronesian", *Linguistics in Oceania*, pp.9—10.

文化拟测如下："原南岛语族群有混合式的经济，以农业和渔捞为基础，但以狩猎和树果的采集加以补充。人工培植的作物有芋头、红薯、香蕉、甘蔗、面包树、椰子、两种海芋（Cytosperma 和 Alocasia）西谷米，还多半有稻米。原南岛语族还养猪，很可能也养狗和鸡，并且制造陶器。他们利用海岸环境的资源，采集蚌贝，并且使用诸种不同的捕鱼技术和工具如渔网、编栏渔网、鱼钩和角藤制的毒鱼剂。他们驾驶边架艇。他们的工具是用石头、木头和贝壳制作的。冶金术的名词不够广泛分布到可以有信心地推溯到原南岛语的程度。"[1]

最后也是最近的一篇拟测原南岛语文化的文章是布勒斯特氏在1976年发表的，这个拟测文化的方面比较完备：

> 原南岛语族在村庄里定居，其村庄包括家屋和某种公共建筑。家屋显然是干栏式的，靠梯出入；梯子可能是一根上面砍出缺刻的木头。房顶是人字形的，有一根脊梁，可能为一根倒翻的木制或竹制的雨遮所覆盖，并且用草（可能是西谷米叶）所覆铺。房内地板上（也许在一角）建有火灶，在灶上面建着一层或一层以上的置放烹具、柴木等的架子。住民睡觉时使用木枕。他们有猪、鸡和狗，但也从事狩猎；制作陶器，大概编席编篮，但也用（多半用简单背撑）织机织布；用针线补衣，刺黥、嚼槟榔，并且有可以醉人的酒。树皮布的现有语言学上的证据限于东部的语言里面，但树皮布很可能有更为古老的历史。铁器好像已有，但它的使用不明。此外，某种土著形式的文

---

[1] Andrew Pawley and Roger Green, "Dating the dispersal of the Oceanic languages", *Oceanic Linguistics*, 12 (1973), pp. 35—36.

字可能也有发明，写在容易腐烂的材料上面。

有很能服人的证据说原南岛语族已经有相当发达的航海技术并且培植了很多种的根茎类的作物、食物用树、稻米和小米。谷种用木臼木杵去壳。

弓箭和削尖的竹桩子（在小路上或陷阱底装立）可能在狩猎和战争中使用，而且猎头连同与它在一起的宗教信仰几乎可以肯定早在公元前2000年前即已存在。当时好像有相当程度的社会分层，但是有关社会组织的语言资料很少而且难以解释。当时一定有各种的热带皮肤病。[1]

布勒斯特氏的文化拟测包含着由这种方法所得结果的不可避免的弱点：猎头可以推溯到公元前2000年以前，但又说同时已有铁。至少在现有的考古证据来看，铁的使用在整个的东亚是不会这么早的。这就是说，用古语拟测方式得到的原南岛语族文化，一定要用考古学的方法加以证实或对证。但从另一方面看，不同的语言学家用同样的语言材料拟测的结果却有基本上的共同性。最早的原南岛语族的老家应该是热带的海滨地带；当时住民的生活已有农业（芋、薯、稻米、粟、果树），但也狩猎并重渔捞。物质文化中有陶器，有石、木、竹器，有纺织，有干阑屋宇，有树皮布，并大量使用蚌贝，有发达的船航工业。这些环境上和文化上的特征都是考古学上可以印证的。因此近年来大洋洲的考古学家，为了追溯他们研究区域内主要住民即南岛语族的起源和老家，对亚洲大陆边缘，尤其是中国

---

[1] Robert Blust, "Austronesian culture history: Some linguistic inference and their rilations to the archaeological record", *World Archaeology*, 8 (1976), pp. 36—37.

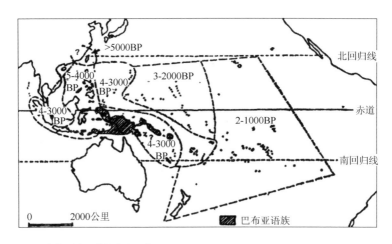

图1　南岛语族聚落扩张史（依 Peter Bellwood 1993）

东南海岸的考古工作，保持着极大的兴趣。图1是贝鲁伍德氏最近对南岛语族起源史复原的一种尝试[1]。从这个图上我们可以看出大洋洲考古学者对中国东南海岸地区考古的浓厚的兴趣，而造成这种兴趣的主要原因，是台湾民族学和考古学的丰富资料。

二　台湾考古学与民族学在这个问题上的重要性

南岛语族起源问题的研究上面，台湾的资料具有关键性的重要意义：在中国东南海岸地区（上述的南岛语族的假设的起源地区，亦即原南岛语族的老家）仅在台湾有现存的南岛语族；这群民族的史前史有考古学上的证据；台湾史前的南岛文化可以与大陆海岸区域的史前文化相比较而判定其间的文化关系，也就是判定史前的南岛文化（原南岛语族文化）在中

---

[1] Peter Bellwood, "New perspectives on Indo-Malaysian prehistory", *Bulletin of the Indopacific Prehistory Association*, 4 (1983), p. 79.

国大陆东南海岸上的存在性与特征。

台湾现有人口近两千万，其中绝大多数是汉族，但有一小部分是在汉族移殖台湾以前就长居在这个岛上的土著民族。据我们所知的，在近两三百年以来，这些土著民族据语言文化的差异可以分为若干族群，又依其汉化程度而分为两组，即高山族与平埔族。高山族据1964年底的调查有二十三万余人[1]。平埔族则因汉化已久，其人口近况难以调查。从民族学上高山族一般分为九族：泰雅（Atayal）、赛夏（Saisiat）、布农（Bunun）、邹（Tsou）、鲁凯（Rukai）、排湾（Paiwan）、卑南（Puyuma）、阿美（Ami）与雅美（Yami）[2]。平埔族现存族群已经不多，依据文献史料一般分成十群：凯达加兰（Ketagalan）、雷朗（Luilang）、噶玛兰（Kavalan）、道卡斯（Taokas）、巴则海（Pazeh）、巴布拉（Papora）、猫雾捒（Babuza）和安雅（Hoanya）、西拉雅（Siraya）和水沙连（Sa）[3]。（图2所示的是高山、平埔各族群在近代的分布[4]）。

这些土著民族的语言、文化与文化史在学术研究上的意义是非常重大的，而且在许多方面是世界上绝无仅有的。几十年来民族学者在台湾土著文化的研究上已经作了不少重要的贡献[5]。本文对此不遑详述，只能集中讨论台湾土著文化

---

[1] 卫惠林、王人英《台湾土著各族近年人口增加与聚落移动调查报告》，国立台湾大学考古人类学刊专刊第3种，1966。
[2] 芮逸夫《台湾土著各族划一命名提议》，《大陆杂志》(1952) 5，166—169页。
[3] 李亦园《从文献资料看台湾平埔族》，《大陆杂志》(1955) 10，285—295页。
[4] 采自Raleigh Ferrell《台湾土著族的文化语言分类研究》（英文），中央研究院民族学研究所专刊，(1969) 17。
[5] 参见陈其南《光复后高山族的社会人类学研究》，《中央研究院民族学研究所集刊》(1975) 40；黄应贵主编《光复以来台湾地区出版人类学论著目录》，台北：中国民族学会，汉学研究资料及服务中心编印，1983。

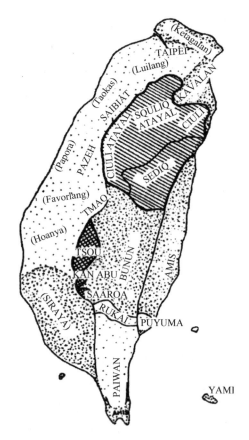

图 2　台湾土著语族之分布（依 R. Ferrell）
在括号里面的语言现已消失。巴则海和噶玛兰已不作
为族群存在，但说这两种语言的还各有数百人。

在南岛语族起源上的意义。这上面最重要的一点，是台湾土著民族各族都说南岛系统的语言，而且各族语言彼此之间的差异很大，表示说这些语言的民族在台湾的历史是比较古老的[1]。上文提

---

[1]　见李壬癸《从语言的证据推论台湾土著民族的来源》《大陆杂志》,（1975）59，1—14 页。

过的美国南岛语系学者戴恩曾将台湾土著民族中资料比较丰富的十几种语言彼此做了词汇统计学的比较,其结果见图3[1]。

戴氏作这个比较的结论,是将各语族分为三个较大的语言群:F_1,包括泰雅和Seedik;F_2,包括邹语;F_3,包括其他所有的语言,而以排湾为代表。在台湾这样小小的一个区域之内有这么多的语族分群,是很不寻常的现象,是有很大的时间深度的表现。如果依照上文所提过的司瓦迪士所提倡的词汇统计年代学的标准公式来算,则泰雅的分隔与排湾内部的分化都应当发生在公元前2500年左右。这个数据本身不一定准确,但

At_1	59.0											
At_2	60.0	82.91										
Se_1	32.7	37.7	32.7									
TT	07.4	09.0	07.8	10.9								
Th	06.6	08.3	07.4	13.5	16.3							
Bu_1	07.8	07.6	06.8	12.2	15.2	28.8						
Bu_2	08.3	08.3	08.0	11.7	16.7	29.2	65.7					
Pz	10.3	08.9	08.6	14.6	14.3	23.0	20.0	16.1				
Am_1	09.7	08.9	08.7	12.9	15.2	25.9	25.4	27.0	19.9			
Am_2	08.7	08.9	08.4	13.2	14.6	25.5	24.0	23.5	20.7	75.1		
Kv	06.2	06.9	06.1	10.0	13.9	19.0	18.9	19.0	18.5	24.7	24.1	
Pu_2	08.7	07.5	07.8	12.9	14.2	22.5	21.2	21.2	22.0	29.8	28.3	19.9
R_2	07.9	06.8	06.0	09.9	13.1	16.7	17.4	15.4	14.8	20.0	20.1	15.4	25.6
Pa_1	09.4	09.3	08.0	15.8	16.7	24.4	23.7	24.5	23.5	27.3	27.4	20.3	28.7	23.8
	Se_2	At_1	At_2	Se_1	TT	Th	Bu_1	Bu_2	Pz	Am_1	Am_2	Kv	PU_2	R_2

图3 台湾土著语言间词系统计比较表(依I. Dyen)
At_1, At_2, Se_1, Se_2: Seedik, 泰雅亚族; Bu_1, Bu_2: 布农;
R_2: 鲁凯; Pa_1: 排湾; Pu_2: 卑南; Am_1, Am_2: 阿美; K: 噶玛兰;
P_2: 巴则海; Th: 水沙连

---

[1] Isidore Dyen, "The Position of the Malayopolynesian Languages of Formosa", *Asian Perspectives*, 7 (1964), pp.267—271.

台湾土著诸语族在台湾生存、共存和分化的年代可以早到公元前2000年以上,是一个非常重要的现象。

台湾土著文化史上另一个重要的现象,是台湾土著文化从考古学上看来有数千年以来的连续性。台湾原始社会的考古研究已经有70多年的历史,全岛沿海、内陆地区已发现的遗址至少有数百处,其中经过比较详尽发掘的也有数十处。这些遗址中所发现的古代文化资料相当丰富,已将台湾汉人前来垦殖以前的文化史建立了一个相当细微的轮廓。这些资料如果详细地描述起来,需要很多的篇幅,对本题说来也无必要[1]。在本题上有关键性的两点总结:其一,从公元前2000年以前开始一直到历史时代,台湾的各时期的史前文化有连续性;其二,在公元前2000年以前,台湾西海岸地区有分布很广的大坌坑文化,是台湾史前史上最早的有农业、用陶器的文化。从这两点出发,我们可以在本题上作一个合理的重要假设,这就是说:大坌坑文化是台湾的南岛语族在公元前5000—公元前2000年之间的具体表现,也可以说就是后者在那个时期的祖先。

大坌坑文化的名称来自台北县八里乡的大坌坑遗址[2]。这个文化的现知的分布主要在台湾的西海岸,自北端到南端,

---

[1] K. C. Chang, "Prehistoric Archaeology of Taiwan", *Asian Perspectives*, 13 (1970), pp. 59—77;韩起《台湾原始社会考古概述》,《考古》1979年第3期,245—259页;宋文薰《由考古学看台湾》,《中国的台湾》,台北:中央文物供应社,1980,93—220页。

[2] 盛清沂《台湾省北海岸史前遗址调查报告》,《台湾文献》13 (1962),1页;刘斌雄《八里乡大坌坑和其他遗址之发现与发掘》(英文), *Asian Perspectives*, 7 (1963), pp. 214—223; K. C. Chang et al., *Fengpitou, Tapenkeng and the Prehistory of Taiwan* (Yale University Publications in Anthropology, No. 73, 1969)。

主要遗址除大坌坑外还有北部的台北市圆山[1]，中南部的台南县归仁乡八里村[2]，和南部的高雄县林园乡凤鼻头[3]。这个文化的年代据估计在公元前5000—公元前2000年之间（在早期与华北的仰韶文化和大汶口文化、与长江下游的马家浜文化和河姆渡文化都约略同时）。它的主要特征：

（一）大坌坑文化中最有特征性的遗物是它的陶片。陶片多破碎，很少完整的部分。器厚，含粗砂，色驳染。有棕、深红、黄、灰等色。可复原的器形有罐和钵，底部常有圈足，圈足靠底部有时有小圆孔，口部直折、口缘上常有一环凸脊。大坌坑和凤鼻头遗址出土的陶片上的花纹以粗绳纹为主，绳纹是用裹绳细棒自口缘向下横卷印的，或是用裹绳的拍子印上去的。口缘内外和肩部常有篦划纹；划纹的篦都是两个齿。六甲村的陶片中印绳纹的比较少，多有刻画纹，同时有两种贝纹，一种用贝壳的外面作印模而在器表上印出贝纹，另一种是用贝缘作篦齿来施印成篦印纹。

（二）石器的种类较少，已知的主要类型有部分磨制的中小型石锄、磨制的小型石斧和石锛，和三角形中心有孔的版岩石镞。有的遗址中发现了不少沿周缘有打琢痕迹的圆形砾石，可能是用作网坠的。在圆山遗址的大坌坑文化层中曾出土过一块磨光的带槽石器碎片，应当是一个捶制树皮布的石棒。这是横亘太平洋区常见的，与南岛语族有密切历史关系的所谓"树皮布打棒"或tapa beater的考古遗物中最早的一例。

---

[1] 张光直《圆山发掘对台湾史前史研究之贡献》，《大陆杂志》(1954) 9，36—41页。
[2] 黄士强《台南县归仁乡八里村遗址调查》，《考古人类学刊》(1974) 35/36，62—68页。
[3] K. C. Chang et al. , *Fengpitou, Tapenkeng and the Prehistory of Taiwan.*

（三）多数的遗址面积较小，位于海边或河口的低台地上。八甲村遗址有许多兽骨和贝壳，但其他的遗址中所谓"自然遗物"数量较少，这可能是保存上的偶然现象。

从发现数量较少的遗物看来，大坌坑文化的内容有一些显明的特征。当时的人从事海滨生活、采贝（由海贝的遗骸可知）、打鱼（网坠）、打猎（石镞和兽骨），利用植物纤维（绳纹、网坠、树皮布打棒）、可能已有农耕（石锄、陶器）。这种遗物，所反映的文化内容是在大节上与学者所拟测的原南岛语族的文化相符合的，但因材料太少，许多细节知道得不清楚，还不能说把原南岛语族文化作完全的反映。戴恩相信台湾不够作原南岛人老家的资格，因为台湾在公元前8000年以后成为海岛，岛上所有热带植物应当都是在这以后才输入的。其中经由人工输入的有椰子和甘蔗，而据戴恩氏引述塚田松雄氏的说法，椰子和甘蔗都可能是公元前2000年前以后才输入的。原南岛语族在公元前3000年前以后已不是一个统一的语言了，因为照戴恩的看法原南岛语族的老家在台湾以外[1]。这个说法不一定可靠，因为椰子和甘蔗输入台湾的准确年代仍在待考之中。如果大坌坑文化代表台湾本岛内南岛语族的祖先，那么台湾应该至少是原南语族的老家的一部分。

三 大坌坑文化时代中国大陆东南海岸地区的文化

华南考古学上的一个关键问题，是台湾的大坌坑文化有没有伸延到大陆？如果有的话，再如果我们接受大坌坑文化代表

---

[1] Isidore Dyen, "The Austronesian Languages and Austronesian", *Linguistics in Oceania*, pp. 10—11.

台湾南岛语族文化祖型的假定,那么南岛语族起源于中国大陆东南海岸这个多年来的一个假设,便可以得到初步的证实。但这样一来又引起了南岛语族在中国大陆(以及东南亚大陆)上下落的问题。

在这个问题上,距台湾最近的福建,自然是最令我们注意的一省。福建省已发现的史前遗址虽已不少[1],却很少能确定是属于公元前2000年前的。最早确定属于这个较早新石器时代文化的遗址是金门的富国墩(一名复国墩)。1968年9月台湾大学地质学系林朝棨教授"参加金门地质矿产测勘队,前往该地,从事田野工作;9月26日偶然在富国墩(旧名'蚵壳墩')发现贝冢遗址,……(在)金门县、金湖镇、溪湖村……富国墩,在聚落西方(稍偏北)10公尺的地点,露出于白薯园边缘1公尺高的小崖面。……遗物有陶片、凹石、石把手和兽骨片等,其中凹石、石把手和兽骨片仅各一件。……陶片大致为厚质,厚度4—7毫米者,多厚在6—7毫米者,表里虽呈红色,中心部尚遗留黑色,所以火候似不高。有纹陶片的纹样型式以贝印纹和指甲纹为主。利用蚌类的壳缘的刻纹印于陶上,呈波纹、点线纹、直线纹等;指甲印出弧纹,排呈一列。其他亦有横线、斜线和横列短直线的刻印纹"[2]。林氏自贝冢的不同深度,取了三块贝壳交给台湾大学物理系做碳14断代分析,其结果如下:

NTU65:6305±378B.P. (−70厘米)

---

[1] 福建省博物馆《建国以来福建考古工作的主要收获》,《文物考古工作三十年》,文物出版社,1979,252—260页。

[2] 林朝棨《金门复国墩贝塚遗址》《台大考古人类学刊》(1969)33/34,36—38页;《金门富国墩贝冢遗址》《经济部金门地质矿产测勘队工作报告》1970,61—63页。

NTU64：5799±348 B. P. （-40 厘米）

NTU63：5458±327 B. P. （-10 厘米）

依此富国墩的年代在公元前 4500 年到 3500 年以前，与台湾的大坌坑文化的时代是相重叠的。与大坌坑文化相比较，富国墩虽有绳纹，数量却很少，其主要的纹饰是贝壳边缘印纹与指甲印纹（其实似乎也是一种贝壳边缘所压印的），这两种纹饰在台湾是少见的。八甲村的大坌坑文化中有贝纹，其中贝缘印纹与富国墩的相近。

在富国墩发掘的 11 年之后，同样的陶片又发现于闽江下游北岸闽侯县白沙公社溪头村西南的一个新石器时代遗址的底层。溪头的遗址是在 1954 年便发现了的。但到了 1975 年才进行第一次发掘[1]，到了 1978 年 10 月到 1979 年 1 月又进行了第二次发掘工作[2]。这个遗址的文化分为上下两层，下层的陶器上的花纹以拍印的交错条纹为主，但在"少量夹砂陶的颈上，饰篦点纹、贝齿纹（贝壳边缘压印的），这种纹饰以前未见"[3]，但"在金门富国墩、平潭南厝场和广东潮安陈桥等处贝丘遗址中都曾发现过，同台湾大坌坑文化的陶片也有某些相似之处"[4]。据此，溪头发掘队将下层文化定在 4000—5000 年以前，或公元前 3500—公元前 2000 年前。但是如果在

---

[1] 福建省博物馆《福建闽侯白沙溪头新石器时代遗址第一次发掘简报》，《考古》1980 年第 4 期，289—295 页。

[2] 福建省博物馆《闽侯溪头遗址第二次发掘报告》，《考古学报》1984 年第 4 期，459—500 页；王振镛、林公务、林聿亮《闽侯溪头新石器时代遗址的第二次发掘》，《福建文博》1983 年第 1 期，30—46 页。

[3] 福建省博物馆《闽侯溪头遗址第二次发掘报告》，《考古学报》1984 年第 4 期，470 页。

[4] 王振镛、林公务、林聿亮《闽侯溪头新石器时代遗址的第二次发掘》，《福建文博》1983 年第 1 期，45 页。

金门富国墩、平潭南厝场和广东潮安陈桥等遗址中这种"饰篦点纹和贝齿纹"的陶器是单独存在，自成一个文化层的，那么溪头下层这种陶片便有是自更早的一个文化层混入溪头下层去的可能。因此，溪头下层文化的年代可能比上述的要早一个阶段。这些新的资料是十分重要的，它们很可能把福建和台湾在公元前5000—公元前200年前两种不尽相同的文化打成一片，亦即把台湾古代的原南岛语族文化带到了福建。这时候福建的新石器时代文化（以富国墩、溪头底层和平潭南厝场这几个已发表过的遗址为代表的）是不是也是原南岛语族文化，还是受了原南岛语族文化影响的另外一种文化？这是一个值得深入研究的问题。

由福建向北向南推出去看，在公元前5000—公元前2000年前这一段时间内都有不少材料，但它们的意义还不十分清楚。先谈南方的广东。上文所说的潮安陈桥，"出土的全是粗砂陶。……全部陶器的表里面均磨光，有的在口沿边及器里、有的在颈部、有的在腹部着有赭红的彩色，其上多再饰以螺丝划纹和线纹。……这里的陶器，不论质料、形制和装饰，都和广东及邻近省区一般新石器时代遗址所出土的有所不同，是值得注意的现象"。[1]实际上，与陈桥陶器相似的遗物，在距潮安不远的海丰也有出土。在30年代有位麦北汉神父（Fr. R. Maglioni）在海丰一带传教，自1936年开始10年之间在海陆丰地区采集了不少史前的遗物，并将这些遗物整理分期，麦神父把估计最早的一个文化期称为西沙坑（SOW），定在公元前4000—公元前3000年之间。这期文化陶片的特征：

---

[1] 广东省文物管理委员会《广东潮安的贝丘遗址》，《考古》1961年第11期，580页。

"所有的SOW陶器都火候很低……SOW典型而别处罕见的陶器是箆纹陶——薄而含砂、带红色，在素面或绳纹面上有不规则的波纹，显然用一种梳形器所刻画……刻画纹线，细致，似用尖器、梳子和贝壳所制，仅在口缘和肩上。线纹有数种：刻或印、直形、曲折而波形、连续点形，有时间以小圆圈，或排列成三角形或其他几何形，有各种形状"[1]。

上面所略述的这几个遗址（图4）出土的陶器，从器形和纹饰上，构成中国新石器时代在公元前5000—公元2000年前这一段时期之内的一个新的文化[2]，与华北的仰韶文化和大汶口文化，长江中游的大溪文化、长江下游的马家浜文化和河

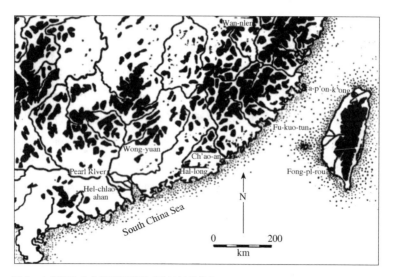

图4　台湾海峡几个重要新石器时代遗址的分布

---

[1] R. Maglioni, *Archaeological Discovery in Eastern Kwangtung*, Hong Kong Archaeological Society, 重刊版, 1975, 32页。

[2] K. C. Chang, "A new prehistoric ceramic style in the southeastem coastal China", *Asian Perspectives*, (1980) 22, pp. 179—182.

姆渡文化平行存在。因为富国墩的发现而导致这个文化的新认识，我们不妨称之为富国墩文化。目前这个文化的分布，北到闽江流域的溪头，南到广东东部的海丰与潮安，中间包括金门富国墩与平潭。台湾的大坌坑文化与这个富国墩文化的关系非常密切；两种文化的显著特征都具备的遗址在台湾有台南八甲村，在福建有平潭。这是两个文化，还是一个文化的两种类型，现在还不敢说定。如是后者，不妨把这整个文化称为大坌坑文化，下面再分两个类型，即大坌坑类型与富国墩类型。

从大坌坑文化的核心区域（台湾海峡两岸）向西，沿着广东的海岸一直到越南有不少时代相当的遗址，以绳纹陶器为特征，并有典型的双道或三道的篦划纹[1]，但用贝壳缘部作为篦具的划纹和印纹，在已知的考古文献中似乎罕见。这些遗址都是属于所谓和平文化这个大传统里面的，而且大坌坑文化也可以说与这个大传统有关。但根据目前的材料来说，大坌坑文化有它显著的特性不能仅仅说是和平文化的一部分。

从大坌坑文化核心地区向北，最先碰到的地区是浙南，这个地区的考古工作比较迟滞，至少在已经发表的材料里面找不出来与大坌坑文化有密切关系的材料。再往北找，便碰到姚江流域的河姆渡文化。这是内容非常丰富的一种从事稻米耕作的文化，它的陶器也以绳纹和划纹为主要的纹饰[2]。在已发表

---

[1] 越南的材料中可举下面的两个例子：H. Mansuy et J. Fromaget, *Stations Néolithegue de Hang-rao et de Khe-tong*（Annam）（Bulletin du Service Geologique de l'Indochine, Hanoi, 1924）, pp. 5—12; E. Saurin, "Stations pre historiques du Qui-chau et de Thuong-xuan（Nord-Annam）", *Proceedings, Third Congress of Prehistorians of the Far East*（Singapore, 1940）, pp. 71—90.

[2] 浙江省文物管理委员会、浙江省博物馆《河姆渡遗址第一期发掘报告》，《考古学报》1978 年第 1 期，63 页。

的有关河姆渡文化的材料里面找不到关于贝缘刻画纹的记录。从整个文化的面貌上看来，河姆渡文化要比大坌坑文化在内容上丰富得多，但这也可能是保存条件上面的差异。大坌坑文化中石器比较稀少，种类也比较少；反过来，这也可能表示这个文化中竹木器十分发达。照目前的材料来说，河姆渡文化与大坌坑文化是同时的两种不同的文化。

四 余 论

上面处理的考古材料，数量是非常有限的，但是很显然的这批材料包含着相当重大的意义。简单地说，台湾的南岛语族说明台湾是整个南岛语族最早起源的地区的一部分向上推溯四五千年所得的大坌坑文化很可能是原南岛语族的代表或一部分的代表隔着台湾海峡的富国墩文化如何可以进一步地证明是大坌坑文化的一部分，那么原南岛语族的老家便推上了大陆的东南海岸；照目前的材料看来，这批材料的地理范围集中在闽江口向南到韩江口的福建和广东东端的海岸。

如果原南岛语族可以推溯到中国大陆的东南沿岸，随之而起的问题更亟待解决。这中间最要紧的一个问题是：几千年以前的中国大陆东南海岸如果是原南岛语族的老家，或至少是他们的老家的一部分，那么大陆上的原南岛语族后来到哪里去了？自有历史材料的时代开始，我们便在中国大陆上再也找不到南岛语言的踪迹了。他们与日后在这个区域占优势地位的汉藏语系的语言有什么样的关系？南岛语族是完全绝灭了，还是与汉藏语族混合，或与后者同化了？在这段历史上、语言、文化和民族之间的关系是不是对等性的？最后，考古学的研究能够在什么程度上把这些问题解决？

在中国各区域的考古调查、发掘和研究的数量和成果上，华南远不如华北，而东南海岸又远不如长江流域。另一方面。也正因为如此，东南海岸的考古学在将来是大有作为的。对这一个区域将来考古学的进行方式，如以本文所提出来的问题为着眼点，我们可以有几点建议：

第一，将来的研究需要是多学科性的。基本的材料是要靠考古发掘的，但不论是研究计划的设计，还是出土资料的解释，如果我们要把有关的文化史上的意义阐明，便不能不仰仗于语言学和民族学的研究；这两方面的研究，不但要涉及这个区域之内的，而且更得涉及这个区域以外有关的语言的问题。从原南岛语族文化拟测的眼光来看，如果要把我们从考古工作得来的资料作充分的发挥，必须借重于环境科学以及古生物学、古植物学和地理学一般的研究成果。在这里不妨再次强调一下的是海洋科学（海洋地质、海洋生物等）在研究海岸新石器时代文化的重要性。

第二，需要研究的课题常常是区域性的，因此规划与实行研究时我们需要把地理范围扩张到省份以外。目前中国考古工作机构是以省和省以下的行政区域为单位的，而这种制度在做大区域性的研究时便有了相当的局限性。国家级的文物考古工作单位有时在黄河流域工作，却很少在华南进行工作，更提不到东南海岸了。同时，东南海岸的文化史的研究，又需要在台湾海峡两岸做同时的互相协调式的进行的。这在目前的海峡局势下只能是个梦想而已。

第三，在进行这个区域古代文化研究时我们的视野显然不能为现在的国界所拘束，更不能牵涉现在的政治问题。谈到东南海岸古文化时，我们不妨讨论东南海岸与中原文化的问题，但东南海岸与中原的关系并不是唯一该讨论的区域与区域之间的关系。事实上，中国东南海岸与越南的考古是有密切关系的；中越的考古学家应该有一起从事研究的机会。同时，如上文所说的，东南海岸考古工作牵涉东南亚与大洋洲 15000 万说南岛语系语言的人的祖先的来源问题。在这个问题的研究上，我们不但要打破省份的界限，更要打破国家的界限，与东南亚和太平洋区域的考古工作者携手合作。很清楚的。如果不把眼界放广，我们手中宝贵的资料的意义便不能充分地发挥。

台湾省原始社会考古概述 *

台湾省虽是一个岛屿,但与福建隔海相望,中间又有澎湖群岛的跳板,自很古的时代便有人居,并与大陆东南海岸径相来往。中国古代文献上对台湾住民的记载,有人认为可以早到周汉,但比较可靠的记录最初见于三国东吴人沈莹写作的《临海水土志》[1]。此书早佚,据《太平御览》卷780所引,有下面这一段描写:

> 夷州在临海东南,去郡二千里。土地无霜雪,草木不死,四面是山,众山夷所居。山顶有越王射的正白,乃是石也。此夷各号为王,分画土地人民,各自别异。人皆髡头穿耳,女人不穿耳。作室居,种荆为蕃鄣。土地饶沃,既生五谷,又多鱼肉。……其地亦出铜铁,唯用鹿骼矛以战斗耳。磨砺青石以作矢镞、刀斧、镮贯、珠珰。饮食不洁,取生鱼肉,杂贮大器中以卤之,历日月乃啖食之,以为上肴。呼民人为弥麟。如有所召,取大空材十余丈,以著中庭,又以大杵旁舂之,闻四五里如鼓,民人闻之,皆

---

* 原载《考古》1979年第3期。
[1] 《古代闽越人与台湾土著族》,《学术季刊》1卷2期,36—52页,1952。

往驰赴会。

这段文字描写有声有色,在公元第三世纪的台湾岛部分住民的生活上,提供了丰富的材料,其中有一部分已为考古资料所证实。在台湾中部平原居住的平埔族之一的巴则海族称男人为mamalung[1],其声母 m 与 l 与上文里的"弥麟"也有基本上的相似。这可见至少自后汉以来,浙闽一带的住民一定与台湾岛上的住民保持经常的联系。这种联系历经三国以后一直到唐宋各代,绵续不断。《隋书》与《宋史》中的"流求",学者也多以为即指台湾。但早期著述多是访问性的杂记,夹以传闻,所以多是语焉不详。宋代以后,汉人入居澎湖,自元明起更以台南为中心向南、北移民,与原始社会住民接触更多,记载较详。元正中时代南昌人汪大渊作的《岛夷志略》与清康熙时代浙江仁和人郁永河写的《裨海纪游》便开始有较详的叙述。自清在台湾设府,修府、县、厅志以后,原始社会的材料便加入了历史材料的范围之内了。

台湾原始社会的考古,可说是在明郑时代开始的。《诸罗县志》卷 12《外记》:"郑氏时目加溜湾开井得瓦瓶,识者云是唐宋以前古窑,惜其物不传,亦不知此瓶瘗自何时,未开辟之先又何得有此瓶而瘗之也。"现代科学性的考古工作,则是在 1895 年《马关条约》将台湾割让给日本以后由日本的考古学者开始的,但他们的工作只限于遗物的调查与小规模的发掘[2]。抗战胜利以后,台湾重归祖国的怀抱,但当权者对本地的考古工作不予重视,虽有少数考古工作者在台

---

[1] 《台湾土著族的文化语言分类探究》,《民族学研究所专刊》17(1969),174 页。
[2] 《台湾考古学研究简史》,《台湾文化》6 卷 1 期,9—15 页,1950。

湾大学考古人类学系与少数县市"文献委员会"的支持下，从事考古调查与发掘，成绩仍甚有限[1]。本文根据各种书刊报纸上已经发表的材料将台湾省的考古工作与初步结果，做一简短的介绍（图1）。

一 旧石器时代的人类

台湾岛总面积约 36000 平方公里，是我国最大的岛屿，位于福建省的东南，与福建沿海隔台湾海峡相望，最近处仅 130 公里左右。台湾海峡为东北西南向的浅海，最深处不过 100 米，过半地域深度仅 50 米。在更新世期间的冰河时代，冰覆陆地，海水下降。根据最近世界上许多地点对海岸以外浅海大陆架上动植物化石的研究，发现在 15000 年以前海水水平面低于今日约 130 米，在 30000 年以前，也低于今日约六七十米[2]。如果这种情形在我国东海、南海也可适用，那么在更新世的末期台湾岛根本便是大陆的一部分，而这种情形在更新世较早期的阶段，也一定常常发生。台湾第四纪的地层里历年来发现许多

---

[1] 介绍台湾省考古研究一般性的著作有：《台湾考古学民族学概观》，台湾省文献委员会出版，1955；《考古学上的台湾》，《台湾文化论集》91—103 页，1954；《台湾的史前考古》，《亚洲展望》（英文，原名 *Asian Perspectives*）13 卷，1970，59—77 页；《凤鼻头、大坌坑和台湾史前史》，《耶鲁大学人类学专刊》（英文）第 73 号，1969；国分直一，《南岛先史时代之研究》（日文版），东京庆友社，1972，94—104 页。关于台湾考古书目，见《台湾大学考古人类学刊》1953（11），39—42 页；1953（2），46—49 页；1954（4），57—60 页；《亚洲展望》（英文），第 7 卷，1964，272—275 页；15（1973），177—183 页。

[2] K. O. Emery，Hiroshi Niino，和 B. Sullivan，《中国东海更新世以后海平面》（英文），载《新生代晚期冰河时代》（英文），Karl Twekian 编辑，耶鲁大学书局，1971，381—390 页。

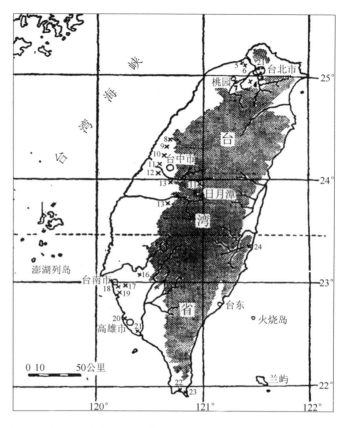

图 1　台湾省重要考古遗址的分布（图上网点的部分是山地）
1. 大直　2. 圆山　3. 植物园　4. 土地公山　5. 十三行　6. 大坌坑
7. 尖山　8. 苑里　9. 番仔园　10. 牛骂头　11. 营埔　12. 八卦山
13. 草鞋墩　14. 大马璘　15. 埔心子　16. 左镇　17. 归仁八甲村
18. 牛稠子　19. 大湖　20. 桃子园　21. 凤鼻头　22. 垦丁　23. 鹅銮鼻　24. 八仙洞

掩齿象、象、犀牛、古鹿、野牛等的化石，与华南更新世的哺乳动物群的种属相似[1]。这些动物必定是在海水下降海底露

---

[1]《台湾之第四纪》，《台湾文献》14 卷，1、2 期，1963。

出成为陆桥的时期移入台湾的。华南大陆更新世的地层与洞穴堆积里已有不少人类化石与旧石器时代的遗物发现，证明人类活动范围广布全国，台湾亦不例外。可以断定属于更新世的人类遗迹，在台湾已有两处，一是台南左镇的顶骨化石，一是台东长滨乡八仙洞的旧石器。

台南县左镇乡的菜寮溪溪岸溪谷里早有更新世哺乳动物化石发现。1970年的夏间，当地住民郭某前去拾集化石，采到一片灰红色的人类头骨化石，当即交与台湾省博物馆与台大地质系的地质学家去研究。这块头骨的详细描述、地质情况与断代上的根据，迄今尚未公布。据报纸上的报道，它是一块青年男性人类的顶骨，由日本的下田信男教授用氟、锰法断定是30000年以前的遗物[1]。根据历来对菜寮溪出土哺乳动物化石地点的一般了解，这个年代是可能的，但详情还要等到更多的材料公布了以后才能确定。

台东县长滨乡八仙洞的旧石器时代遗物是1968年发现的。当时台大地质系的一个调查队在当地调查海蚀洞穴时发现了年代可能属于更新世的红色土层，便向正在台东发掘一个巨石文化遗址的台大考古队建议前往调查。考古队三月里前往试掘后，决定作进一步的发掘。发掘工作在1968年底与1969年初二次进行，果然在新石器时代陶器层的下面发现了不和陶器伴存的打制石器，共有3000多件，得自3洞：乾元洞，近20件；海雷洞，100多件；其余的得自潮音洞。这些石器都是利用在水里磨滚过的砾石（矽质砂岩、橄榄岩、安山岩、辉长岩和石英、石英岩、玉髓等）打制的，打出来的形制主要的有经修整或使用痕迹的砾石片，一面或两面打击的砍砸器，以

---

[1]《联合报》1975年8月15日。

及少数的用较小的石英石片做的刮削器和尖器等。除此以外，还有少数骨器，包括长条尖器、一端带关节的尖器、穿眼的骨针和两头尖的骨针（图2）。兽骨和木炭也出土不少，但尚未经过种类的鉴定[1]。

八仙洞的石器从形制上看来，是旧石器时代的器物，与我国南部许多旧石器时代遗址出土的石器，在基本的类型和制作的技术上，没有很大的差别，尤其与湖北大冶石龙头[2]和广西百色上宋村[3]两处出土的砾石砍砸器相似。但是八仙洞旧石器时代地层里出土的木炭经分析所得放射性碳素的年代，则

图2　八仙洞旧石器时代洞穴出土的石器与骨器

---

[1]《长滨文化——台湾首次发现的先陶文化（简报）》，《中国民族学通讯》1969（9），1—27页。

[2]《湖北大冶石龙头旧石器时代遗址发掘报告》，《古脊椎动物与古人类》第12卷，140—157页，1974。

[3]《广西百色发现的旧石器》，《古脊椎动物与古人类》13卷，225—228页，1975。

呈晚近。至今所得年代共 5 件，其中 4 件都在 5000—6000 年前，有一件则早于 15000 年前[1]。倘若年青的 4 件标本并没经过污染，而其年代可靠的话，看来八仙洞的石器工业可能起于更新世的晚期，但一直持续到全新世，与后来的新石器时代文化还并存过一段时期。八仙洞的位置紧临海滩，洞里出土的骨器又有人认为与渔捞有关。很可能洞里的工业只代表当时人类生活的一方面。在洞外甚至于在内陆同时的文化已经接受了农耕成分的时期以后，他们在海滩附近的生活方式，仍然依靠着海边的资源而维持着古老的工业传统。从八仙洞的石器工业史看来，石器的形制显然不是断代最好的根据。用砾石做的砍砸器，在东南亚和华南都有很长的历史，从旧石器时代早期一直到中石器时代（甚至新石器时代）就单个石器来看，都很少根本上的变化。这也许是南方古代人类多用竹木做细工工具，而使用粗糙的砍砸器做一般粗工之用的缘故。所以如果没有绝对年代断代的方法来断代或可靠的地质证据与古生物的证据，而专靠打制石器的形制来定遗址的年代，或称之为旧石器时代的"初"、"中"、"晚"期，则是不尽可靠的。

除了左镇和长滨两处人类遗迹以外，古代地井的孢粉分析也供给了更新世有人类居住的间接证据。1964 年台湾大学在中部的日月潭采了一个深达 12.79 米的湖底泥心，做了抽样性的孢粉分析[2]。分析的结果，发现自 12000 年前起，当地的

---

[1]《放射性碳素》（英文 Radiocarbon 杂志）12 卷 1 期，1970，190 页；15 卷 2 期，1973，347 页。
[2]《台湾更新世晚期植被与气候》（英文），《美国国家科学院院刊》(Proc. National Academy of Sciences)（1966）55, 543—548 页；《更新世冰期与全新世时代亚热带台湾之植被》（英文），《古地理古气候古生态杂志》(Palaeoeography, Palaeoclimatology, Palaeoecology) 第 3 卷，1967，49—64 页。

植被发生了显著的变化,即木本植物递减而禾本科与莎草科植物急速增加,同时次生森林树种(如台湾赤枫)和海金沙的增加,都暗示人类的伐林活动。这是不是表示台湾省古代住民在更新世的末期就开始从事若干农业活动,还需更多的资料与进一步的研究才能做较正确的理解。如果将来能证实在台湾中部丘陵湖泊地带的住民在一万多年以前便已开始农耕活动,而数千年之后在东海岸的洞穴里还有人在使用旧石器从事渔捞,那便正是文化发展不平衡性的一个例子。

二 大坌坑文化

自更新世末期与全新世开始以来,台湾的地理环境经历了不少显著的变化,其中最要紧的可举两点:气候逐渐变暖,到公元前8000年到公元前4000年前之间上升到了一个高潮;同时海水上升,形成台湾海峡,并在沿海地区发生数次的海进与海退。前一个现象最好的证据是孢粉史上所表现的植被的变化。照上述日月潭湖底沉泥的孢粉分析,台湾中部的气温到了35 500年前左右达到低潮,其植被中以峦大杉、栎类、榆类、榉类、台湾胡桃、女贞类、柳类等为最多,气温比现在要低到7℃度以上。从此以后,气候渐暖,到了10 000年以前,植被中代表的树木变成了亚热带和温暖种的白匏、东方菱角、香枫、锥栗、杪椤等类。到了5500年前,气温可能升高到高于现在2.5℃左右。嗣后气温又逐渐下降,到了3000年以前达到了现在的水准[1]。

---

[1] 《台湾更新世晚期植被与气候》(英文),《美国国家科学院院刊》(Proc. National Academy of Sciences)(1966)55,543—548页;《更新世冰期与全新世时代亚热带台湾之植被》(英文),《古地理古气候古生态杂志》(Palaeoeography, Palaeoclimatology, Palaeoeocology)第3卷,1967,49—64页。

至于海岸升降（亦即海水降升）的问题，台湾全新世的海进据若干地质学工作者的看法，至少有 7 次，称为北势、龙港、台南、大湖、国姓埔、彰化与北滨诸期，其中台南期（公元前 6500—公元前 4000 年前）是最大的一次，与气温的高峰时期大致符合[1]。在这种自然条件之下，台湾沿岸多河湖，富动植物资源，供给人类生存的良好环境。海岸台地的高度也因此供给了遗址断代的一根标尺。

大坌坑文化是 1964 年台湾大学的师生发掘了台北县八里乡的大坌（音盆）坑遗址与高雄县林园乡的凤鼻头遗址以后确立起来的。这个文化在台湾的分布很广，其遗址集中在北部淡水河下游沿岸和西北海岸、中部海岸，以及西南部海岸，东海岸也有零星分布。遗址的位置都在河口和海岸的低台地上，背临低山茂林，旁边或前面有淡水或海水的资源，当地的住民可以就近从事各种水生动物、植物和鱼类的捞取，狩猎野兽，采集植物果实、种子、纤维、木材，并在台地山坡上和浅林里从事农耕。因为发掘工作还做得很少，对这个文化的了解还不充足。已发现的遗物中以陶片为主，多棕黄或红褐色，质粗含砂，体厚，通常在半厘米上下，而唇部常可厚到一厘米以上。因为陶片碎小，器形很难辨认，已知的有碗和瓿，后者有很大的，可高达四五十厘米，有时附柱状把手和根部带孔的低圈足，唇部上缘薄，向颈部加厚，有的厚成一道圆脊。碗和瓿的体部都盖满绳印纹，多是用裹着绳索的印棒自上向下转动压印出来的。唇的外面和肩部常有用两根小棍拼在一起刻画出来的波

---

[1] 《概说台湾第四纪的地史并讨论其自然史和文化史的关系》，《考古人类学刊》1966（28），22 页。台湾海岸在全新世的升降情形，在南海大陆沿岸也有类似现象，见《我国南海沿岸最近升降的问题》，《地理学报》23 卷 2 期，1957，205—214 页。

图 3　大坌坑文化的代表遗物
　　（左：石器；中：土器；右：陶器）

状纹和左右斜纹（图 3）。唇外和体外有时还涂上成面或成条的红色彩饰。除了容器以外，用陶土烧作的器物还有中间带孔的短圆柱和带孔的方形板，用途都不明。属于大坌坑文化的石器类型不多，已知的有：(1) 在两头或两头和腰部打出缺凹的河床砾石，也许是做网坠之用；(2) 小型的打制石斧；(3) 小型磨制石锛，有的在两侧上下之间磨成一个好似"有段有斧"的"段"；(4) 长三角形中心带孔的板岩石箭头；(5) 有一平面磨成平行槽沟多条的"树皮布打棒"[1]（图 3）。

　　上举的遗物种类虽然不多，所反映的文化内容却很值得注意。从石箭头、网坠和遗址的位置来看，当时的生产方式无疑的要包括打猎、渔捞和水生动植物的采集在内。树皮布打棒和陶器上绳纹的盛行，反映着对植物纤维的熟悉使用。好多位植物与地理学家一直相信东南亚和中国南部地区最早培植农作物的住民，便是住在水边从事渔猎，并且利用野生植物为食物和纤维的一种住民，他们也是世界上最初培植芋头和薯蓣的人[2]。这种说法，在考古学上已经得到我国东南沿海大坌坑一类文化和

---

[1] 《凤鼻头、大坌坑与台湾史前史》，见原书 230 页注 [1]。
[2] 可以 Carl O. Sauer 著《农业的起源与传布》（英文 *Agricultural Origins and Dispersals*）第二版，麻省理工学院书局，1969，为例。

越南与泰国的"和平文化"里历史事实的支持。台湾的大坌坑文化至今只出了一个放射性碳素的年代,即公元前5480±55年[1],用古松年轮矫正以后的年代是公元前4450—公元前4350[2],与华北的半坡和后冈类型的仰韶文化在年代上大致相当,在台湾地史上相当于台南海进期。但是这种文化在台湾存在的年代,一定要比这早得多。上面所引的这个年代得自台南归仁乡八甲村遗址,这个遗址在大坌坑文化里据判断是较晚的一个[3]。上面说到中部孢粉史上所见的公元前10000余年的烧林与次生林取代原生林的现象,就很可能反映着早期大坌坑文化的人民垦伐森林种植作物的现象。

大坌坑文化一类遗物的分布不限于台湾岛内,而广见于我国东南沿海。福建省金门岛的富国墩贝丘,"以20种贝类构成:贝冢中采到许多黑色和红色的陶器破片,有素面的,也有带纹的;纹样型式以贝印纹和指甲纹为主,利用种种蚌类的壳缘印出波浪纹、点线纹、直线纹等;指甲印出弧纹列。此外亦有横线、斜线和横列短直线的刻印纹。陶片之外只有采到凹石1件、石把手1件"[4]。这里的陶片虽然没有绳纹的报告,其刻画纹和贝印纹都与台南八甲村的相近,至少可以与大坌坑文化一起加以考虑。富国墩贝丘的年代,有放射性碳素标本三条可供参考:6310±370(贝丘底部)、5800±340(中部)、

---

[1]《台南县归仁乡八甲村遗址调查》,《考古人类学刊》第35/36期,1974,66页。
[2] 放射性碳素年代用古松年轮矫正表见 E. K. Ralph, H. N. Michael, 和 M. C. Han《放射性碳素年代与现实》(英文 Radiocarbon Dates and Reality), 载于 MASCA Newsletter, Vol. 9, No. 1, 1973。
[3]《台南县归仁乡八甲村遗址调查》,《考古人类学刊》第35/36期,1974, 66页。
[4]《金门富国墩贝冢遗址》,《考古人类学刊》33/34(1973), 36页。

5460±320（上部）（都以 5568±30 为半衰期）[1]。依古松年轮修正了以后，这三条年代所呈示的幅度是 3940—5500B. C.。因为贝壳里含碳量少，所以或然误差很高，但其平均数值在公元前 4000 年与公元前 5000 年之间，与八甲村的年代相应，似乎是可靠的。

　　类似的文化向北可以延展到什么程度，目前还缺乏资料。整个东海岸早于青莲岗文化的新石器时代文化，迄今还没有见过报告。稍向内陆看，则有江西东北部万年的仙人洞遗址，其中第一期文化石器有打制磨制两种，打制的以砍砸器为主，与台东八仙洞出土的属于同一类，磨制的石器中只有石凿可以与大坌坑文化的相比。但仙人洞的陶器全是印绳纹的夹砂红陶，与大坌坑文化的绳纹陶有不少相似之处[2]。仙人洞遗址的年代，无疑是新石器时代的较早期，但绝对年代则还不能确定。考古研究所报告的第三批放射性碳素年代里有一件（ZK39：10565±240B. P.）是得自仙人洞的，但据报告是属于晚期几何印纹陶地层的[3]。晚期的年代似乎不可能早到 10000 多年以前，那件标本可能经过了某种干扰。

　　自台、闽向西沿广东海岸看，新石器时代较早期以绳印纹或贝划纹为主要特征的遗址，经过报告的为数虽然不多，其存在却很清楚。广东东缘潮安的陈桥村贝丘遗址，"出土的全是粗砂陶，……有的……有赭红的彩色，其上再饰以螺丝划纹和线纹"；石尾山贝丘遗址有陶片四片，"全部都是粗砂红陶，火候极低，捏之即碎，素面无纹饰"；海角山贝丘遗址，陶片

---

[1] 《放射性碳素》（英文）12（1970），189 页。
[2] 《江西万年大源仙人洞洞穴遗址试掘》，《考古学报》1963（1），1—16 页。
[3] 《放射性碳素测定年代报告（三）》，《考古》1974 年第 5 期，337 页。

"火候低,手制,表面多带绳纹和篮纹。"[1]向西到海丰的所谓"北沙坑"式的遗址里也出有粗砂带划纹、刻纹和贝印纹的陶片[2]。再沿海岸向西到了珠江三角洲,此地较著名的遗址有南海的西樵山,出土物中以打制石器为主,但据报告发表的少数陶片的照片看,都是印有绳纹的[3]。绳纹陶和有双道刻画纹的陶片在香港舶簝洲的深湾遗址也是在地层的最深处发现的[4]。再向西行到广西灵山的洞穴遗址,与打制石器一起也发现了绳纹陶[5]。南宁地区贝丘遗址里出土的陶片的纹饰也以粗细绳纹为主[6]。东兴的贝丘遗址的陶片,都是夹砂粗陶,表面饰以绳纹、篮纹,或挂红色陶衣[7]。紧接着我国广西沿海的越南境内的和平文化与北山文化遗址里绳纹陶更为常见,而且有大垅坑式的双道刻画纹[8]。最近几年里,在泰国西北角的一个也叫"仙人洞"的洞穴遗址里,发现了和平文化的遗物,其中除"打制石斧"以外,还有带双道或多道划纹的绳纹陶片,并且有植物的果实种子(杏、榄仁、槟榔、豆类、葫芦、菱角、胡椒、白胡桃、橄榄、油桐子和胡瓜)。在出陶片的灰层里,采到的木炭的放射性碳素年代是 $7622 \pm$

---

[1] 《广东潮安的贝丘遗址》,《考古》1961 年第 11 期,577—584 页。
[2] 《粤东考古发现》(英文),香港考古学会,专刊第二种,1975。
[3] 《广东南海西樵山出土的石器》,《考古学报》1959 年第 4 期,图版陆:11,12,14,16。
[4] 《深湾》(英文),《香港考古学会杂志》3(1972),34—44 页。
[5] 《广西灵山洞穴调查报告》,《古脊椎动物与古人类》6 卷 2 期,1962,193—199 页。
[6] 《广西南宁地区新石器时代贝丘遗址》,《考古》1975 年第 5 期,301 页。
[7] 《广西东兴新石器时代贝丘遗址》,《考古》1961 年第 12 期,688 页。
[8] E. Saurin, "Stations préhistorignes du Oui-Chan et de Thuong-Xuan (Nord Annam)", *Proceedings 3rd Congress of prehistorians of the Far East Singapore, 1938*, 1940, 71—90 页。

300B. P.—8806±200B. P.[1]。

由上列的资料来看，我国东南沿海在全新世初期有一片以粗糙的绳纹陶器（以双道划纹和贝壳划纹为附属的特征）为代表的一种古代原始文化。它的生产方式以打猎、打鱼和采集（包括采贝）为主，但是也包括对植物的采用在内，甚至还可能包括若干农作物的培植。台湾的大坌坑文化便是这种在中国东南沿海分布辽阔的一种文化的一个地方环节。这个文化的年代与华北的仰韶文化大致相当，比东海岸的青莲岗文化要早些。这种分布广阔的文化的更进一步的研究，以及对于它与仰韶文化、青莲岗文化以及越南的和平文化之间的关系的了解，是目前我国新石器时代原始社会考古工作上的一个重要课题。

三 圆山文化与植物园文化

在公元前2500年前后，台湾省西海岸地区同时出现了两种新的原始文化。以北部台北盆地为中心并伸延到北部沿海地区的是圆山文化，而分布在中南海岸与河谷的是一组以红陶、彩陶和灰黑陶为代表的文化，暂且可以叫做凤鼻头文化。

圆山文化的代表遗址是台北市北端的圆山贝丘。这个贝丘遗址在1897年便已发现，历年来经人调查，知道是在基隆河下游河岸的山丘上，面积很大，包含极为丰富的一个原始社会的遗址[2]。这里出土的文物分为两层，下层的属于上文所叙

---

[1]《和平文化及其以后》（英文）《世界考古》（*World Archaeology*）第2卷，1971，300—320页。
[2]《台湾考古学研究简史》，《台湾文化》6卷1期，9—15页，1950。

述的大坌坑文化，上层则是圆山文化的代表[1]。可惜附近地区近年来成为台北市"繁华"地带，古代的遗址完全没有受到政府的保护，如今已经湮没无存[2]。历年调查采集的遗物，除了在台湾大学的一批以外[3]，也多失散，而发掘的材料，迄今未见公布，以致这个台省最大、最著称的原始社会遗址，留下来到今天的资料已极有限。除圆山贝丘以外，圆山文化的遗址，经过小规模发掘的有台北盆地南缘土城乡的土地公山[4]、淡水河口的大坌坑遗址的上层[5]。另外经过调查而知道有重要性的遗址有芝山岩、大直、尖山等数十处，遍布于淡水河两岸和淡水河上游基隆河、新店溪和大嵙崁溪中下游沿岸的台地上[6]。

圆山贝丘各层的贝壳经放射性碳素鉴定的结果如下：3860±80B.P.（下层）、3540±80B.P.（中层）、3190±80B.P.（上层）[7]；用古松年轮矫正以后取得年代幅度为公元前2560—公元前1460年，相当上面所说的大湖期海进（4000—3500B.P.），

---

[1]《圆山发掘对台湾史前史研究之贡献》，《大陆杂志》9卷2期，1954，37页。
[2] 在1954年据石璋如的报告，"圆山贝冢在日据时代即已发现，因在山巅兴建动物园，在山麓修建房屋及墓地，遗迹多被损毁，于是该时当局指定为'保存古迹'。光复以来，台北市人口增多，房屋供不应求，有在圆山脚下兴建居址……遗迹渐渐消损，遗物日趋星散"（《圆山贝冢发掘概况》，《台北文物》第3卷第1期，1954，8页）。十年以后，据报告，"历年来在圆山丘陵四周新建的房屋很多，遗址已经破坏殆尽，仅在地藏庵背后，圆山动物园西北角斜坡上，遗有若干还没有被利用的树林荒地"[《圆山文化的年代》，《考古人类学刊》23/24（1964），6页]。可见台湾在做日本人的殖民地的时候，日本统治者还把圆山贝丘加上个"保存古迹"的名目，而"光复"以后连这一点都做不到了。
[3]《本系旧藏圆山石器》，《考古人类学刊》4（1954），28—38页；5（1955），44—58页；6（1955），34—45页。
[4]《台北县大安寮土地公山遗址发掘报告》，台北县文献委员会出版，1961。
[5]《凤鼻头、大坌坑与台湾史前史》，见原书230页注[1]。
[6]《台北县志》卷4，《史前志》，台北县文献委员会出版，1960。
[7]《放射性碳素》（英文）11（1969），639页。

当时海水灌入台北盆地，这可以从贝丘里的贝壳种类看出。"圆山贝冢中含有水晶螺（*Strombus isabella*）、小旋螺（*Fasciolaria trapezium audouini*）、棱芋螺（*Conus striatus*）、牡蛎（*Ostrea gigas*）等之海栖贝类外，尚有半淡水栖之乌蚬类（*Corbicula subsulcata*）与淡水栖之中国田螺（*Viviparus chinensis*）、台湾小田螺（*V. quadratus*）、川蜷类（*Melanoides* sp.）等。故圆山贝冢人类居住时，台北盆地中，尚残留咸水沼地或小咸湖与淡水河最下游部之咸水或半淡水部分。但盆地中另一部分被基隆河、新店溪及大嵙崁溪所灌流，一部分可能呈淡水性之沼泽池，更有一部分露出空中呈干陆或湿地。而当时之人类则选择较高燥之圆山等盆地中孤山或其他之山麓区居住，致使其所采之贝类中有纯海水种、有半淡水种、有纯淡水种，亦有混入纯陆栖种。"[1]这种"贝类是贝丘时代人类的主要食科的一种。除此以外，贝丘里还发现许多鱼骨、兽骨，兽骨里已经鉴定的种类有野猪、水鹿、花鹿和麋鹿"[2]。出土遗物里的石骨箭头、骨鱼叉、石网坠，都是与渔猎有关的器物。从这些资料来看，圆山贝丘的住民从事大量的渔猎和采集捞贝的生产活动是不成问题的。从圆山文化里有大量的石锄、石斧和陶器这一点来看，当时大概也已有农业生产。但作物是什么，尚无证据可寻。值得特别注意的一点是，圆山文化一般不见石刀，而中南部同时的凤鼻头文化则有大宗的石刀。石刀在中国考古学上一般相信是收刈谷穗用的[3]。凤鼻头文化里有石刀，也有谷子（小米）和稻子的遗留（见下文），而圆山文化不用石刀，可

---

[1]《台北县志》卷3，《地理志》上，1960，37页。
[2]《台湾先史时代遗迹出土动物骨之研究》（日文），日本《人类学研究》6卷1号，1959，133—170页。
[3]《中国古代的石刀》，《考古学报》1955年第10期，27—51页。

能反映谷类作物在圆山文化处于次要地位或阙如。

圆山时代的聚落都在山丘或山麓上。圆山贝丘遗址在破坏以前面积很大，遗物在直径数百米之内有密集的分布，其贝丘即垃圾堆位于山丘的向河的一面，最深的据报告可达 4 米[1]，当代表相当长期的聚居。山丘顶上较平坦地面上是居住和制造工具场所，后者只有一个高大的砥石留存，前者已破坏无存。照大坌坑的圆山文化遗迹来看，有用碎石铺基起屋的情形。大坌坑的遗迹里还有用草拌泥搭盖的半圆形低屏壁一处，据推测是挡风烧陶的窑址。圆山贝丘里曾发现过墓葬。

圆山文化的遗物有石器、陶器、骨角器和玉器等，此外有少许青铜器，依零星发表的材料综合，可以简述如下：（1）石器（图4）：多用安山岩和砂岩磨制，但锛凿一类器物有不少

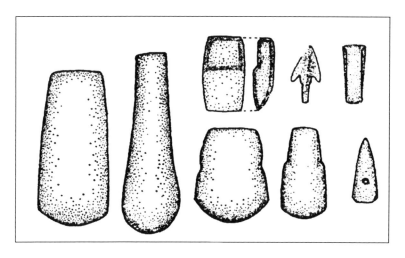

图4　圆山文化的石器与铜镞

---

[1]《台湾先史时代之贝丘》（日文），日本《农林省水产讲习所研究报告》，人文科学篇，第 7 号，1962，55 页。

用板岩、页岩和蛇纹岩的，而箭头全用板岩。从形式和用途上分，主要的种类是锄、铲、圆刃的斧、偏锋的锛和小型的石凿、"有段石斧"和"有肩石斧"，还有三角形中间穿孔的箭头，这些都是用于伐林、锄地、木作以及打猎的工具。还有一些大型磨光的长条形石器，下端磨成圆刃，上端分为两叉，全长可达六七十厘米，也许是仪式用的器物。(2)玉器：实际上是蛇纹岩一类美石做的精致的小锛、小凿和手镯一类的装饰品。(3)骨角器：鹿角和兽骨做的镖鱼叉、箭头、楔、针、锥一类用具。(4)陶器：质料多含细砂，手制，以棕灰为主要颜色，有的刷上棕黄色衣。器形以碗和殳为主，后者圆腹，低圈足，有口颈，两侧下自肩端上到口缘常有一对平宽或圆形的把手，有盖。有的口缘有流，或有两三个小口依在一起，当是水壶一类器物。器表常素面无纹饰，已知的纹饰有红色涂彩（平行条纹、点纹）、锥刺纹、小圈形印纹和网形刺划纹。一般来说，印纹（绳篮席纹或方格纹）的阙如是圆山陶器的一项重要特征。除容器以外，用陶土烧作的器物还有"支脚"（金字塔或窝头形的陶土块，据推测是三个一起以承支器皿或做炉灶[1]）、纺锤、手脚镯等饰物。(5)青铜器：少数手镯一类的青铜片和一个两翼式的青铜镞，后者是大坌坑出土的[2]。

圆山文化在台北盆地可能持续了很久。圆山贝丘的放射性碳素年代已见上述。大坌坑遗址上层圆山文化层里也有两个放射性碳素的年代：2030 ± 80 B.P.[3]，用古松年轮年代矫正以

---

[1]《台湾史前遗址出土的陶支脚》，《考古人类学刊》9/10（1957），137—145页。

[2]《八里乡大坌坑等史前遗址之发掘与发现》（英文），《亚洲展望》第7卷，1963，217页。

[3]《放射性碳素》（英文），第11卷，1969，639页。

后是 1420B.C.——公元 50 年。圆山贝丘和大坌坑上层两个遗址所代表的年代竟有 2000 多年之久，而在这 2000 多年之间圆山文化的影响在东海沿岸略有波及，而在西海岸中南部同时的原始社会文化里则不见痕迹。这个文化的来源也很难说定。圆山文化的陶器，除了圈足和涂彩这两点以外，在大坌坑文化里看不出什么祖型。向岛外看，有段石斧是在青莲岗文化和所谓几何印纹陶文化里常见的；有肩石斧在广东沿海和西南常见；两翼式青铜箭头是殷商和西周式的。台湾的圆山文化遗址里没有铸铜的痕迹，所以其中发现的青铜器当是与华南的殷周文化接触而来的。但这些只能说明圆山文化与华南大陆间的文化接触关系，而不能说明它的起源。

公元纪元几百年之后，圆山文化在台北盆地便逐渐被"植物园文化"所代替。这种文化是首先在台北市内植物园里所发现的，其主要分布区域是大嵙崁溪流域，从桃园一带向北沿溪再沿淡水河一直分布到台北市区和淡水河口[1]，在淡水河口一带这种文化的成分传入了晚期的圆山文化里去。大坌坑遗址上层的圆山文化层的上层便出现了不少这种新的文化的成分。主要的代表遗物是红褐色或棕褐色印方格纹的陶罐，页岩做的有段石斧，大型长匙形的磨制石锄。因为属于这一种文化的遗址遗物，在考古文献里描述的极少，对当时住民生活情形和这种文化的对外关系等都不明了，但从方格印纹这一点来看，它的文化关系应当是与中南部比较接近的[2]。

---

[1]《台北县志》卷 4，《史前志》，台北县文献委员会出版，1960。
[2]《关于台湾先史考古学近年之工作》（日文），日本《民族学研究》，18 卷，1953，76 页。

四　凤鼻头文化的诸类型

台湾省西海岸的原始社会考古遗迹，在较早期的大坌坑文化结束以后，除了北方的圆山文化有比较清楚明白的地域范围与文化特征以外，中南部地区的资料虽然非常丰富和复杂，但缺乏比较详尽的发掘比较工作，以致其文化分类还不十分清楚。根据目前经过调查发掘的几处遗址看来，中南部海岸地区自公元前2500年起到公元前1500年左右有一层分布广泛以印纹红陶为代表的文化；自公元前1500年起到公元纪元初叶，中南部各地有类型不一，但都有素面或刻纹黑陶和贝丘成分的文化；从公元初期一直到历史时代，从北部一直到南部各地都有以印纹或刻纹灰陶和黑陶为代表的文化[1]。这些文化之间虽前后南北有若干显著的差异，却都显示若干共同的特征。它们是属于同一个文化共同体，还是代表好几个文化，是目前还难以回答的问题。因为高雄县林园乡凤鼻头遗址是中南部古代遗址里发掘最为详尽的一个，出土的遗物又包含上述各种文化中的代表遗物（图5），所以本文暂时把中南部这些文化的类型都放在"凤鼻头文化"一名下加以描述。

（一）红陶文化类型

属于这一文化类型的遗址分布在西海岸的中南部，自大肚山起向南到岛的南端和澎湖群岛，其代表遗址有中部台中县清

---

[1]　关于中南部原始社会文化分期的讨论，见《台湾西部史前文化的年代》，《台湾文献》16卷4期，1965，144—155页；《台湾西南部之贝冢与其地史学意义》，《考古人类学刊》(1960) 15/16，49—89页。

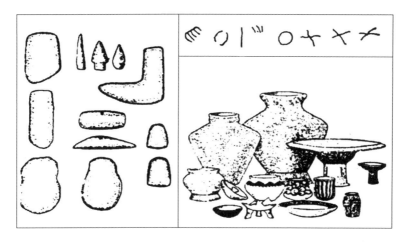

图 5 凤鼻头文化的石器（左）、陶器（右下）和陶文（右上）

水镇的牛骂头遗址下层[1]、南投县草屯镇的草鞋墩[2]，南部的凤鼻头遗址的中层[3]、屏东县恒春镇的垦和[4]和鹅銮鼻[5]。在凤鼻头遗址这种文化的遗物位于大坌坑文化层的上面，带刻纹的黑陶层的下面，层位关系极其清楚。唯一的属于这一文化类型的放射性碳素鉴定的年代是草鞋墩遗址的 4000 ± 200 B.P.。把这个文化类型放在公元前 2500 年与公元前 1500

---

[1] 《台中县清水镇牛骂头遗址调查报告》，《台湾文献》6 卷 4 期，1955，69—83 页。
[2] 《"浊大计划"六二——六三年度工作总报告》，《中央研究院院讯》(1974) 4，28 页。
[3] 《凤鼻头、大坌坑与台湾史前史》，见原书 230 页注〔1〕。
[4] 《垦丁寮石器时代之遗迹》（日文），《科学之台湾》3 卷，3/4 号，1935，26—28 页；《垦丁寮石器时代遗迹》（日文），《台湾总督府内务局史迹调查报告》第 2 辑，1—4 页，1936；《台湾南端垦丁寮石棺群遗迹》，《东海大学纪要（文学部）》（日文）第 4 辑，17—37 页。
[5] 《鹅銮鼻：台湾南墙的史前遗址》，《中国东亚学术研究计划委员会年报》1967 (6)，1—46 页。

年之间是符合目前所有的资料的。

红陶文化遗物里最具特征性的是细质的红陶。陶质很细腻，一般不含大粒的砂土，陶色橙红或深粉红，橙红的多磨光，保存良好，深粉红的则多未经研磨，用手搭上去便搭上红粉色。手制，用泥条或泥环叠筑，然后外面用手或陶拍抹平，印上绳纹或席纹，有的陶片上有刻画纹和附加堆纹，有极少数的杯片或钵片的外面有钩连形或平行线的深红色的彩画。器形有大口盆、碗、细长颈的瓶、小口宽肩的罐、穿孔圈足的豆（上面钵形或浅身有大平唇的盘形）和圆柱形足的鼎。专从陶器上看，台湾的凤鼻头文化里的红陶类型与我国东海岸一般的青莲岗一型的文化，尤其是较早期的青莲岗期和马家浜期[1]是属于一类的。但草鞋墩的放射性碳素的年代（4000年B.P.）则较晚些，也许代表这类文化向南传布以后的继续发展。

石器的质料有多种，但以玄武岩和页岩为主，都是磨制的。主要的器物种类有石锄（宽平圆刃，左右有不对称而成为所谓"靴形"的）、曲尺形石器（也是"靴形石器"的一种，磨刃在外边，据推测是除草具[2]）、石斧、石锛、石凿、长方形和半月形带一孔或两孔的石刀，似戈形的石器（也许是装上木柄做镰刀用）、长三角形带柄的矛头和石箭头（长三角形、柳叶形和带柄的）。此外还有石磨盘和中腰细可能做网坠的砾石。从石器上看来，当时的生产方式以农耕为主兼营渔猎，但遗址中没有贝丘的发现。最近发掘的牛稠子遗址，在红

---

[1]《浙江嘉兴马家浜新石器时代遗址的发掘》，《考古》1961年第7期，345—351，354页。
[2]《台湾先史时代靴形石器考》，《人文科学论丛》，1949年，73—100页。

陶文化层中发现了粟（谷子）粒的遗迹[1]。

因为发掘材料有限，只在凤鼻头有村落布局的材料。凤鼻头的红陶文化遗址，面积不大，长宽约各百余米，坐落在海岸的一个40米高台地顶上。最顶上是居住区，台地的沿海和背海两边上坡堆积垃圾。居住区破坏得很厉害，只发现1个房子遗迹，长方形，东西向，残存房屋的西南角，只发现7个柱洞，洞柱间隔90厘米，但西面的中间的两个柱洞之间则相隔180厘米，可能是门。柱洞插入地面下约40厘米深，里面已无木材遗留，完全被土充满，土的表面覆着一层土沥青，应是木柱外面原涂土沥青以防潮湿的遗迹。（遗址以南一公里左右林园乡的海滩上据说常有被海水冲来的土沥青的残渣，可能是海底漏出来的石油的残迹。古代住民显然利用这种天然的土沥青做房柱防腐之用，这在美国的得克萨斯州考古学上有例可援，在中国考古上似属首闻。）房内没有居住面，而且柱洞所构成的墙线内外都充满了陶片等文化遗物。看来这所房子是干阑式的建筑。村落内外都没有墓葬发现。

红陶文化的墓葬遗址有岛南端的垦丁和鹅銮鼻。鹅銮鼻出土的六座墓都有石板葬具。发掘者在墓葬上所作结论如下："这一遗址的石器时代民族始终循守固定的埋葬方式。使用头端比脚端略宽的长方形石板棺。棺底不铺石板，有棺盖。方向是头朝西北。有厚葬的习俗，则除使用当地产的珊瑚角砾岩制造棺材外，还到远地搬回砂岩来做棺材，并常用精制的陶器来殉葬。尤其对于小孩的埋葬，有特别爱惜的表现。"[2]这种石

---

[1]《联合报》，1976年2月12日。
[2]《鹅銮鼻：台湾南端的史前遗址》，《中国东亚学术研究计划委员会年报》，1967（6），1—46页。

板棺在红陶文化里不是普遍的，而只限于南部的两三处遗址和中部的一处（南投县的埔心子）[1]。棺里出土的绳纹红陶器，有凹底罐、圈足罐、钵、豆、镂空高圈足器和细颈瓶。石器则有锄、锛、靴形刀、坠石、凹石等农具和渔捞器具，另外还有贝器如匙、环、珠等。棺与棺之间从随葬品的质和量上看不出有重要的身份区别。人骨遗留很少，但在垦丁和鹅銮鼻的都有拔牙的遗迹，在这一点上又与华东青莲岗文化的习俗相似[2]。

（二）素面和刻纹黑陶文化类型

接着红陶文化以后，广布在中南部各地的有一连串的以素面和刻纹黑陶为代表的考古文化。依放射性碳素的资料看来，这个类型的文化大致自公元前 1500 年起，一直持续到公元初期为止。从遗址的分布与特征来看，这种黑陶文化所使用的自然资源要比红陶文化为广：第一，黑陶文化的遗址不但在海边与河口的台地上分布，而且伸入了河流的中游与高地。例如中部的原始社会考古遗址中，其属于红陶类型的只限于海岸和河口（包括在海进期间为河口而在海退期间属于内陆的地区），而黑陶文化则一直伸延到了浊水溪与大肚溪的中游河谷地带，高达五六百米的高地[3]。第二，黑陶文化遗址多有贝丘，表示这个时代的住民，对自然资源的利用方式，比起上一期来，

---

[1]《关于台湾先史考古学近年之工作》（日文），日本《民族学研究》，18 卷，1953，76 页。

[2]《大汶口新石器时代人骨的研究报告》，《考古学报》1972 年第 1 期，91—122 页；《江苏邳县大墩子新石器时代人骨的研究》，《考古学报》1974 年第 2 期，125—140 页。

[3]《"浊大计划"六二——六三年度工作总报告》，《中央研究院院讯》1974 (4)，28 页。

有显著的扩大。第三，黑陶文化在岛内各地的变异较大，各地区各遗址的包含情况有较多的变化，也可能与当时住民对各个区域特殊资源的不同利用方式有关。

属于这一期的重要考古遗址有中部海岸台中县大肚乡营埔[1]，中部内陆南投县埔里镇大马璘[2]，南部台南市永宁乡牛稠子贝丘[3]，高雄县湖内乡大湖贝丘[4]，林园乡凤鼻头贝丘[5]和高雄市桃仔园贝丘[6]。其中经过较精密的发掘的只有营埔、大马璘和凤鼻头，其他的只经过初步的调查。经过发掘的遗址中除凤鼻头外都只有极其简短的报告。

凤鼻头遗址的贝丘阶段，是红陶类型文化在同一地点的连续与进一步的发展。红陶文化里特征性的红色细陶已很罕见，其地位被含砂硬质磨光有刻画纹或绳席印纹的橙红色陶器所代替。这种橙红色陶的器形以杯、盆、碗和瓮为主，纹饰以刻画纹或印篮纹为多。除此以外有少数的黑陶和彩陶。黑陶仍是手制的，但有在慢轮上修整的痕迹，全面打磨光亮，色深黑，体薄，最薄的只有两三毫米厚，纹饰都是刻画的线条纹、波纹，也有用贝壳刻画的纹饰，形制有杯、豆、殷和圆底罐等。彩陶都是深棕、深红色彩画在红色细陶或砂陶上，有填充三角形、

---

[1]《台中县营埔遗迹调查预报》，《台湾文化》15卷，1期，1949年，29—34页。
[2]《埔里大马璘石棺试掘报告》（日文），《南方土俗》4卷4号，1938；《台湾大马璘遗址发掘报告》，《考古人类学刊》第1期，1953，13—15页；《南投县考古志要》，《南投文献业辑》（1656）4，7—89页。
[3]《台湾先史时代之贝丘》（日文），日本《农林省水产讲习所研究报告》，人文科学篇，第7号，1962，55页。
[4] 同上注。
[5]《凤鼻头、大垒坑与台湾史前史》，见原书230页注[1]。
[6]《台湾高雄市寿山山缘之先史遗迹》（日文），日本《水产大学校研究报告，人文科学篇》8号，1964，1—10页。

平行直线纹、雁行纹、云纹等,也有在口外边缘加一道黑彩的碗,形制有碗、杯、罐和豆。据发掘坑出土陶片的统计,灰陶与红陶各占百分之四五十,黑陶不过百分之一的样子,彩陶更少。另外在一些口片的里面或外面有刻纹记号,有 1、+、×、亖等纹,与时代相当的华南的好几个新石器时代遗址(如上海青浦崧泽、杭县良渚、海丰菝仔园)和殷商时代遗址(清江吴城)的相似[1]。

凤鼻头贝丘文化的石器与红陶文化基本上相似,仍是磨制的,制作精美,主要的种类有锄、斧、锛、凿、长方和半月形石刀、箭头等。骨角和蚌器以及饰物都增加。从聚落形态上看,村落大小布局都和红陶时代的聚落相似。在村北山坡的贝丘里发现人骨一具,仰身直肢,头向南偏西,面向东侧横放,在骨骼附近没有找到墓穴痕迹,也没有可以辨认出来的随葬品。在这架人骨附近的贝丘里还找到一些零碎的人骨,看来村北的贝丘是一个埋葬区域,在日后受到了损坏。

在南部其他的不少贝丘都出土过与凤鼻头贝丘类似的遗物,但都没经过好好发掘,出土的遗物里很可以代表一个以上文化层的内容。桃仔园遗址以彩陶著,"为有颈壶之颈部,涂有平行直线与水平及斜交之枛目纹一件;可以构成一个盆之三个陶片而涂有平行短线纹者一件。……此外……产绳纹土器、赤褐色无纹土器、黝色无纹土器、苊目土器、枛目纹土器、土环、土纺锤等。亦产石斧、石刀、石锹、石镞、石凿、石棒、石垂饰、槌石、凹石等石器;鹿角加工器;单独之人头骨

---

[1] 崧泽的见《上海市青浦县崧泽遗址的试掘》,《考古学报》1962 年第 2 期,图 6;良渚的见施昕更《良渚》,1938;海丰的见 240 页注〔2〕;清江吴城的见《江西清江吴城商代遗址发掘简报》,《文物》1975 年第 7 期。

（其颚骨已损失，似为猎首人头）等[1]"。大湖贝丘则以刻画纹黑陶著，"为黑色薄薄的土器为主，多为碎片，但亦有如壶之口缘部。口缘之上端有单纯之装饰；土器纹样纤细，变化亦多，呈异彩，有栉目纹、压纹、波状刻纹、波状纹等"。[2]但是这些遗物都是采集而得，各种陶器之间有无层位关系，其间在数量上之比例如何，都不得而知。

台湾省南部以凤鼻头贝丘为代表的有黑、灰、彩陶的文化，在我国东南沿海各省已知材料中，与福建省北部闽江口的昙石山遗址的遗物最为相像。昙石山遗址上层的文化也以贝丘为显著的特征，其中所含的陶片，"以橙黄色泥质印纹硬陶为主，兼出灰（黑）皮磨光陶及少数夹砂和彩陶"。[3]其中橙黄色泥质陶以绳篮印纹为主，相当于凤鼻头的印纹橙红色陶。昙石山的泥质磨光黑皮陶和彩陶也与凤鼻头的相似。昙石山贝丘里出土的一个蚌片的放射性碳素年代鉴定为 3005 ± 90 B.P.[4]，依古松年轮年代矫正成为公元前1460—公元前1170，也与凤鼻头贝丘文化的年代完全符合（凤鼻头贝丘文化的放射性碳素年代为 2440 ± 100—3310 ± 80 B.P.）。昙石山这种文化在福建的分布颇广，其出土器物与"附近的榕岸庄边山、白沙溪头巷、福州浮村遗址下层、福清东张遗址极相类似，可能是一个共同的文化系统"[5]。看来公元前1500年前以来一两千年之间的台湾海峡显然是昙石山与凤鼻头贝丘文化这一类文化的

---

[1]《台湾西南部之贝冢与其地史学意义》，见247页注[2]，65，70—71页。
[2] 同上注。
[3]《福建闽侯县石山遗址陶器分析》，《考古》1965年第4期，193页。
[4]《放射性碳素测定年代报告（三）》，《考古》1974年第5期，337页。
[5]《闽侯县石山新石器时代遗址第二至四次发掘简报》，《考古》1961年第12期，672页。

舞台，而我国古代沿海地区居民的活动范围已不限于海岸地区，而伸展到东海和南海的广大地域之上了。

中部营埔和大马璘遗址的出土物，与南部这一阶段的文化在陶器的质料与器形上基本相似，但以灰黑色为主体，棕红色的陶片较少，磨光的黑皮陶更少，而彩陶只有在营埔有极少数的发现。灰黑色陶片上有印纹的很少，大部分是素面的，有少数有刻画纹。器形上带鼻壶是中部陶器的一个特征，而鼎也更为多见。石器也以锄、斧、锛、箭头和石刀为多；石刀有砾石片打制的和作马鞍形的（华北考古学上一度称为"有翼石刀"的）是中部的特色。此外，大马璘遗址出土了许多戈形石器，一般鉴定为兵器，但也可能是缚在木柄上做镰刀用的。营埔出土的陶片里有印稻壳的痕迹的[1]，而牛骂头这一层文化层出土的黑陶片上据说有用谷子（粟）秆印出来的圈圈纹[2]。日月潭的孢粉史上到了 4200 年以前出现了大规模伐林的痕迹，并且有了大量的禾本科植物的花粉，据说有 30% 以上是人工培植的[3]。从这种种证据看来，这一阶段的住民以农耕为主的生产方式是没有疑问的了。至于聚落形态上的问题，则材料太少，除了营埔在大肚溪岸平地上和大马璘在埔里盆地的台地

---

[1]《概说台湾第四纪的地史并讨论其自然史和文化史的关系》，《考古人类学刊》1966（28），22 页。台湾海岸在全新世的升降情形，在南海大陆沿岸也有类似现象，见《我国南海沿岸最近升降的问题》，《地理学报》23 卷 2 期，1957，32 页。

[2]《台中县清水镇牛骂头遗址调查报告》，《台湾文献》6 卷 4 期，1955，69—83 页。

[3]《台湾更新世晚期植被与气候》（英文），《美国国家科学院院刊》(Proc. National Academy of Sciences) 55 (1966), 543—548 页；《更新世冰期与全新世时代亚热带台湾之植被》（英文），《古地理古气候古生态杂志》(Palaeoeography, Palaeoclimatology, Palaeoeocology) 第 3 卷，1967，49—64 页。

上以外，所知无几。大马璘有许多石板棺的遗迹，有长方的和方形的两种，其余的也不详。这两个遗址的年代，从许多碳14鉴定出来的结果来看，它始自公元前1500年左右，一直延续到公元纪元初期[1]，是可以确定的了。

(三) 印纹和刻画纹灰黑陶文化类型

从公元纪元初叶一直到16、17世纪汉文化大量的输入台湾为止，台湾西海岸的原始社会文化，目前在考古学上所知极为有限。已知的遗址里出土的遗物以印纹灰、黑陶片为主要特征。陶器手制，然后拍印纹饰，纹饰中以方格纹为主。除印纹以外也有许多刺划纹和刻画纹。经过调查的遗址有中部的彰化市八卦山和苗栗县苑里等贝丘[2]，经过发掘的有台中县大甲镇的番仔园（铁砧山）贝丘[3]。后者经过放射性碳素鉴定的年代是1100±80B.P.或780—970年[4]。同一类的文化并且向北扩充到北部沿海，取代了植物园文化；代表遗址为台北县八里乡的十三行[5]。十三行有两个放射性碳素鉴定的年代，即1449±209B.P.和1145±206B.P.（相当于290—1110年）[6]。这些遗址所代表的文化很清楚的都是汉人来了以后所接触并且记录下来的平埔族（与高山族相对）祖先。中部的平埔族

[1]《"浊大计划"六二——六三年度工作总报告》，《中央研究院院讯》1974(4)，28页。
[2]《关于台湾先史考古学近年之工作》（日文），日本《民族学研究》，18卷，1953，76页。
[3]《铁砧山史前遗址试掘报告》，《考古人类学刊》8 (1956)，35—50页；《台中县番仔园贝冢之墓葬》，同上刊，19/20期，1962，83—90页。
[4]《放射性碳素》（英文）11卷，1969，640页。
[5]《台北县八里乡十三行及大坌坑两史前遗址调查报告》，《考古人类学刊》17/18 (1961)，45—66页。
[6]《台湾西部史前文化的年代》，见246页注[3]，150—151页。

汉人称为洪安雅（Hoanya）、发武朗（Favorlang）、拔埔拉（Papora）、巴则海（Pazeh）、道卡斯（Taokas），北部的称为凯达格兰（Ketagalan）[1]。在他们的遗址里已经普遍地出现了铁器，而且在北部的遗址里还有采矿铸铁的遗存[2]。加上玻璃珠的普遍出现，一般相信这一阶段的文化受到了大陆文化的深重影响。

五 东海岸的原始文化

台湾岛地形多高山峻岭，纵贯全岛南北的有中央山脉，最高峰在南投县的玉山，达海拔 3997 米，又在岛的东部有沿海的海岸山脉。高山地区，在原始及传统文化之下难营农业，一般而言，在海拔 2000 米以上地区都没有土著聚落，而全省人口 80% 以上都分布在西部海岸和东海岸的狭窄海岸平原和海岸山脉之西的纵谷地区。原始社会在远古时代的分布也与现代的相似，而且更向海岸平坦地区集中。上文所叙述的新石器时代文化都分布在西海岸的狭长地区之内。

东海岸地区除了在上面所说过的旧石器时代的文化以外，也有极为丰富的新石器时代的文化分布。可是这里的考古调查工作做得不多，已经发表的材料更少[3]。我们只约略地知道

---

[1] 《台湾省通志》，卷八《同胄志》，第 9、10 册，平埔族篇，1972，台湾省文献委员会出版。
[2] 《台湾凯达格兰族之矿业》、《台湾矿业》，17 卷，2/3 期，1965，1—21 页。
[3] 《台湾东海岸卑南遗迹发掘报告》（日文），日本《农林省水产讲习所研究报告，人文科学篇》，第三号，1957，47—65 页；Richard J. Pearson，《台湾东部的考古调查》（英文），《亚洲展望》，第 11 卷，1968，137—156 页；《台湾东海岸新石器时代文化》（德文），*Anthropos*，67 卷，1972，229—267 页。

东海岸除了旧石器时代遗物以外，至少还有两个不同的文化层。较早的一层是属于大坌坑一类的绳纹陶文化，而较晚的一层是有石刀和各色陶器的农耕文化，以各式的所谓"巨石"构筑（石板、石块房屋、石板棺、独立大石、石棚等）。后者的来源和与西海岸各个原始文化的关系，还不明了。

六 结 论

上面根据能够得到的考古资料，将台湾的原始社会史作了一番非常简短的叙述，无疑是很不完全的。但是就根据这些不完全的资料，我们已经初步知道台湾自数万年以前旧石器时代以来，历有人居。而且它的原始社会史的每一个阶段，在文化的包含内容上，都与华南大陆的原始文化息息相关。远在1958年我国考古工作人员便已指出，"台湾自古是我国的领土，远在几千年前的新石器时代，台湾和福建就属于同一文化系统"[1]。最近一二十年来再经过考古工作者的努力，不但继续提供上述事实的铁证，而且更将台湾与中国大陆的古代文化关系，在空间上从福建推到广西与山东，更在时间上追溯到旧石器时代。从考古学上证明了"台湾同胞"这四个字不但适用明末以来大批移入台湾的汉人同胞，而且适用于在本省历史远为悠久的高山族与平埔族的同胞。

此外，台湾省的考古材料与考古工作，在对于中国整个原始社会史的了解上也有若干特殊的重要意义。首先，从考古学上所见的台湾远古时代原始社会史与现代少数民族（高山族与平埔族）之间的直接关系，对中国境内古代原始社会史与

---

[1]《考古通讯》1958年第10期，3页。

现代其他少数民族之间的关系，也就是汉族与少数民族之间的关系，有很重要的启示。其次，台湾的高山族在语言上与文化特征上，与东南亚和大洋洲许多古代现代民族之间有不少相似之处。这些民族从来相信是自亚洲大陆发源的，还有人说是自我国东南海岸发源的。台湾的考古供给了研究大洋洲古代文化与我国东海岸古代文化之间的桥梁。第三，台湾岛的地形复杂，气候、动植物资源的组成成分也多种多样，供给研究古代文化与自然环境之间的关系的良好资料。但台湾考古工作才刚刚开始，种种问题的彻底解决，还有待于将来。

新石器时代的台湾海峡 *

在这篇文章里,我想把台湾海峡地区新石器时代的考古资料作一次初步的简赅性的综合,以为这个地区考古进一步研究的起点。我选择这个地区来作起步的研究,主要是由于我自己田野考古的经验都集中在台湾,但是在台湾考古研究过程中很快地便觉察到海峡地区古代文化史问题的整体性。中国考古工作的进行多半是以现在的省份为单位的。但在文化史与自然区域密切相关的情形之下,区域的研究常有将各省结合起来研究的必要。台湾海峡这个区域的研究,事实上还有另外几项特征。第一,海峡沿岸地区的地形复杂,古代住民所利用的生活资源也多种多样,除了陆地上的动植物以外,还有很多的淡水动植物与海水动物。第二,由于海上交通更能四通八达,古代居地除了当地资源以外还能使用远地资源。在研究这种地区古代住民生活的时候,我们便不能忽略自然环境科学在考古学上的大力参与。在这种情形之下,还有一点值得特别注意的考古要点,便是在这种地区研究史前文化分类时,陶器比石、骨器要有更大的重要性。我们在讨论华南考古的时候,常常在各个

* 原载《考古》1989 年第 6 期。

遗址的地形[1]与石器的类型[2]上付以很大的注意力。地形与石器类型都在古代住民生活的研究上是不可或缺的基本资料，但它们的类型形成都与生产方式有紧密的联系，却不适合用作文化、民族的分类的主要标准。作文化分类或作族群辨识，陶器要有更大的重要性，因为用途完全相同的陶器可以有代表文化个性的各种不同的形式与纹饰。把文化的辨识与古代住民对各种自然资源的利用方式结合起来研究，是考古学的一项重要任务。台湾海峡新石器时代的资料在这种研究上是非常丰富的。

　　海峡地区远古文化的研究，还可以作为古代史研究上多学科入手途径的一个范例。环境科学的重要性上面已经提到。除了古代自然环境的研究以外，实验分析科学家在古代住民对自然资源的利用上，在这种资源丰富多样的地区更能大显身手，如水陆各种食物的辨认，石陶器取材地区的追踪，从人兽骨骼中分析人兽食物的种类等等。除此以外，台湾海峡地区古代文化的研究，还需要民族学者与语言学者的参与，而且需要使用太平洋区古代文化史研究的资料与成果。最后这几点我在《中国东南海岸考古与南岛语族起源问题》[3]一文里面已经比较详细地说明了。又因为这个地区的新石器时代文化在部分地区一直延续到历史时代，传世的文献史料在海峡新石器时代文

---

[1] 如彭适凡《试论华南地区新石器时代早期文化——兼论有关的几个问题》，《文物》1976年第2期，15—22页，把华南早期新石器时代文化遗址分为洞穴遗址、贝丘遗址、台地遗址三种类型。

[2] 如邱立诚《略论华南洞穴新石器时代早期文化》，《史前研究》1985年第1期，24—28页，讲遗物特征时，用了一页半的篇幅描写石骨角器，用一段文字描写陶器。

[3] 载《南方民族与考古》1（1987），1—14页。

化考古上也有它的重要性。

尽管台湾海峡地区古代文化资料十分丰富，所牵涉的研究问题十分复杂，因此它研究的成果可想而知要有很大的重要性，可是这个区域的研究还在黎明阶段，甚至还在黎明之前。这主要是由于四十年来海峡的政治局势所造成的，但另一方面也是由于我们一向研究中国历史的重心摆在黄河流域的中原，而像台湾海峡这种边远地区常引不起学者的重视。但正由于过去的疏忽，这个地区的科研前途又是不可限量的。

一　台湾海峡的古代环境

台湾海峡是介于台湾与福建之间的浅海，最窄处只有130公里，最深处不超过100公尺[1]。台湾与福建之间又有澎湖群岛作为中介，澎湖与台湾本岛最短距离（嘉义县东石乡鳌鼓）为45公里，与福建之间的最短距离（泉州以南之围头）为140公里[2]。在更新世的冰河时代，海水冻结在陆地上，海平面下降，许多大陆架暴露于地表，台湾海峡亦不例外。据深海探测，在15 000年以前东亚的最后一次冰期冰进期间，东亚海平面低于今日海平面140公尺[3]，而台湾海峡在15 000年以前全是陆地，旧石器时代华南的居民自大陆到台湾通行无阻，

---

[1] 陈正祥《台湾地志》（台北：敷明产业地理研究所研究报告第九十四号，1959），上册，60页。据郭旭东《晚更新世以来中国海平面的变化》，《地质科学》1979（4），334页云："近年来，海底声学探测表明，台湾海峡海底水深不超过60米。"

[2] 陈正祥《台湾地志》，下册，1145页。

[3] K. O. Emery, Hiroshi Niino, and Beverly Sullivan, "Postpleistocene levels of the East China Sea", in: K. K. Turekian (ed.), *The Late Cenozoic Glacial Ages* (Yale University Press, 1971), pp. 381—390.

而台湾已有不少旧石器时代文化的遗物遗址发现[1]。

自 15 000 年前冰进高潮开始退却以后，海平面便逐渐上升，到了 10 000 年以前即全新世开始，东海海平面上升到现在海平面以下 100 公尺左右，所以自全新世开始以后，台湾海峡便很快地形成[2]，而从福建到台湾便要乘船了。在历史时代从厦门乘船到台南大约要两天以上的海程。康熙二十四年（1685）修的《台湾府志》里面说"自府治至京师，除海洋水程十一更外，陆程七千四百一十里"[3]。这里所说"水程十一更"，想必是从台南到泉州或厦门，需 11 更，或 20 多个小时，大概是指帆船行动的时间，而在实际航行上要加上停泊绕路等，所需可能要花多一点时间。康熙三十六年（1697）浙江郁永河《裨海纪游》详细地记述了他自厦门坐船到台南的经过，自春 2 月 21 日拂晓从厦门港外大旦岛出发，次日午刻到澎湖，23 日午夜再行，24 日黄昏到台湾，共用了 3 天[4]。清初走这条航线的民船的效率恐不很高，全靠风帆。《裨海纪游》记有人自台返省"至大洋中，风绝，十有七日，舟不移尺寸"。相信在远古时代，尤其在南岛语族祖先的时代（见下），在公元纪元前便航达波利尼西亚，船舶之利，一定比清初汉人的帆船更胜远航[5]。无论如何，台湾海峡的距离有

---

[1] 宋文薰《关于台湾更新世的人类与文化》，《中央研究院国际汉学会议论文集·历史考古组》(1981)，47—62 页。
[2] 赵希涛《台湾海峡两岸全新世地质的对比》，载氏著《中国海岸变迁研究》，福建科学技术出版社，1984，56 页上说："台湾与大陆量近一次分离的开始时间，大致在距今 14 000 和 12 000 年之间。"
[3] 《台湾府志校注》，厦门大学出版社，1985，8 页。
[4] 台湾省文献委员会印行，台湾丛书第一种（1950），3—5 页。
[5] 见 Ben R. Finney, "Voyaging canoes and the settlement of polynesia", *Science*, 196 (1977), 1277—1285。

限，在整个全新世期间，不论海平面升降到何程度，两岸交通是不成问题的。

全新世的台湾海峡在地理环境上的变化，主要表现在海岸线的升降与不同气候类型的植被的更迭。据地质学者林朝棨的研究[1]，全新世开始不久便有一次大海进，海峡的水平面很快便超过现代的水平，是为北势期海进。在这以后到今日共有6次海进海退；海退时期的海峡水平与现在的水平相近，而海进期的水平比现在的要高20—60公尺[2]。所以，全新世期间有六次海进，造成海水向内陆伸入，居住水平自海岸向内陆或高地后退到20公尺到60公尺等高线不等（图1）。6次海进亦即居住线上升的高潮的年代是：北势期约9000年前；龙港期约8500—7000年前；台南期约6500—5000年前；大湖期约4000—3500年前；国圣埔期约2700—2600年前；彰化期约1500—1100年前；北滨期约1100年前到现在。其中最重要的两次海进是台南期（约公元前4500—公元前3000）和大湖期（约公元前2000—公元前1500），都是两个文化史上的关键阶段，影响到人类聚落的选择与食物来源。下面还要涉及。像台湾西海岸这样海进海退循环现象在福建海岸也有相应的地质证据[3]。"除因测年样品分布不均和区域构造运动等因素的影响而显示一定的差异外，台湾海峡两岸的海侵与海退是几乎同步的。"[4]从这看来，海进周期也同样地影响到福建沿海新石

---

[1] C. C. Lin, "Holocene geology of Taiwan", *Acta Geoloyica Taiwanicam*, 13 (1969), pp. 83—126.
[2] 林朝棨《第四纪之台湾》刊载于《台湾研究在中国史学上的地位》，台湾研究研讨会记录，台湾大学考古人类学专刊第四种，1967，6—7页。
[3] 陈承惠等《闽南沿海全新世地质年代学研究》，《台湾海峡》1 (1982)，第二期。
[4] 赵希涛《台湾海峡两岸全新世地质的对比》，59页。

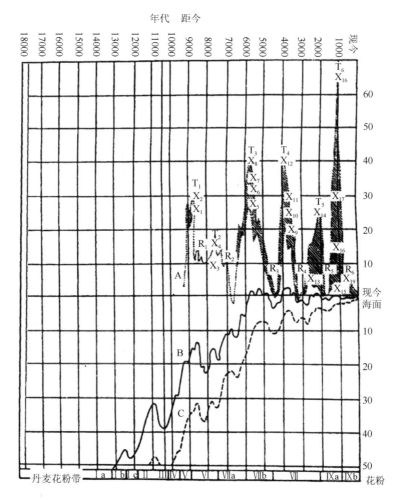

图1 台湾海峡全新世海面升降图

器时代居民的分布。福建省发掘最久的昙石山遗址现在在福州以西22公里的闽江下游北岸，距现在闽江河口海岸二十多公里。但昙石山出土的贝壳都是海生的，因此"当时的海岸线：……可能距昙石山不远，潮水能达到昙石山"[1]。昙石山中层文化期的碳14年代是公元前1055和公元前1140年[2]，下层文化可能达到公元前2500年以前，是昙石山文化的高潮时代，与大湖期的公元前2000—公元前1500年是相叠的。

全新世植被的变化主要是根据植物孢粉分析来鉴定的。台湾在这上面的研究是1964年由塚田松雄开始的[3]。他根据在日潭所采的湖底泥炭层孢粉的分析而推断"台湾中部的气温到35 500年前左右达到低潮，其植被中以峦大杉、栎类、榆类、榉类、台湾胡桃、女贞类、柳类等为最多，气温比现在的要低7摄氏度以上。从此以后，气温渐暖，到了10 000年以前，植被中代表的树木变成了亚热带和温暖种的白匏、东方菱角、香枫、锥栗、杪椤等类。到了5500年前，气温可能升高到高于现在2.5度左右。嗣后气温又逐渐下降，到了3000年以前达到了现在的水准"[4]。由植被变化所指示的高温期在3500年前后，与海进的台南期相当。这个结论，得到嗣后更多的全新世孢粉分析结果的支持[5]。

---

[1] 《考古学报》1976年第1期，126页。
[2] 《考古》1974年第5期，337页。
[3] Matsuo Tsukada, "Late Pleistocene vegetation and Climate in Taiwan (Formosa)", *Proceedings of the National Academy of Sciences*, 55 (1966), pp. 543—548; "Vegetation in subtropical Formosa dunring the Pleistocene glaciations and the Holocene", *Palaeogeography Palaeoclimatology, Palaeoecology*, 3 (1967), pp. 49—64.
[4] 据韩起《台湾省原始社会考古概述》，《考古》1979年第3期，248页上的摘要。
[5] 十五年来台湾更新世全新世孢粉分析研究，见刘平妹的综述：Ping-mei Liew, "Quaternary stratigraphy in Western Taiwan: Polynological Correlations", *Proceedings of the Geological Society of China*, 31 (1988), pp. 169—180.

这样看来，公元前5000年到公元前1500年期间，台湾海峡两岸的地理特征是高水面，潮湿温暖的气候，物产资源丰富多样，住民占居沿海的台地上面，面前有海产和河口产物，转身背后有台地森林河谷的物产。

二　富国墩与大坌坑文化

如上所述，台湾有旧石器时代遗址遗物发现，表示台湾海峡地区自更新世以来就有人居，可以作为全新世以后新石器时代文化发生发展的底层。

台湾海峡区域最早的新石器时代的文化，即有陶器和可能有农业的文化，迄今所知的，是福建的富国墩文化和台湾的大坌坑文化。两者可能是同一文化的两个类型，都存在于公元前5000—公元前2500年前后，与台南海进期与全新世气候高潮相重叠，但它们的早期形式在海峡地区应该在公元前5000年以前即已存在。这两个文化的分布与内容，在《中国东南海岸考古与南岛语族起源问题》一文[1]里面已有叙述，这里不再重复，但其主要遗址再详列于下：在海峡西岸有5处，即（自北向南）闽侯白沙溪头、平潭岛（敖东南厝场、北厝祠堂后、南垱壳丘头）、金门富国墩、潮安陈桥、海丰西沙坑。在海峡东岸遗址较多，已经较详细报道的有台北大坌坑、台南六甲村和高雄凤鼻头[2]（图2）。

---

[1]《南方民族与考古》(1987) 1, 1—14页。
[2] 除上引文里面所援引资料以外，又见《中国考古年鉴1986》，文物出版社，1988，132—133页；林钊《福建新石器时代和青铜文化时期的考古概况》，《先秦史研究动态》1986年第3期，15页。

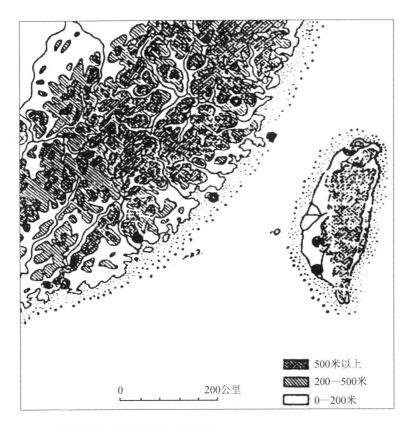

图 2　台湾海峡两岸新石器时代遗址分布图之一

富国墩、大坌坑文化是海岸文化。他们利用各种水陆资源。因而其生产方式是混合性的：农业、狩猎、捞鱼、捞贝；渔猎的对象包括海产的与陆生的动物鱼蚌。他们的农作物可能以芋薯为主[1]。这个文化的生产方式中最显要的特征强烈地反映在它的陶器纹饰中最显要的特征上面。大坌坑文化陶器的

---

[1] K. C. Chang, "The Yale expedition to Taiwan and the Southeast Asian horticultural evolution", *Discovery*, 2 (1967), No. 2, pp. 3—10.

纹饰以各种的绳纹为主，表示绳索在这个文化中的显著地位。绳索是植物纤维做的；大坌坑文化遗址（圆山下层）中曾出土过打树皮布用的石棒的碎片[1]，表示树皮纤维是大坌坑文化纤维的一个来源。在一个文化中对植物的熟悉和使用并不是这个文化有农业的证明，日本的持续长久的绳文土器文化便是一个好的例子。但是对植物的熟悉与广泛使用是培植植物的先决条件。富国墩文化中陶器的最为显要的纹饰是各种贝印纹与贝划纹；所用的贝壳以血蚶（大的是 *Anadara granosa*，小的是 *Anadara ehrembergi*）为主。陶器上贝纹的普遍表示采贝在富国墩文化中的重要性。富国墩文化中也有绳纹，台湾六甲村的大坌坑文化中也有贝纹，我相信这两个文化是一个文化的两个地方相，与各自生产方式中强调植物与强调海贝有关。但是要详细研究这个（或这两个）文化的生产方式，不能只凭照自陶器纹饰上所做的推断，而必须采取精细的科学技术获取有关农业、狩猎、打鱼与采贝的直接资料。现代的科学技术在这方面的使用是当务之急。

富国墩、大坌坑文化的研究，不但在海峡文化史上有重要的意义，而且是受到太平洋文化史、民族史学者极大的注意的。在上引《中国东南海岸考古与南岛语族起源问题》一文里面，我曾提到有许多大洋洲考古学者都相信大洋洲的南岛语族的祖先起源于中国东南海岸[2]。这种想法在台湾民族学与考古学的材料里得到相当强烈的支持。台湾的人口中除绝大部

---

[1] 张光直《圆山发掘对台湾史前史研究的贡献》，《大陆杂志》9（1954），No. 2，36—41页；连照美《台湾的有槽石棒》，《大陆杂志》58（1979），164—178页。

[2] 如 Peter Bellwood, "New perspectives on Indo-Malaysian prehistory", *Bull. Indo-Pacific Prehistory Association*, (1983) 4, p. 71.

分是汉人以外，有 30 多万的土著民族都是南岛语族（Austronesian）或称马来波利尼西亚语族（Malayopolynesian）。因为南岛语在本岛内各族之间的分歧程度非常大，语言学者一直相信台湾就是南岛语族的发源地或其中的一部分[1]。台湾岛内的考古学文化自新石器时代到历史时代再一直到民族学的现代，有相当明显的连续性。换言之，最早的新石器时代的文化即大坌坑文化可能就是现代南岛语族的祖先文化。如果富国墩文化是大坌坑文化在台湾海峡西岸上的表现，那么我们可以说考古学的研究已经初步地把南岛语族的起源推上了福建和广东的海岸，这与太平洋地区考古学者的期待是互相符合的（图3）。同时这个地区新石器时代文化的内容，与语言学者所拟测的原南岛语内容的包含也有很大的类似性[2]。

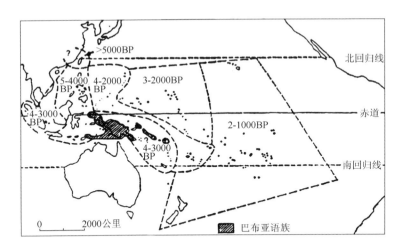

图 3　南岛语族聚落扩张图

---

[1] G. W. Grace, "Movement of the Malayo-Polynesian; 1500 B. C. to A. D. 500: The Linguistic Evidence", *Current Anthropology* (1964) 5, pp. 361—368.
[2] 见张光直《中国东南海岸考古与南岛语族起源问题》一文的讨论。

如果富国墩、大坌坑文化就是南岛语族的祖先，台湾海峡的考古可以说是建立了大陆文化与海洋文化之间的一座桥梁，其重要性远超于中国境内范围之外。但随之而来的问题是：今天大陆上完全没有南岛语的痕迹了，而中国东南海峡2000年的历史记录里面也没有南岛语族的痕迹。大陆上的南岛语族到哪里去了？

三　海峡西岸的昙石山文化

昙石山在福州西22公里闽江下游北岸20多公尺的台地上，自1954年开始已经过7次发掘[1]，是福建省新石器时代考古遗址中最重要的一个。据最近整理的结论，这个遗址有3个主要的文化层，是同一个文化的持续。上层认为是青铜时代，以几何印纹陶为尖锐的特征。中下层是新石器时代，作为昙石山文化的代表。同样的文化除了代表遗址以外，还发现在闽江下游数处，有闽侯榕岸庄边山、白沙溪头和福清东张等[2]。关于昙石山文化的特征，根据第六次发掘的报告，有下述的陶器形制纹饰[3]：（图4）

> 下层：以细砂红陶最多，泥质灰陶次之。陶器手制，除表面磨光以外，有绳纹、凹点纹、划纹、附加堆纹、圆圈纹、镂孔和彩绘等。器形有圆底折腹的釜、鼎、圈足壶和豰豆等。

---

[1] 初步报告见《考古学报》1955年第10期，53—68页；《考古》1961年第12期，669—672，696页；《考古》1964年第12期，601—602，618页；《考古学报》1976年第1期，83—118页；《考古》1983年第12期，1076—1084页。

[2] 曾凡《关于福建史前文化遗存的探讨》，《考古学报》1980年第3期，266页。

[3]《考古学报》1976年第1期，91—103页。

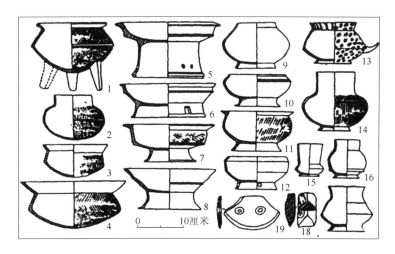

图 4　昙石山文化陶器

中层：以夹砂灰、红陶为多，细质灰陶次之。仍手制，但口沿轮修。纹饰与下层的相似。器形有鼎、釜、碗、杯、圈足壶、豆等。

从昙石山文化的这种特征来看，我们可以很快地达到两项初步的结论：第一，这一组陶器与较早的富国墩文化的陶器有很大的不同。第二，它与中国其他地区的"龙山形成期"各文化的陶器有共同的特征。

先看第一项结论。富国墩文化"在陶器上具有鲜明突出的特点……显然不同于昙石山文化"[1]。这两个文化之间"是否有先后承袭关系，因无地层叠压关系，早期遗物少，文化面貌不甚明晰，目前尚难以论定"[2]。但是二者之间的压

---

[1] 王振镛《试论福建贝丘遗址的文化类型》，《中国考古学会第三次年会论文集》，1984，67 页。
[2] 林钊《福建新石器时代和青铜文化时期的考古概况》，《先秦史研究动态》1986 年第 3 期，15 页。

叠关系，从溪头遗址可见端倪。这里下文化层零星发现富国墩文化类型的陶片，与昙石山文化代表遗物相混杂[1]。这种情形显然是昙石山文化层下面更早但量小的文化层的遗物掺入上层的结果。再从类型学上看，从富国墩到昙石山代表陶业上基本上的变化：贝印纹基本消失，而新文化有鼎和豆这种代表器形的出现。固然从早期到晚期也有些许特征可当做连续性的看："二者的分布范围都包括闽江下游地区在内，陶器上又多少有些相似之处。例如，蚵壳墩（富国墩）类型的高领罐同昙石山下层类型的红细砂陶高领罐在领部造型及其装饰方面就很接近，二者领部肥厚凸起，上饰压印纹、刻画纹等。"[2]但除了这类细节上相似以外，二者比较起来不可否认的是异远大于同。就目前所有材料来看，富国墩与昙石山是两种来源不同的文化。

昙石山文化中新出现的鼎和豆是所谓"龙山形成期"的标志。"龙山形成期"是我在1959年提出来的一个概念[3]，指公元前第三四个千纪中沿中国东海岸从山东到台湾海峡的一连串相似的文化的共同标志，其中以鼎和豆为主要的成分。鼎和豆是烹调使用食物的器具，在它们的背后便埋藏着有关烹饪食物的重要的文化上的特征。在刚提出这个观念时，由于南方考古资料还少，曾使用民族迁徙为解释龙山形成期文化蔓延的主要因素。现在看来，整个东海岸自北到南从古便一直有土生土长的区域文化并行存在，这些区域文化到了公元前4000年左右开始扩展而彼此接触、互相影响，形成了自南到北的一个

---

[1]《考古学报》1984年第4期，494页；《福建文博》1983年第1期，45页。
[2] 王振镛《试论福建贝丘遗址的文化类型》，67页。
[3] 张光直《中国新石器时代文化断代》，《历史语言研究所集刊》30（1959），2/3页。在这里所使用的名称是"龙山化期"。

大的互相交往作用的中国文化圈，而龙山形成期的标志便是这个大文化圈的标志（图5）。在公元前4000—公元前3000年之间，当时重要的区域文化为山东的大汶口文化、长江下游的崧泽文化、中游的大溪、屈家岭文化等等，彼此之间都显示重要的共同特征，其中最常见的文化标志便是鼎和豆。昙石山文化中的鼎和豆便是龙山形成期文化进一步向南发展的表现。昙石山文化的年代大致在公元前3000年以后[1]，比山东和江浙的龙山形成期文化要晚几百年，正表示福建的龙山形成期文化是受北方文化影响之下较晚时期的结果。这样说来，如果富国墩文化代表南岛语族祖先的文化，昙石山文化便代表这以后在中国大陆上占绝对优势的汉藏语族的文化。照目前的资料看来，南岛语族的祖先文化主要分布在福建广东东部沿海区域和台湾。在公元前3000年左右，龙山形成期的文化自北方蔓延到福建，建立了昙石山文化，而原来的南岛文化退居海峡东岸，便是后日台湾土著民族的祖先。

四　海峡东岸的凤鼻头文化

台湾西海岸即海峡东岸在大坌坑文化以后出现了一系列的新的考古文化，它们出现的时代是公元前3000年到公元前2500年左右，与昙石山文化的时代相当。照目前的资料看来，公元前3000—公元前2500年这500年间海峡两岸有新文化同时出现，应当不是偶然的现象（图6）。

在台湾这边新的考古文化主要分为两组。其一是北部台北盆地的圆山文化，以素面、彩刷和圆圈印纹陶器和有段石锛、

---

[1] 林钊《福建新石器时代和青铜文化时期的考古概况》，17页。

图 5 龙山形成期的主要新石器文化

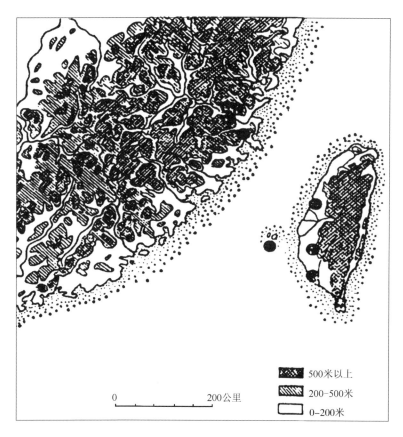

图 6 台湾海峡两岸新石器文化分布图之二

有肩石斧、巴图形石斧以及玉器为特征[1]。圆山文化的来源目前还不能确定，宋文薰根据圆山文化石器的类型推断与广东海岸与中南半岛的新石器时代文化有关[2]，但在广

---

[1] 宋文薰《由考古学看台湾》，载陈奇禄等《中国的台湾》，台北，1980，115—126 页。
[2] 宋文薰《圆山贝冢的石器及骨角器工业》，《中国东亚学术研究计划委员会年报》，(1964) 3，98—99 页。

东海岸与中南半岛尚未发现类似圆山文化的石器与陶器的组合。

从海峡新石器时代整个文化史的立场来看,台湾西海岸大坌坑文化以后更重要的新石器时代文化是中、南部海岸的一组,以细绳纹红陶为显著特征。这种文化有人将中部的叫做牛骂头文化,南部的叫做牛稠子文化、鹅銮鼻文化,或垦丁文化[1]。但是这个文化从陶器和石器看来在中、南部以及澎湖群岛都相当一致,没有分开的必要。由于凤鼻头遗址有清楚的层位,不如称之为凤鼻头文化。这个文化分为两期,早期以细绳纹红陶为特征,晚期以印绳纹、条纹与刻画纹的灰陶与红陶为特征[2]。比起大坌坑文化来,凤鼻头文化要有很大、很显著的改变与进步。石器中用于农耕的工具大量地出现,包括斧、锄和镰,而且陶片上有稻米的遗留发现[3]。在陶器的类型上,凤鼻头文化的器物以鼎和豆为显著的特征。关于这一文化或一系列文化的来源问题,学者间有不同的意见。在凤鼻头遗址发掘之后,我有鉴于这个文化与大坌坑文化全然不同,推测是自大陆渡海东来的,而它的原型应当是青莲岗或马家浜文化[4]。到了20世纪70年代,在"浊大计划"之下发掘了中部海岸清水县的牛骂头遗址,发现在这个遗址的细绳纹红陶中有不少大坌坑文化陶

---

[1] 宋文薰,上引《由考古学看台湾》一文;李光周《鹅銮鼻公园考古调查报告》,台北,台湾大学人类学系出版,1983,42页。

[2] K. C. Chang et al. , *Fangpitou, Tapenkeng, and the Prehistory of Taiwan* (Yale Univ. Publications in Anthnopology, No. 73, 1969).

[3] 李光周《垦丁国家公园考古调查报告》,台北,台湾大学人类学系出版,1985,116页。又见:黄增泉、臧振华《台湾之古生态研究(六)台湾中部十八张、大邱园、牛骂头、草鞋墩等史前遗址的孢粉分析》,《考古人类学刊》39/40(1976),112页。

[4] K. C. Chang et al. , 1969, *op. cit.*

器的特征，如厚领和领外面梳刻纹饰等[1]。嗣后台湾考古工作者有不少相信这一层文化是土著的大坌坑文化进一步发展出来的[2]。现在看来，中南部与澎湖的凤鼻头文化早期的陶器中的若干重要特质可能是由大坌坑文化原型进一步发展出来的，但凤鼻头文化的许多新颖的文化物质如稻米农业、农具和陶器形制中的鼎和豆，与大坌坑文化扯不上关系，却与海峡西岸的马家浜、崧泽、河姆渡与昙石山文化有显著的类似，可能是在后者影响之下而产生的。新文化在台湾出现的年代与昙石山文化的开始年代相近，是可以这样解释的。

目前材料还少，不能轻下结论，但下面这样一个假设可以同时说明不少重要的现象。就是说，公元前5000—公元前3000年间台湾海峡的新石器时代文化是南岛语族祖先的富国墩、大坌坑文化。在公元前3000年左右，龙山形成期的文化影响很有力地波动到东南海岸，这个文化与汉藏语族可能是关系密切的。海峡西岸的富国墩、大坌坑文化被新的文化所取代，这种新的文化为考古学上的昙石山文化所代表。旧的南岛文化在海峡东岸即台湾西海岸继续生存，但接受了龙山形成期强烈的文化影响而形成新的凤鼻头文化。

五 余 论

在本文一开始我们便屡次地说，台湾海峡新石器时代的考古学研究还在创始时代，资料是很少的。海峡东岸的台湾在考古

---

[1] 张光直编《台湾省浊水溪与大肚溪流域考古调查报告》，历史语言研究所专刊70（1977），430—431页。
[2] 李光周《垦丁发掘引起之问题》，《考古人类学刊》（1983）43，103页。

学上的进展比较先进。最初台湾的考古是日本学者拓创的[1]。1945年光复以后，台湾大学考古人类学系建立，领导或参与了几次重要的发掘：60年代东部八仙洞旧石器时代洞穴与西海岸好几个重要层位遗址的发掘[2]；70年代的"浊大计划"[3]，与李光周提倡"新考古学"与在垦丁的发掘[4]；以及80年代台东大规模新石器时代墓地卑南遗址的发掘[5]。相对之下，海峡西岸的新石器时代考古工作便显得做得很少[6]。但正因为如此，福建省考古的前景是不可限量的，目前正在发掘中或正在计划发掘的考古遗址很可能在很短的期间之内对本文所讨论的题目做非常重要的补充或更正。

---

[1] 日本学者台湾考古文献不胜枚举，例见宫本延人《台湾先史时代概说》，《人类学先史学讲座》，东京：雄山阁，(1959) 10；鹿野忠雄著，宋文薰译《台湾考古学民族学概观》，台湾省文献委员会出版，1955。

[2] K. C. Chang et al., *op. cit.*, 1969.

[3] 张光直编《台湾省浊水溪与大肚溪流域考古调查报告》，1977。

[4] 上引李光周鹅銮鼻、垦丁两遗址发掘报告，及《垦丁史前遗址的发掘与其陶片的处理》，《台湾大学文史哲学报》27 (1978)，283—346页；《再看鹅銮鼻——台湾南端的史前遗址》，《考古人类学刊》35/36 (1974)，48—57页。

[5] 连照美《卑南遗址发掘》，《科学月刊》(1981) 12，40—45页；宋文薰、连照美《台东县卑南遗址发掘报告（一）》，《考古人类学刊》(1983) 43，117—136页；宋文薰、连照美《卑南遗址发掘资料整理报告》1—3，台湾大学人类学系，1984、1985、1986；宋文薰、连照美《卑南遗址第9—10次发掘工作报告》，台湾大学考古人类学系专刊第8种，1987。

[6] 《建国以来福建考古工作的主要收获》，《文物考古工作三十年》，北京：文物出版社，1979，252—260页。

"浊大计划"与1972年至1974年浊大流域考古调查 *

"浊大计划"的全名是"台湾省浊水大肚两溪流域自然与文化史科际研究计划",它是在中央研究院、国立台湾大学与美国耶鲁大学的主持与行政院国家科学委员会和美国国家科学基金会的资助之下,自1972年7月开始进行的。在这个总计划之下共包括6个学科:考古、民族、地质、地形、动物、植物。(计划筹划之初尚有第七个学科,即土壤,但土壤方面的学者结果没有参加工作。)"浊大计划"的主要目标,是浊大流域古今居民的历史及其与自然环境之间的关系,因此6个学科虽然都很重要,却有主角配角之分:考古学与民族学的研究是主,其余的——自然史的研究——是配。

本书报告"浊大计划"头两年的考古工作。因为头两年的"浊大计划",我是主要的设计人,所以我不妨在介绍考古工作之前先将"浊大计划"的缘起以及浊大考古在"浊大计划"中所占的位置做一个比较简要的说明。事实上,整个"浊大计划"最初的设计便是环绕着几个考古学与民族史上的

---

* 原载《台湾省浊水溪与大肚溪流域考古调查报告》,中央研究院历史语言研究所专刊,(1977)70。

问题而着想的。我们不妨便从这几个问题说起。

台湾自明郑时代,即有古物发现的记录。《诸罗县志》卷12《外记》:"郑氏时,目加溜湾开井,得瓦瓶,识者云是唐宋以前古窑,惜其物不传。"照宋文薰的报告,"这是关于前人注意台湾地下出土的先史遗物的最早记录。……但以现代考古学与人类学的方法来处理这一方面资料,则需等待日据时代以后"[1]。日据时代的考古,据金关丈夫、国分直一与宋文薰三氏的考古学史资料,始于1896年粟野传之丞氏在台北市北郊芝山岩采集石器[2]。是则科学性的台湾考古迄今已有80年的历史,在中国各省之中可以称为先进。

80年来的台湾考古的主要目的,可以粗分为三组:史前遗物遗址的发现与发掘、史前文化的分类,以及史前文化的来源问题,尤其是与中国与东南亚大陆史前文化的关系问题。换言之,即集中于"文化史"方面的问题,而有以文化史的因素,亦即以起源的分歧与历史接触、文化交流关系,来解释文化变异的倾向。日据时代的末期,金关、国分与鹿野忠雄诸氏所发表的一连串的论文,探究台湾史前文化的来源,可为这种文化史取向的代表[3]。鹿野将台湾史前文化分为七层——绳纹陶器文化层、网纹陶器文化层、黑陶器文化层、有段石斧文化层、原东山文化层、巨石文化层、菲律宾铁器文化层——并

---

[1] 宋文薰《考古学上的台湾》,《台湾文化论集》,台北市中华文化事业出版委员会出版,1954,91页。
[2] 金关丈夫、国分直一《台湾考古学研究史》,《台湾文化》第6卷第1期,1950,1—8页;宋文薰《湮灭中的台北史前遗址》,《台湾公论报》副刊《台湾风土》147期,1951年12月;及上引《考古学上的台湾》。
[3] 国分直一《有肩石斧、有段石斧及黑陶文化》,金关丈夫《台湾先史时代に于ける北方文化の影响》,同载《台湾文化论业》,1943;鹿野忠雄《台湾先史时代の文化层》,《学海》第1卷第6号,1944。

将七层文化自岛外的来源一一加以拟定[1],可说是这派研究法的高峰。光复以后,尤其是国立台湾大学考古人类学系成立(1949)以来,台湾的考古学上更有了较大规模的发掘和重要新遗物的发现,尤以1964—1965年在台北县八里乡大坌坑遗址、台中县大肚乡营埔遗址,和高雄县林园乡凤鼻头遗址的发掘[2],及1969年以来在台东县长滨乡八仙洞遗址的发掘[3]最为重要。到1970年前后,台湾史前文化的辨认、年代学的间架,以及对外的关系各方面,都可以说到了相当成熟的地步了[4]。

可是台湾考古学的又一方面,即对于古代居民生活与社会结构的了解,则工作较少,成绩贫乏。这并不由于从事考古工作的学者对这方面不加注意的缘故,因为这方面的研究也并不是完全没有[5]。从台湾考古学史的观点来看,我想至少可以举出下面这几项因素来解释史前生活、史前社会方面研究的稀少:任何地区考古工作都得自材料的收集与年代间架的建构开始;多年来考古人员缺乏、经费短绌,难以作史前生活、史前

---

[1] 鹿野忠雄《台湾先史时代の文化层》,收入《东南亚细亚民族学先史学研究》卷2,1952。
[2] K. C. Chang et al., *Fengpitou, Tapenkeng, and the Prehistory of Taiwan* (Yale University Publications in Anthropology, No. 73, 1969).
[3] 宋文薰《长滨文化——台湾首次发现的先陶文化》,《中国民族学通讯》1969年第9期。
[4] K. C. Chang et al., *Fengpitou, Tapenkeng, and the Prehistory of Taiwan*;宋文薰《台湾西部史前文化的年代》,《台湾文献》第16卷4期,144—155页。
[5] 这方面的文章举例如下:宋文薰《圆山贝冢民族的生产方式》,《台北文物》第3卷第1期,1954;张光直《圆山出土的一颗人齿》,《国立台湾大学考古人类学刊》9(1957),146—148页;Erika Kaneko, "Stone implements and their use in the agticulture of Taiwan", *Wiener Volkkunkliche Mitteilungen*, 1(2)(1953), 22—31.

社会研究所必需的较大规模的发掘；作史前生活、史前社会研究需作史前自然环境的研究，这方面的工作多非考古工作人员自己能胜任负担的。但是由于这方面研究的短少，对史前文化变异的解释。也就更自然的趋向文化史取向的理论，亦即以起源之异同来说明文化之异同，而缺乏作其他种类的解释（如对不同环境的适应等）的基本资料。

这种情形——一方面是古代文化史上文化分类与年代学的成熟，另一方面是在数项条件之下所造成的对古代生活古代社会研究的稀少——很显然地提供著作有创造性的研究设计的机会。台湾虽小，它却有许多良好的先天条件，可以产生有重要学术意义的研究成果。所以一方面有台湾本身的条件，另一方面有台湾考古学史上的良机，"浊大计划"便是在这种情形之下产生的。

台湾考古的"良好先天条件"是什么？这是在设计任何研究计划以前要先加以确实掌握的问题。我在 1972 年 4 月在本所学术讨论会上曾以"台湾考古的重要性"为题在这个题目上稍有说明，虽嫌言简，尚属意赅，且容我把那篇文章的大旨引述如下[1]：

> 台湾的考古——以考古学的方法研究人类在台湾的历史——也有它特殊的重要性。这可以分从四点来加以叙述。
>
> 一、台湾的考古学最基本的意义，就在它本身所供给的材料。英国考古学泰斗克拉克教授在他的《世界史前史大纲》一书里说过，他在他这本书里给世界各区史篇

---

[1] 原载《中央日报》副刊，1972 年 8 月 26 日及 27 日。

幅所占的比重，代表他对这些区域史前史对一般人类史贡献大小多少的判断。他这个做法在原则上固然无可厚非，但实际做起来，就产生了如何对区域史对人类史之贡献加以评价的问题。从一个英国考古家的立场来看，台湾人类史也许没什么重要，但我们自台湾岛内的立场来看，它却是世界上最要紧的一段区域史。

进一步说来，全世界每一个区域的历史都是"只此一家，别无分店"的。台湾的人类史，就像福建的人类史或渭水流域人类史一样，是中国人类史以及东亚、东南亚人类史不可缺的一部，而后者又是世界人类史不可缺的一部。

二、现代的文化生态学注重文化系统的诸种成分与自然环境中诸种成分之间的连锁关系。自然环境越是复杂，所含成分越多，对文化生态学的研究越有意义。从这个观点来看，台湾是研究现代与过去文化生态学的一个良好实验室，因为"麻雀虽小，五脏俱全"，台湾这个小岛上由于山多流急，包含非常复杂的自然环境。几达四千公尺高的玉山是东亚东海岸最高峰；从玉山下到海岸，其气候自寒带经过温带、亚热带，以至热带；其植物自苔原经针叶林，落叶林、直至热带森林；其地形有高山峻岭、河岸海岸台地、丘陵、洞穴、平原、河湖岸等等。现代住民的聚落形态，就很清楚地反映各种文化成分与各种环境类型之间的连锁关系，而古代聚落形态的变化也可以由这类观点深加研究。这类研究的机会，不是到处都有的。在这一点上台湾也可以说是"得天独厚"了。

三、台湾在中国大陆东南部，为大陆向太平洋方向必经的路线之一，在史前人类的迁移史上及在大陆与海洋的关系上，都一定占有很为重要的地位。根据现在的考古资料来说，台湾的史前史可说是了解太平洋远古史的起点。此话可自台湾考古已知资料说起。

台湾考古学者数十年努力研究的成绩，可将汉人移住台湾以前的台湾史前史分为四个主要阶段：

（一）以台东县北端八仙洞遗址所代表的打制石器文化阶段，其开始可能在冰河时代之晚期，数万年之前，为台湾岛上有人迹之始。

（二）以台北县淡水河口南面大坌坑遗址下层文化所代表的绳纹陶文化阶段，大约在西元前数千年间内，为原始农耕文化，并有台湾最早的陶器。

（三）以台北市圆山贝冢所代表的圆山文化及高雄县林园乡的凤鼻头遗址所代表的龙山形成期文化的阶段，大约始于西元前 2500 年，为高级农耕文化（稻米、粟）的发展时期。

（四）原史时期，即历史上所知土著族之直接祖先，在考古学上有遗物遗迹可以代表的阶段，大约始于西元第十世纪前后。

上面除了（四）以外，台湾的这几种主要史前文化都对太平洋区史前史的一般研究上有相当重大的意义。八仙洞文化对南洋类似文化（如婆罗洲的尼雅文化与菲律宾的塔崩文化）与大陆和平文化早期的关系上，极为重要，因为过去一向认为南洋类似文化自西来自中南半岛，而八仙洞的发现引起华南大陆经由台湾与南洋直接联系的可能。绳纹陶文化因有初期农业，已普遍引起大洋洲远古史学者的注意，认为可能代表南洋美拉尼西亚与新几内亚原始农耕文化的祖型。至于台湾的龙山形成期文化——台湾先史时代最要紧的文化——之与大陆东南海岸龙山形成期文化的关系,与其代表大洋洲广泛文化的祖型,更为学者熟知,不必多说了。这三个阶段的史前文化,在太平洋远古文化史上的意义,由上面的简叙,已经可见一斑。这些都是由于台湾特殊的地理位置而来,而在世界任何其他地方都不可能有的。

四、上文所说的台湾史前文化最晚的原始阶段,虽然在太平洋远古文化史上似乎还看不出什么特别的意义,却在台湾史研究及古史研究一般方法上,沟通现代的民族学与古代的考古学,反映我所要指出的台湾考古的特殊意义的第四点。台湾直至今日还有人口十余万以上的土著原始民族,供给对史前史研究上有特殊重要性的独异的资料,一方面可以帮助我们对古代文化复原的工作,另一方面在我们将古代文化的分类工作上也有重要的参考意义。换言之,台湾的丰富的民族学与语言学的资料,是台湾考古的一笔很大的资本。这种情形在全世界上来讲都是很难得的。中国东南海岸,汉化已久,民族学的资料,全靠台湾。因此从这一点上来说,台湾考古在全中国的考古学上也要占一席特殊的重要地位。

既然台湾考古有如许优良的先天条件,而1971年前后又在台湾考古学上是一个有创造性研究机会的时机,我便在1971年的暑假决定回台与同工的学者一起商量一下看看有没有趁机设计一个有创造性的研究计划的可能。回台之行。得到美国国家科学基金会(National Science Foundation)的资助,在台期间又得到中央研究院钱思亮院长和高化臣总干事的大力支持鼎助,都是我要特别表示感谢的。

6月起与中央研究院历史语言研究所的李济之、屈翼鹏与高去寻三位先生，民族学研究所的李亦园、王崧兴，台大考古人类学系唐美君、宋文薰，地质系林朝棨、动物系梁润生、植物系黄增泉，和师大地理系的石再添各先生提出在台湾选择一个适宜的区域作一个长期的牵涉各个学科的一个研究计划的想法，以及设计和实行这个计划的若干原则与细节。商量的结果，我们很快地就同意了下面这几条原则：

（一）研究的主题当是人类的区域历史，及自然环境的变异在这部历史上所起的作用。作这样的研究，不但要牵涉人文与自然诸学科，而且还需将这些学科放在一个综合性的框架里面一起工作。换言之，我们所需的一个"科际性"（interdisciplinary）的研究计划。

（二）研究的区域选定在中部的浊水溪和大肚溪流域。

（三）因为我是耶鲁大学人类学系的教授，所以这项研究计划当以耶鲁大学为主持机关之一，但有鉴于国家主权的考虑，并顾及这个计划对国内学术研究上可能引起的重要作用。其主要主持机关当为中央研究院及国立台湾大学，而且主持学者当尽量聘请国内的学者，而且研究所得一切标本都归于国内机关所有。研究使用之经费，除我个人所需，以及美国前来参加实习的研究生所需，均自国外申请以外，当由中央研究院及台大出面向行政院国家科学委员会申请。

（四）由于这类的科际研究计划，在国内尚属少见，同人之间缺乏合作经验，所以在成立初期，采取在共同目标之下各科独立分工的原则。

这些原则都得到了中央研究院钱院长和台大阎振兴校长的同意与热心支持。1971年秋我们便通过耶鲁大学及中央研究院分别向美国国家科学基金会和台湾科学委员会提出正式的研究计划,申请经费。因前者主要牵涉我个人的旅费和回台期间生活津贴,主要的研究费用多仗后者支持,所以仅将科委会提出的研究计划节录如下:

中央研究院
国立台湾大学　为向行政院国家科学委员会申请经费补助提出之研究计划

名称:台湾省浊水大肚两溪流域自然与文化史科际研究计划

期限:自1972年6月起两年(期满得申请延续)

计划提出年月日:1971年12月1日

一　摘　要

台湾中部以南投县为主的浊水、大肚两溪流域,包含很多种类的自然环境与自然资源,同时其古今文化的分布分类,亦呈示非常复杂的现象。因此它提供了文化的差异与变迁与自然环境的变异之间联系的研究上的重要资料。由中央研究院与国立台湾大学合组的浊水、大肚两溪流域科际研究团,拟自1972年6月起作为期两年的第一期的调查研究,自考古、民族、地质、地形、动物、植物、土壤等学科,举行(一)这一区域现代自然环境与自然资源的调查、界说与分类;(二)过去自然环境的变化的研究;(三)现代各族群的文化的调查、界说与分类,尤其着重各族群之间对自然资源的相同与不同的利用方式;及(四)文化史及文化与自然在过去的变化的关系的研究。这些研究所得的结果,将在台湾研究的方法与内容上,及对文化差异与变迁的一般原理上,提供新的资料和观念,同时对本区社会经济的开发,也当有参考的价值。

二 研究的一般目标及其意义

(一)浊水溪为台湾最大最长的河流,全长约 167 公里,东起于东经 121°16′一带合欢山脉山中,海拔高约 3300 公尺,西至东经 120°10′与 120°20′之间的冲积扇面处入海,其流域南北自北纬 23°30′到 24°05′,在行政区域上包括南投县的南半、彰化县全部,及云林县的北缘。大肚溪全长约 140 公里,东起于东经 120°12′一带山中,海拔 2340 公尺,西在东经 120°29′一带入海,其流域南北自北纬 23°50′到 24°15′,在行政区域上包括南投县的北半、台中市全部、台中县的南部,及彰化县的北缘。这两河流域作南北重叠,其上、中流虽各有各自的山谷地形,其下流则南北相夹,形成共有的台中盆地及相连的海岸冲积平原。二流域面积总和约 5200 平方公里,占台湾全岛面积六分之一弱[1]。

我们选取浊水、大肚两溪流域作为研究的对象,是有鉴于(1)两溪自中流以下的平原盆地地形彼此不易截分;(2)两溪流域一起供给较丰富的地形气候环境的类型;(3)两溪流域住民的文化史也是难以分开的,其现代文化在来源上彼此有密切的关系。

---

[1] 林朝棨《台湾之河谷地形》《台湾银行经济研究室台湾研究丛刊》第 85 种(1966);参见陈正祥《台湾地志》,《敷明产业地理研究所研究报告》,第 94 号(1959—1961)。

（二）浊水、大肚两溪流域虽自史前时代即有人类占居，其文献历史时代则开始迟晚。康熙二十二年（1683），台湾归入清朝版图，次年在台设一府三县，三县为台湾（今台南）、凤山（高雄）及诸罗（嘉义），可见汉人在台湾的集居中心，尚限于嘉义到高雄之间的平原地区。到雍正元年（1723），台湾府增设一县二厅，一县即彰化县，于是浊水流域下流始正式划入汉人的政治势力范围。此后，一连串的人口迁徙与开垦，即以彰化沿海地区为中心，沿着浊水、大肚两溪向上流地区发展[1]。到现在这一区域的住民，自文化语言的观点，大约可分为：

1. 高山族：主要的是泰雅与布农两族，分布于中央山脉山地。泰雅 Sedeq 亚族，相传系自浊水溪上流向东迁徙，分布于花莲台东两县之中央山脉山地，而布农族则传统上以浊水溪中流水里坑一带为其发祥地[2]。

2. 平埔族：Babuza 及 Hoanya 二族原先分布于彰化平原，Pazeh 及 Papora 分布于台中盆地，其中的一部在19世纪前叶陆续迁徙到埔里盆地[3]。留在原居地的平埔族已为汉人所同化，目前只有居住在埔里盆地的 Pazeh 及日月潭的 Thau 还保存若干固有的文化和语言。

3. 汉人：以漳州、泉州两个方言群为主，自沿海地

---

[1] 伊能嘉矩《台湾文化志》，东京刀江书院，1928，上卷，248—270页；刘枝万《南投县沿革志·开发篇》，《南投文献丛辑》（6），南投县文献委员会，1958；卫惠林、丘其谦《南投县土著族》，《南投文献丛辑》（16），南投县文献委员会，1968，1—10页。

[2] 马渊东一《高砂族の移動及ひ分布（第一部）》，《日本民族學研究》，第18卷第1/2号（1953），123—154页。

[3] 刘枝万《南投县沿革志·开发篇》。

区向山地分布及于全区域。另在南投县国姓乡有一部分客家人散居在较偏僻的山间谷地。

现代文化的这种差异与分布,一方面显然是由于各文化历史来源背景的不同,另一方面也与自然环境及资源的变化有密切的联系。如上文所述,我们选取浊水、大肚两溪流域作为研究对象的一个主要原因,便是这个区域里自然环境的丰富多彩。在地形上,这里包括山地、丘陵、台地、盆地和平原各种类型,在全岛上所有的地形面,在这里都有代表[1]。从高度上说,自海岸平原直到台湾最高峰的玉山(3997公尺)都在本区范围之内,而气温亦随高度而有所不同,大致每增高100公尺气温即降低摄氏半度。如标高985m的南投县和社,年平均气温20.7℃,年降雨2549.2mm,而标高2212m的同县尾上,则年平均气温减到8.8℃,年降雨则增到3231.7mm[2]。

随着气温和雨量一起变化的是与人类生活关系最为密切的植被的变化,自平地的热带森林与亚热带森林一直到山地的寒带森林[3]。

在5200平方公里这样大小的一个区域内,其气温、降雨、植被等有这么大的变化不同,很显然的就包含着供给很不同的文化生存发达的不同的潜力,而不同的文化也就依据其各自的能力与爱好对不同的自然资源做主动性或

---

[1] 林朝棨《台湾省通志稿》卷1"土地志地理篇"第1册"地形",1957。
[2] 李伯年《台湾山地之蔬菜》,载《台湾山地之经济》,《台湾银行经济研究室台湾研究丛刊》第81种,1966,250页。
[3] 陈正祥《台湾山地之地理》,载上引《台湾山地之经济》,119页;王子定《台湾山地之森林》,载《台湾山地之经济》,200页。

被动性的不同的利用。以南投县的埔里镇与鱼池、仁爱、信义三乡为例。前二区较低平，为汉人及汉化或汉化中的平埔族所居，后二区较高峻，多高山族（仁爱乡的高山族占全乡人口79%，信义乡的占45.7%）[1]。埔里在1959年种稻地有4042公顷、种甘薯地有689公顷；鱼池乡也有种稻地1749公顷，种甘薯地300公顷；而信义乡的稻田仅855公顷，甘薯田仅198公顷，而小米田有53公顷；仁爱乡种稻田942公顷，甘薯田624公顷，小米田增到450公顷[2]。仁爱、信义两乡的高山族，又分泰雅（6075人）及布农（6359人）的不同土地利用方式。以全岛而论，泰雅族有28.4%居住在500—1000米的山地，34.5%居住在1000—1500米之间，仅10.4%在1500—2000米之间；而布农族则住在500—1000米者有22.7%，1000—1500米之间的有38.2%，而在1500—2000米之间的多达26%[3]。由此种种现象看来，现代文化的变异性的一个重要特征，是各文化对自然资源的不同利用方式。

这个结论在古代文化的研究上有何意义？古代文化多自考古学的观点将古代器用遗留分类而得，因此不同的器物常造成不同文化的分类。从上述文化与自然的关系的观

---

[1] 民政厅，《台湾省人口统计》，1960，引自孙得雄《台湾山地之人口》，载上引《台湾山地之经济》，7页；及陈正祥《台湾山地之地理》，127—128页。

[2] 陈正祥《台湾山地之地理》，134—135页；详见王洪文《南投县地理志·气候篇稿》，《南投文献丛辑》(1967) 15，161页起；王洪文、王蜀璋《南投县农业》，《南投文献丛辑》(1970) 17；张宪秋《台湾山地之农业》，载《台湾之山地经济》，1966，171—184页。

[3] 孙得雄《台湾山地之人口》，载《台湾之山地经济》，1966，1—24页；详见王人英《台湾高山族的人口变迁》，《中央研究院民族学研究所专刊》，(1967) 11。

点来看，古代文化的分类，可能常代表古代居民的自然环境与资源的不同的利用方式，不一定或不一定纯然代表不同的历史来源或民族区分。同时各文化在地形上的分布，常常可能是主动适应选择的结果，不一定代表被动性的迁徙。

（三）由于南投县文献委员会多年来的努力，浊水与大肚两溪流域的自然环境及文化史的资料，是全省最为丰富的一个区域。《南投文献丛辑》（第 1 册 1954 到第 18 册 1971）里综合各科研究的成果，包括土壤、动物、地形及地质、考古、民族史、植物、气候、农业，及土著族志。是我们计划中的工作，已有良好的基础。

但是浊水大肚两流域的自然与人文的科学研究，自然只能说方才开始，待进一步进行的工作尚多。自然科学上已有的研究，其属于第一手的田野资料，不少是日本学者在二三十年以前的业绩；使用现代眼光与方法来作的田野调查、材料搜集与室内研究，是自然科学中大有可为的一些工作。在考古学上已知的遗址虽至少有 176 处之多[1]，其中做过详尽发掘的只有二三处，而全区详尽的调查，也尚没有做到。在民族学上，在台湾社会史方面的探讨，虽已有几篇人口和宗族问题的试探性的研究[2]，却尚未广

----

[1] 刘枝万《南投县考古志要》，《南投文献丛辑》（1956）4，55—73 页。
[2] 例如陈绍馨《台湾的人口增加与社会变迁》，《国立台湾大学考古人类学刊》，(1955) 5，1—19 页，及《台湾的人口变迁》，同上刊，第 6 期 (1955)，1—25 页；B. Pasternak, "Atrophy of patrilineal bonds in a Chinese village in historical perspective", *Ethnohistory*, (1968) 15, pp. 293—327; and his "The role of the frontier in Chinese lineage development", *The Journal of Asian Studies*, (1969) 28, pp. 551—561.

泛应用到这个区域的材料上。

我们这个计划与前人最大的差异是方法上的综合性。这综合性不但指学科内的（如社会史、现代社会及考古学的共同研究）而且指科际的。在一个地区一个区域之内作全盘性的调查，牵涉自然与人文科学诸方面及其彼此关系的做法，以 Richard S. MacNeish 的墨西哥的 Tehuacán Valley Project 为蓝本，加以扩张，这在台湾西海岸以及邻近的东亚各地区的自然文化史的研究上，还是一个初步的尝试。

专从文化史的立场看，这个尝试在东亚考古学上早已就该做了。目前东亚（包括台湾）考古学上不少重要问题的解决，都要靠史前自然环境的重建与人类和动植物生态系统的复原。农业的起源问题，是一个很好的例子。从考古学与民族植物学的证据来看，东南亚的农业发达史上有两个重要的周期。以芋、薯蓣为主的早期根茎果类的耕植，及以稻、粟为代表的晚期的谷类的耕植[1]。后一周期在东南亚大部地区的开始，似在公元前第三个或第四个千年，这是证据较为坚强的一说[2]。但关于第一周期实证尚少。很多学者认为东南亚的居民在这个阶段中采用一种多样性的生业形态，即以渔、猎、采集，及耕植各种方

---

[1] K. C. Chang, "The beginnings of Agriculture in the Far East", *Antiquity* Vol. 44 (1970), 175—185; Douglas E. Yen, "The development of agriculture in Oceania", in: *Studies in Oceanic Culture History*, R. C. Green and M. Kelly (eds.), Vol. 2 (Pacific Anthropological Records, No. 12, Honolulu: Bishop Museum, 1971).

[2] 如 K. C. Chang 上引 *Antiquity* 文及 *The Archaeology of Ancient China*, Rev. ed. (Yale University Press, 1968)。

式对自然界中丰富多样的资源加以同时并进性的利用[1]。台湾[2]和泰国[3]较近的考古资料,对这种说法也开始给予实证上的支持,但进一步的研究,还得靠学者在个别区域之内对人地关系做彻底研究所得结果才能进行。浊水和大肚两溪流域,在自然资源上合乎丰富多样的条件,而日月潭花粉史的初步研究[4],呈示东南亚农业发达史上第一周期的许多特性,使我们对这个区域的研究及资料的意义,有了很大的信心。

(四) 本计划下研究的目标及预期的结果,简述为下列的数条:(1) 现代自然环境与自然资源的调查、界说及分类。这里面目前包括地质、地形、动物、植物、土壤五项。每项的研究结果,在该学科之内自有其重要性,但彼此之间相互关系之研究,可得本区生态系统(ecosystem)的界说与叙述。(2) 过去自然环境的变化。大致限于更新统以来的时代,使用地质关系、古土壤、古动物骨骼遗留及花粉分析,拟测古代生态系统及其变化。(3) 现代各族

---

[1] Jacques Barrau, "La région Indo-Pacifique comme de mise en culture et de domestication des végètaux", *Journanique appliquee*, Vol. XⅦ (1970), pp. 487—503; K. C. Chang, "The Yale expedition to Taiwan and the Southeast Asian horticultural evolution", *Discovery*, 2 (1967), No. 2, pp. 3—10; Carl O. Sauer, *Agricultural Origins and Dispersals* (New York: American Geographical Society, 1952).

[2] K. C. Chang et al., *Fengpitou, Tapenkeng, and the Prehistory of Taiwan*.

[3] Chester F. Gorman, "The Hoabinhian and after", *World Archaeology*, 2 (1971), pp. 300—320.

[4] Matsuo Tsukada, "Late Pleistocene Vegetation and Climate in Taiwan (Formosa)", *Proceedings of the National Academy of Science*, 55 (1996), pp. 543—548; "Vegetation in Subtropical Formosa during the Pleistocene glaciation and the Holocene", *Palaeogeography, Palaeogeoclimatology, Palaeoecology*, 3 (1967), pp. 49—64.

群文化的描写与分类,尤其着重各文化对自然资源的利用方式及其在现代生态系统中的地位。(4)过去文化的历史以及过去的文化在古代生态系统中所扮演的角色及其变化关系。

(五)如果本计划能如期顺利进行,上述目标得以实现,则所得结果在学术及社会应用上的意义或重要性,可分数项:(1)科际性的区域研究为在台湾西海岸文化史上初次的大规模的尝试,在研究途径上可为后日及其他区域继续研究的借镜或模范。各个学科虽然独立进行,却当能彼此启发,互相促进。(2)自然史与文化史上的重要资料,其综合性及收集之规模尤具特征。(3)地质、地形、土壤、动物与植物诸学科的研究结果,可以建立浊水、大肚两溪流域生物生态系统的变化史。(4)考古与民族二科的结果,可以建立浊水与大肚两溪的文化史及文化在生态系统中的地位。这对台湾以及整个东南亚史前文化对自然资源的利用方法变迁史提供重要的资料,并可能对目前学界上若干重要待决之问题,供给解决的关键。台湾史前文化与现代土著民族之间的系统关系,在本区亦有重要的资料,其重要性更扩展到太平洋区的文化史上。(5)自然资源的研究及其文化史上的关系,对浊水、大肚两溪流域进一步的经济开发,可以有重要的资料与启示。

三 研究的方法与步骤

(一)此项计划预定自1972年6月开始,以两年为一期。期满后如工作全部或部分未完,则可再续。

(二)研究的焦点,固然是人地关系,研究的对象则是多方面的，方法上也是科际性的。计划中包括的学科已有考古、民族、地质、地形、动物、植物及土壤等 7 门。这 7 门学科的学者自其专门立场研究浊水、大肚两溪流域的现况及更新统以来的古代历史与变化程序。各科学者在进行过程中彼此参考讨论，其结果也彼此交换启发；两年中大家至少在一起举行讨论会或座谈会两次。但各科学者本身的研究，则完全是独立性的。

这项研究计划的特点之一是其开放性（Open-Endedness）。凡与浊水、大肚两溪流域人地关系有关的学科，都可随时加入工作，并不限于目前所包括的 7 门。同时每科之内所包括或着重的题目，亦可随时增减。

（三）研究的结果，一俟研究人员认为初步成立，并经执行委员审查通过即可随时刊布。本计划下的出版物采取一致式样及大小（16 开），在总名《台湾省浊水、大肚两溪流域自然与文化史科际研究报告》之下，分为三种：甲种为专刊，刊布较长之研究报告；乙种为论文集，集刊较短之报告及论文；丙种为资料。个别学科之出版品，暂不作分刊计划。

（四）各学科的具体工作计划如下（考古学部分见后，余略）。

四　研究的组织人员与设备

（一）本项研究计划由中央研究院、国立台湾大学及美国耶鲁大学共同组织成立之执行委员会推行之。此委员会之组成暂以张光直为主任、王崧兴为秘书，此外再由台大派任委员一人参加。执行委员会负责公事文件、推动工作进行、协调各学科人员相互关系，管理经费、主持学术座谈年会及出版报告。

（二）各学科所需工作人员如下表（主持人列下，余略）：考古学：张光直、宋文薰；民族学：李亦园（召集人）、刘枝万（顾问）、王崧兴（田野工作主持）；地质学：林朝棨；地形学：石再添；动物学：梁润生；植物学：黄增泉；土壤分析：涂心园。

上面摘述的研究计划于1971年12月向行政院国家科学委员会提出以后，经过长期的审查与考虑，在次年夏初得到了科委会同意支持，但在经费预算上除了细节的删改以外，有两项重要的改变。第一项改变是科委会仅同意了第一年（1972—1973）的预算；第二年的预算须在第一年中重新提出。第二项改变是将出版费用全部删除，因此计划之内便没有了出版的部分，各科的研究报告，便采取了自寻出路的方式。

从1972年6月起，依照上述的人事安排，成立了执行委员会，除了张光直、王崧兴以外，并由台大派了唐美君参加。各科的学者，系照各人所拟的计划进行研究（但土壤分析部分始终未参加工作，在第二年的计划里便并入了地形组）。同时在第一年度里，进行了两次科际座谈会；年中座谈会在1973年1月，年终会议在同年7月，假中央研究院民族学研究所会议室举行。

1973年的春季，即第一年度工作的中点，执行委员会便向科委会提出第二年度（1973—1974）的研究重点和经费预算。因为科委会对"浊大计划"中各个学科之间工作的整合提出了若干问题，所以我就借提出第二年经费预算之便，在这方面作了两次的讨论，一在〈引言〉，一在〈补充说明〉，节录如下：

中央研究院
国立台湾大学　　浊水大肚两溪流域自然与文化史科际研究计划
第二年度（1973—1974年度）研究重点及经费预算

一　引　言

本院校"台湾省浊水大肚两溪流域自然与文化史科际研究计划"（以下简称"浊大计划"），其第一期为期两年，已在1971年12月所提出的申请计划里有详细说明。第一年度的研究现已进行过半，一般进度与预期者相距不远（见屡次月报表及本年一月所举行年中座谈会各科报告；详待见年终报告）。第二年度的工作本为第一年度工作之赓续。但因这类科际研究在本省尚属初创，许多方面具有试验性质。因此第二年度的工作计划，不免要有依第一年度工作经验拟加变动与改进的必要。现在提出第二年度预算之际，先将第二年度工作重点重新略作叙述。

第一年度工作经验里最大的肯定性的成就，可以说是这一年的工作一方面从实际上证明了科际合作研究的可能性，而另一方面使参加工作的各科学者体验到科际合作的益处及其限制，以及如何进一步作更为密切与更为有效的合作方法。假如科际合作可以说是"浊大计划"的一个主要的特点，那么在最近出版的叙述商周铜器资料的一书里的下面这一段话，则可以说明我们在设计这项研究计划上所根据的基本动机：

学问研究的对象与研究它的学问，在道理上应当是水乳交融合作无间的，在实际上却常常处于扞格相对的地位。所以如此者，是由于二者之主从地位，在学术界中常与现实相颠倒的缘故。学问研究的对象应当是主，而研究它的学问应当是从研究的范围、方法、轻重，都应随所研究的对象的需要而定。但学者们做学问做久了，常误以自己的传习为中心，不知不觉地要求客观的世界跟着自己这行学问的传统与习惯走[1]。

我们这个"浊大计划"研究的对象，是以浊水、大肚两溪流域人类的历史为主题。研究人类历史的一个主要的焦点可说是人类社会文化与自然环境之间的关系。因此浊大区域这部历史里主要的一个研究对象是这个区域里古今的生态系统（ecosystem）。依现代生态学（ecology）的说法，生态系统的主要成分有三项：(1) 非生物成分（物质环境）；(2) 生物成分（生物界各种人口，包括人类、动物、植物等群）；(3) 非生物与生物群本身与彼此间相互作用关系（如能量与营养成分的交换）[2]。在做学问的传统上，研究物质环境的科学有地形、地质、土壤各科，研究生物群的有动物、植物、人类诸学。这些不同的学科，自然各有其各自不同的研究目标与对象，各是一门独立的学问。但是这些独立的学科，除了有其个别的研究对象以外，也有它们共同研究的对象，而人类史上生态系统的历代形式变迁便是这种共同研究对象之一。从人类史

---

[1] 张光直、李光周、李卉、张充和《商周青铜器与铭文的综合研究》，中央研究院历史语言研究所专刊（1973）62，i页。
[2] 见 A. S. Boughey, *Fundamental Ecology* (Scranton：Intext Educational Publishers, 1971), p. 12.

与人类史上生态系统之建立这个观点来看,它们便是那供我们研究的客观对象。我们从有关各科(如地形、地质、动物、植物、考古、民族、土壤等科)的不同的角度将这个对象加以研讨,而将各科研究结果整合在一起可窥全貌。在"浊大计划"之下,人类史是主,地形、地质、动物、植物、考古、民族、土壤诸科是从,而这些学科之间,则并无主从的关系。

这七个学科如何"整合"在一起,以求窥浊大人类史的全貌呢?"浊大计划"第一期(1972年到1974年度二年)的主要目标,是把科际研究的风气促建起来,使各科学者从实际工作上体验科际合作的利益,同时在实际工作里寻求共同工作最有利的范围和方法。既然人类史是整体而有系统的,人类史里的生态系统是有系统性的,我们相信从各个角度不同时代同时着手的各科研究结果,便有先天的整合性。换言之,这第一期工作中科际研究的整合性,偏重在目标上、研究对象上的殊途同归,而不从理论上或研究方法上提出科际整合性的任何假说。不然的话,不但各科之间产生了主从关系,而且如在开始工作之前便已知道工作结果应该如何的工作方式,显然不能说是科学的方式[1]。

基于上述种种目的和考虑,我们在第一期工作科际间合作的原则如下:(1)确定各学科从不同角度不同时代来研究人类史的原则;(2)使各科学者在其研究范围之内有

---

[1] 文首说考古、民族学是主角,自然史是配角,是指研究目标而言的。这里说各科之间无主从关系,是指研究方法与范围而言的;换言之,自然史各科不宜依考古与民族学的需要而决定如何去研究。

充分研究的弹性，相信为其共同对象的人类史本身便可提供有整合性的研究焦点；（3）在工作期间各科之间在地域上与时代上尽量彼此配合，以发挥工作上的最高效率。这里提出的第二年各科工作焦点，有若干处比起一年前初次提出的计划来已有显著的改变，便是各科之间企求彼此加紧配合的结果。

二　补充说明

在《"浊大计划"第二年度研究重点》（简称《第二年度重点》）本文中，对本计划之下各个学科之间的整合关系，仅有简短说明如次："这一期工作中科际研究的整合性，偏重在目标上、研究对象上的殊途同归，而不从理论或研究方法上提出科际整合性的任何假说。"此语虽略尽要旨，却嫌疏漏，再做补充说明于此。

"浊大计划"之下，共有七个学科，即地形、地质、动物、植物、考古、民族及土壤诸学。在《第二年度重点》里，我们提出"在'浊大计划'之下，人类史是主，……诸科是从，而这些学科彼此之间，则并无主从的关系"的看法。然则各科之间的关系为何？它们何以放在同一个研究计划之下？这都是非常重要的问题，但上文里解释未尽，在此再试作较详的回答如下：这些学科属于同一研究计划，是因为它们的研究有一个共同的目标，而且各自使用其个别的观点与方法来研究在一定的时空限度之内的共同对象的缘故。因此这每一个学科在"浊大计划"之下所做的研究只有作为"浊大计划"的一部分才有重大的意义。

"浊大计划"的目标简言之，是浊大流域人类文化史，尤其是浊大流域各种环境形态与各种文化形态之间的关系史的研究。研究的重点在人文，而研究方焦点则在于人类文化（及其变化史）与自然环境（及其变化史）之间的关系。这部历史如果能够建立起来，我们对浊大人地的关系，可得扎实的资料与科学性的了解；这种了解，不但适用于浊大流域，而且可能适用于其他的区域，不但适用于过去，而且可能适用于现在与将来。现代的应用经济学，在经济开发的策略上，离不开一些文化生态学的基本观念和原则。例如在浊大流域之内，我们不妨要问从土地与植物资源（现生的与可能的）上看有哪些环境类型？对每一种环境类型的开发，从人力资源的立场来看，有哪些限制？这些有关国计民生的非常实际的问题，都要靠"浊大计划"这类基本性的研究工作所提供的资料与原则，才能加以回答。1969、1970年行政院国际经济合作发展委员会都市建设及住宅计划小组所做的《台中区域计划》（《初步报告》，1970年；《图集》，1971年），与"浊大计划"在地域上有不少叠合之处，便是人文地理学对经济发展的贡献的一个好例子。

这一部人文历史的了解，需靠自然史与文化史两方面诸学科双管齐下才能有成。如第一年度"浊大计划"所述，"地质、地形、动物与植物诸学科的研究结果，可以建立浊水、大肚两溪流域生物生态系统的变化史。考古与民族两科的结果，可以建立浊水、大肚两溪的文化史及文化在生态系统中的地位。"换句话说，"人类史与人类史上的生态系统……便是那供我们研究的客观对象。我们从有关各科（如地形、地质、动物、植物、考古、民族、土壤等科）的不同角度将这个对象加以研讨，而将各科研究的结果整合在一起，可窥全貌。"(《第二年度重点》)所以我们说，"人类史是主，诸科是从。"这些不同的学科放在同一"浊大计划"之内，殊途同归，以达到上述人文史上的目标。如果把各科分开独立，则成为七个独立的研究计划，如浊大流域的地形研究、浊大流域的植物研究、浊大流域的民族学研究等等，其各自的意义就和放在一起时迥然不同了。

何以迥然不同？因为浊水、大肚两溪流域的研究，从地形学的立场看有它一套的重要目标与研究对象，从植物学的立场看，又有它自己的一套目标与对象，从民族学的立场看也是一样。从本计划之下研究人文史的立场看来是很为重要的目标与对象，从各学科本身的立场看来，不一定是亟待研究的目标和对象。举个例子说，地质学者因探采矿藏的关系，对更新统以前的地质，要比对更新统以来的地质有较大的兴趣。假如我们请地质学家自己完全依地质学界的需要去设计一个浊大流域的研究计划，他们就不一定有把更新统以来地质放在首要地位的道理。但是因为他们在浊大人文史计划之下工作，以人文史的目标为目标，所以以更新统以来地质为研究焦点。地形、动物、植物等学科的情形，也与此类似。因此这七个学科在本计划之内的研究对象，在时间上同限于有人类生存及其以前不久的时代，在空间上同限于浊水、大肚两溪流域。既然"人类史是整体而有系统的，人类史里的生态系统是有系统性的，我们相信从各个角度、从不同时代同时着手的各科研究，便有先天的整合性"。(《第二年度重点》) 这便是上面引述的"第一期工作中科际研究的整合性，偏重在目标上、研究对象上的殊途同归"的说法的注脚。换言之,这七个学科在"浊大计划"之下,并不是各干各的,互不相涉,而是从不同角度研究同一对象,即浊大的人文史。

这一部人文史显然不是一年半载里可以做得出来的。我们在上面说了,我们给了"浊大计划"之下的七个学科一个共同的目标与严格的时空界说,但在这些限制之内各科的学者要有相当的研究弹性。因为,第一,科际研究的工作本不易为,像"浊大计划"这样规模的,不但在台湾是首创,而且在整个东亚也属罕见,这也是"浊大计划"已引起国际学界的注目与重视的原因。正因为如此,我们在开始工作期间,不免要经过一个摸索试验的阶段。但是各科的学者在合作了一个时期以后,应该逐渐走上轨道,使彼此的支持工作更有效率,所以我们在《第二年度重点》一开始便说"第一年度工作经验里最大的肯定性的成就,可以说是这一年的工作一方面从实际上证明了科际合作研究的可能性,而另一方面使参加工作的各科学者体验到科际合作的益处及其限制,以及如何进一步作更为密切与更为有效的合作方法。"

各科学者在"浊大计划"之下需要相当程度的研究弹性的第二个理由,是固然这个计划的要点在人文,焦点在人地关系,但各科学者在直接牵涉人地关系问题之前,常常要先做一些基础性的研究工作,好做更进一步研究人文的基础。例如,上文说过,地质学者要以更新统以来地质为主要对象,但古代地层是连续的,地质学者要做更新统地质便不能不涉及更新统以前地质。要涉及多少更新统以前地质才能做好更新统以来地质?这是个地质学的问题，我们只能依靠地质学家的判断。而地质学家要回答这个问题，也得先到田野里做了调查、判断了地层时代以后，才能给个科学的判断。再举个例：如《第二年度重点》所说，日月潭附近现生植物的研究，是植物组第二年度工作重点之一。所以若是因为我们知道日月潭附近久有人居，想再进一步知道一下日月潭附近对植物利用的历史。我们研究植物史的主要工具是花粉分析，但花粉分析必须自现生植物花粉研究为起点。因此日月潭附近现生植物的研究，不但在现代人地关系的研究上有基础的意义，而且也是研究花粉史与人地关系史的基本工作。同在"浊大计划"之下，植物学者与大家有一样的目标与研究对象，但是在他们的实际工作上，如何达到这项目标，则我们不能不给他们以充分的弹性与自由。换句话说，这七个学科的工作计划，在目前这个阶段，只能在目标与研究对象上加以整合，在实际工作上则各有各的细节与方法。这便是上面引述的"第一期工作中科际研究的整合性……不从理论上或研究方法上提出科际整合性的任何假说"的注脚。

这样看来，"浊大计划"需要相当长的时间才能达到圆满的结果。在外国我们所知的几个类似的研究计划，都是做了5年到10年以上，才能告一段落，而他们所研究的地区，有时比起浊大流域来还要小些，而基础的科学已经做得更多些。我们希望在第一期两年结束以后，可以把科际研究的种种步骤引上正轨，同时对浊大人文史可以有一些初步的资料与初步的诠释。假如在那时大家都同意这些结果值得更进一步的研究，我们希望科委会能继续支持我们做第二期甚至第三期的工作。这些结果，大概不会像北京人或八仙洞那样令人注目，却是台湾人文史上有第一流价值的坚实的科学资料,因为去年开始工作较晚,到现在只工作了 7 个多月,材料虽已收了很多,整理需时,浊大的人文史尚未成形。我们计划在本年 6 月底或 7 月初召开第二次的科际座谈会,会中拟将第一年度工作的成果做一初步的综合,并将科际合作的方式再做改进。因此在第二年度重点里我们对各科研究内容的叙述,只能依上述的原则强调重点,期待更进一步的工作经验来锤炼、改善细节。我们希望科委会能支持我们的这个原则:在各学科内延聘研究有成绩的学者,大家同意了一定的研究目标与对象,此后则给各科学者以充分的幅度,以便在共同的目标之下产生可靠的科学成果。我们相信这种成果的产生是准的,而他们产生以后的整合是不难的。

上面这一段文章固然是针对科委会而写的,却也很忠实地代表了"浊大计划"在第一期两年间在科际合作上的基本态度。第二年度(1973—1974)亦经科委会同意支持,期间各科学者在整合方式的学习与试验上花了不少的心力。1974 年 8 月初仍在民族学研究所会议室召开的第二年年终科际座谈会上,在各科学者的讨论上很清楚地看出"浊大计划"的学者在这一方面上已经到了相当成熟的地步。在《六二～六三年度工作总报告》(载《中央研究院院讯》,第 4 期,1974,页 35)里,我便是乐观地宣布,"参加'浊大计划'的各科本身早就有第一等的人才,但是第一期的'浊大计划'培养出来一批第一等的做科际研究的人才。这 30 多位学者作为一个学术团体来说,可以说是达到了进行这类科际计划的尖峰状态。这是我们决定进行第二期工作,并且将第二期研究策略比第一期有所改进的原因。"第二期的"浊大计划"的研究,自 1974 年暑期开始,它在很多方面都与头两年有很大的变化。最大的变动，是自第三年开始，不再像头两年一样考古学有考古学的计划、地形学有地形学的计划，而是以研究题目为中心，由所需要的各科工作人员参加。研究的经费，国科会暂停支持，第三年里除了我自美国国家科学基金会补助余款中取出一部分来继续支持植物、地形与考古（部分）三组的人事与研究费用以外，主要是由哈佛燕京学社资助的。同时自第三年起执行委员会的主任一职，由李亦园共同担任，考古组的负责人由宋文薰、连照美接任。所以自第三年（1974—1975）开始，"浊大计划"步入了一个新的阶段。

我们在这里提出来的是"浊大计划"第一期两年（1972—1974）里考古组研究工作的报告。第一期的考古工作是由我主持的，而支持考古工作的机构是历史语言研究所的第三组；第三组不但给我们名义上与公事上的支持，并且特别在考古馆腾出了两间房子做我们存放、整理标本之用。我要在此特别向支持我们工作的前所长李济之先生、所长屈万里先生、第三组代主任高去寻先生，以及史语所的其他同人表示谢意。第一期浊大考古工作所得的标本全部是史语所的财产，永久在考古馆存放保管。

"浊大计划"中考古学部分工作的具体计划如下："考古学的部分，自1972年6月开始，为期两年之间，分为两个阶段。第一个阶段，以台中市（或雾峰）、埔里及水里三处为中心，在浊水、大肚两溪流域作详细的遗址调查及地表选样采集，主要的目标有三个：尽量找寻遗址，并将遗址画入1/25 000的地形图上以明示其地形位置；使用地表采集物作各遗址年代学的初步排列；及使用试掘方式找寻关键性的遗址。这一步工作强调调查之彻底性与全面性，希望在一年内可以完成。假如全境的调查不可能实行，则集中在台中盆地的东西两缘（即八卦山台地的向海面与盆地面两面及南投丘陵的盆地面)、埔里盆地群周围的山麓及台地,及浊水溪中游自集集到水里一带两岸的台地。

第二个阶段的工作中心为关键性遗址的发掘。遗址之关键性的决定,要靠好几种因素,大致在用表面标本所作的年代学上要有代表性的意义(早、中、晚期各选若干);在地形上选取性质不同之遗址;试掘而知道有层位关系的遗址;包括自然遗物较多的遗址;在史前史与现代民族史之间有接辙意义的遗址,等等。

考古工作中所采集的碳 14 标本,经得台大物理系放射性碳素研究室的许云基教授应允担任测定工作,其结果将在年代学的研究上占主要地位。年代学及其他方面考古材料的综合,随时进行(假设、实验、假设的程序),以文化生态学为主导的理论。"

头两年的实际工作,大致依照计划进行。其主要活动分年简述如下:

1. 1972—1973 年度

参加第一年度的考古工作人员有何传坤("浊大计划"专任助理员)、黄士强(台大考古人类学系讲师)、罗世长(台大考古人类学系助教)、尹因印(Richard B. Stamps, 美国密歇根州立大学人类学系研究生)、孙宝钢(台大考古人类学研究所研究生)、臧振华(同上)六人。本年工作的重点,在史前遗址的调查、遗物的收集,与文化年代学初步建立。经过调查的区域,包括大肚山台地东西麓(何)、草屯台地(臧)、乌溪河谷(臧)、国姓乡(臧)、埔里盆地(尹)、鱼池乡(孙)、浊水溪中游集集附近(黄)、南投台地(何)、竹山地区（罗），及八卦山台地东西麓（何）。在这些区域所发现及调查的出土史前遗物的地点共有 267 处。它们在浊大流域内包括了六七百公尺以下的河谷地区，代表各种地形。除了山地以外，第一年调查未及的地区主要有两处，一是台中盆地的东北缘的山麓地带与台地，即自草屯以北到丰原之间，一是鹿谷乡浊水中游的南岸（第三年工作里包括前一区域的调查，但鹿谷乡一直到现在还缺乏新的材料）。

第一年调查的 267 处遗物出土地点的年代学的排列，可有两项入手的途径。其一是陶片的分类与排队（Seriation）。本组同人初步把史前陶片分为五组：粗绳纹陶、红绳纹陶、素面红陶、灰黑陶、灰黑印纹陶。初步排队的结果，以（1）粗绳纹陶最早，仅分布于清水牛骂头遗址的下层及草屯镇平林台地第四地点两处。（2）红绳纹陶次之，分布于大肚山台地两麓，及台中盆地之东缘丘陵边缘台地上，至草屯镇（即乌溪口）一带为止。（3）素面红陶又次之，分布于台中盆地全部，并沿乌溪进入国姓乡西边，沿浊水溪进入水里与集集之间。（4）灰黑色陶分布最广，除以上各区外，并进入埔里盆地群。与红陶比，灰黑陶地点除分布较广外，亦分布较高；在同一地区之内，常有红陶在低台地，灰黑陶在高台地的现象。（5）灰黑印纹陶最晚，且仅有局部分布，限于大肚台地及局部之山地地区（如陈有兰溪之东村附近）[1]。

其二为碳素 14 年代的测定。在本年度经台大物理系放射性碳素研究室所处理的碳素标本，有在埔里出土的九件，其结果如下（均为灰黑陶层）：

---

[1] J. M. Treistman, "Prehistory of the Formosan uplands", Science, 175 (1972), pp. 74—76.

	B. P. (5568 半衰期)	B. C. (5730 半衰期)	B. P. (5730 半衰期)
NTU201	3282 ± 98	3380 ± 100	1430 ± 100
NTU203	3207 ± 96	3300 ± 100	1350 ± 100
NTU202	2994 ± 90	3080 ± 90	1130 ± 90
NTU200	2381 ± 71	2450 ± 70	500 ± 70
NTU196	2197 ± 66	2260 ± 70	310 ± 70
NTU195	2104 ± 63	2165 ± 70	215 ± 70
NTU194	1846 ± 55	1900 ± 55	A. D. 50 ± 55
NTU193	1837 ± 55	1890 ± 55	A. D. 60 ± 55
NTU192	1783 ± 53	1835 ± 55	A. D. 115 ± 55

此外，在浊大流域范围之内在过去已知的碳素 14 年代有下列各条[1]：

Y – 1630	营埔灰黑陶	2970 ± 80	3060 ± 80	1110 ± 80 B. C.
Y – 1631	营埔灰黑陶	2810 ± 100	2890 ± 10	940 ± 100 B. C.
Y – 1632	营埔灰黑陶	2250 ± 60	2320 ± 60	370 ± 60 B. C.
NTU – 57	洞角红灰黑陶	3840 ± 380	3960 ± 390	2010 ± 390 B. C.
NTU – 56	洞角红灰黑陶	1631 ± 160	1680 ± 160	A. D. 270 ± 160
GX – 1538	东埔印纹黑陶	1165 ± 110	1200 ± 110	A. D. 750 ± 110

以上各条年代，彼此之间尚称符合。比较成问题的是洞角的两个年代，相差甚远。这两个年代所根据的标本是 Judith Treistman 女士发掘所得的。她的发掘报告尚未出版，不知这两件标本与文化层位之间有何关系。按过去对洞角遗址的了解，此地有红陶与黑陶两个系统文化的遗物。不知这两件碳素 14 的标本会不会与不同的文化有关。

---

[1] J. M. Treistman, "Prehistory of the Formosan uplands", 74—76; M. Stuiver, "Yale Natural Radiocarbon Measurements Ⅸ", *Radiocarbon*, 11 (1969), p. 640; Y. C. Hsu, C. Y. Huang, and S. C. Lu, "National Taiwan University Radiocarbon Measurements I", *Radiocarbon*, 12 (1970), p. 189.

根据以上各项资料，在第一年工作结束之际考古组同人将本区五组陶器层的绝对年代暂定如下：（1）精绳纹陶期：3000B.C.以前。（2）红绳纹陶期：2500B.C.—2000B.C.（3）素面红陶期（已有灰黑色陶）：2000B.C.—1500B.C.（4）灰黑陶期（亦有素红陶）：1500B.C.—A.D.700及更晚。（5）灰黑印纹陶期：A.D.700以后（局部分布）。

2. 1973—1974年度

第二年度在上年调查所得的二百余处地点中选择了11处遗址加以发掘。发掘的人员，除了孙宝钢（"浊大计划"专任助理研究员）和臧振华（台大考古人类学系助教）自第一年继续下来工作以外，并有杜伟（Robert E. Dewar, Jr. 美国耶鲁大学人类学系研究生）和小山修三（美国加利福尼亚大学戴维斯Davis分校人类学系研究生）参加。所发掘的11处遗址是：（1）台中县神冈乡庄后村遗址（孙）；（2）台中县清水镇牛骂头遗址（杜）；（3）台中县龙井乡山脚村遗址（孙）；（4）台中县龙井乡龙泉村遗址（孙）；（5）台中县大肚乡顶街村遗址（杜）；（6）彰化县芬园乡旧社村遗址（杜）；（7）南投县南投镇十八张遗址（小山）；（8）南投县草屯镇草鞋墩遗址（臧）；（9）南投县草屯镇平林（臧）；（10）同上第Ⅴ遗址（臧）；（11）南投县集林里第Ⅳ遗址（集集镇大邱园遗址）（小山）。这11个遗址的分布，包括了海岸台地、台中盆地，及大肚与浊水溪中流河谷，再加上尹因印在第一年度在埔里盆地发掘的遗址，已经发掘的遗址在地形上包含了自海岸到内陆、自低地到高地的相当幅度。换言之，第二年度发掘的资料，应当对史前文化对各种环境类型的适应方式都有相当的代表性。

从文化的内容上说，6个遗址里有红色绳纹层的文化层

(庄后村、牛骂头、龙泉村、顶街、草鞋墩、平林Ⅳ)、两个有素面红陶文化层(十八张、大邱园)、四个有素面灰黑陶文化层(庄后村、牛骂头、旧社、平林Ⅴ)、两个有刻印纹黑陶文化层(山脚、龙泉村)。这些遗址在文化遗物上包括了浊大区域的全部史前文化类型,而各遗址的层位和碳素14的资料(草鞋墩的红色绳纹陶文化层为 4000±200 B. P.〔NTU-244〕;庄后村的素面灰黑陶文化层为 2070±100 B. P.〔NTU-243〕;山脚及龙泉村的刻印纹黑陶文化层为 12—17 世纪〔NTU-229—242〕;在大体上从若干方面加强了第一年度根据采集资料所拟测的区域年代学。

第一年度终了后我们曾根据地表采集的资料推断大垄坑式的绳纹陶成分在本区的存在。这在第二年度的工作中初步得到了层位上的支持。除了草鞋墩以外,本区有红色绳纹陶的遗址所出土的红色绳纹陶中,都有多少不一但是显著不误的大垄坑式粗绳纹陶片的成分,其中尤以牛骂头遗址所含最多,而且在这个遗址中有愈近下层愈告显著的趋势。这一点可以说是第二年度考古组工作较为重要的收获之一。

11 个遗址的发掘,在个别遗址来说,其规模并不庞大,还只能说是试掘性质,但出土的遗物有相当的数目(如牛骂头 6 个坑所出陶片据杜伟估计有 100 000 片以上)及代表性。我们在发掘中所强调的重点之一,是所谓"自然遗物"的拾获。各遗址的发掘过程中都使用了美国考古学界创用的漂浮法(flotation),对小粒骨骼、贝壳及植物种子的认获,有很大的助力。

下面所收的文章,是这两年里考古工作的报告。像上文所说的,浊大流域文化史的建立,恐怕需要 5 年到 10 年的时间,因此这里的报告只能说是初步的一点贡献。第三年起的考古工作,因为性质有重要的改变,所以准备在将来另行刊布。

浊水溪大肚溪流域考古
——"浊大计划"第一期考古工作总结 *

一　浊水、大肚两溪流域考古经过

汉人自17世纪明郑时代便已逐渐入居浊水溪下游平原地区，到了18世纪（1723年）清政府在彰化设县。在这以前浊水大肚两溪流域的居民文化，便都是考古研究的对象。日据时代初期的考古家，如鸟居龙藏、森丙牛等，在本区的山地与丘陵地带就做了不少的调查[1]。到了光复初期，根据日本学者工作的成绩所绘制的一张《台湾先史遗址散布图》里，全岛共收了109个重要的考古遗址，其中有18处是属于这一区域的，即陈有兰溪的Taketonpo（东埔）和Mamahaban，浊水溪中游的二水、埔心子、集集、水里坑和水社，埔里盆地及其附近山区的乌牛栏、埔里、姊妹原、雾社、Mahebo和白狗，以及大肚溪下游的胁贤、乌日、追分、大肚和彰化贝冢[2]。但是这

---

* 原载《台湾省浊水溪与大肚溪流域考古调查报告》，中央研究院历史语言研究所专刊（1977）70。
[1] 金关丈夫、国分直一《台湾考古学研究史》，《台湾文化》第6卷第1期，1950，10页。
[2] 国分直一《关于台湾先史遗址散布图》，《台湾文化》第5卷第1期（1949），41页。

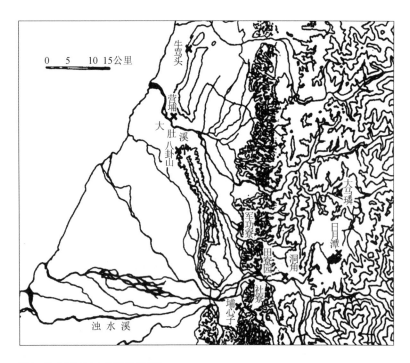

图1 浊大流域过去主要考古遗址

18个遗址只是一些较为重要的代表,实际上已知有史前遗物发现的地点远超过这个数目。照刘枝万在1956年的统计[1],仅在南投县境便有考古地点176处之多。在"浊大计划"开始(1972年)以前,这个区域里面经过比较详尽的调查并有报告资料问世的,可举下面的这几个遗址:

(一)清水牛骂头。清水在大肚山丘陵西麓的北部,在地形上实在属于大甲溪口地区,但大肚山西麓海岸台地的史前文化自大甲溪口向南到大肚溪口实在是连续而不可分的,而且牛骂

---

[1] 刘枝万《南投县考古志要》,《南投文献丛辑》(1956)4,55—72页表。

头遗址的层位关系在中部史前文化年代学上至属重要，为"浊大计划"发掘的重点之一，所以把这个遗址并入本区讨论。

牛骂头遗址是国分直一在1943年调查大肚山时所发现，其后刘斌雄于1950、1954年及1955年作过三次调查。根据刘氏的报告[1]，"牛骂头遗址之史前文化有三个系统。属于最古老之一层者，为具有绳纹纹饰之红陶文化。……其陶器之形制，其一部应为广口、鼓腹、有圈足，身部以绳纹装饰之罐形器；素面无纹饰。器身甚薄之盆形器及器形不甚明之瓶形器等。"根据断面上的观察，"本层的红色陶中，有素面无纹者。从断面上观察有纹无纹两种陶片之分布似有某种（程）度之偏在性，（即）无纹饰素面陶多见于上面，然而有绳纹纹饰陶，虽见于全层，但以下面为多。"

"其次，继之出现者有黑陶文化。……本遗址之黑陶，其质料、纹饰及形态上之种种特征，与营埔遗址出土者颇类似。……最后，还有一种方格纹陶文化之存在。与之相同者，曾在大甲溪北岸之麻头路遗址出土。"

（二）营埔。营埔遗址也是1943年为国分所发现的，嗣后于1943、1944年及1946年以国分为首做过三次的试掘。1964年底营埔被选为台大与耶鲁大学合作考古计划的发掘重点之一。依国分较早调查材料，这里最引人注意的出土物是黑色陶片，其中有豆足及鼎足（包括兽脚形足），指示与中国大陆黑陶文化的关联。"黑陶中虽无若山东城子崖所见之eggshell pottery之极薄者，唯内外两面均有光泽之漆黑色薄皮，厚约2mm之良质黑陶陶片却可得到。一部分人称为灰陶之黑陶系

---

[1] 刘斌雄《台中县清水镇牛骂头遗址调查报告》，《台湾文献》第6卷第4期（1955），69—83页。

统土器，于本遗迹亦有多量出土。又出土陶片中混有少量火度颇强，几呈白色之较薄陶片……赤色系土器……（及）与台湾其他遗迹出土之彩文土器之样相相异之彩文土器。"同时采集之石器则有"大型犁形石器、石刀、石镰及石锤"[1]。1964年宋文薰主持下的新发掘，材料尚在整理中，但所采三件碳素标本已经发表[2]。1964年发掘物中，有谷粒在陶片上的印痕。据宋文薰告诉我，已由日本的中尾佐助氏鉴定为稻米的痕迹。

（三）彰化八卦山。八卦山的贝冢遗址，早在1933年便已发现，但大部已在第二次世界大战期间破坏，而且其出土资料仅有极简单的报告[3]。据1948年国分等人的试掘，八卦山遗址有三个文化层：营埔系统的黑陶文化在下，有方格纹的灰褐陶文化在中，汉人的墓葬在上。

（四）南投军功寮。这是南投县文献委员会近年（1959年）发现的遗址之一，其陶器以灰黑色的陶片为主，与营埔的基本上相同[4]。

（五）竹山埔心子。在竹山镇东埔心子竹山国校里清理的一具石棺葬，系在1945年发现，1946年由金关、国分，及杉

---

[1] 金关丈夫、国分直一《台中县营埔遗迹调查豫报》，《台湾文化》第5卷第1期（1949）。

[2] 宋文薰《台湾西部史前文化的年代》，《台湾文献》第16卷第4期（1965），148页；M. Stuiver, "Yale Natural Radiocarbon Measurements Ⅸ," *Radiocarbon*, Vol. 11 (1969), p.640.

[3] 早坂一郎、林朝棨《台湾考古资料》，《台湾地学纪事》，5卷1号（1934），1—6页；金关丈夫、国分直一《台湾先史考古学における近年の工作》，《民族学研究》18卷1/2号（1953），72页；国分直一《台湾先史时代の贝冢》，《农林省水产讲习所研究报告，人文科学篇》第7号（1962），60页。

[4] 刘枝万《南投县军功寮遗址调查报告》，《台湾文献》第11卷第3期另册（1960）。

山直明等清理。据刘枝万的介绍："棺为石板拼成箱形之石棺，质地为灰褐色砂岩，有底板及上盖。……陶器以粗面红褐色含砂者为主，并随伴豆形红色陶器，黑陶质陶镯、绳席纹陶器、橄榄石玄武岩石器等……类似于恒春之垦丁石棺遗址，而其黑色小型陶罐极似曾发现于台南茑松遗址之小型黑色陶罐。故该遗址文化，可能与台湾西部海岸平原之南部地方先史文化曾有交涉或关联，但以由该地附近所发现石网坠之形制以及随伴火候较低之黝黑色陶与石制手镯等迹象观之，同时可能亦与出土相同类型石棺之埔里大马璘遗址，曾有关系。"[1]

（六）社寮。浊水溪南岸，竹山镇东北，鹿谷乡以西的社寮台地上，南投县文献委员会的刘枝万于1956年调查发现史前遗址两处，即台地西端的后沟坑与东端的顶埔。两遗址里采集了大量的石器和红褐色与灰褐色无花纹的陶片。刘枝万根据这里的石器的形制，为极薄的磨制铲形器，部分有打剥痕的磨制圆转角锛凿形器，笨重打制石锄，及横剖面近椭圆形之大型斧形器等，都是浊水溪流域遗址的特征，与大马璘不同，认为浊水溪与乌溪（即大肚溪的中上流）的史前文化有属于不同系统的可能[2]。

（七）洞角。洞角在集集镇正东，浊水溪北岸1公里以北集集大山的南麓台地上，是镇民种菜时所发现的，曾在1954年由南投县文献委员会所发掘。这是浊大区域在"浊大计划"开始以前工作最多材料最丰的三个遗址之一（另外两个是上述的营埔和下面将要介绍的大马璘）。照刘枝万

---

[1] 刘枝万《南投县考古志要》，37—38页；金关丈夫、国分直一《台湾先史考古学における近年の工作》，70页。
[2] 刘枝万《南投县浊水溪南岸社寮台地史前遗址》，《南投文献丛辑》4（1956），91—108页。

的报告[1]，洞角的史前文化，可分为黑陶文化与红陶文化两个系统。这两个文化在空间上重叠，但分布的中心不同。二者是同时的，还是有时间先后的关系，则在已整理出来的资料里不明。这个遗址还有一个特征，即有石臼和大砥石多个发现。1968 年前后，时在 Cornell 任教的 Judith M. Treistman 曾在洞角做进一步的发掘，但到今未闻有报告问世，只是在 *Radiocarbon* 上看到过她送给台大物理系做碳 14 鉴定的两件标本的年代[2]。

（八）田寮园。在洞角以西，浊水溪北岸，是 1954 年南投县文献委员会所发现的重要遗址之一，其陶器与洞角相似，亦有红褐色与灰黑色两大类[3]。

（九）日月潭。日月潭是埔里盆地群中现存的唯一湖泊，其沿岸地带历有人居，在日据时代初期鸟居和森丙牛等人在其附近曾作过许多史前遗物的采集。1919 年开始建造水力发电厂，1939 年竣工，水位高涨，以前的湖畔，都没入湖底，将史前聚落便都淹盖了，只有等天旱水浅的时候才便考古采集工作。湖畔的考古采集，于 1954 年及 1955 年由南投县文献委员会三次进行，获得大量石器和以灰黑色及褐色素面陶片为主的陶器[4]。1964—1965 年，台大与美国耶鲁大学合作台湾考古研究计划中有古代植物孢粉研究的一项，由耶大生物系的冢田松雄主持。冢田在日潭的湖底采了深达 12.79 公尺的一条湖底泥的标本，用作详细的孢粉分析，其结果在台湾古植物史与古

---

[1] 刘枝万《南投县考古志要》，47 页；又见刘斌雄《洞角遗址发掘简报》，《南投文献丛辑》(1)，3—4 页。
[2] *Radiocarbon*, Vol. 12. (1990) p. 189.
[3] 刘枝万《南投县考古志要》，44—45 页。
[4] 刘斌雄、刘枝万《日月潭考古报告》，《南投文献丛辑》5 (1957)；刘枝万《南投县考古志要》，50 页。

气候上有很大的重要性[1]。从文化史的立场看来，日潭的植物孢粉史上有两个变化点似乎有很大的意味。在湖底 4 公尺左右深处，经碳素 14 分析鉴定为 12000 年前，湖边的植物群里呈示次生植物（如台湾赤枫 Liquidambar formosanus）的急遽增加，同时淤泥里的炭末亦开始作显著而持续不断的增多。到了湖下 1.8 公尺，即 4200 年前，次生植物林和炭末都做更显著的增加，而届时孢粉中包括了大量的禾本科的花粉。冢田相信后一变化表示谷类农业到达日月潭的现象，这种现象在年代上与营埔文化的碳 14 年代大体相当。换言之，谷类农业于 4000 余年前进入中部地区，一直伸入到日月潭一带造成孢粉史上 4200 年前的变化，是可成定论的。至于 12000 年前第一个变化是如何造成的，则意见不一。我曾建议过，它也许是大坌坑式绳纹陶文化在这个区域从事原始农耕而斩伐森林的表现[2]，可是本区迄今无大坌坑式绳纹陶遗址遗物发现是此说的最大障碍。关于这个问题下文再详细讨论。

（十）埔里大马璘。埔里镇西爱兰台地上大马璘附近史前遗址面积广大，现象丰富（尤以石板棺葬为著），遗物繁多，早已引起附近居民之注意。自 1938 年以来，历经日本学者如浅井惠伦、金关丈夫、宫本延人等、台北帝大土俗人种学研究室，南投县文献委员会，以及中央研究院历史语言研究所考古

---

[1] Matsuo Tsukada, "Late Pleistocene Vegetation and Climate in Taiwan (Formosa)", *Proceedings of the National Academy of Sciences*, Vol. 55 (1996), pp. 543—548; "Vegetation in Subtropical Formosa during Pleistocene Glaciations and the Holocene", *Palaeogeography Palaeoclimatology, Palaeoecology*, 3 (1967), pp. 49—64.

[2] K. C. Chang et al., *Fengpitou, Tapenkeng, and the Prehistory of Taiwan*, (Yale Univ. Pub. in Anth., 73, 1969), pp. 227—228.

组李济、石璋如等先后调查、发掘及采集，大马璘的遗物出土可称最多，并为鹿野忠雄氏讨论台湾先史遗物"地方相"的一个"相"[1]，可是迄今为止有关这个遗址的科学报告仍属罕见[2]。除石棺以外，大马璘出土物中有石器和陶器。后者以灰黑色的为主，有刻纹、印纹与彩画文；石器则有斧、锛、刀、镞和戈等。鹿野以为其石器一般说来为西海岸的系统，但有东海岸特色之遗物。

（十一）东埔。南投县南部山地，即陈有兰溪流域台地，自1900年鸟居龙藏之调查起，即迭受考古学者的注意，东埔一带尤为重要。依金关、国分两氏的讨论，"王鸿博氏进行调查以南投县玉山区东埔社（布农族番社）为中心的布农族系遗迹，他并且作过小规模的发掘。笔者尤感兴趣的是他在望乡社的调查。该地位于……五义仑山东南山麓，和社溪与陈有兰溪会流点之北约500公尺左岸的河成段丘上，海拔约760公尺……王氏谓他曾发掘过约达80公分厚的文化层，……并谓在约15坪至20坪宽的某一地点，……遗物散布地的范围极广，而遍及台地面上。石器有磨制及打制两种，陶器为赤褐色含砂陶"[3]。在1968年前后上述的Treistman也到东埔附近作过小规模的调查，并自一个文化层里采到一个碳素标本，分析结果为785±110A.D.。Treistman据此主张台湾土著族之在高地居住，并非

---

[1] 鹿野忠雄著，宋文薰译《台湾民族学考古学概观》，台湾省文献委员会出版，1995，104页。
[2] 浅井惠伦《埔里大马璘石棺试掘报告》，《南方土俗》第4卷第4号（1939）；刘枝万《台湾埔里乡土志稿》第1卷（1951）及《南投县考古志要》；石璋如《台湾大马璘遗址发掘简报》，《国立台湾大学考古人类学刊》（1953）1，13—15页。
[3] 金关丈夫、国分直一《台湾先史考古学における近年の工作》，80页，译文录自宋文薰译文，《台北县文献丛辑》第2辑。

汉人殖民平原而将土著驱入山中的结果，而是代表自古已有的一种对自然环境的适应方式[1]。

除了上举11个重要遗址以外，浊大区域还有许多其他考古遗址遗物发现[2]，但由上举诸例可见，这个区域中史前文化丰富多彩，同时可见其有待进一步研究问题之繁多。学者最大的一个困难，是出土遗物虽多，考古报告却极简少，而且一直没有全区的综合研究出现。而且私人收藏品经年多有散失，而公家的收集又因战乱或移交而多失损。考古学者不可能将历年出土遗物做一整体的考察与研究。"浊大计划"开始之时，参与的考古工作者便在这个丰富但缺乏整理的基础之上开始考古工作。自1972—1974两年工作的概况，已在前篇《"浊大计划"与1972—1974年度浊大流域考古调查》一文中详述；各个考古工作人员的报名也已在上面提出。因考古工作仍在进行之中，目前对浊大的文化史自然还没有结论可言。本文仅是两年工作结束后的一个初步总结。

二　浊大流域自然环境及其演变资料

我在卷首的引文中已经指出浊大流域在地形、气候与动植物资源上的复杂性与分歧性，事实上这也是我们选择浊大区域作为研究对象的主要原因。要研究古代文化的变异与自然环境的变异之间的关系，我们必须首先对本区自然环境的分区作一个基本性的检讨。我们要首先研究一下，从史前文化对自然环

---

[1] J. M. Treistman, "Prehistoty of the Formosan uplands", *Science*, 175 (1972), 74—76.
[2] 见刘枝万《南投县考古志要》。

境的适应,亦即对自然资源之利用上来看,这里的自然环境可以分为多少类型,然后再检讨一下这不同的自然环境的类型中各有什么样的史前文化。

对浊大流域自然环境的研究,我们一定要仰仗环境科学对浊大流域研究的资料与结论,这显然是我们设计了"科际"的研究计划的原因。虽然自然科学的工作者在"浊大计划"之下还只开始工作,对环境类型的综合还不能供给结论,我们却已有若干初步的成果可以利用,同时亦能仰仗过去学者在这方面早已供给的丰富的资料[1]。依地形组工作人员的意见,浊水与大肚两溪流域都可在地形上分为五区,即山地、丘陵、盆地、台地与平原[2]。依植物学者对现生植物群落的区分,本区有(1)平原植物群落;(2)树林(600公尺以下为热带林,600—1600公尺为亚热带林,1600—3000公尺为温带林,3000公尺以上为寒带林);(3)高山草原[3]。考古组工作人员在第一期的考古调查,在地形上只限于平原、丘陵、台地与盆地各区,而未及于山地。所涉及的植物群落以热带林为主,而涉及亚热带林的下部。图2所示的是第一期考古工作所调查及发现的二百多个遗址及遗物地点的

---

[1] 自然科学各组研究资料,见1961年至1962年度年中及年终报告及1962年至1963年度年终报告,均未发表。其已发表之论文,有石再添等,《大肚溪流域的地形学计量研究》,《台湾文献》,第26卷第2期,1975;钟天福、黄增泉、尹因印《台湾之古生态研究(3)——埔里盆地》,*Taiwania*,18(1973),179—193页;黄增泉《台湾古生态之研究(4)——外加道坑剖面》,*Taiwania*,20(1975),1—22页等。

[2] 石再添等《大肚溪流域的地形学计量研究》;石再添等《浊水溪流域的地形学计量研究》(未刊稿)。

[3] 刘棠瑞、刘枝万《南投县生物志植物篇稿》,《南投文献丛辑》(3)1956;王子定《台湾山地之森林》,载《台湾之山地经济》,《台湾研究丛刊》第81种,台湾银行经济研究室编印,1966,185—214页。

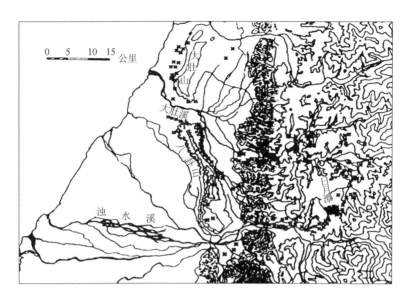

图 2 浊大流域"浊大计划"第一期调查及发掘遗址分布

分布。可见这些地点主要分布在大肚、八卦两个台地的山麓、台中盆地的边缘及二流域中游的盆地与丘陵地带。因此对本区自然环境分区的研究,在目前而言只须限于海拔 1000 公尺以下的地带。

这个区域在过去的变化如何?迄今本区还没有发现过旧石器时代的遗址,但是它的自然条件是适合旧石器时代人类居住的(见下文的讨论),因此我们讨论的时代范围不妨及于整个更新统,或至少更新统的晚期。在这方面我们作讨论的材料至少有三组:现代的地形对过去的地形的指示、地质学的研究(尤其是地面下泥炭层的研究)和古代花粉史的研究。这些资料在这里不遑详述,但为本题讨论的方便不妨择一两项有关的略做说明。

先谈埔里盆地群的自然史的资料。过去在日据时代早坂一郎[1]与富田芳郎[2]等地形学者早已推测埔里盆地群（包括北港溪流域的埔里、鱼池等盆地和浊水溪流域的日月潭、头社和铳柜等盆地）在过去都是山间的湖泊，后来经过充填及决堤而干涸，仅日月潭因位于两河水系分山岭的最高处，受河川侵蚀作用最迟而保存原状。但过去学者对埔里湖泊存在的年代及其干涸的经过缺乏详细的资料。在"浊大计划"之下，地质组的工作人员在埔里盆地进行大规模的钻井工作，在外加道坑、月潭和头社的三口井里发现大量的泥炭；其中头社盆地的泥炭层自地表表土之下达30公尺深，月潭则自地表下5公尺深处向下直到30余公尺深处。泥炭标本之经过碳素14断代的，月潭深8公尺处为16540年；头社深1公尺处为1480年而深9公尺处为7250年[3]。由此可见埔里盆地的湖泊，在更新统时代即已形成，而其干涸，是最近1000年以内的现象。换言之，在整个已知的有史前人类聚居的时代，埔里盆地群是一连串大小不一的湖泊，供给史前人类以丰富的山间及水边生存的动植物的资源。"浊大计划"下的植物孢粉史学者，已将头社盆地与外加道坑的两口钻井和埔里盆地史前遗址的四个地点取样做详细的孢粉分析，其结论以头社为例如下："基于孢粉的观察，推测头社地区过去是个湖泊；自湖泊形成以来，此地区一直处于暖温带的气候下。"[4]这个

---

[1] 早坂一郎《日月潭附近山间盆地域の観察》，《台湾地学记事》第1卷第1号（1930）。

[2] 富田芳郎《台湾中部埔里盆地群之地形发达史》（1951原文，刘德音译），《南投文献丛辑》（4）（1956），137—148页；《台湾地形发达史の研究》，东京古今书院，1972，131—136页。

[3] 林朝棨等《"浊大计划"地质组第一、二年度工作初步报告》（尚未发表）。

[4] 黄增泉、黄淑玉《头社盆地之孢粉分析》，《"浊大计划"植物学组第三年度工作报告》（未刊稿）。

结论与冢田松雄于1964—1965年在日潭做孢粉史研究的结论，就全新统的一段而言，大致相符，但冢田则进一步的推测，日月潭地区在全新世的初期气候比现在稍暖[1]。

埔里盆地群之为古代湖泊的遗留，是过去一般学者都已公认的了，但台中盆地的历史则过去少有研究。在"浊大计划"之下，地形学的工作人员首先提出台中盆地在古代是个湖泊或海湾的说法。后来大肚与八卦两山开口，加上地盘上升，才逐渐干燥成为盆地[2]。地质组的人员在"浊大计划"的第二年度在鹿谷乡的大水堀进行钻井，第三年度在彰化县芬园乡的快官村进行钻井。在快官村地表下30—50公分处即有泥炭出现，其年代经台大物理系测定为 1331 ± 70 B. P.；又在0.8—1公尺处采的一件标本经鉴定为 1819 ± 91 B. P.[3]。又第二年度考古组在草屯镇的草鞋墩和南投镇的18张采取的土壤标本，经植物组作孢粉分析的结果，表示当时的环境都是"浅水性水泽区"[4]。这两个遗址都在台中盆地的东部边缘地带，可见史前人类居住在这个地区的时代（草鞋墩的红绳纹陶层经碳14断代为4000年以前）其遗址还是在沼泽或湖泊的岸旁。依快官村泥炭层看来，这种情形可能一直延续到1000年以前，与埔里盆地群的情形相似。换言之，史前人类居住期间，不但埔里盆地群是湖泊区，即台中盆地也是湖泊沼泽区，而乌溪在草屯附近流入台中湖。台中

---

[1] Tsukada, "Late Pleistocene Vegetation and Climate in Taiwan", p. 547.
[2] 张光直《"浊大计划"1961~1962年度工作总报告·地形学组》（未刊稿），5—6页。
[3] 据臧振华《"浊大计划"考古组第三年度工作报告》（未刊稿）引用林朝棨未刊稿。
[4] 黄增泉、林文秀、陈淑华《大邱园、十八张、牛骂头及草鞋墩之孢粉分析》，《"浊大计划"第三年工作报告》（未刊稿）。

湖的干涸，当是最近数千年后逐渐造成的，其边缘的山麓便随着湖水的外泄形成一层层的台地供给史前居民良好的居住环境。

再自台中盆地向西到海岸平原，则其在全新统的地质变化受到西海岸整个海进海退循环周期的支配。依林朝棨的综合研究[1]，台湾的西海岸自 10 000 年以前全新统开始以来，已有 6 次较为显著的海进，其中以 6000 年以前的台南期海进，4000 年以前的大湖期海进，及 1000 年以前彰化期海进最为显著。在海进期间，大肚山与八卦山以西的海岸平原地区，包括大肚与浊水两溪的三角洲，多为海水所覆，而大肚与八卦山台地即成为海岸台地。在台中湖有水期间，海进时亦可能造成海水与湖水经由大肚与八卦两山开口处相通的现象，而湖水的水位也因海进海退而有高低之异。

根据上述的资料，我们对于浊大流域自有人居以来的自然环境的变化，虽还不到作结论的时候，却已有了一个可靠的初步印象："全新统大致自 10 000 年以前开始。全新统初期……的埔里盆地群中，有若干盆地可能仍充满着湖水，但多半的湖水已经外泄；当时的乌溪与浊水溪的河谷有相当剧烈的侵蚀痕迹，而低位的阶地尚未形成；当时的台中盆地是一个大湖或海湾。当时整个区域依高度不同而有分属亚热带、温带，与寒带的植物覆盖。当时的动物在森林、湖泊、河流与浅海中繁生。总而言之，是个自然资源非常丰富而且种类繁多的一个局面。大概在 6000 年到 7000 年前之间，全岛海岸都有台南期的大海进现象。这是全新统东亚区域最大的一次海进，在其高潮时台中盆地大概是有相当深度的海湾，而乌溪即在草屯附近入海。

---

[1] 林朝棨《第四纪之台湾》，《台湾研讨会论文集》，台大考古人类学系出版，1966，4—8 页。

自 6000 年以前起，台南期海退开始，沿台中盆地及大肚、八卦台地西麓逐渐有低位阶地的形成。目前所知的浊大区域最早的人类，便紧接着台南期海退进入了本区西部沿海，在现代海拔约二三十公尺以上的海岸台地上卜居。"[1]

从那个时期到现在数千年间，浊大的自然环境虽有地形上的变化，对文化的适应上来说的自然环境的类型多半不再有重要的变异。我们不妨将有关的地区之内的自然环境的类型作下面这样一个初步的区分[2]：

(一) 海岸平原及台中盆地面区

从西海岸向东数起，第一个自然环境区是海岸的冲积平原及自大肚、八卦二山之间向东伸入的台中盆地平原。这个区域目前是灌溉农耕区，但此项土地利用方式显然是晚近才开始的。如上所说，在台南海进期的高潮，这个平原区域大部分都淹没在海水与台中湖水的下面，然后基地逐渐自山脚向下形成。

(二) 海岸及盆地边缘台地区

再向东数的第二个类型是大肚山与八卦山台地西麓和台中盆地四周的低台地（海拔二三十公尺直到 100 公尺以上）。在现在的地形与气候情况下，水田都在平地，这些台地上多是旱田，种植番薯、花生和凤梨、木薯等作物。但在更新统的晚期与全新统的早期，平原及盆地面浸在水下，这些台地地区都距

---

[1] 张光直《"浊大计划"第二年度工作总报告》，31 页。
[2] K. C. Chang, "Man and Land in Central Taiwan: The first two yeas of and interdisciplinary project", *Journal of Field Archaeology*, Vol. 1 (1974), pp. 265—275.

离海水或湖水不远。在临水地带都有下列的食物资源：水生哺乳动物如水獭（*Lutra lutra chinensis*），抹香鲸及海豚（*dolphins and porpoises*）；海水鱼类如白鳗（*Anguilla japonica*）、沙鱼、鰳白（*white herring，Ilisha elongata*）、乌鱼（*mullet，Mugil cephalus* 等）、旗鱼（*spear fishes*）、剑鱼（*sword fishes*）、鲈鱼（*sea bass*）、鲙鱼（*grouper*）、黄花鱼（*croakers*）及鲷鱼（*snappers*）等；螃蟹及其他节肢动物、乌龟等；以及各种的蚌、贝，如牡蛎和文蛤等[1]。

在向陆的一边，本区的台地和山脚为热带森林所覆被，其中包括许多特征性的落叶树与常青树如台湾赤枫（*Liquidambar formosana*）、数种桑树（*Broussonetia papyrifera，Morus australis*）、榕树（*Ficus retusa，F. wightiana*）、台湾榉树（*Zelkova formosana*）、野桐（*Mallotus japonica*）、沙朴（*Celtis formosana*）等等[2]。这些树木供给各种果实、木材和纤维，同时树林中出产可供食用之兽类（以兔及鹿为主）[3]。

(三) 中游的河边台地区

自台中湖沿乌溪及浊水溪向东逆流前进，到海拔不过三四百公尺高度就达到了国姓乡与水里坑一带。自河口到这两处的空间距离不过 20—25 公里之远而已，但在这中间即大肚与浊水两溪中游的两岸台地则构成与上一区的台地有重要差异的环境类型，即其水生的资源以淡水的鱼类为主，如好几种鲤鱼及鲶鱼，而海水鱼类及贝蚌类则大部消失[4]。

---

[1] 陈兼善《台湾脊椎动物志》，台湾商务印书馆出版，上、下两册，1969。
[2] 刘棠瑞、刘枝万《南投县生物志植物篇稿》。
[3] 陈兼善《台湾脊椎动物志》，下册。
[4] 同上，上册。

(四) 埔里盆地群区

从乌溪与浊水溪的中游再向上进，便进入了另外一个自然环境类型，即上文所讨论的埔里盆地群或古代的高地湖泊群。进入了这个地区我们便在大部分地带穿越了500公尺到600公尺的等高线亦即热带森林与亚热带森林的分界线[1]。此地的森林仍以宽叶的常青树木为主，但最主要的树逐渐变成青刚栎（*Quercus glauca*）、石槠（*Quercus gilva*）、樟树（*Cinnamomun spp.*）、楠树（*Machilus*）和野栗，并且有几种杉木出现。这种亚热带森林里的野兽也极丰富，有鹿、水鹿、熊、松鼠、蝙蝠、麝猫、山猫、猴、鼬、貂等[2]。同时本区由于大小湖泊的存在而富有湖沼中的淡水鱼类（如现在日月潭所产的鲤鱼、白鱼、银鱼、泥鳅、黄鱼、鲶鱼、鲈鳗等）和湖生植物群落（如菱角等)[3]。

(五) 山地区

浊大流域1000公尺以上高度的地区为山地区，其现代住民以高山族为主。亚热带森林仍然持续到1600公尺左右为止。然后温带森林逐渐取而代之，其间的野兽变为山羊、野猪、烟鼠、云豹和鼬等，而水生动物及植物逐渐稀少。到2000公尺以上的山地则人迹罕至。

三　浊大流域有无旧石器时代人类问题

自从台东八仙洞旧石器时代遗物发现以后，台湾全岛便都

---

[1] 刘棠瑞、刘枝万《南投县生物志植物篇稿》；王子定《台湾山地之森林》。
[2] 陈兼善《台湾脊椎动物志》。
[3] 陈兼善《台湾脊椎动物志》；刘棠瑞、刘枝万《南投县生物志植物篇稿》。

成了可能有同时或更早的文化发现的地区。台南左镇菜寮溪更新统晚期人类顶骨化石的发现，更使西海岸地区发现旧石器时代遗物的可能性大为增加。从头社盆地的泥炭层来看，自更新统晚期以来这里便是林木繁生的湖沼地带，气候又温暖宜人，是个适合人类居住的环境。"浊大计划"第一期的考古工作，没有深挖的计划，亦没有任何旧石器时代遗物的发现。但将来有所发现的可能性是很大的。头社第一口井在970公分深处（据碳素14断代为17 000年以前）的泥炭中有竹片发现，似有指示人类活动的可能[1]。事实上，埔里盆地的几个花粉史的研究，都有人类在一两万年以前便在这里活动的迹象（见本文末节的讨论）。固然倘若没有旧石器时代人类的遗物发现，我们便不能提出此地有旧石器时代人类活动的可靠证据。但这正是我们所以要在这个区域作更彻底的考古调查与发掘的理由。

四 浊大流域新石器时代年代学

在浊大流域迄今所发现的遗址里面，包括"浊大计划"之下第一年度考古调查的发现在内，都有陶片发现，或虽没有陶片，其石器的类型也是属于有陶器以后的时代的。因此，如何将这数百处遗址作年代学上的排列研究，在考古学上是一个主要要靠陶器的变异来作回答的一个问题，而且因此讲浊大的人类史、文化史，我们头一步要讲的便是陶器史。我在上面说过，由于材料的缺乏，在"浊大计划"开始以前还没有人对浊水溪与大肚溪两个流域的史前史作过一个综合性的讨论。但是这两条河流域的史前史已曾在对中部一般的综合研究之下附带

---

[1] 黄增泉、黄淑玉《头社盆地之孢粉分析》（未刊稿），24页。

着讨论过了。而中部史前史的一般综合研究，是根据大甲溪与大安溪之间的海岸台地上的遗址而出发的，这是因为在这个区域考古学者首先获得了重要的层位学上的资料。在1954年初，宋文薰与我在报告我们在大甲镇附近的两个遗址的一个小发掘的时候，便将大甲台地史前文化的年代学作了下述的推测[1]：

> 在大甲台地上，具绳纹的红色陶片所代表的文化之成立最古的一个层次，根据层位的关系，是可以清楚知道的事实。……此种陶器亦见于大甲溪南岸台地上，台中县清水镇的牛骂头遗址。而大肚丘陵西南缘之下马厝及其西缘之大肚街顶街附近之遗址，似乎为仅由此一系统之文化所构成之遗址。……
>
> 在红陶文化之后，大甲台地上为黑色陶器系统的文化（大甲台地第一黑陶文化），其陶器以无纹者为主体，似仅有方格印纹者少数。……此一文化的分布范围目前尚未明了；但在牛骂头、埔里、大马璘、竹山镇及……南投县隘寮田寮园遗址，均见有同系统的文化。这以后出现的，为以具栉目文之黑陶及具印纹之细质灰陶为代表的黑色细陶器文化（大甲台地第二黑陶文化）。……代表与这一系统文化大同小异的文化的遗址，可举：大肚溪下游之营埔、埔里大马璘、彰化八卦山、苑里贝冢及后龙底贝冢。……此一文化之末期，因此"安平壶"为代表的汉文化的传入而走进了历史时代。

---

[1] 宋文薰、张光直《台中县水尾溪畔史前遗址试掘报告》，《台大考古人类学刊》(1954) 3, 37页。

这一段讨论，虽以大甲台地为对象，却将大肚溪与浊水溪流域的重要遗址都牵涉了进去，因此构成我们今日讨论浊大史前文化年代学的基础。次年（1955）6月，石璋如与宋文薰等又发掘台地上的番仔园与铁砧山平顶两个遗址，在他们的报告里面，使用新得的材料将上引的年代学的推测加以检讨，而得到如次的结论[1]：

> 以目前为止，吾人对于上引……结论之细节略作修改及补充之外，对其基本见解，尚未认为须予更改。
>
> 如该报告所指出，西台湾中部地方的最古的文化层为由绳纹红陶所代表的文化。属于此一系统文化者，有麻头路遗址之下层、大甲水源地及火葬场附近遗址之下层、台中市郊之下马厝遗址、大肚顶街遗址等。但在此一文化层之晚期，绳纹陶似已逐渐减少，而为素面红陶所取代。
>
> 绳纹红陶文化层之上为黑色陶器文化层（即大甲台地第一文化层），属于此层者为大甲火葬场遗址中层、水源地遗址上层、大甲东遗址、内埔乡番社遗址，及牛骂头遗址上层等。此一文化层之陶器，在其质地及硬度上有相当丰富的变化，有甚粗而脆软者及细腻而火候较高者等等。除上述诸遗址外，在埔里大马璘、监察田寮园、竹山、大肚溪下流之营埔等地，皆见有此一系统之陶器，但在此等遗址，除黑色陶片之外并见有红色陶片之共存；尤其在田寮园、竹山两遗址，红陶均多于黑陶。……
>
> 最上层为以八卦山、麻头路、番仔园、苑里及后龙底

---

[1] 石璋如、宋文薰《铁砧山史前遗址试掘报告》，《台大考古人类学刊》（1936）8，49—50页。

诸贝冢所代表的贝冢文化，即所谓大甲台地第二黑陶文化，而可能已属于初期铁器时代。……上引报告，以为在大马璘、营埔二遗址，亦见有此一系统文化之混入，但本文笔者认为该二遗址乃属于第一黑陶层者。……

如上引报告所说，在第二黑陶文化时期之末期，因以"安平壶"为代表的初期汉文化的传入，而进入历史时代。此初期汉文化之遗存，见于八卦山上层、大甲水源地地表，及火葬场上层。

石、宋两氏的新说，固然仍与宋、张的说法在基本上相同，却引进了一个素面红陶文化的问题。在绳纹红陶文化层的晚期"绳纹陶逐渐减少，而为素面红陶所取代"。那么素面红陶所代表的文化是绳纹红陶文化的一个晚期成分呢，还是另外一个文化层？又在第一黑陶文化若干遗址中有很多的红陶，在若干遗址中甚至红陶多于黑陶。这种红陶与上述的素面红陶有什么关系？这些问题的发生，代表中部史前研究的一项进展，但一时还没有答案。这些问题，事实上也还是"浊大计划"下考古年代学上的问题。

石、宋两氏的发掘工作以后的10年，中部考古学的年代研究上又增加了重要的新资料，即营埔与番仔园两个遗址（亦即大甲台地第一与第二黑陶文化的两个代表遗址）里所采的碳14年代。这年（1965年）10月1日台湾省文献委员会举行第17次学术座谈会，讨论"台湾西部史前文化的年代"，主讲的宋文薰报告了这两个遗址的4个碳14年代如下[1]：

---

[1] 《台湾文献》第16卷第4期（1965），148—149页。最后一个标本是海贝，宋氏在化为公元时作了适度的修正。

营埔	Y—1630 标本（木炭）	2970±80B. P. 或 1020±80B. C.
	Y—1631 标本（木炭）	2810±100B. P. 或 960±100B. C.
	Y—1632 标本（炭化树子）	2250±60B. P. 或 300±60B. C.
番仔园	Y—1499 标本（贝壳）	1500±80B. P. 或 A. D. 850 左右

根据这四个定点，宋文薰在他的一张《台湾西部各地区史前文化层序及其年代》表上把"西海岸中部"分为4个文化层：绳纹红陶文化层、第一黑陶文化层、第二黑陶文化层，与近代汉文化层。在绝对年代上，绳纹红陶文化层起于公元前3000年以前而终于公元前2000年前后。第一黑陶文化层起于公元前2100年前后（可能与绳纹红陶文化层的末期相重叠）而终于公元五六百年左右。嗣后一直到16世纪近代汉文化开始，便都是第二黑陶文化层。特别值得注意的是，在"第一黑陶文化层"里面，宋氏分出来一个较早的"素面红陶期"（2000B. C.—1000B. C.左右）与较晚的"营埔期"（1000B. C. 到 A. D.）。看起来，宋氏经过了10年的考虑，决定把那个"素面红陶期"从绳纹红陶文化层的晚期拿了出来，放入第一黑陶文化的早期了。宋氏对素面红陶期地位的犹豫，我是很可以理解的。经过了"浊大计划"的两年工作，素面红陶文化的年代还是一个待决的问题。

根据中部碳14的年代的新资料，我也尝试着将中部的史前文化做了一个年代学的安排，其结果与宋氏的可说是大同小异[1]：

宋文薰与我这两张中部史前文化年代表便是"浊大计划"开始时所用的基本出发点。两年的考古工作，在浊大的史前年代学上所增加的材料可分三项：地表采集遗物的排队（seriation）、

---

〔1〕 K. C. Chang et al., *op. cit.* （1969）, pp. 204, 216.

表1 中部史前文化年代表（1969）

文化层＼地区	苗栗	苑里	铁砧山	水源地	麻头路	清水	大肚	王田	彰化
现代化	地表采集	地表采集	地表采集		地表采集				地表采集
原史				地表采集	上层				八卦山上层
番仔园 250B.C.	后龙底贝冢	苑里贝冢	番仔园贝冢						八卦山贝冢
营埔 1300B.C.				上层	下层	牛骂头上层	营埔		八卦山下层
牛骂头 2300B.C.			平顶	下层		牛骂头下层	顶街	下马厝	

个别遗址的文化层位，与新的碳14年代。在第一期工作结束之后，从年代学上说，"浊大计划"的考古工作者提出三点重要的问题来，即（1）大坌坑式绳纹陶文化层在本区文化史上的地位；（2）素面红陶文化层在本区文化史上的地位；（3）新的绝对年代。

先从陶片的排队说起。使用考古遗址地表上抽样采集的陶片，根据其各类陶片的百分比在不同遗址出现情形的比较而将遗址做初步的年代排列的方法，是北美考古学上50年来使用得相当成功的一种方法。但是这种方法在使用上有相当的危险性，如果用得不妥当可能造成种种的失误。例如，遗址之依百分比而排队，常常有好几种队伍可排的情形，选择其中哪一个常凭主观的判断。排好了队以后，哪一头早哪一头晚要凭其他方面的证据；如果其他方面没有证据可用，便又得凭主观的选择。此外，史前陶器的变化快慢不一，排好了的队，有的节代表很长的时间，有的节代表的时间很短，在分期上如果没有绝对年代的帮助，常使人无所适从。因为排队法有这种种的缺点，我们使用它的目的，主要是对大量的遗址做一个初步的整理，并对其中呈具问题的好选作发掘研究。换言之，排队法不是年代学的基本方法，只是它的初步入门途径。

做陶片排队的第一步工作，是将陶片分类。这本报告里的各篇，对各区的陶片有详细的分类，并根据本区内陶片的分类将所调查的遗址做了初步的排队工作。在第一年工作结束之际，各区的工作人员聚在一起交换了资料与意见之后，得到了全浊大区陶片排队的初步结论如下：

> 本组同人初步将陶片分为五组：粗绳纹陶、红绳纹陶、素面红陶、灰黑陶、灰黑印纹陶。排队的结果，以（1）粗绳纹陶最早，仅分布于清水牛骂头下层及草屯镇平林台地第四地点（下层）两处。（2）红绳纹陶次之，分布于大肚山台地两麓，及台中盆地之东缘丘陵边缘台地上，至草屯镇（即乌溪口）一带为止。（3）素面红陶又次之，分布于台中盆地全部，并沿乌溪进入国姓乡西边，沿浊水溪进入水里与集集之间。（4）灰黑色陶分布最广，除以上各区外，并进入埔里盆地群。与红陶比，灰黑陶地点除分布较广外，亦分布较高；在同一地区之内，常有红陶在低台地、灰黑陶在高台地之现象。（5）灰黑印陶最晚，且仅有局部分布，限于大肚台地及局部之山地地区[1]。

这样排的一条队，在根本上与宋文薰在《台湾西部史前文化的年代》一文里的说法并无不同，只是加上很为重要的地理分布的新资料，"素面红陶"是一个排队陶片的单位，但在文化层上它是属于前一层（绳纹红陶），还是后一层（灰黑色

---

[1] 张光直《"浊大计划"六一~六二年度工作总报告》。

陶），还是独立出来呢？这是单靠陶片排队不能解决的。

　　第二年发掘的遗址里，有了一些文化层上下重叠的资料。自北向南来说：(1) 庄后村有两个文化层，红色绳纹陶文化层在下，素面灰黑陶文化层在上[1]。(2) 龙泉村也有两层，红色绳纹陶文化层在下，刻印纹黑陶文化层（相当大甲台地的第二黑陶文化）在上。(3) 牛骂头据刘斌雄过去在断面上观察，也有红色绳纹陶在下、灰黑陶（大甲台地第一黑陶文化）在上的现象[2]；但根据杜伟较详细的发掘资料（见本报告杜文），这两层文化不易截然分开，而灰黑色陶似乎是在红色绳纹陶文化晚期进入本址的成分。但无论如何，两种陶器文化的早晚关系在牛骂头遗址里也与庄后村以及大甲台地上的相同。这几个遗址的文化层位现象与过去的资料在基本上是相符合的。

　　第一年全面调查与采集的陶片里面有两个遗址的陶片呈示相当典型的大坌坑式绳纹陶的特性[3]，即平林第四地点（有十数片）与牛骂头（一片）。在前一地点的陶片有粗绳纹、厚体、含砂、土黄的颜色，与一般红色绳纹陶片的细绳纹、细质，和鲜艳的粉红颜色有明显的区别，而与大坌坑式的绳纹陶片很为相似。在牛骂头的一片是口片，上面有两齿的篦印的斜线纹，更是大坌坑式绳纹陶器的典型装饰。因此我们便很重视

---

[1] 孙宝钢《庄后村、龙泉村与山脚遗址试掘简报》，1974（未刊稿）。这三个遗址的发掘资料仍在研究中，不及在本卷发表。
[2] 刘斌雄《牛骂头遗址调查报告》。
[3] 大坌坑式陶器的定义，详见 K. C. Chang et al., *op. cit.* (1969), pp. 166—170. 鹿野忠雄在他的《台湾先史文化层》一文里以绳纹陶为最早的一层，但他所谓"绳纹陶"好像包括大坌坑式的粗绳纹陶与后来的绳纹红陶（K. C. Chang, et al., *op. cit*, pp. 88—94 有南部这种陶的定义）两者在内。这两种绳纹陶实有很大不同。

第二年度在这两个遗址的较为广泛的发掘。发掘的结果，并没有找出这种陶片与普通红绳纹陶之间的明确的层位关系。在平林第四地点，这种粗陶片似乎与普通红绳纹陶平行存在，但占极少的比例[1]。在牛骂头，照杜伟的报告，粗绳纹陶片虽在整个绳纹红陶的文化层中都有出现，却在底层较多，越向上则越少。这种情形，在大坌坑式陶器文化与中部的标准的红色绳纹陶器文化之间的关系上应该如何解释，留在下文再谈。专从文化年代学上看，粗绳纹陶器在浊大为最早的陶器，或至少是最早的陶器之一，是在第二年的发掘工作里有初步的层位上的证据了[2]。

另外一方面，关于素面红陶的地位，头两年的考古工作对它不能做层位学上的解决。在第一年工作结束之际，我们根据陶片排队，把素面红陶分为陶器史上的一个个别单位，并把它放在绳纹红陶之后与灰黑陶之前，是基于两点主要的考虑：（1）石璋如、宋文薰在他们修改后大甲台地史前文化层序里，有在绳纹红陶"文化层之晚期，绳纹陶似已逐渐减少，而为素面红陶所取代"的说法[3]，而且宋氏在1965年做台湾西部史前文化年代学的综合时，在第一黑陶文化层的早期，加上了一个"素面红陶期"[4]。（2）在"浊大计划"下所作调查的结果，灰黑陶的分布比素面红陶的分布为广，而素面红陶的分

---

[1] 臧振华《南投县草屯镇草鞋墩平林两遗址试掘报告摘要》（未刊稿，1974）。这两个遗址的报告也不及在本卷发表。

[2] "浊大计划"第三年度（1974—1975）孙宝钢在洞角遗址作进一步的发掘，在素面红陶层的下面找到了一个大坌坑式绳纹陶的文化层，见 Sun Pao-kang, "A Brief Report on the Excavations at Tung-chiao and Ch'ang-shan-ting Sites in Nan-t'ou Hsien, Taiwan"（未刊稿，1975）。

[3] 石璋如、宋文薰《铁砧山史前遗址试掘报告》，50页。

[4] 宋文薰《西部史前文化的年代》（1965），147页。

布范围正好处于绳纹红陶与灰黑陶之间，似为二者之间的转变期，与宋氏的判断亦相符合。但在缺乏层位证据与碳 14 年代的情形下，素面红陶之在浊大流域自成一期而且在年代上恰好处于绳纹红陶与灰黑陶之间的说法，还只能说是一个初步的假说，要靠进一步的层位证据与碳 14 年代（尤其是素面红陶为主的遗址如十八张和大邱园）来加以证实或修改[1]。

浊大流域新石器时代年代学的研究上的第三组的主要资料是新旧的放射性碳素的年代。这些年代已在本册卷首列举（该处用 5730 半衰期换算后四舍五入），但在这里不妨列表综合一遍，并且加入依宾州大学博物馆考古应用科学中心所发表的依加州古松年轮年代将碳 14 年代加以矫正的方法推算所得的结果（表 2）[2]。

综合以上各方面有关浊大流域新石器时代文化年代学的资料来看，在目前所能做到的有关这个题目的初步结论如下：(1) 浊大流域最早的陶器文化是大垄坑式陶片所代表的，它很可能形成一个单独的文化层，但在它的后期这个文化也许与下一层（绳纹红陶）文化相混合（即合并或是并存）了一段时期。这个文化的绝对年代现在还不能说定，有关的资料不多，下面再谈。(2) 其次的一个文化层是由绳纹红陶所代表的，其

---

[1] 据孙宝钢上引洞角发掘的初步报告，在这个遗址里有三个坑里出土了素面红陶和灰黑陶，而二者不是同层的，便是灰黑陶在下（较早）而素面红陶在上（较晚）。这种情形很值得我们的注意。孙氏并且将洞角和另外一个遗址（长山顶）的红陶文化层出土的碳素标本送到台大物理系去作碳素 14 的分析，分析的结果尤其值得重视。

[2] 见 E. K. Ralph, H. N. Michael, and M. C. Han, "Radiocarbon dates and reality", *MASCA Newsletter*, Vol. 9. No. 1 (1973), The University Museum, University of Pennsylvania. 表 2 中未列 Treistman 东埔年代，因为不知道那个年代所用的半衰期。

表 2 浊大流域新旧碳 14 年代（附番子园）

标本号数	遗址名称	标本种类	伴存文化	B. P. (h.1950) (5568±30 半衰)	B. P. (h.1950) (5730±40 半衰)	B. C. 或 A. D. (5730±40)	据古松年轮年代矫正
NTU–244	草屯镇草鞋墩	木炭	绳纹红陶文化（臧）	4000±200	4120±205	2170±205B. C.	2190—2950B. C.
NTU–57	集集镇洞角	木炭	不明（J. M. Treistman）	3840±380	3960±390	2010±390B. C.	1920—2970B. C.
NTU–56	集集镇洞角	木炭	不明（J. M. Treistman）	1631±160	1680±160	A. D. 270±160	A. D. 160—A. D. 540
Y–1630	大肚乡营埔	木炭	（第一）黑陶文化	2970±80	3060±80	1110±80B. C.	1150—1400B. C.
Y–1631	大肚乡营埔	木炭	（第一）黑陶文化	2810±100	2890±100	940±100B. C.	900—1210B. C.
Y–1632	大肚乡营埔	木炭	（第一）黑陶文化	2250±60	2320±60	370±60 B. C.	270—430B. C.
NTU–201	南投埔里	木炭	黑陶文化	3282±98	3380±100	1430±100B. C.	1510—1760B. C.
NTU–203	南投埔里	木炭	黑陶文化	3207±96	3303±100	1353±100B. C.	1460—1690B. C.
NTU–202	南投埔里	木炭	黑陶文化	2994±90	3084±90	1134±90 B. C.	1160—1460B. C.
NTU–200	南投埔里	木炭	黑陶文化	2381±71	2452±70	502±70 B. C.	430—730B. C.
NTU–196	南投埔里	木炭	黑陶文化	2197±66	2263±70	312±70 B. C.	200—420B. C.
NTU–195	南投埔里	木炭	黑陶文化	2104±63	2167±65	217±65 B. C.	10—390B. C.
NTU–194	南投埔里	木炭	黑陶文化	1846±55	1901±60	A. D. 49±60	A. D. 70—180
NTU–193	南投埔里	木炭	黑陶文化	1837±55	1892±60	A. D. 58±60	A. D. 70—180

续表

标本号数	遗址名称	标本种类	伴存文化	B.P.（b.1950）（5568±30 半衰）	B.P.（b.1950）（5730±40 半衰）	B.C. 或 A.D.（5730±40）	据古松年轮年代矫正
NTU—192	南投埔里	木炭	黑陶文化	1783±53	1836±55	A.D. 114±55	A.D. 110—250
NTU—243	台中县庄后村	木炭	（第一）黑陶文化	2070±104	2132±110	182±110B.C.	390B.C.—A.D. 50
Y—1499	大甲番仔园	贝壳	（第二）黑陶文化	1100±80	1130±80	A.D. 820±80	A.D. 780—970
NTU—242	台中县山脚	贝壳	（第二）黑陶文化	1595±48	1643±50	A.D. 307±50	A.D. 290—440
NTU—231	台中县龙泉村	贝壳	（第二）黑陶文化	1689±51	1740±50	A.D. 210±50	A.D. 210—360
NTU—233	台中县龙泉村	贝壳	（第二）黑陶文化	1669±50	1719±50	A.D. 231±50	A.D. 220—390
NTU—235	台中县龙泉村	木炭	（第二）黑陶文化	1653±87	1703±90	A.D. 247±90	A.D. 200—430
NTU—237	台中县龙泉村	贝壳	（第二）黑陶文化	1597±48	1645±50	A.D. 305±50	A.D. 290—440
NTU—232	台中县龙泉村	贝壳	（第二）黑陶文化	1480±44	1524±45	A.D. 426±45	A.D. 440—590
NTU—229	台中县龙泉村	贝壳	（第二）黑陶文化	1429±71	1472±70	A.D. 478±70	A.D. 460—640
NTU—239	台中县龙泉村	贝壳	（第二）黑陶文化	1349±67	1389±70	A.D. 561±70	A.D. 570—690
NTU—230	台中县龙泉村	贝壳	（第二）黑陶文化	1193±36	1229±40	A.D. 721±40	A.D. 700—850
NTU—238	台中县龙泉村	贝壳	（第二）黑陶文化	1185±59	1221±60	A.D. 729±60	A.D. 690—880

绝对年代暂时可以放入公元前2500—公元前2000年之间。(3)再下一个文化层不妨暂称为灰黑陶与素面红陶文化，大致始于公元前2000年以后。它相当于过去所说的大甲台地第一黑陶文化，但加上了素面红陶的重要成分。此一个文化层也许要再分为灰黑陶与素面红陶两层，其早晚关系尚难说定。(4)其次一个文化层便是刻印纹的灰黑陶文化，也就是过去的大甲台地第二黑陶文化。它的开始可能早到西元纪元初期的数百年之内。

以上这个年代学上的结论，主要与过去宋、石、张的建议并无不同，但是在最早的一段加上了一个大垄坑式的绳纹陶文化层，并且将每期文化加上了初步的绝对年代。同时在这个年代学系统之下，素面红陶的位置成为一个亟待研究的新问题。

五　浊大流域新石器时代文化史上若干问题

"浊大计划"的主要目的，便是浊大流域文化史的建立。在第一期两年工作结束以后，我们还需要一些时间来消化这两年所采的新材料，而且还要等自然科学各方面的研究告一段落以后才能进一步地将人与地的关系问题作综合性的处理。因此，我只能在这里报告一下初步整理的结果与有待进一步研究的问题。

(一) 大垄坑式绳纹陶文化

大垄坑式绳纹陶文化层在浊水、大肚两溪流域（以及台湾西海岸中部）似乎是在这两三年的工作中大致建立起来了。这可说是"浊大计划"重要的收获中的一个。目前已发现的有这种绳纹陶片出土的遗址有：庄后村、牛骂头、龙泉村、顶街、平林第四地点和洞角。在洞角地点，据"浊大计划"第三年工作的初步报告，这种绳纹陶片自成一层文化，在遗物堆积层的最下层。在牛骂头遗址，这种绳纹陶片与绳纹红陶文化遗物同出，但在下层较多。在其他遗址则出土少量，且在层位上不能与绳纹红陶分开。这种分歧的层位现象可以有两种不同的解释：(1) 大坌坑式陶器自成一层，在绳纹红陶文化来到本区之前便已在浊大区域绝灭。洞角的层位现象是原始现象，而其他的遗址则经过各种扰乱，故其层位现象不是典型的。(2) 大坌坑式陶器自成一层，但这种文化一直持续到绳纹红陶文化来到本区的时代。后者来了以后，与前者接触而受了影响，或产生文化混合的现象。因为这一层的遗物发现尚少，地下堆积情形还不十分广泛地了解，所以这两种假说恐怕一时还无法加以抉择。

在"浊大计划"在中部发现这类的陶器以前，大坌坑式的"绳纹陶文化的遗址有三个集中分布的区域：北部海岸自苏澳到新竹附近，并且沿淡水河下游伸入台北市区；西南部海岸自曾文溪到下淡水溪之间；与东部海岸自长滨南北。遗址的地形都在海岸的低台地上、河口的两岸"[1]。浊大流域可说是这种文化分布的第四个地区。遗址的位置也多在海边（大肚山诸遗址）与河口（平林在乌溪口，洞角在浊水溪口向上游进去不远，与圆山和芝山岩两遗址与淡水河口的关系相似）——但这里所说的海边与河口是指海进时期，乌溪流入台中湖或台中湾而浊水溪在八卦山南名间一带入海的时代。它的绝对年代还不能说定；离本区较近的一个粗绳纹陶的遗址，即台南市东的归仁八甲村，有一个碳14的年代，即3695±60B. C.（据树年轮

---

[1] 张光直《中国南部的史前文化》，《中央研究所历史语言研究所集刊》42 (1970)，156页。

年代学可修正为 4350B. C. —4450B. C. ，相当台南海进期）。浊大的大坌坑式绳纹陶文化的时代或者相近[1]。

关于大坌坑文化在浊大流域的分布情形与年代的最大的一个问题，是这种文化在埔里盆地群里曾否存在的问题。在上文曾经说过，我曾根据冢田松雄在日潭研究植物孢粉史的结果，即在 12 000 年以前有次生森林的迅速扩张及湖底淤泥中木炭屑的开始作连续的堆积，而推测过当时日潭湖岸已有原始农民开始烧伐森林垦田的可能。在那么早的时代如有新石器时代的农民，那便很可能是大坌坑式的陶器所代表的住民[2]。可是在作说的当时，大坌坑式的陶器不但在日月潭附近没有发现过，连整个中部也都没有，因此上述的推测，曾遭到不少人的反对。"浊大计划"第一年下来以后，初步的调查结果好像埔里盆地到了灰黑陶文化时代，即公元前 1500 年前左右才有人居。在本卷里面报告埔里考古调查结果的尹因印便认为我那种说法，已为新的考古工作所推翻。尹氏的结论，自有它的根据，但它的根据是建筑在"没有材料"这类的基础之上。埔里盆地一日没有大坌坑式的陶片发现，他的否定结论便一日有效，但一旦有新的材料发现，他的说法便完全不能适用了。在目前来说，埔里盆地群之有无大坌坑式陶器文化，其时代如何，还只能说是在有无之间，亦即可有可无，而如果有，其年代之早晚也一时无法猜测。

在这个问题上，我们不可不忘记，冢田氏的日潭孢粉史上在 12 000 年前所见的变化，还没有别人提出来任何令人满意的解释。"浊大计划"下新作的植物孢粉研究在这上面又提出了非

---

[1] 黄士强《台南县归仁乡八甲村遗址调查》，《台大考古人类学刊》35—36（1974），62—68 页。
[2] K. C. Chang et al. , *op. cit.* (1969), pp. 216—218.

常重要的材料。据钟天福与黄增泉的计算，外加道坑的一口井上所表示的孢粉史中，该地森林的消失当在5000年到15 900年以前之间，但因为目前所知埔里区域最早的人类活动只能向上推到灰黑陶文化时代（最早的碳14年代为1430B.C.），钟、黄两氏便提出来下列的问题："这样看来，此地森林的消失（deforestation）是在考古学上所发现的人类的时代以前便已发生。这便引起更多的问题：森林的消失是否由于自然的原因？火灾？病害？会不会当时有人在其他地区常住而每年一度的到这个高地环境区来斩伐森林，因此没有留下在考古学上可以发现的遗迹？会不会有现代建筑或人手失误而造成的取样错误？"[1]其实还有一个可以一问的问题：会不会在较深的地下有当时人类遗留而尚未发现？最近黄增泉与黄淑玉分析头社盆地的一口井的结果，更十分肯定地宣称："自18 000年前（1050cm）以来，木本植物大减；相反地，禾本科与莎草科植物急速增加，以及次生森林树种（例如枫树）与海金沙的增加，显示出从那时候起，就有人类的活动。"[2]这样看来，埔里盆地群的古史真相，恐怕还有待将来的研究才能加以揭露罢。假如这里在10 000多年以前便有人居，并从事伐林垦荒的原始农耕活动，他们的文化如何，有无陶器，如有陶器是不是制作大垄坑式的陶器，则都是问题。这些问题的回答，在台湾以及华南、东南亚的史前史上都是绝顶重要的关键。

（二）草鞋墩式绳纹红陶文化

浊大流域新石器时代文化的较为广泛的分布，就目前所

---

[1] 钟天福、黄增泉、尹因印《台湾之古生态研究——埔里盆地》（原文英文），*Taiwania*, Vol. 18, No. 2 (1973), p.189.
[2] 上引黄增泉、黄淑玉《头社盆地之孢粉分析》（未刊稿），ii页。

知，始于由绳纹红陶所代表的文化，亦即上文所述的大甲台地的绳纹红陶文化。因为草鞋墩遗址是在浊大区域之内，又有一个遗物丰富的绳纹红陶文化层，而且它在"浊大计划"的第二、三年度里经过了好几次的发掘，所以将这层文化称为草鞋墩式绳纹红陶文化，是再合适不过的了。

这层文化的年代，我们把它暂时放入 2500B. C. —2000B. C. 这五百年内，一方面是根据草鞋墩遗址所出的一个碳 14 的年代（2170B. C. ±205B. C.），另一方面是参考了凤鼻头遗址的与这层文化在陶器上可说完全相同的细质红陶文化层的年代（2400B. C. —1900B. C.）[1]。它在浊大区域内的分布，就目前所知，限于大肚山台地和乌溪的河口，向内到平林台地为止。换言之，它也是海岸台地与河口台地的文化。2500B. C. —2000B. C. 这一段时期，相当台南期的海退；随着海水的退却，湖水的水位降低，海岸和湖岸（亦即台中盆地的边缘）的低台地逐渐露出，便成为当时人类活动的舞台。这时人类所适应的自然环境，相当上文所说的"海岸及盆地边缘台地区"，有海水、淡水、平坦台地，以及低山上的森林的各种动植物的资源。照目前的资料看来，当时的生活方式中，山麓的台地上的农耕应该占很大的比重。当时的作物是什么，缺乏实物材料，但照比较的资料看来，至少有米和粟以及其他块根茎作物、蔬菜、果树等等食用和工艺用的植物。这从草鞋墩式绳纹红陶文化遗址里出土的石锄、石斧与石刀上可以看到一斑。除此以外，渔、猎、采集的生产方式也占有一定的比重，这从石器种类和遗址位置上都可加以推测。在好几个遗址的发掘过程中，"浊大计划"的考古工作人员使用漂浮法

----

[1] K. C. Chang et al., *op. cit.*, p. 51.

(flotation) 在土壤中取得了极小件的自然遗物,将来经动、植物学者鉴定了以后一定对当时的生业活动能提供有用的资料。

关于这个文化的起源问题,它不是一个限于浊大区域之内的问题,因为同类的文化除中部海岸以外还广见于西南海岸与澎湖群岛。我在讨论南部海岸地带的细质绳纹红陶文化的来源时,曾举证提出它与中国东海岸青莲岗文化一类的龙山形成期文化之间的关系[1]。我们没有理由相信中部的绳纹红陶文化不是来于同源的。但是大陆的前身文化是分别分批来到中部和南部的,还是先到中部再扩展到南部的,还是先到南部而扩延到中部的,则都有可能,但是目前无法回答的。不论如何,澎湖群岛的这类的文化很可能较中部和南部的都早,并可能为其前身。由于我们对浊大区域这一类文化的起源问题上的考虑,我相信这种文化在基本上不是由台湾大坌坑式的绳纹陶文化直接演变出来的,但是二者之间是否在时间上相重叠,与二者之间有无接触与混合的关系,则要靠进一步的发掘与研究去解决了。

(三) 大邱园式素面红陶文化与大马璘式黑陶文化

从公元前 2000 年前后开始,浊大区域的自然环境一直没有什么剧烈的变化,而台中湖与埔里盆地各个湖泊之趋于干涸恐怕也是一个逐渐的程序,一直到数百年前方才完成。换言之,在这个期间,当地的自然环境已逐步形成了上述的现有的诸个类型:海岸平原及台中盆地面(最初范围较小,后来自台地边缘逐渐向外扩大)、海岸及盆地边缘台地、中游的河边台地、埔里盆地群,与山地。草鞋墩式绳纹红陶文化主要是

---

[1] K. C. Chang et al., *op. cit.* (1969), pp. 227—232.

适应那海岸及盆地边缘台地类型的自然环境的一种文化。自2000B.C.以后，浊大区域文化史上有两个显著的发展趋势，一个是绳纹红陶的消失与素面红陶与素面灰黑陶的发达，一个是聚落遗址向其他的自然环境类型中的扩充，亦即自海岸向内陆、自低台地向平原与高台地与高山双方面的伸展。把这两方面的发展趋势同时加以考虑，并且还把二者之间的关系也加以考虑，是"浊大计划"下考古工作的一个重要特点。

照目前所有的材料看，以素面红陶为主的遗址的分布，从上一期的大肚山和乌溪口为出发点，向南扩展到八卦山和浊水溪的竹山，向上扩展到两溪中游的国姓与水里区域。他们可以以大邱园为这一类型文化的代表遗址而称这一文化为大邱园式的素面红陶文化。以灰黑陶为主的遗址的分布，更除了素面红陶遗址分布范围以外向上（即向东）伸入了埔里盆地群。我们可以以埔里的大马璘为这一类型的代表遗址而称这一文化为大马璘式的灰黑陶文化。关于大邱园式文化与大马璘式的文化之间的时代关系，上面已经讨论过了。从好几方面来看——台湾全岛史前史上自红陶向黑陶的一般发展趋势；红陶的分布较黑陶为狭窄，在自然环境的适应上不如黑陶文化弹性范围之大；在同一区域内有红陶在低台地而灰黑陶在高台地的趋势——大邱园文化似比大马璘式的要早一个阶段，但二者的时代关系一定要在若干有层位关系的遗址发掘之后才能得到可靠的解决[1]。

不论大邱园与大马璘两式文化的时代关系如何，这两者之

---

[1] 关于红陶在低台地，黑陶在高台地这个趋势，有几种不同的解释。如果红陶在先，则红陶遗址占据了离水较近的低台地，而黑陶遗址后来只好向上择居。但如果高低台地的形成早晚与红陶黑陶遗址形成期相符，则先形成的高台地上的黑陶应较在后形成的低台地上的红陶为早。还有一个可能是两种同时或先后不同的文化对不同环境积极选择的结果。

间,以及两者比起草鞋墩式的文化来,彼此都有很大的差异性。专看器物上的不同,考古学者很自然地把它们分成三种不同的文化:草鞋墩文化、大邱园文化与大马璘文化。"文化"这个名词在考古学上没有统一的使用方式,但基本上是一个叙述性的名词。说两组遗物属于两个文化,我们事实上只不过表示这两组文化的不同而已。但在一般习惯上,"文化"常被人作进一步的意义的扩充而变成与"民族"意义相同的一个术语,而民族的形成常归因于历史的渊源。换言之,草鞋墩文化是一个民族的产物,而大邱园文化与大马璘文化可能是另外的两个民族的产物。代表新的民族移入浊、大的结果。但是把文化的变异与各种文化与自然环境类型的联系并在一起来看,我们对文化变异的解释便不能不增加一个新的重要角度,即同一个文化的历史上由于对不同的自然环境类型之适应,可能引起物质文化上很大的变化。从这个角度来看,"2000 B. C. 以后浊大区域内陆的开发是一件在本区文化史上很为重要而且很重要的意义的一个现象"。试求一个对这个现象的解释,则"从本区内考古学的资料上来看,内陆灰黑陶文化的石器远多于海岸红陶的石器,而且其中渔猎用的器物亦见增多,因此灰黑陶文化比起红陶文化来似代表较广泛的资源采集(broader spectrum exploitation),其人口自遗址的范围看来亦远为增加。从民族学的眼光看来,不同的生态区位(niche)中求存的民族常有相应的文化价值,不同民族彼此之间形成互辅相成的共生状态(symbiosis)"[1]。但这种解释,在理论上固然可供参考,在实际上是否适用则要靠考古学上实际的物证来判断。第一期的工作,因发掘工作较少,在这方面还不能提供有决定性的资

---

[1] 张光直《"浊大计划"六二~六三年度工作总报告》(1974),33页。

料证据。

(四) 番仔园式黑陶文化

浊大流域史前文化里最后一个重要的文化层是以刻印纹饰的灰黑陶为代表的文化，亦即以前所谓大甲台地的第二黑陶文化。因为在浊大区域内还没有对这一层文化作深入的研究，我们暂时仍以大甲台地的番仔园为这一文化的代表遗址，而管它叫做番仔园式的灰黑陶文化。这个文化的年代，似乎在公元纪元开始以后不久（两三百年或稍晚）便开始了，但在地域上似乎限制在大肚台地上。照金关、国分二氏的报告，八卦山贝冢（彰化市）的上层也有这种文化的遗物[1]，但这个贝冢早已破坏无存，而我们在八卦山的调查中并没有这一层文化的新发现。陈有兰溪流域东埔村一带的有方格印纹的灰黑陶遗存（见前），可能与这个文化层有点关系，但我们这次没有作山地的调查，缺乏比较研究，不拟加以判断。

---

[1] 金关丈夫、国分直一《台湾先史考古学近年の工作》。

圆山出土的一颗人齿 *

1954年8月，宋文薰先生在本系的旧藏标本中，"发掘"出来一颗圆山出土的有穿孔人齿这颗人齿标本，编号2045，系铃木谨一氏在圆山掘得。入藏日期1930年11月21日。作者认为圆山遗址，包含两文化层如下：圆山Ⅰ，绳文陶文化层；及圆山Ⅱ，圆山文化层（张光直，1954a）。2045号标本，除这件人齿外，有石器碎片、陶片及骨器；其石器具圆山文化之特征（宋文薰，1954：36页）。与2045同时入藏的2044，同系铃木氏在圆山的发掘品，为质粗含砂、手制、赤褐色、具圈点印文之一大圈足，为圆山文化典型之陶器（张光直，1954a）。据此，2045号人齿的时代，可确定为圆山Ⅱ期。

经台大医院齿科主任医师郭水教授的鉴定，这枚牙齿为人类上颚左外门齿[1]。依藤田恒太郎氏（1949）的规准，其各部测量如次：

齿冠长　　　10.5mm.

---

*　　原载《国立台湾大学考古人类学刊》第9、10期合刊，1957。
[1]　解剖学科的余锦泉教授，认为系上左内门齿。作者倾向于郭水教授的意见，因其齿根较短，齿冠之门犬轴较少倾斜，且其一般大小亦符合外门齿之比例（见Martin，1928，p.986）。但既有两种不同之意见，应并志于此。

图 1　2045 号上左外门齿（原大）

图 2　圆山丙区墓 4 出土上左内门齿（原大）

齿根长　　12.0mm.
齿全长　　22.5mm.
齿冠厚　　7.0mm.
齿冠宽　　7.0mm.

这枚门齿引人注意之点，为在齿根中央偏上有人工钻成之一小孔。孔由两面钻成，所用钻具似颇粗糙，非金属一类之锐具。齿冠之舌面上。有明显之箕形（图 1）。我们所面临之问题为：这枚门齿是不是圆山文化的主人翁的？它为什么穿有一孔？

1954 年春，本系在圆山遗址的丙区，掘到墓葬五具，其中墓 4 的人骨有左上内门齿一枚保存（图 2），墓 5 的人骨有左右上内门齿各一枚保存（图 3、图 4）。墓 4 出土于丙区 3 坑圆山文化之贝层下部，墓 5 在丙区 3、4 两坑之间，亦在贝层

图 3　圆山丙区墓 5 出土上左内门齿（原大）

图 4　圆山丙区墓 5 出土上右内门齿（原大）

下部，周围均被贝壳包围（石璋如，1954：页 2）；其年代之于圆山 II 期，亦即与 2045 号人齿同时，当无疑义。三枚门齿之测量如次（据点同上）：

	墓 4 之左上内门齿	墓 5 之左上内门齿	墓 5 之右上内门齿
齿冠长	11.5mm.	9.5mm.	9.0mm.
齿根长	14.5mm.	16.0mm.	17.0mm.
齿全长	26.0mm.	25.5mm.	26.0mm.
齿冠厚	8.2mm.	7.9mm.	7.7mm.
齿冠宽	7.2mm.	7.0mm.	7.1mm.

三枚门齿一致地不具箕形。固然这三枚只代表圆山人门齿特征之一极小的范围，但它们似无疑可以代表圆山 II 期圆山文化之两个个人。台湾的史前遗址中，固然除圆山外尚罕见有直接在贝冢中埋葬死者的习惯，而这一习惯在日本的史前贝冢民族中

却屡见不鲜,甚至其史前人骨出土地即以贝冢为大宗(三宅宗悦,1941:4—7页)。同时台湾土著民族中,未闻有战争掠俘之习(冈松参太郎,1921,卷3),圆山贝冢中的葬者没有不是本族人的理由。

若以贝冢墓葬的门齿为圆山人的代表,则2045号人齿颇有属于"异族"的可能。比较两组的测量,墓4、5的人齿一致地较大,横切面作唇舌轴较长的椭圆形,而2045则较短小,横切面作圆形。固然这些差异或可以解释为由于内外门齿之不同,且由于材料的稀少,我们不可能把当时个人及性别的差异与种族的差异作一明显的划分,而由这两组测量材料的差异,缺乏决定的性质,但舌面箕形却可以胜任一个截然的划分:圆山民族的上门齿舌面箕形缺如,齿带作纵向的排列,而2045号标本却具有极显著的箕形。箕形之具否,固也可能由于内外门齿之区别,但人体测量学上将内外门齿分别记录的材料中,外门齿具箕形而内门齿不具的情形,少得不足考虑(张光直,1954b)。同时,圆山民族,照墓葬中人骨所示的(图版上、中),有在青春期撤除犬齿及外上门齿的习惯(张光直,1954a:6页)。现代台湾的土著,行拔齿之习的有泰雅、赛夏、布农及邹四族。由文献及实物可知,同一习俗亦见于若干平埔族及石器时代的住民(金关丈夫,1940:1925页)。他们有的只拔上外门齿,有的连犬齿在内。拔下来的牙齿,一律地埋藏起来,或埋在屋外的檐下,或藏在屋顶草中,或埋在贮粟场前面的中央柱下(见冈松参太郎,1921:卷1,355页;铃木作太郎,1932:39页;藤崎济之助,1930:249页;及其他各族专著),从没有记录过拔下来的牙齿穿孔作为饰物的习惯。

圆山出土的2045号标本的门齿。倘是属于异族的,则令我们想到现代若干台湾土著把猎得的人首穿孔作为颈饰的习惯。

据石璋如、陈奇禄两氏的报告（1950：25 页），瑞岩的泰雅族中有一条称为 Wakatsi 的颈饰，为人的门齿、猪牙、银色玻璃珠，和黄铜小铃连结而成；颈饰的所有人并记得，"这些人牙是在'selamao 讨伐'时得到的，是 Taouam 的牙"。森氏并称该族有全用人牙作的颈饰，为猎首之纪念，并以夸耀佩戴者之武勇（森丑之助，1917：193—194 页）。何廷瑞先生告作者，他在同族的舍加路群调查时，也发现有同样的颈饰。卫惠林先生说在邹族也偶然见到。

根据以上的讨论，2045 号标本可能代表的意义是：史前圆山 II 期的圆山民族，可能有猎头的习俗，并有将猎得的人头上的门齿取下穿孔串成颈饰以炫武勇的行为。据现代民族学及社会人类学的知识，猎头系与整个社会结构相联系的一项文化丛。根据这项习俗，我们可以对圆山住民的社会行为与宗教信仰作不少合理的推论。另一方面，至今对台湾（甚至整个猎头文化丛分布区）猎头习俗最早的记录为三国时代沈莹的《临海水土志》，成书在 264 A. D.—280 A. D.（凌纯声，1953）。圆山 II 期之开始，可能早到 1600 B. C.—1000 B. C.（张光直，1954a）。因此圆山文化之猎头习俗之成立，把这一分布辽阔的文化丛的年代，至少推早了 1000 年。

参考文献
（以引用先后为序）
张光直
  1954a 《圆山发掘对台湾史前史研究之贡献》，《大陆杂志》（台北）第 9 卷第 2 期。
  1954b 《台大四十一学年度新生体质》，《国立台湾大学考古人类学刊》（台北)第 3 期。

宋文薰
    1954 《本系旧藏圆山石器(一)》,《国立台湾大学考古人类学刊》(台北)第 4 期。

Rudolb Martin
    1928 "Lehrbuch der Anthropologie", *Zweite Auflage* (Jena).

藤田恒太郎
    1949 《齿の计测规准についぃこわ》,《东京人类学杂志》(东京),第 61 卷第 1 号。

石璋如
    1954 《圆山贝冢发掘概况》,《台北文物》(台北)第 3 卷第 1 期。

三宅宗悦
    1941 《日本石器时代の埋葬》,《人类学先史学讲座》(再版,东京),第 15 卷,1—26。

冈松参太郎
    1921 《台湾蕃族惯习研究》(东京)。

金关丈夫
    1940 《Dentes vaginae 说话ニ就ィテ——东亚诸民族ノ缺齿风习二关スル考察》,《台湾医学会杂志》(台北)第 39 卷第 11 号。

铃木作太郎
    1932 《台湾の蕃族研究》(第二版,台北)。

藤崎济之助
    1930 《台湾の蕃族》(东京)。

石璋如、陈奇禄
    1950 《衣食住,林氏学田山地调查团瑞岩民族学调查初步报告第三章》,《台湾省文献委员会文献专刊》(台北)第 2 号。

森丑之助
    1917 《台湾蕃族志》(台北)第 1 卷。

凌纯声
    1953 《古代闽越人与台湾土著族》,《学术季刊》(台北)第 1 卷第 2 期。

中国古代文明的环太平洋的底层 *

在一篇对美洲印第安人的巫教与幻觉剂的研究论文里面，韦斯登·拉巴（Weston La Barre）提议说美洲印第安人的宗教一般都保存着他们的祖先在进入新大陆时从他们在亚洲的老家所携带而来的一个古老的旧石器时代和中石器时代底层的特征，其中最显著的是对于迷魂经验的强调[1]。在中美洲研究的基础上继续追究同一课题，彼得·佛斯特（Peter T. Furst）进一步重建了所谓"亚美巫教"（Asian-American Shamanism）的意识形态的内容如下[2]：

（一）巫教的宇宙是魔术的宇宙，而自然环境与超自然环境中的诸现象是魔术性转化（Magical Transformation）的结果，而不是像犹太基督教传统中那样是从虚无中创造出来的。事实上，转化乃是巫教象征系统的基本原则。

（二）宇宙一般都是分层或重叠的，以上、中、下三层世

---

* 这篇文章原文英文稿是为了 1989 年 8 月在美国西雅图召开的"环太平洋史前史"国际会议写作的，原载《辽海文物学刊》，1989 年第 2 期。

[1] "Hallucinogens and the shamanic origins of religion", in: P. T. Furst (ed.), *Flesh of the Gods* (New York: Praeger, 1972), pp. 261—278.

[2] "Shamanistic survivals in Mesoamerican religion", *Actas del XLI Congress Internacional de Americanistas* (Mexico), Vol Ⅲ (1976), pp. 149—157.

界为主要的区分。下层世界与上层世界常常各再分为数层，各有其神灵主管与超自然的居民。除此以外可能还有四方神与四象限神，以及分别治理天界与地界的最高神灵，固然若干神灵控制人类及其他生命形式的命运，他们也可被人类所操纵，例如通过供奉牺牲。宇宙的各层之间有一个中央之柱（axis mundi）把它们相连接起来，而这个柱子在概念上和在实际上又与巫师升降到上层下层世界中的各种象征符号相结合。在巫师的树或称世界之树的顶上经常有鸟栖息，而鸟乃是飞天与超界的象征。世界又经常分为四个象限，由南北与东西中轴所分隔，同时各个方向又常与特定的颜色相结合。

（三）在巫教的思想界中不言自明的是人类与动物在质量上是相对等的，而且用贺伯特·斯宾登（Herbert Spinden）的话来说就是"人类绝不是创造世界的主人而一向是靠天吃饭的"。各种动物和植物都有它们超自然的"主人"或"亲母"，常以本类中大型个体的形式出现，照顾它的属民的福利。

（四）与人兽质量相等概念密切关系的是人与动物转型的概念，即人与动物能化身为彼此的形式这种原始的能力。人类动物之相等又表示为亲昵动物伙伴和动物陪同，同时巫师经常有动物神的助手。巫师和由巫师所带头的祭仪中其他的参与者还以佩戴这些动物的皮、面具和其他的特征来象征向他们的动物对手的转化。

（五）环境中的所有现象都由一种生命力或灵魂赋予生气，因此在巫师的宇宙里面没有我们所谓的"无生物"。

（六）人类和动物的灵魂或其根本的生命力一般居住在骨骼里面，尤其是头骨里面，人类和动物都自他们的骨骼再生。与这些观念联系在一起的还有巫师的骨骼化，即巫师从他的骨骷状态进入神志昏迷的出师仪式中的死亡与再生，有时用绝食到骨瘦如柴的状况来演出，而且常在巫师的法器上和他的艺术里面作象征性的表现。

（七）灵魂可以与身体分开并能在大地上面或到其他世界中去旅行，也可能被敌对的精灵或黑巫师所掳，要由巫师取回。灵魂的丧失是疾病的一个普通的原因，另一个普通的原因是外物自一个敌对的环境向身体侵入。实际上多数的疾病都源于魔术，而它们的诊断与治疗乃是巫师的专长。

（八）最后我们还有幻觉迷魂这种现象，常常是由引生幻象的植物引起来的，但这并不是普遍的情形。

在指明上引的巫师的世界观之后，佛斯特作了一项很紧要的结论："上面所说的大部分不但适用于较简单的社会中的标准的萨满教上，而且同样的可以适用于我们所认识到的史前中美的文明社会和它的象征符号系统上。由转化或转型而致的起源。而非圣经意义的创造，是中美宗教的标志。具有各层的神灵统治者的分层的宇宙、世界之柱、有鸟栖息的世界之树、世界之山、世界的四个象限和有颜色的四方——所有这些都无疑的是中美的，此外还有人与动物的等质、亲昵伙伴、陪同动物、用动物皮、爪、牙、面具和其他部分来象征或实现人与动物的转化。"[1]

上面引述了佛斯特好几段的文字，因为他所重建的"亚美巫教底层"的适用范围远超过中美研究而应当值得所有研究古代文明学者的注意。尤其值得注意的是他在上面所说的几

---

[1] "Shamanistic survivals in Mesoamerican religion", *Actas del XLI Congess Internacional de Americanistas* (Mexico), Vol Ⅲ (1976), 153 页; 又见 Petter T. Furst, "The roots and continuities of shamanism", *Artscanada*, Nos. 185—187 (1973—1974), pp. 33—60。

乎全部可以适用于古代中国。在近年来发表的一系列的文章里[1]，我详细地讨论了巫教（或萨满教）在中国古代文明中的重要性，可以说是把佛斯特的重建工作加以支持并且将他的亚美巫教底层扩充到旧大陆的东部的古代。在这以前我们只有一个推论出来的"古亚洲"文化丛体存在亚洲东北某处，由马雅学者想象去寻找他们所研究的民族的宗教根源，但现在通过对中国与马雅的新的研究我们能够根据真实和有力的考古和文献资料具体地建立起来一个马雅、中国文化连续体。

假设是古代印第安人在穿过白令海峡随身带着的一个古代的信仰和仪式系统的基本上使用民族学资料所作的复原，它的问题一向是古代具体资料的阙如。研究人类进入新大陆的学者都相信印第安人的祖先绝大多数都是经由白令海峡而到达新大陆的，而且从地质学说，这一波一波的移民在过去60 000 年间任何时期（也许除了 15 000 年到 18 000 年以前最后一次冰进以外）都可能穿过那个陆桥或狭窄的海峡[2]。专就在新大陆所发现的实际资料来说，年代确凿的发现将具有石制投掷尖器的所谓大兽猎人推到 15 000 年以前；还有不少发现说是 18 000 年以前，但这些发现都多多少少有些疑

---

[1] 张光直（K. C. Chang），*Art, Myth, and Rithial*（Cambridge：Harvard University Press，1983）；《古代中国及其在人类学上的意义》，《史前研究》1985 年第 2 期，41—46 页；《考古学专题六讲》，北京文物出版社，（1986）；《连续与破裂：一个文明起源新说的草稿》，《九州学刊》第 1 卷第 1 期 （1986），1—8 页；《谈"琮"及其在中国古史上的意义》，《文物与考古论集》，北京文物出版社，1987，252—260 页。

[2] Knut R. Fladmark, "Times and places: Environmental Corre lates of midto-late Wisconsin human population expansion in North America", in: Richard Shuttler Jr. (ed.), *Early Man in the New World* (Beverly Hills: Sage Publications, 1983), pp. 13—42；又见 David M. Hopkins, et al. (eds.), *Paleoecology of Beringia* (New York: Academic Press, 1982)。

问[1]。不论照我们的意见那引致人类向新大陆移民的事件可以早到什么程度，由于它所能发现的物质遗存的性质，考古学在那人类所携带的行李的内容上不会给我们很多的材料。在1962年沃明敦（H. Marie Wormington）只能说进入美洲最早移民所携带的工具箱里面只有一些砍器、石片石器（像晚期莫斯提工业的）、圆板状刮器、粗糙的石瓣，还可能有双面打制的叶形石瓣。这些石器都是敲打制作的[2]。我们不相信这张可怜的贫乏的清单能够根据20多年以来的新发现做有意义的扩张。我们不妨讨论关于各种投掷尖器先后问题的技术性的细节，但是要用考古学来证实那必然是早期人类进入新大陆时随身携带的配备之一部分的如佛斯特所拟测的亚美巫教，考古学者一定得要找到比他们到今为止，所都找到的要多多少倍的器物，尤其是用易朽材料所作的器物才成。

但是东亚的考古学却有一些坚强的证据，而东亚是印第安人的祖先在他们长途跋涉进入美洲以前最后的一站。中国古代的新研究可以从这个观点来看。古代中国与古代美洲在美术上的相似性并不是一项新发现。在1928年开始的安阳殷墟发掘以后，商代的青铜美术为考古学所证实并且为世所知，它与北美西北海岸印第安人美术的惊人的类似性也开始为人所注意。这两种美术基本原则上的相似诸点，经亚当（Leonhard Adam）所分析，李维史陀（Claude Levi-Strauss）所阐述的如下：（1）强

---

[1] Jesse D. Lennings, *Prehistory of North America*, 2nd ed. (New York: Mccraw-Hill, 1974); H. Marie Wormington, "Early Man in the New World: 1970—1980", in: Richard Shuttler Jr. (ed.), *Early Man in the New World* (Beverly Hills: Sage Publications, 1983), pp. 191—195.

[2] "A survey of early American prehistory", *American Scientist*. 50 (1962), pp. 230—242.

烈的因袭化；（2）以对特征的强调或添加有意义的特资来表现的系统化或象征性；（3）用"二剖分裂"的表现来描写身体；（4）细节的脱位，即细节被武断地从整体上分开出来；（5）一个个体在正面由两个侧面轮廓表现出来；（6）非常精心设计的对称性，常涉及不相对称的细节；（7）细节之不合理逻辑地转化为新的成分；（8）最后，理智性而非直觉性的表现方式，在这种方式之下骨骼或内脏要比身体的描写的重要[1]。虽然他承认有殷商与西北海岸印第安人之间某种历史联系的可能性，但李维史陀相信在太平洋两岸所看到的装饰艺术的共同原则，乃是由于相似的社会在美术上的共同表现而来的。

当中国商周艺术逐渐为人所知以后，它与古代中美洲美术的相似之处也逐渐引人注意。顾立雅（H. G. Creel）曾说过当他把商代美术品给第一次看见这种美术品的外国人看的时候，他听到过他们惊叹说："真好像阿兹忒克和其他中美洲的美术！"[2] 在 20 世纪 50 年代和 60 年代持传播论的学者将商周美术与中美洲美术相比较而指出许多个别的相似之点[3]。这种研究途径到了邵邦华（Paul Shao）在 1983 年出版的《古代美

---

[1] Claude Levi-Strauss, *Structural Anthropology* (New York: Basic Books, 1963), pp. 246—247; 又见 H. G. Creel, *Studies in Early China Culture*, (Baltimore: Weverly Press, 1937), pp. 248—2S2。
[2] Greel, *Studies in Early China Culture*, p. 245.
[3] G. F. Ekholm, "the new Question and Problems of Amstic-American relationships", in: *New Interpretations of Aboriginal American Culture History* (Anthropological Society of Washington, 1955), pp. 95—108; Robert von Heine-Geldem, "Chinese influences in Mexico and Central America", 及另外两篇文章, in: *Congress International de Americanistas Actas*, 33 (1) (1959), pp. 195—207, 207—210, 321—326。

洲文化之起源》一书可说到了高潮[1]。邵将详细的分析留待以后的专书发表，但在这本书中将商代与古代中美洲之间相同或显然相同的图像因素并列如下：龙祖先的崇拜；人形的龙；超自然力量的象征；穿越地界的龙；雨神；大猫和龙形的亲昵伙伴；图像的服装；人与动物的互换界；人、动物与植物的互换界；具火焰状眉的神像；鸟人神像；生命之珠；眼、爪、翼丛体；身体语言；图腾基础；十字形；宇宙和历法形象。

我在这里不拟把这种比较的形象用图表现出来。这不是因为邵氏所图示的形象不相似，它们表现出来的形象相比之下是十分相像的。但是无论如何相似，这种比较研究不可能使人信服这种相似性是由于文化接触所造成的。不论是商代文明也好，还是古代中美洲文明也好，它们都可以充分证明是在它们各自的起源和生长的地区中土生土长发展出来的。要将其中之一的基本的艺术风格归源于自另外一区而来的传播是不能成说的。而且殷商自公元前18世纪到公元前12世纪持续了六七百年之久，而许多中美洲的文明是在基督纪元后好多世纪之后才发扬起来的。

然而，不相信直接的接触便是解释相似的艺术风格的途径，并不等于否认二者之间有广泛的类似点。事实上。因为类似点非常多而且广幅，所以我们才认为传播论的说法难以接受。另外的一种说法是认为殷商和中美洲美术的许多基本的在风格上与在内容上的原则乃是来自一个共同的旧石器时代的底层。我们注意到邵氏所列举的各种共同图像主要涉及动物界和人与动物的关系。它们正好指向佛斯特所拟测的那种巫术的宇

---

[1] *The Origins of Ancient American Cultures* (Ames: Iowa State University Press, 1983).

宙观。

中国古代文明基于巫术的宇宙观这种新的解释对这个古代基层内容的了解提供了新的基础。古代中国与玛雅文明的共同特征使我们有充分的理由相信这个古代的基层文化实际上乃是中国与玛雅文明的共同祖先。中国与玛雅并不是非得要有文化上的接触才能共有这些类似性的，它们乃是一个文化连续体的成员，这个连续体我们可以称之为玛雅—中国连续体。玛雅—中国连续体的建立在世界文化史上有以下几点重要的意义：

1. 它将古代中国和古代玛雅联系起来并且说明它们两者之间的类似性，而无须使用传播论；

2. 它强烈地暗示着这个亚美巫术文化基层并不是东北亚洲的地方性的传统而且具世界性的现象；

3. 它在一个新的框架里面提出资料用以研究说明在它的领域之内出现诸文明的演进原理。

关于以上的第二点我要特别介绍约瑟夫·坎保（Joseph Campbell）的近著，《动物的神力之路》[1]。这是他计划中的《世界神话的历史地图》的第一卷，在这卷里面坎保追溯一个巫术性的神话系统中重要成分在全世界的分布，并把它们追溯到新大陆的旧石器时代的猎人里面去。依照他的研究，这个巫术性的神话系统最早的证据，并不在中美洲、亚洲东北，或是中国，而是在法国拉斯考（Lascaux）约15000年以前的洞穴的墙壁上；在这里有"一个人像，仰卧伸臂……并且有一个勃起的阴茎和好像是鸟形的头，也许是戴着一个面具。他的手也作鸟状，并且在他的右侧还有一个鸟像栖息在一根直杖的顶上"。因为鸟是"巫师在迷魂状态中飞行常用的工具"，而且

---

[1] Joseph Campbell, *The Way of the Animal Powers* (Alfred van der Marck, 1983).

"装饰有鸟形的服装和棍杖以及鸟的转型等在巫术的文化中都是常见的",坎保相信"那倒卧人形乃是一个巫师,正在迷魂状态之中"[1]。对西欧旧石器时代晚期洞穴艺术中若干特征的这种看法并不令人惊异;令人觉得惊异的是我们在这里所看到的象征符号——鸟和在一根杖顶上栖息的鸟——也正是我们在10 000多年以后的中国与玛雅所看到的同样的象征符号。没有疑问的,玛雅—中国连续体和其祖先形式可以一直追溯到旧大陆旧石器时代的晚期,而且它的地理范围要包括欧亚大陆的东部和西部。

不过,早期巫术的有力证据必须要在欧亚大陆的东部,尤其在东北亚洲找到,才能证实这个玛雅—中国基层有一个时间深度能早到做玛雅和中国两者的祖先的资格。这种证据果然在伊尔库茨克(Irkutsk)附近的马耳他(Malta)遗址找到,这个遗址的年代是在"15 000年到18 000年前左右"[2]。这个遗址有600多平方米的区域已经发掘,发现了许多居室。多半的居室建筑在半地下式的居住面上,并且用大条动物骨骼支撑着含有一层交叉着的驯鹿角的屋顶[3]。使我们最感兴趣的是在马耳他发现的艺术品和动物埋葬:"在这里挖了出来20多个用猛犸象牙做的女像,1.25—5.25英寸高,其中之一好像穿着一件洞穴狮的皮,其他都裸体。还发现了约14具动物的埋

---

[1] *Ibid.*, p. 65.
[2] Chester S. Chard, *Northeast Asia in Prehistory* (Madison: The University of Wisconsin Press, 1974), pp. 20—27.
[3] Chard, *Northeast Asia in Prehistory*, 20; M. M. Gerasimov, "The Paleolithic Site Malta: Excavations of 1956—1957", in: Henny N. Michael (ed.), *The Archaeology and Geomorphology of Norhtern Asia*; *Selected Works* (The University of Totonto Press, 1964), pp. 3—32.

葬：6个是北极狐，6个鹿，角和后腿都不存（表示这些动物在埋葬前都剥下皮来，可能是去做巫师的服装）……另外还发现猛犸象牙做的6只飞鸟，一只游泳的鸟，都代表鹅或鸭，还有一条象牙做的鱼，在它的一边有用点连续形成的螺旋曲纹；一支象牙棒，也许是巫师用杖；最后，尤其令人惊奇的是一架像患佝偻病似的四岁小孩的骨架，随葬有大量的猛犸象牙所做的装饰品……（在墓葬里还发现）两件有装饰纹样的圆牌，……一件似乎是用作带扣的；另一件较大，在一面刮刻着三条好似眼镜蛇的曲体的小蛇，在另一面用连续点纹表现了一条回转七次的回纹，在当中包着一个S形纹。"[1]在坎保看来，这里的鸟纹、蛇纹和棍杖都代表马尔他的巫术象征符号。这种象征符号在这么古老的时代至少与拉斯考同时存在是很重要的，这个遗址的位置是西伯利亚的核心地带，现代民族志上古典萨满教的分布区。

这些早期的考古发现将东亚的巫教、新大陆的巫教联系在一起了，但是更为重要的问题是在这两个区域中后来的演化如何。换言之，从文化与社会的演进的观点来看，中国和玛雅这两个个例在从这个基层文化发展到后日的文明的过程程序上显露了什么原则？中国与玛雅历史新显露的原则能否适用于在这里没有讨论的其他个例？

中国境内旧石器时代底层宇宙观的细节是不知道的，但是从旧石器时代到农耕文化的起源再到文明的抬头这一段文化发展史，我们已有不少的材料[2]。巫师式的世界观显然在整个

---

[1] Joseph Campbell, *The Way of the Animal Powers*, pp. 72—73.
[2] 见 K. C. Chang, *The Archaeology of Ancient China*, 4th edition (New Haven and London: Yale University Press, 1987).

中国史前时期都一直持续着，虽然这一段文化史还不能说是丰富到使我们可以作一般性的结论的程度，我们已可相信在这一段发展过程中社会变化（即分级分层）的焦点乃在于在稀有物资上人与人之间关系的政治调整上面，同时这个焦点乃是在一个稳定而多少是由生态系统来界限的交互作用圈里面政治团体之间竞争的结果。就中国来说，这种政治上的调整乃是在同样不变的社会与巫教性框架之内发生的，而这正可以说明社会性质的变化与文化传统的持续性何以能够并存。

要将从 15 000 年到 3500 年前之间的中国史前史的考古细节在这里提供出来是不实际的，但是我们可以举出一个简短的大纲。旧石器时代狩猎者的遗址和石器在中国各处都有发现，而且我们已经知道至少有两个农业起源中心，一个在黄河流域，到公元前 7000 年前已以粟类耕作和猪狗的豢养为特征，另一个在华南的丘陵地带与海岸台地上，耕种稻米与根茎作物。到了公元前 5000 年前，我们可以看到至少有 7 个区域性的农业文化已经确立了下来，3 个在华北，4 个在华南。北方的 3 个文化——内蒙古东部辽河流域的新乐文化，黄河中游的仰韶文化与山东的大汶口文化——各有独特的特征，但也共有重要的陶器形制和装饰因素。南方的四个文化也是如此——苏南浙北的马家浜文化、浙北的河姆渡文化、长江中游的大溪文化与东南海岸的大坌坑文化。

这些（以及其他目前考古资料还较缺乏的）独立发生而且各有特色的各个文化逐渐扩张它们的分布范围而互相接触而且发生影响。到了公元前 4000 年前左右，在考古的记录上我们可以辨认出来一个共同的交互作用的文化圈，它包括了辽河流域，黄河流域中、下游，长江流域中、下游，以及东南海岸。换言之，所谓中国本部的大部分，在这个大文化圈的每一个组成区域之内我们都看得到从早期农村到三代的城市国家的发展。这种发展的程序的特征,包括区域与区域之间连续不断的交流、区域内聚落分层系统的不断复杂化,邻居政体对土地、劳动力和稀有资源的不断竞争,以及每个政体内阶级的逐渐形成。换言之,这是在同一个强烈而且很紧凑的交互作用文化圈之内,很典型地产生于互相竞争的区域整体之间的一种国家形成的程序。这种政治程序在商周的史料之中可以很明显地看得出来:

> 国家的产生不可能是孤岛式的,而是平行并进式的。……夏商周等列国在华北所占居的位置不同,所掌握的资源也不同。三个或更多发展程度相当的国家彼此在经济上的连锁关系造成全华北自然资源与生产品更进一步的流通,对每一个国家之内的财富集中和剩余财富的产生造成更为有利的条件。同时,依仗国外的威胁来加强对内的统治是古今中外共同的统治术;……夏商周等列国彼此竞争关系,以及各国由此在长期历史上所造成的国家意识,因此也是使各国内部政治稳定的一个必要条件[1]。

在这种剧烈竞争的系统之下,在每个国家之内便产生了在政治上做新的安排的条件,造成财富重新分配与在统治阶级手中集中的结果。从这个观点来看,文化与社会的其他各方面便都跟着变化以将这种新的布局加强:宗法制度下的各宗族附庸于分级更为剧烈的政治权力,而与天地通气的巫术逐渐为统治者独占而成为政治工具。因此,我们可以看到一个具有文明新符号的经过剧变的社会,但在这个社会之内我们还可以看到多

---

[1] 张光直《中国青铜时代》,台北:联经出版公司,1983,62—63页。

数文化、社会特征的连续性。

值得注意的一件事实是，这种在一个互动政体的圈子之中经过长时间的社会转型的中国模式在新大陆文明的产生过程中也可以观察得到。40年之前，本奈特（Wendell C. Bennett）便就安第斯区域文明形成了"区域共同传统"（Area Cotradition）这个概念："一个所谓区域共同传统，指一个区域的整个的文化史的单位。在其中组成文化之间在一段时间之内彼此互相发生关系。"[1]普来斯（B. Price）用类似的概念应用到中美洲来解释当地的国家的形成：

> 在这个丛体之间，类似的因果关系的程序进行作业而在每一个成员之中产生类似的平行的或拼凑的效果：因此在环境适应程序之上有基本上的类似性。这个类似性为丛体成员经常或至少是偶然互相牵动作用这件事实而加强。这种互相牵动作用采取两种形式：交易与竞争/战争。这两种形式都将各自的革新散布并将文化演进的整个程序予以加速[2]。

在这里国家形成的程序也走了一条类似中国与安第斯的路。虽然这只是三个例子，我们已可以作一条结论：在玛雅—中国连续体（或佛斯特的亚美巫教底层）的基础上，好几条国家形成发展路线沿着相似的道路走了下去。这条道路的共同特征是在丛体内互动与政治竞争。

---

[1] "The Peruvian Co-tradition", in: W. C. Bennett (ed.), *A Reappraisal of Peruvian Archaeology* (Memoirs of the Society on American Archaeology, No. 4, 1948).

[2] "Shifts in production and organization: A Cluster interaction model", *Cantor Anthropology*, 18 (1977), p. 210.

古代贸易研究是经济学还是生态学 *

关于贸易的考古研究中,"空间"和"自然资源"显然是焦点性的概念。贸易是原状或加工过的自然资源进行空间移动的一种必要方式,而贸易在考古学上加以辨认的一种方法是对开发原料的地点或货物制造的地点或两者一起的寻认而将这项移动加以追踪。美国考古学近年来开始强调史前文化的生态系统(ecosystemic)研究,而在这种研究上,贸易的重要性不可避免地就走到新的研究计划的尖端。在考古学上的一种生态系统的观点必须把焦距放在自然资源的空间分布上,而贸易乃是它们在空间上移动的一项重要动力。

我们与生态系统派和企图以生态系统的立场来研究贸易者都没有什么可以争论的。像对贸易这种长期性的考古研究题目的科学处理是早该进行的了。但是我们对于个人,从来不在没有有意义的社会介入的情形下与自然环境发生关系这一点实在无法过分强调。生态系统派的考古学者常常好像是假设着整个人口或其生产部门依照生存的需要而共同一致地行动。而且就

---

* 原文英文"Ancient trade as economics or as ecology",载 Jeremy A. Sabloff and Clifford C. Lamberg-Karlovsky 编 Ancient Civilization and Trade (Albuquerque: University of New Mexico Press, 1975), pp. 211—224.

其生存利益整体而言，该人口的统一性也是不言而喻式地假定了下来。如果没有这些假设的话，我实在无法知道考古学者怎能仅仅根据环境的资源、开发的技术与空间关系的考古资料，来在变化过程上作解释。

从长久的立场上看，只要自然选择还在作为进化的程序的进行中，上面说的那些假设也许都是可靠的。但是从比较短暂的立场看，在作业这一层，一个生态系统的解释一定要将个人组织成人口的方式做适当的考虑，而这些人类的组织机构才经常决定那些自然资源是要来开发、加工和分配的，以及采取什么样的方式。人类常常与他的环境以相当不寻常的方式相互行动，而有时有的方式有损于他自己的利益或是他自己的群体中若干成员的利益。这在所谓"文明"的阶段尤其如此，在这阶段里人类的组织变得更为复杂了。柯林伦福儒（Colin Renfrew）的看法如下：

> 一个文明的生长程序可以看做人类逐渐创造一个较大而且较复杂的环境，不但通过生态系统中较广范围中的资源的进一步的开发而在自然境界中如此，而且在社会与精神的境界中亦然。而且，虽然野蛮的猎人居住在一个在许多方面与野兽没有什么不同的环境（纵然这个环境已为语言的使用以及一大套的文化中其他人工器物的使用所扩大），而文明人则住在一个差不多是他自己创造出来的环境。在这种意义上，文明乃是人类自己创造出来的环境，他用来将他自己从纯然自然的原始环境隔离开来。[1]

---

[1] Colin Renfrew, *the Emergence of Civilization* (London: Methuen, 1972), p. 11.

我对这个定义是可以赞同的，至少其中"人类自己所创的环境"之在质上增加的重要性的那一部分。也许读者会以为我过激，但我进一步地相信史前和古代贸易必须在进行贸易的社会单位的环境之内加以研究，界说为考古材料在社会关系的框子里加以研究的聚落考古学最能供给这种环境，尤其是史前和古代的生态学必须与史前和古代经济学一起研究或将其吸收为自己的一个重要成分。尤其在古代文明的研究上，没有经济学的文化生态学是不能成立的。

佛德烈巴斯（Fredrik Barth）大概是最早郑重提倡生态考古学的人，他在1950年曾写过：

> 绘制文化的年代表现在不该还是考古学者的最终的目的了。……考古学者能够对一般人类学有所贡献是问"为什么"这种问题，而为此他们需要一个一般性的框架。一个简单而且可以直接应用的方法是文化适应的生态分析，来处理生态区域、人群结构、与其文化特征之间的关系的种种问题。[1]

以生态分析为目标的考古研究者，有没有充分地考虑到"人群结构"呢？我们常常将他当做"想当然耳"来看待。其实我们不应如此，因为没有人群结构就没有"生态区域"与"文化特征"之间的接触——换言之，不了解人群的结构，便没有有用的生态分析。

如果这种看法被接受的话，我们便非做这样一个结论不

---

[1] Fredrik Barth. "Ecologic adaptation and culture change in archaeology", *American Antiquity* 15（1950），pp. 338—339.

可，即贸易只有在原状或加工过的自然资源在一个社会框架里的分配的整个环境之内才能加以研究。关于以各种形式出现的自然资源的认定与分布的考古资料，仅只揭出问题。而它的解决，可从考古学上将下列诸点弄明白开始：

（1）有牵连的各种社会单位，及其分层分级的关系；

（2）资源在有关单位之间流动的互惠性（平衡的或不平衡的）；

（3）实行交换的方式，即流动是否双面的，它是否再分配式的，流动的方向与品质是志愿性控制的还是强迫性控制的等等。

显然地，上面这些不同的行为不全是贸易。什么是贸易，什么不是贸易，也许只是一个语义学上的问题，但是我觉得只有在武力强制性以外的力量下进行的群体之间货物的平衡、互惠性的流一动，才能当做贸易来做有可收获的研究，因为这种流动与其他种的流动为远为不同的因素所统制而产生非常不同的结果。

给贸易下这样一个定义会引发一些问题，即在考古学上衡量互惠性的可能是不可克服的困难。"互惠性"这个词在这里是指平常我们所谓平衡的、相互的交换。例如我们很容易能发现麦粒从它出产处（如一个农舍）被移到一个消费地点（如城里面一个谷仓）。它怎样从一地移到另一地去的，它们之搬移可能是下列诸种情形之一的结果：

（1）为农人献纳给地主或县政府的土地税的一部分；

（2）为贡赋的一部分；

（3）为掠夺物的一部分；

（4）在市场上以物易物或用货币购买而来；

（5）为乡村亲戚带给城里人的"礼物"的一部分；或

者是：

(6) 以其他方式造成的。

这上面各种情形中，有的（4，5）有确定的平衡互惠性；有的（3）没有；还有的可能有也可能没有（1，2）。从考古学上来分辨这些不同情形是几乎不可能的，因此互惠性从货物的个别单位来说，是很不容易搞清楚它的特性的。

另外一点困难是货物在加工过程中，由于能量的加入（马克思学说中的"劳动"）而增加其价值，可是其增加的量，要靠在考古学上很难准确计算的一些因素来决定。价值除了用货物来衡量以外，还可以用"服务"或"出力气"来衡量，不论是劳动也好，服务也好，都在考古学上不留什么痕迹的。

由于这许多的原因，我不相信在考古学研究上贸易应当当做与文化系统的其他亚系统（subsystem）如生产、技术、社会与象征等相平行的另一个亚系统来处理[1]。事实上，虽然将文化系统分为亚系统是必要的，但没有任何分法可以完全没有严重缺点，因为各亚系统之间是太密切而且太多方面性的交织起来了。但是因为我们在这里只讨论贸易。我们只须要说贸易在考古学上只能当做古代社会的整个的经济行为的一面来研究。我们将原状的或加了工的自然资源在各层社会单位中通过空间的流动式样重建了以后，我们可以用贸易当做一种机构来解释我们所见到的式样。我们甚至于可以推测贸易在我们所研究的某一文明或一般的文明的形成上所扮演的任何角色。我们甚至可以再进一步根据上述的推测而制定研究设计与试验可能性（test implications）来把这种想法在田野里去试验。但是我看不出来怎能将贸易可以当做在地面上划界的单个的考古现

---

[1] Renfrew, *op. cit.*, pp. 22—23.

象，而且我也不相信贸易这个概念可以直接使用到原状的与加工过的自然资源的空间分布式样上来解释这种式样。换言之，我怀疑我们有把任何对贸易的生态系统研究不当做一个古代社会的更大的生态系统研究之一面的这种能力。

上面所说的多半牵涉关于考古学一般的基本态度和认识论上的立场。我们现在已经逐渐认识到了在考古学上许多这类的态度与立场是彼此矛盾的，甚至于达到不能调和的程度。同意我的人会觉得我所说的稀松平常，而不同意的人会觉得我的想法幼稚，令人震惊。但是为了给这些一般性的讨论以若干考古学上的意义，我们不妨使用商代中国的一个例子。

我试问我自己这个座谈会所要问的问题：贸易在商代文明的结构与形成上的地位如何？我相信提这个问题是必要的。但是我觉察到我们无法从这个问题直接引入商代贸易的研究上去，因为贸易在考古学上无法作先验性的界说。我们一定得回到更大范围的商代社会中去考察它的许许多多的方面（自然包括原形与加工过的自然资源的空间性的流动）才能够认准若干可能与贸易有关或者可以称为贸易的讨论范围。

首先，自然资源在空间上流动这个现象，如果流动的距离较大，倒是不难辨认的。可是资源流动并不以长距离的流动为限。事实上，这种流动多半是在极短的范围之内的。但是距离并不是唯一有关的因素；距离还要同所牵涉的社会单位一起来研究。货物在一个或大或小的地域内的社会单位之间流动，要不然便在占据同一地域的一个社会单位之内流动。在每一个单位之内，货物在次一级的单位之间或之内流动，或是在另一类的单位之间或之内流动。但是在空间之上流动来流动去的是什么东西？因为我们根本不可能希望将我们所发现的每一样事物的足迹追溯出来，我们只能在较高的一个水平作业，涉及少数

焦点性的范畴。为了目前讨论的目的,我将商代文明的物质遗存分成下列的几个范畴:

(1)农产。粮食的遗留与装粮食的器物是在所有的考古遗址里都有的,包括有农耕活动的遗址和显然没有农耕活动的遗址。毫无疑问,在农村与农村之间及农村与城镇之间是有过粮食和其他农产的大规模的流动的。

(2)有特别用途之动物。鱼类、野兽肉类、家畜肉类和野生植物产品的流动显然和农产的流动是相似的。但若干有特别用途的动物值得我们特别的注意。甲骨卜辞里提到牛、羊和马向王廷贡入[1],这都在仪式上有重要性。而马更用于战车。考古遗物里的动物骨骸包括若干目前只在南方生活的动物,如象、貘等[2]。有人推测这些动物是自南方输入到殷王的园囿来的,但它们也可能证明古代北方的气候比现在湿暖。鲸鱼骨也发现过,这无疑是由海边转运过来的。

(3)手工业品。从考古学角度看,陶器、石器、木器和青铜器是最重要的手工业产品。在商代遗址里发现过不少手工业作坊。这中间至少牵涉两节的自然资源的流动:第一节从原料(木、石、黏土、铜矿、锡矿)的原产地到手工业作坊;第二节从手工业作坊到消费场所。

(4)贵重物品。这项包括子安贝、龟甲、玉石、松绿石、盐和锡矿石(最后一项在上面已列举,但值得再提)。这些物品大概都是本地不产的,而仅只这一点便可说明它们的宝贵价值。

---

[1] 胡厚宣《武丁时代五种记事刻辞考》,《甲骨学商史论丛》第 1 辑,成都,齐鲁大学,1944。

[2] C. C. Young and P. Teilhard de Chardin. *On the Mammalian Remains from the Archaeological Site at An-yang*, Palaeontogia Sinica, n. s. C, 12 (1936), No. 1.

子安贝（Cypraea moneta, C. annulus）出产在中国东南海岸及南海岸外海中，而商人所用的多半来自此地。依商代文字，五个贝通常串在一起，而两串形成一个标准单位[1]。商王将几个单位的贝送给臣属，便是一件大事，须卜问祖先看看送礼者是否当送，而收礼者须铸铜器来加以纪念。若干记征伐的辞中也提到俘贝若干[2]。

龟甲磨光修整以后，作为王室占卜的基本工具[3]。有的龟甲属于一种现在只产于中国东南海岸的龟类（Ocadia sinensis），而另外还有一种据说只生产于马来半岛。有的龟甲上刻有文字，注明是自某进贡国或进贡城来的："某某入"或"某某入五十"[4]。这里所注的国或城常在华北，因此它们想必是向他们的南方弄到龟甲后再贡入殷王的。

玉一般认为来自新疆南部，但另外的产地也有[5]。玉产地的科学分析据我所知尚未在商代玉石上使用，但商玉产自本地的可能性很小。锡矿究竟是哪里来的也不清楚。河南及华北其他地点据说是产锡的[6]，但古代中国文献上说好锡来自南方[7]。松绿石据说也是南方来的[8]。盐只产于东海岸和山西南部。

除了以上诸项以外，我们也许不妨把奴隶或战俘列入这个

---

[1] 郭沫若《卜辞通纂》，东京，文求堂，1933，100—102页。
[2] 王毓泉《我国古代货币的起源和发展》，北京：科学出版社，1957，11—19页。
[3] 张秉权《甲骨文的发现与骨卜习惯的考证》，《中央研究院历史语言研究所集刊》第37期，1967，827—879页。
[4] 胡厚宣《武丁时代五种记事刻辞考》，《甲骨学商史论丛》第1辑。
[5] B. Laufer, Jade, (Chicago: Field Museum of Natural History, 1912)。
[6] 石璋如《殷代的铸铜工艺》，《中央研究院历史语言研究所集刊》第26期，1955，95—129页。
[7] 郭沫若《青铜时代》，北京：人民出版社，1965，252页。
[8] 董作宾《甲骨学六十年》，台北：艺文印书局，1965，17页。

可动资源的单子中去。人力可说是商代社会中最重要的"自然资源"之一。殷王将一群群的人送给他的叔父或弟弟带到他们新封的城邑中去,而且有些战役造成数百或数千战俘,多半是带回来参加劳动或用作祭祀牺牲[1]。从考古学上说,"人货"采取祭祀牺牲的骨骸的形式。但也许这些应当放在劳动和服役项目下,这些项目在互惠性的问题上有其重要的意义。

上列各种材料在空间上流动的规范,在商代考古学上供给了一些基本的研究资料。我们一旦把遗址画在地图上,把各种货物归划到各个遗址上去以后,我们便可以进一步将空间的规范加以解释了。我们在这一点是不是就该通过各个遗址的个别的内容的性质来企图将诸个遗址连接起来成为资源开发与交换的系统了呢?照我的意见,这项连接的工作还得等待一下。我们可以用许多不同的线把各个遗址连接起来,可是那些显然的线、最短的线,或对我们而言应该是最好的线,却不见得是正确的线。为了使"位置分析"(locational analysis)在内容上有意义地实行,在一个生态系统的网状结构能够建造起来以前,有若干先需的工作是要办到的:社会单位要弄出来,在它们中间的货物与劳役的流通的互惠性要断定下来,而且这种流通的方法与方式要研究出来。事实上,这些研究方向在考古学上任何彻底性的生态系统研究都是必需的,因此,考古学生态系统的研究必须基于发掘资料,而不能仅基于调查资料。在我们将人口联系于自然资源的时候,或者在我们将人口依照它们与自然资源的开发关系而加以区分以前,我们得首先弄清楚我们这些人口是如何在内部组织起来的,因为我们这些人口的成员或单位可能根据人工性的经济地位而不根据自然的伴生关系而与

---

[1] 陈梦家《殷墟卜辞综述》,北京:科学出版社,1956。

自然资源作不同的关联。

在这里,我们所要处理的是在商代的研究上,较大但很少研究的一些题目。这里不是详细讨论这些问题的地方,但不妨提出一些重要的事实与推测。

(1) 商代社会里有经济意义的政治单位可能是这样的:在最底的一层有像安阳丛体这样的聚落网。在这里小屯是行政与仪式的轴心,由若干在约 24 平方公里地区之内的分工开来的村落来加以支持。有些村落是各种手工业的作坊区,而其他的可能是农村。[1]这样的一个聚落网,如果是单独存在而不属于更大的单位的一部分,也许便是在进化阶梯上比自给自足的村落再高一层的政治单位,即"部落"(tribe),而我们可以借用柯林伦福儒的名词"早期国家单位"(Early State Module 或 ESM)来称呼它。

商代的 ESM 当然是更进一步的组织成更高一级的较大的单位。在最高的一级则是商国,分布在华北广大的地域里,西自晋南和关中,东至山东,北自河北北部,南至江西北部、安徽北部及湖北中部。商人将商国以外的政体称为方(如工方、土方等),从壬都(在晚商为安阳 ESM)来说,商代的其他的 ESM 则称为"多伯与多田";伯、田等名称到周代衍变为封建制下的伯和男[2]。在个别的 ESM 与商国之间大概还有若干在经济上有重要意义的中间级的组织水平。因为商代的文字都是在都城里发现的,在地方上的 ESM 的组织很难复原。但至少在王都 ESM 之上要有一层区域性的单位。晚商文字中常提到

---

[1] K. C. Chang, *The Archaeology of Ancient China* (New Haven and London: Yale University Press, 1968), p. 214.
[2] 见胡厚宣《殷代封建制度考》,《甲骨学商史论丛》,第 1 集。

所谓"田猎区"中的活动,也许指河南北部、西部一带以沁阳为中心的地区。[1]在这个区域之内的各 ESM 之间的关系很可能便比其中任何或甚至所有 ESM 与山东或湖北中部较遥远的 ESM 之间的关系要来得密切。

(2)当一个个的商代遗址组织成 ESM,HSM(更高的国家单位,Higher State Modules,学伦福儒的名词来说),和商国这几级组织以后,我们再回头来看看自然资源流通的方向和品质。这里面的问题非常复杂,而且不是都能在考古学资料里看得清楚的。根据卜辞,我们可以相当合理的推测,农产品在 ESM 之内的流动是自村落向中心流动,在 HSM 内是自次级的 ESM 向主要的 ESM 流动,在全国之内是由全国各地向都城流动。[2]手工业产品基本上也依照这类的向心性的流动方式,可是若干原料如锡之类则可能自更远处运来,自一个 HSM 到另一个或甚至自国外而来。贵重的手工业产品如青铜礼品和白陶之类则只有在 ESM、HSM 或国家的中心城市才有,但有时它们自中心回流到较为僻远的单位去作为一份王赐或贵族赐给的礼物。至于子安贝、龟甲和玉这类的贵重物品,则多半是国外运输进来的。

一旦交易的社会单位被清楚判定之后,我们便比较能看出来某一项流动是不是有平衡互惠性,和如果是不平衡的流动,哪一方面占了便宜。在商代这一方面的材料里,我们很深刻地看到两件事实。其一是空间上各异的社会单位之间经济交易中人工能量所占的很大的比重。我这里所指的是精美的手工产品在少数中心的集中分布和由此而来的不同遗址之间和遗址不同

---

〔1〕 郭沫若《卜辞通纂》,东京,文求堂,1933,iv 页。
〔2〕 束世澂《夏代和商代的奴隶制》,《历史研究》1956 年第 1 期,49 页。

部分之间在物质财富上尖锐的对照；为王族和贵族服用的巨大建筑（如城墙、宫殿式建筑、大型陵墓）；以及在王室仪式中，使用的大量的祭祀人牲。

第二项突出的事实是自然资源的流动的显然的不平均性，尤其是将能量的流动（劳动和服役）放入这个等式之内后更是如此。固然这些变换的许多部分是从考古学上找不着的，或甚至于根本不是物质上的。但是当我们面临着在安阳这个ESM之内，小屯和西北冈（可能所有巨大建筑、所有精美手工品和所有贵重物品之百分之九十以上的所在地）与一个作坊遗址或是一个农村（有几个半地下式的房屋和少数石器和陶器）之间的对比；或是安阳ESM与一个地方性的ESM（例如邢台，在那里巨大建筑、精美手工品和贵重物品都稀少而文字阙如）之间的对比——我们自然认得出来一种无疑的、严重的不平等的情况。固然安阳给它的有关系的城邑和国家以保护和威望，但为了这些它们所付的代价是很高的。我们对商代这一类文明之伟大的辨认主要是根据巨大建筑、精美手工品和贵重物品的。我们可以很轻易地达到下面这个前提：其他因素（如自然环境贫富、位置、人口等）不变，则资源的流动愈不平均，愈不平衡，则传统上认为伟大的一些文明的成就也就愈大。古代世界上的所谓伟大的文明是将它们的人民区分成供给能量的，与使用这些能量来制造"伟大文明"的标志的。就如孟子所说，"或劳心，或劳力；劳心者治人，劳力者治于人"（《滕文公》上）。很可能有若干古代文明从考古学上看是非常枯燥无味、贫乏，不是那么伟大的，但是在这些文明之下也许饿死的人也比较少。也许我们应该检讨一下我们称为"伟大"的应该如何解释。

（3）在同一个ESM之内的各村落之间以及在国内各ESM

之间的不均匀性的流动只有靠高压统治（而非志愿）才能维持，而商代的战争机器必是当时世界上最大与最强的中间的一个。青铜器大概有一半是兵器，而且在任何考古遗物之中马骨和战车都是显要的成分。甲骨文里记录了与一向敌对的西北疆与北疆的方国战斗，但在商的末期也有过一次向东南方淮河流域的人方的大规模征伐的记载，而这个区域一向是友善的甚至是国内的 HSM 所居的[1]。可见，武力也可以用在国内自己的人身上。

假如子安贝的单位曾经用为货币，当时很可能有好几层以货币为基础的交换：在 ESM 之内，在 HSM 之内，在国内与国外。在金文的族徽里有一组是人背着贝串的图像的[2]，它可能代表一个以贸易或企业为职业的宗族或氏族，而且贸易好像是一种特别与亲族相连锁的职业。既然他们的族徽在贵重物品（青铜器）上出现，我们相信贸易业的成员或至少其中的高层人物，有相当令人尊敬的社会地位。

关于贸易在商代文明的结构与形成上扮演了什么样的角色这个问题，我们该如何回答呢？也许我们首先要决定的一点，是上面所描述的各种资源流动之中哪一种才是贸易？由高压统治所维持的粮食与人力的单方面的流动自然不是贸易，但国家政权很可能用粮食在互惠贸易的原则下又换来了贵重物品（如锡、玉、龟甲）。有些手工业者也许是上层阶级的一部分，而他们可能用他们的产品和技艺换来锡一类的原料。用来制作贵重物品的原料，绝大多数都是由国外贸易而来的，很可能是要经过职业商人的努力。在它们进来以后，原料便经过加工而

---

[1] 董作宾《殷历谱》第9章，李庄，中央研究院历史语言研究所，1945。
[2] 李亚农《殷代社会生活》，上海人民出版社，1955，54—55页。

成为贵重物品,而这些物品便集中在上层阶级的手中。因此,关于商代贸易的考虑只能限于商国与国外之间,以及在国内的各地的统治阶级之间与各个职业之间的资源在空间上的交换,以及所有双方之间达到质量平衡性的交换。所有这些交换都以贵重物品为主,而生活必需品(粮食和劳动)的流动则主要是内部的、极不平衡的与强制性的。古代贸易在内部经济不平衡性使它能够达到显要地位的时候才达到显要地位,而所贸易的项目也就换过来,在商代社会之内扮演一个重要的角色,造成或至少帮助了那项内部经济不平衡性的产生。

中国古代王的兴起与城邦的形成 *

一 龙山文化时代晚期中国之政治局面

中国境内的文化自史前时代的早期一直到历史时代的初期，不断地由单纯向复杂，由原始到高级发展进化。发展进化的过程是逐渐的、累积的，但发展到一定程度的时候，文化内部的结构需要调整，这个文化程序便产生了质变，把当时的社会推到更高的一个水平上去。中国国家、文明产生的关键阶段，照目前的史料看，是龙山文化晚期与三代青铜器时代之交。

龙山晚期的中国，在大小河谷的平原地带，分布着千千万万的有方形或长方形的夯土城墙的城邑。每个城邑都有它的首领或统治者。有的城邑的首领只管他自己的一个城邑，也有些城邑的首领的政治势力范围能包括两三个或更多的城邑。每个统治者治下的城邑就形成一个或大或小的"国"或"邦"。龙山时代中国的政治景观，便可以说是那时的平原河谷中分布着

---

* 此文为作者与徐蘋芳主编的《中国文明的形成》一书中的第 5 章。

成千上万的大小古国[1]。明代的顾祖禹在他的大著《读史方舆纪要》卷1里面说,"传称禹会诸侯于涂山,执玉帛者万国"。三代开始时如果有10 000个国或万邦,那个数目也就是龙山时代末期的数目。

这万来个国的特征如何？这可由国内结构看,也可由国与国之间的关系看。在一个国内,有阶级的分化；统治阶级的象征在考古学上是有夯土台基的宫殿,大型、繁缛、随葬品精、多的墓葬,以及精美的各种艺术品。下层阶级的象征,则是灰坑居址,小而贫的墓葬,和有时作为人牲或人殉的身份。国邑之内还有生产活动的分化：首先有劳心与劳力之别,劳力者又有农民与各种的手工业者。手工业者中有制造精美玉器的专家,也可能有制造青铜器的专家,但考古发现中还只有红铜。在这些国邑里,统治者和他们的巫觋可能已经使用文字记述历史和有关国与王的事迹,但是现有的发现还不能充分地证实这一点。

国与国之间的关系,是研究、说明这时社会进化、发展的关键。它们的关系,大概有下面几种。随便选一个国邑,将它与其他10 000个城邑中随便再选一个放在一处,两者之间多半是陌生的。如果距离相近,二者之间可能发生交换、贸易关系,也可能见面成仇,建立敌对关系。有少数国邑的统治者之间,可能有兄弟叔侄关系,也可能有甥舅关系。换言之,统治者与统治者之间可能有血亲关系,也可能有姻亲关系。这种种关系与中国古代的宗法制度须同时说明,在下面再详述。两国以上国邑的统治者之间的亲属关系,对两者之间政治相对地位

---

[1] 苏秉琦《辽西古文化古城古国》,《文物》1986年第8期,41—44页,车广锦,《论古国时代》,《东南文化》1988年第5期,8—18页。

有决定性的影响，但并不保证两者之间没有敌对性或不会彼此交战、竞争。事实上，龙山末期、三代初期的 10 000 多个国邑之间的敌对斗争关系，是中国国家文明起源的关键[1]。

二　国邑之间的斗争：成者王侯败者贼

照顾祖禹《读史方舆纪要》的统计，夏禹会诸侯于涂山的万国，到了商初，"成汤受命，其存者三千余国。武王观兵，有千八百国。东迁之初，尚存千二百国。迄获麟之末，二百四十二年，诸侯更相吞灭，其见于春秋经传者，凡百有馀国，而会盟征伐，有章可纪者，约十四君，……其子男附庸之属，则悉索货赋，以供大国知命者也"。这个斗争兼并的过程，显然自龙山末期便已开始。国与国之间之不断的斗争，造成财富与权力的集中，这是中国古代史发展过程中的核心问题。对国王财富与权力如何集中的具体手段的了解，是了解中国古代史的直接途径。

制度性的暴力斗争在考古学上的证据，在龙山文化时期比较普遍地出现。首先，夯土城墙的建筑显然表示着防御外来武力的需要。淮阳平粮台的龙山文化遗址上的城墙残高 13 米，底宽 8—10 米[2]，在龙山文化的当时，应当比这还要高，还要厚。这么高、厚的城墙，除了用为防御工事以外，没有其他合理的解释。暴力斗争的牺牲者的尸体，在龙山文化的遗址中，有不少发现。大腿骨的根部有石箭头刺入的有好几个例子，这

---

[1] 关于三代城邑之间的关系，见《中国考古学上的聚落形态——一个青铜时代的例子》，载张光直《中国青铜时代》，北京：三联书店，1993，107—121 页。

[2] 《文物》1983 年第 3 期，21—36 页。

些人想必是骨盆部中箭身亡的。河北邯郸涧沟村一个龙山文化遗址上发现了一个房屋基址和两口枯井。房基中有 6 个人头骨，上面都有打击和剥头皮的痕迹。如枯井中埋了五层人骨，老少男女都有，有的头被砍掉，有的作挣扎状。这显然是一次村落打仗的后果[1]。还有一种暴力牺牲者，似乎是用作祭祀的牺牲品的。河南登封王城冈的一个龙山文化的灰坑里有 7 副人骨架，埋瘗在两层夯土之间，研究者以为是奠基礼用的人牲[2]。

打仗杀人是国与国之间的暴力行为，祭祀用人牲则是国邑内部不同阶级之间的暴力行为。上面已经说过，自龙山文化时代开始，国邑之内产生了阶级的矛盾，上层阶级已对下层阶级进行经济剥削。但是，对各种因素作全盘的考虑，国邑与国邑之间的矛盾冲突，亦即国邑统治者与统治者之间的争夺，不但是使国内阶级剥削成为可能的因素，而且是推动中国文明不断向前发展的关键。国邑之间使用暴力的终极目的，是将敌国征服，将敌国的物质财富和人力资源据为己有。这样，国王的权力在一场胜仗之后便按比例增加。敌国原有的财富，本来就是由在内进行剥削在外进行抢夺而得来的，如今把它抢来，也可以说是事半功倍。我们这种说法，并不是像有些社会科学家所主张的，说战争是国家形成的动力。战争只是一种手段，在它后面牵动着它的因素，是统治者政治权力的斗争和财富的夺取。实际上，财富的夺取也是扩大政治权力的手段。所以，分析、了解古代文明的发展因素，焦点要放在统治者政治权力的来源上[3]。

---

[1] 《考古》1959 年第 10 期，531—536 页。
[2] 《登封王城冈与阳城》，北京文物出版社，1992，39—42 页。
[3] 参见 K. C. Chang, *Art*, *Myth*, *and Ritual*: *The Path to Political Authority in Ancient China*, (Cambridge: Harvard University Press), 1983。

三　国王政治权力的来源

(一) 宗法制度

王国维在他的名作《殷周制度论》里主张宗法制度为周公所创，是周制与殷制大异诸点之一。我们现在知道，这个结论是不对的。不但殷商时代已有宗法制度，这种制度在龙山时代就已经可以由考古资料推断出来了。但是我们也许先要解说一下"宗法制度"是什么。"宗法"这个名词是周代文献里常见的，指"宗"的法则。"宗"是单系亲属由上传下的一条线，如父、子、孙一代一代传下来。由这每一代一个男性成员和他的近亲所组成的一个亲族群便是一个宗。宗，有大宗，有小宗。宗的一个特征是它在一个地点时间久了，人口膨胀，有一部分成员经常自它原来的宗族分裂出去，到一个新的地点去建立一个新的宗族。旧宗对新宗来说就是它的大宗，新宗对旧宗来说就是它的小宗。小宗再分，对分出去的更小的小宗而言又成为它的大宗，但对它原来从它分出来的大宗而言，还是它的小宗。宗族的另一个重要的特征，是亲族的成员在系谱上离最初的本支一条线愈近他们的政治地位就愈高，离那本支一条线愈远则政治地位愈低。换言之，大宗比小宗地位高。宗法制度下社会的一个非常重要的特点，便是在这种社会里亲属制度是决定政治地位分层的基础。中国这种宗法制度并不是中国特有的制度，而在世界上有很广泛的分布，在非洲和大洋洲尤为常见，在社会人类学文献里一般称为"分支的宗族制度"（segmentary lineage system）[1]。

---

[1] K. C. Chang, "The lineage system of the Shang and Chou Chinese and its political implications", in: *Early Chinese Civilization: Anthropological Perspectives* (Cambridge: Harvard University Press), 1986, pp. 72—92.

龙山文化的墓地里墓葬的空间分布形态，使我们相信当时已有宗法制度。如果这种说法可以成立，那么宗法制度可说是龙山时代政治地位分层的头一个基础因素。我们相信这个说法是可以成立的，因为龙山文化有几个基地中墓葬的分布方式就好像是宗法制度的图解一样。例如，山西襄汾县的陶寺和山东诸城县的呈子这两个龙山文化的墓地，都有两点显著的特征：墓葬在墓地中都分组布局，同时每组之内的墓葬都有大、中、小不同等级的墓葬。墓葬的组显然是亲族的宗，而组内的墓葬等级便代表宗族内不同等级的成员[1]。在安阳殷墟的西区有一大片墓地，其布局现象也具有同样的两个特征[2]。殷代的宗法制度更有文字上的根据，这个墓地的布局特征转过来也就加强了我们对龙山文化墓地解释的信心。

(二) 劳动力的增加

中国古代文化与社会史上的一项重要而且显著的特征，是政治权力导向财富。就是说，在宗法制度之下，政治权力是天生的，即由个人在亲族群中的地位而决定的。这当然不是绝对的，因为政治权力的来源还有很多其他的因素，下面再细谈。但至少就理论上说，有政治权力的人就有获取财富的地位（这与现代的西方社会正相反：在现代社会中一般而言是财富导向权力）。在古代社会史进展的研究上，政治权力的增加与财富的增加是互相影响的：政治权力越大，财富越多；而财富越多，政治权力也就越大。这里彼此作用的关键，是中国

---

[1] 陶寺见《考古》1980年第1期，18—31页；1983年第1期，30—42页；1983年第6期，531—536页；1984年第12期，1068—1071页。呈子见《考古学报》1980年第3期，332页。
[2]《考古学报》1979年第1期，27—146页。

古代社会史的重要特征，也就是本章讨论的内容。政治权力越大，财富越多这一条的一个关键，就是劳动力的增加：统治者获取更多的劳动力，生产更多的财富，他们的政治权力便越大。

增加财富的生产力，不外两条途径：增加劳动力，或改进生产工具与技术。中国古代文化，从仰韶到龙山到三代，至少从考古资料上，看不到在生产工具与技术上有突破性的变化；农业生产工具都是石、木、骨、蚌所制，形式不外木耒、锄、铲和镰刀，而在技术上也看不出重大的变化与改进，如灌溉技术的飞跃进展是要到三代的末期才在史料中显著出现的。因此，要说明从龙山到三代中国文明中财富的显著增加，我们只能在劳动力的增加上寻求解释。

增加劳动力，也不外两条途径：增加劳动人口，或对已有的人口做更为有效的使用，也可双管齐下。从龙山时代起战争频繁，从殷墟甲骨文又知道至少在殷代有俘虏敌人兵将的习俗。战俘是增加劳动人口的显然的一个来源，但在有关的时代中将战俘投入劳动生产的证据很为有限。目前来看，从仰韶到龙山到三代，从财富大幅度增加所能判断的有关劳动力的增加，或是由于进一步对既有劳动人口的压榨，或是对既有劳动人口的更有效的经营管理。这种制度性的变化的细节没有文字记载是无法知道的。古书里所记的井田制度和群耕耦耕等生产管理制度，可能有实际上的基础。

（三）巫术与文字

将不同的文明加以比较，有很多的方法和途径，但最直截了当的一个办法，是比较财富在各个文明中是如何积蓄与集中起来的。照上面的讨论，我们已经指出中国古代文明的一个特色，便是它的财富的积蓄与集中主要是采取政治的手段达到的。中国古代文明更为显著的一个特色，便是在它里面的政治权力的获取和增加上，"巫"这类人物和他们的作业与所代表的宇宙观，要发挥绝大的作用。

"巫"的宇宙观在人类文化史上是相当常见的，但过去巫术与巫师在文明发展史上所起的重大作用，颇被忽视，这是因为研究文明史者多集中注意力于西方文明，而西方文明的发展经过和动力有它独特的特点，在它那里巫是不重要的[1]。巫师和巫术起大作用的文明，如中国和玛雅，过去在文明起源一般问题的研究上并不受学者的注意。自20世纪90年代初开始，中国文明和玛雅文明在世界舞台上逐渐受到重视[2]，巫师与巫术在文明演进史上的重要性，也逐渐受到研究文明演进一般问题的学者的严肃考虑。因为中国的材料在这个题目上的启示作用，在这里我们应当将中国古代文明史上巫与巫术所扮演的角色，详细地说明一下。

在世界民族志上所说的巫，一般称为萨满（shaman），是在一个分层的宇宙观下有穿贯不同的层次的能力，也就是说能够升天入地，沟通人神的巫师。巫师常常是生来就有这种沟通天地的本事的，但他们在行法作业的时候，经常得到某种动物（尤其鸟类）的帮助。神山和神树也常常来帮助巫师上达天境，巫师升天入地时又常常跳舞奏乐，吃药饮酒，进入昏迷状态，在这种昏迷状态里与神鬼接触[3]。

---

[1] K. C. Chang, "The anthropological signficance of ancient Chian", Symbols, Spring/Fall, 1984.

[2] David Friedel and Linda Schele, *Symbol and Power: A History of the Lowland Maya Cosmogram* (Princeton University Press), 1986.

[3] M. Eliade, *Shamanism* (Princeton University Press), 1964.

在中国的古史里，巫和巫师已经可以向上推到四五千年前的仰韶时代。最近刊登的《仰韶文化的巫觋资料》这篇文章，根据迄今所发现的有关的考古资料，作了"仰韶文化的社会中无疑有巫觋人物"的结论。他们的特质与作业的特征包括下列诸项：（1）巫师的任务是通天地，即通人神。已有的证据都说巫师是男子，但由于他们的职务，有时有兼具阴阳两性的身份。（2）仰韶时代的巫觋的背后有一种特殊的宇宙观，而这种宇宙观与中国古代文献中所显示的一般宇宙观是相同的。（3）巫师在升天入地时可能进入迷幻境界。进入这个境界的方法除有大麻可以服用以外，还可能使用与后世气功的入定动作相似的心理功夫。（4）巫师升天入地的作业有动物为助手。已知的动物有龙、虎和鹿。仰韶文化的艺术形象中有人（巫师）乘龙陟天的形象。（5）仰韶文化的艺术中表现了巫师骨骼化的现象；骨架可能是再生的基础。（6）仰韶文化的葬礼有再生观念的成分。（7）巫师的作业包括舞蹈。巫师的装备包括刺黥，发辫（或头戴蛇形动物），与阳具配物。以上各种特征在本质上是与近现代的 shamanism 相符合的[1]。

仰韶的巫觋性的考古遗物就分布在一般遗物的中间，很清楚地表示这个时代的巫师纵然有比较高级的社会地位，那时的巫术还是社群生活的一部分，为家庭服务。这种情况到了龙山时代发生了巨大的变化。这个变化在古代文献里有清楚的记录，这就是《周书·吕刑》所记的上古时代一个皇帝"绝地天通"的神话。《国语·楚语》记楚昭王请观射父解释这个神话，观射父的解释说，这个故事说明古代历史有两个阶段。在

---

[1] 张光直《仰韶时代的巫觋资料》，台湾《中央研究院历史语言研究所集刊》(1994) 64。

早一个阶段，民间有专业的巫觋，有降神的本领，"民神异业，敬而不渎，故神降之嘉生，民以物享，祸灾不至，求用不匮"。第二个阶段，则"民神杂糅，不可方物，夫人作享，家为巫史"。于是颛顼"乃命南正重司天以属神，命火正黎司地以属民，使复旧常，无相侵渎，是谓绝地天通"。这段记录，将中国古代巫术和社会演进的关系说得不能再明白了：在早期，巫觋专业降神，为民服务。后来，天地的门被皇帝派下来的重和黎把住了，天地就不通了；其实天地对一般小民来说是不通了，对皇帝来说还是通的。换句话说，巫觋后来被统治者给独占了，通天地成为统治者的特权[1]。从现有的考古发现来看，这前一个阶段就相当于仰韶文化的时代，而后一个阶段便为龙山文化所代表。从这一点来看，龙山文化和夏、商、周三代社会分层与政权集中的一个关键，便是在这个时代，巫术逐渐被统治阶级所独占，于是，统治阶级也就独占了通天的途径，独占了晋见祖先鬼神的机会。这个关键，是在考古学的材料里可以具体测验出来的。如果巫术的法器与巫术作业的残存，在仰韶时代是散布的，而在龙山时代、在三代趋向集中，那么这个中国古代的重黎神话便在考古重建的古史中要有一个非常重要的地位了。

先看看中国古代的文字。现在知道的最早的文字，是殷墟的甲骨文，由它也仅只能追溯到殷商时代的中期以后。甲骨文一般是刻在用来占卜的牛肩胛骨和龟甲上面的，而刻字的甲骨一般都是为殷王占卜的。除了甲骨文以外，考古发现

---

[1] 用这种看法解释重黎分天地的神话的有徐旭生，《中国古史的传说时代》增订本，科学出版社，1960；杨向奎，《中国古代社会与古代思想研究》，上海人民出版社，1964。

的殷商文字只有铸刻在青铜器上的铭文，其内容一般都是记录国王与他的诸侯大臣赐赏礼品的各种场合。所以我们可以说现有的中国最早的文字，多与占卜祭祀有关，并且是专为统治阶级服务的。除了甲骨金文以外，殷代应当还有用竹木简条编结的典册，但至今未有考古实物发现。总的来说，中国最早的三代文字使用的场合，都是与政治或宗教（巫术）有密切关系的。在这一点上，中国古代文字与两河流域的古代文字在使用上有基本的不同。两河流域的古文字几乎全是为经济来往记账用的[1]。中国古文字在使用上的这种性质，显然说明它的使用是限制在统治者的小圈子里面。从文字与占卜的密切结合来看，说文字是巫觋的独占知识，也有很大的可能。

殷墟的甲骨文显然不是中国最早的文字。比安阳殷墟时代要早的郑州商城和偃师二里头（夏墟？），都没有确定早于殷墟的文字发现。各区域的龙山文化遗址中，近年来有不少刻在陶器或骨片上类似文字的符号发现，而且在山东丁公[2]、浙江良渚[3]和江西清江[4]的龙山文化遗址的陶器上，都有很多字联系起来的字组；这些字虽然还不能认出来，但是是文字的可能性很大。看来在龙山文化时代，不同的文字系统在（说不同语言的？）各个文化区域开始发明。这些文字符号的来源

---

[1] D. Schmandt-Besserat, "An ancient token system: the precursor to numerals and writing", *Archaeology*, 39 (1986), pp. 32—39.
[2] 《考古》1993 年第 4 期，295—299 页。
[3] 良渚黑陶壶，美国哈佛大学赛克勒博物馆藏品。见饶宗颐《美国哈佛大学所藏良渚黑陶上的符号试释》，未刊稿。
[4] 《文物》1975 年第 7 期，51—71 页；《文物资料丛刊》1978 年第 2 期，1—13 页。

之一，很可能是龙山文化以前各区多有的陶文。这些来源很早的陶文，显然不是记录语言的文字，但是已经广泛作为符号使用。这种符号最早的考古发现见于河南贾湖裴李冈文化遗址的龟甲上[1]，看来也与仪式或巫术有关。这类符号到了龙山时代便成为文字符号第一个很方便的源头。

(四) 巫术与祭祀

巫术与仪式和祭祀的密切联系是很显然的。在考古学上证实巫术的独占或集中的一个方式，是观察考古文化发展过程中在哪个阶段发生仪式祭祀用具独占或集中的现象。对于这一点，中国考古学上已经有很清楚的资料了。如上所述，仰韶时代有不少有关巫觋的材料，但这些材料并没有集中的现象。

龙山文化遗址里面无疑地看到两种新的现象：与祭祀仪式有关的遗物数量和种类都有极为显著的增加，同时这类的遗物在墓葬里有清楚地集中在"大人物"墓葬中的强烈趋势。龙山文化中与祭祀仪式联想的器物，主要有四类：(1) 制作得极其精美但不宜实用的陶器，如山东海岸地区常见的"蛋壳陶"，其器形常是祭祀用的食器和酒器。(2) 普遍发现的用于占卜的动物的肩胛骨。(3) 公认为祭祀仪式用的玉器（瑞玉）。(4) 各种乐器，有时成组发现，显为祭仪时用。

祭祀仪式遗物的集中现象在龙山文化墓地中最为显著。上面提到的山西襄汾陶寺墓地的大墓（相信是聚落中重要人物的墓葬）中，常常在椁室的一侧埋藏大量的精美的彩色陶器，在另一侧埋藏整套的礼乐器，包括石磬、鳄皮鼓。这种精美陶

---

[1]《文物》1989年第1期，1—14，47页。

器（应当是祭器）和礼乐器在中小型的墓葬里是没有的[1]。太湖和杭州湾地区的良渚文化与中原的龙山文化相当，在良渚文化的许多墓葬里有数十件制作精美、具有雕刻纹饰的瑞玉随葬[2]。随葬的玉器中以璧和琮为主要的类型。璧自古以为是祭天的器物。琮今人或有鉴于其外方内圆中空以为以沟通天地为业的巫师的象征[3]。如果此说成立，则良渚文化的祭器集中现象，给过去若干学者"王出于巫"之说作了很好的注脚[4]。

三代考古遗址里祭器集中的现象可说承续龙山文化的传统，但百尺竿头，更进一步。商周大墓的丰裕，远非龙山文化可比，同时商周祭器以青铜礼、乐、兵器为主。

(五) 巫术与美术

中国古代美术以青铜器为著。商周青铜器是研究、了解、解说中国古代文明史的特殊形式、发展程序与发展动力的关键。要说明青铜器所以有这样的关键性，必须从青铜器的制作、形式和用途，以及纹饰各方面一一说明。

中国古代青铜器是铜锡合金，合范块铸。华北铜锡矿源都极稀少，但最近考古学在湖北和江西发现了大规模的铜矿矿坑，其最早开采时代可能早到商周[5]。就中心位于华北的三代而言，不论是在华北觅寻矿石，还是远征长江流域去开采，

---

[1] 《考古》1983年第1期，30—42页。
[2] 《考古》1984年第2期，109—129页。
[3] 张光直《谈琮及其在中国古史上的意义》，《文明与考古论集——文物出版社成立三十周年纪念》，北京：文物出版社，1986，252—260页。
[4] 陈梦家《商代的神话与巫术》，《燕京学报》20（1936），535页；李宗侗《中国古代社会史》，台北中华出版事业委员会，1954，118—199页。
[5] 《江西文物》1990年第3期，1—12页。

都是大规模的作业,要牵涉严密组织大批人员从都邑到矿源很长距离远征的计划与实行,这便需要有组织力量和能力的统治集团。这个集团派遣队伍前往矿源,在当地将矿石冶炼成为铜锭。然后将铜锭运回居邑内的铸铜工场,这一路大队人员都需要兵员保护。在工场融铜铸器的一套手续,由于商周彝器种类之多与形制的复杂,又需要许多人手在精密的计划之下小心谨慎地进行。所以精美的商周青铜器的制作一方面需要有强力、有效力的领导组织为前提,另一方面它又可以作为促进这种组织的因素[1]。

铜锡或铜铅合金都可有相当的硬度,可以用来作农业生产工具,但在商周时代,除了局部地区以外,青铜生产工具极为稀少。在三代的聚落遗址中发现的农业生产工具仍旧像新石器时代一样是用石、骨、蚌和木头等原料制作的。青铜这样一个重要的技术上的突破,在中国古代是与政治力量作密切的结合的。《左传·成公十三年》:"国之大事,在祀与戎。"商周时代的青铜是专门用来制造礼乐器("祀")和兵器("戎")的,也就是说中国古代青铜器是专门服役于"国之大事"的,即是专为统治者争取与维护政治权力发明制造的。兵器之用于战争和压制是显然的,而祭器在政治权力来源上所起的作用也已在上面说明了。

将中国古代青铜器作为祭器,亦即巫术之法器这个功能指出来以后,它在祭仪中便是协助巫师沟通天地的工具之一,它上面的纹饰也可以在沟通天地的作用这上面加以考察。中国商

---

[1] Ursula M. Franklin, "On bronze and other metals in ancient China", in: *The Origins of Chinese Civilization*, David, N. Keightley, ed, . pp. 279—396, (Berkeley and Los Angeles: University of California Press), 1983.

周青铜器的纹饰几乎全是动物的形象。上面说过，巫师沟通天地有特别的动物作为助手；在仰韶文化中已知的助理巫师的动物有龙、虎和鹿。商周青铜器上的纹饰所代表的动物种类要多得多，主要的有龙、虎、鹿、牛、羊、犀、象和各种鸟类，尤以枭鸟为常见。有的动物"因袭化"而成为图案，看不出是什么动物，一般称为饕餮、肥遗，或夒文等。这些动物都是巫师的助手，若依后世道教经典的说法，就都是道士可以乘坐上天入地的"蹻"。商周青铜器上也偶有人和动物成对的形象，就是很为宝贵的巫蹻形象[1]。

从这个观点来看，商周青铜器的各项特征，相互联系地看起来，就完全可以了解了。它是巫师用来沟通天地的法器，在祭祀时使用，上面又有协助巫师作业的动物的形象。它们的制作困难，只有统治阶级才做得起，它们又是战争抢夺的对象。能够独占青铜器的人，就有升天入地的本事，就获得政治权力。所以《左传》和《墨子》有九鼎的说法，有九鼎的政权便有治天下的权力。九鼎其实也就代表所有作为巫术法器的美术品。一个国要是灭另一个国，一定要将它的美术宝藏抢获。

青铜器只是古代巫师法器的一部分。商周法器制作的原料至少还包括玉石、木竹、骨蚌、纺织品、漆器等等，但除了金属器、玉石器和骨蚌器以外，在考古资料里其他的很少发现。玉石骨蚌祭器的功能和花纹与青铜器的基本相同，而玉石的原料，如真玉、绿松石、殊砂和大理石等，也是像铜锡矿一样是不容易采取得到的，也便像青铜器那样与统治阶级密切地联系起来。从三代往前推进，青铜器在龙山文化遗址中尚未发现。

---

[1] 张光直《商周青铜器上的动物纹样》，《考古与文物》1981年第2期，53—68页。

龙山文化里有纯铜的小件物品，如铃铛、锥、小铜片等，似乎在冶铸业上还远不如三代发达。但是东海岸的龙山文化，包括山东龙山文化和南方的良渚文化，出土了许多玉制的法器，如上述的良渚文化的璧和琮等瑞玉和山东的玉圭。近年来在浙江余姚反山和瑶山遗址的墓葬中发现很多各种形式的瑞玉（尤其是琮），上面雕刻着精细美丽的兽纹和人兽（巫厣）纹[1]。从这类资料来看，在龙山文化时代已经有了巫性美术集中的倾向，而到了三代则达到了它集中的高潮。

四　总论：从龙山文化到三代文明考古遗物看王的兴起

本章讨论中国远古史上的一个关键性的转型阶段，企图用中国本身的考古资料说明中国阶级社会文明起源的程序、动力与特殊的形式。照目前的材料看来，这套程序自龙山时代启端，到三代初期完成。

到了龙山时代的初期，大约公元前3000年前左右，现代中国境内的黄河流域、长江流域和东海岸地区，分布着成千上万的城邑。通常数个城邑构成一个"国"或"邦"，国的居民在国内外外组成宗法制度的亲属群。这些宗族内部有结构性的社会层次，在上层的统治者以积聚财富为业。他们积聚财富的手段，完全是政治性的。第一是战争，希望能够战胜而将敌邑吞并，将它的财富据为己有。第二是增加劳动力：增加劳动人口，或增加原有人口的生产量。无论是哪一个手段。国王的政治权力必须不断增加。政治权力不断增加的一个主要手段便是国王对巫术的独占。

---

[1]《良渚文化玉器》，文物出版社，两木出版社，1990。

这最后一点，说明了中国古代考古文明的特殊性。龙山时代与三代的美术品是中国古代文明的代表。这些美术品在考古遗址中的显著地位，正是由龙山时代与三代的统治阶级对美术品（亦即巫术法器）的独占而得来的。

殷墟5号墓与殷墟考古上的盘庚、小辛、小乙时代问题 *

殷墟5号墓的墓主如果照多数学者的意见是武丁时代的妇好[1]，则这个墓中非常丰富的各种遗物（包括铜器、玉器和陶器）可以用作殷墟考古上一个时代的定点，即武丁前后的时期。有了这个定点，我们就可以根据型式学的研究，以及地层现象与绝对年代的资料，将殷墟273年之间殷代文化的变化历史，以5号墓为准来向上向下加以研究与推展。这是以拙见来看殷墟5号墓发掘与研究的主要收获。

由于5号和17、18号墓[2]的发掘以及以此与战前发掘的西北冈大墓[3]内容的比较，我们有信心地知道在殷王迁都到殷墟（当时的殷或衣）的初期，殷商的物质文明已经具备了下列重要特征：

（一）甲骨占卜及甲骨文。武丁时代的甲骨文——董作宾

---

* 原载《文物》1989年第9期。
[1]《安阳殷墟五号墓座谈纪要》，《考古》1977年第5期，341—350页；《殷墟妇好墓》，北京：文物出版社，1980，224—228页。
[2]《安阳小屯村北的两座殷代墓》，《考古学报》1981年第4期，491—517页。
[3]《侯家庄1001号、1002号、1003号、1004号、1217号、1500号、1550号大墓》，台北历史语言研究所，1962—1976。

的第一期[1]——已经具备了殷墟甲骨文的全部重要特征。虽然5号墓里没有甲骨文，墓中铜器铭文中的妇好和后辛等名称以及18号墓铜器铭文中的子渔，都是第一期卜辞中常见的人物。

（二）铜器花纹充分发达，常常布满全身，同时鸟兽纹样与衬地的云雷纹清楚分离。依西方美术史家常加采用的罗越氏的殷墟铜器花纹的五式分类[2]，则在5号墓的时代已有充分发达的四五两式的花纹了。

（三）铜器铭文也已常见，但以族徽及庙号为限。庙号在铜器上的使用一度认为限于殷墟后期[3]，5号墓中的庙号（后辛）证明这种称呼在铜器铭文中的使用至少可以早到武丁时代，但较长的纪事铭文则似乎还是限于殷墟的晚期。

（四）依照近年来广泛使用的殷墟陶器分为四期的系统[4]，5号墓所代表的时代是与陶器的第二期相应的。5号墓中可以断代的陶器较少，但其中的一件陶爵"具有殷墟第二期文化的典型特征"[5]。17、18两号墓中"随葬陶器特点〔也〕都是分作四期中第二期的"[6]。第二期陶器的特征如下："鬲主要有两种，一种呈长方体，深腹，裆与三足较第一期的稍矮；另

---

[1] 《甲骨文断代研究例》，《历史语言研究所集刊外编，庆祝蔡元培先生六十五岁论文集》，1933，323—424页；1989。

[2] Max Loehr, "The Bronze Styles of the An-yang Period (1300—1028B.C.)", *Archives of the Chinese Art Society of America*, 7 (1953), pp. 42—53.

[3] Virginia Kane, "The Chronological Significance of the Inscribed Ancestor Dedication in the Bronze Vessels", *Artibus Asiae*, 35 (1973), pp. 335—370.

[4] 邹衡《试论殷墟文化分期》，《北京大学人文学报》1964年第4期，37—58页；第5期，63—69页（收入《夏商周考古论文集》，北京：文物出版社，1980，31—92页）；上引《殷墟妇好墓》，221—224页。

[5] 《殷墟妇好墓》，219，225页。

[6] 《安阳小屯村北的两座殷代墓》，513页。

一种为小型陶鬲。腹较直,带有附加环络纹,数量较少。簋的腹部较收敛,圈足小而略外侈,表面饰弦纹,沿里很平,紧靠口各有凹弦纹一周。豆常见的有两种:一种是由第一期演变而来的,其主要区别是豆盘稍深,口部棱角不显,圈足较细;另一种较多见,浅盘,平口沿,圈足较细而高。"这一期的觚、爵多见于墓葬,主要特点是觚腹较粗,形体较大;爵的腹部较粗而圆,流宽而短,从口部捏出,口两侧各有一泥丁。"[1]

(五)5号墓墓口上有个夯土地基,很可能是享堂的基础,这与5号墓的时代在小屯历史上是基础时代这一点上也是相符的。依石璋如根据层位和甲骨文出土坑位的推断,小屯基址中最先建立的是北部的甲区,可能建造在武丁的前后。事实上,据他的看法,基址在小屯的历史上是殷人迁都到这里来以后才开始的。在这以前小屯虽有殷人居住,他们所建造的房子都是半地下式的[2]。

(六)5号墓虽然位在小屯,由于它里面的器物与西北岗"王陵"的大墓中较早的(如1001号大墓)基本上是一样的,我们可以相当肯定地说,5号墓时代的殷商是建造大墓的时代。所谓"大墓"是指有两个或四个墓道的规模宏大的墓葬。5号墓本身是没有墓道的;它的规模由建筑、殉人与随葬器物上看虽然也很宏大,但这一类竖穴木椁式的墓葬在5号墓时代以前的小屯便已经有了,而且相当普遍。而有墓道的大墓却是到了5号墓的时代才有的。这是值得注意的事实,下面还要讨论。

---

[1] 郑振香、陈志达《论妇好墓对殷墟文化和卜辞断代的意义》,《考古》1981年第6期,513—514页。
[2] 石璋如《殷代的夯土、版筑与一般建筑》,《历史语言研究所集刊》,(1969) 41,127—168页;石璋如《小屯殷代的建筑遗迹》,《历史语言研究所集刊》(1955) 26,131—188页;Li Chi, *An-yang*, (Seattle: The University of Washington Press, 1977), pp. 103—104.

以上这六项物质文化特征所代表的殷商文明，是到了殷墟5号墓时代方才完整地出现的。既然5号墓代表武丁前后的文明程度，那么如果说5号墓所代表的时代正是殷商王室迁都到殷墟这个地点的时代，是与中国考古学一般现象的实际情形相符合的。研究中国古史的学者在这一点上是不会有异议的。我在这里想提出来讨论的是5号墓所代表的时代以前的殷墟的性质问题。就新石器时代以来的文化来说，安阳一带在5号墓时代之前的古代文化大体可有三层：（1）仰韶文化（后岗期、大司空村期）；（2）龙山文化（大寒期）；（3）5号墓时代以前的殷商文化。这几种文化之存在及彼此之间的层位年代关系，自1931年后岗发掘以来便基本上确定了下来[1]。固然这里面还有不少值得讨论的问题，我们在这里只集中注意力在上面的第三种文化，即5号墓所代表的时代以前的殷商文化。

殷墟考古50余年以来的收获，在时代上说，主要是限于5号墓时代及其以后，亦即甲骨文第一期到第五期所代表的时代。5号墓时代以前的材料，数量较少，散布各地。因为战前的报告尚未全部发表，而战后的工作也只在少数单个遗址有较为详细的报告，所以要做殷墟范围的一个考古地层研究是比较困难的。殷墟5号墓时代以前的殷墟考古资料，我所看到的已经发表的主要有下举诸项：

一 小屯基址以前的建筑遗迹

小屯北地古代村落遗址，在龙山文化的灰坑与5号墓时代及其后的基址之间，有过一段属于殷商文化但以地下式或半地

---

[1] 梁思永《后岗发掘小记》，《安阳发掘报告》(1993) 4，609—626页。

下式的建筑及水沟为特征的时间。因为小屯灰坑的报告尚未出版，这些早期建筑的详细内容不得而知。依石璋如最近的看法，小屯的"水沟的建筑为穴居或窦窖藏粮时代的冲水之遗迹"[1]。如此则水沟的分布面积也许与基址以前小屯村落或小屯城镇的面积相似。水沟的分布面积南北长约170米，东西宽90米[2]。基址以前的半地下式建筑遗迹沿水沟两侧密集分布[3]，相当于一个有一定面积的村落。村落中的居室，可能是做聚族而居式的分群密集分布，与后期殷墟西区墓葬成群密集聚族而葬的情形相仿佛[4]。举个例来说，在小屯C区的西南部，是地下建筑最稠密之区，在南北长20米，东西宽18米的一块360平方米之内，便有一条水沟及大小47个窦窖，分为四组或五组，每组有一较大的半地下式的穴及数个较小的窖式窦[5]。如果这块小区内地下建筑的数目可为代表，那么小屯全村便可能有200个上下的居穴。"这里所说的穴，多半是大而浅的建筑，边壁相当的整齐，……其中有可以上下的斜坡式台阶。如果以口径的数字和深度的数字来比较，大多数是口径大于深度的，也有两者相等，而深度大于口径的则为数很少。依其外部的形制及台阶的位置又可分为六式：圆形边阶式、圆形中阶式、椭圆形单边阶式、椭圆形双边阶式、椭圆形中阶式、方形边阶式……这些穴的上面可能有顶或盖的。"[6]

---

[1] 《殷代的夯土、版筑与一般建筑》，141页。
[2] 石璋如《殷墟建筑遗存》，（南港：历史语言研究所，1959），203页。
[3] 同上，268页。
[4] 《1969—1977年殷墟西区墓葬发掘报告》，《考古学报》，1979年第1期，113—117页。
[5] 《小屯殷代的建筑遗迹》，167页。
[6] 同上，131—136页。

在李济所编的《殷墟陶器图录》里有9件完整的陶器，其坑号在上述小屯C区47个窨窖群之内，其中包括YH190出土的1件鬲，YH302出土的1件簋，YH285出土的一件盂和YH272出土的一件平底罐[1]。用上述的四期分类法来看，这几件陶器都是明显属于第一期的。第一期的陶器1973年在小屯南地的灰坑里也发掘出土过[2]，可见当时殷商文化在小屯村一带可能还有较大的范围。专从层位上来看。基址以前的小屯与殷墟陶器第一期之间是有一定的扣合关系的。

二 小屯的早期殷代墓葬（M188、M232、M333、M388）

战前发掘的小屯墓葬，依石璋如的意见，都与小屯的基址有关，而其年代也与基址相应：甲区的基址最早，乙区次之，丙区最晚，因而在乙区基址范围内的墓葬都属殷墟中期，而丙区基址范围内的墓葬都属殷墟晚期[3]。但是乙丙两区的墓葬中有若干与基址没有层位关系而在空间上是独立的。这些墓葬中有的出了铜器，其形制花纹与郑州和辉县出土的殷商中期的铜器相似，而与一般的殷墟铜器有所不同，因此有些研究殷墟史的学者，便将这些墓葬提了出来，相信它们代表小屯早期的遗物[4]。近30年来，小屯这些墓葬的材料陆续详细出版[5]，

---

[1] 《小屯陶器》上编，台北历史语言研究所，1956。
[2] 《1972年安阳小屯南地发掘简报》，《考古》1975年第1期，27—46页。
[3] 石璋如《殷墟建筑遗存》。
[4] 《试论殷墟文化分期》；V. Kane, "A Re-examination of An-yang Archaeology", *Ars Orientalis*, X (1975), pp. 93—110.
[5] 石璋如《北组墓葬》(1970)；《中组墓葬》(1971)；《南组墓葬》(1973)；《乙区基址上下的墓葬》(1976)；《丙区墓葬》(1980)，台北历史语言研究所。

供给了我们新的研究资料。从这些新资料比较整体地看来，这些墓葬中至少有 4 座是比较可靠地属于早期的，即乙区的 M188 和 M232，丙区的 M333 和 M388。

四座墓葬都是竖穴木椁墓，是中国青铜时代墓葬常见的形式，都无墓道，有殉人和殉狗。在这些特征上它们与第 5 号墓基本上相同，所不同的是其中的出土器物。这些墓葬中出土的铜器最多见的是小口宽肩的尊、瓿，大口的觚，平圆底的斝。深腹圆底有三锥足的鼎。它们的纹饰与 5 号墓的比较起来，兽身与衬底的云雷纹等分离远不明显，属于罗越氏的所谓第一、二、三式，这与 5 号墓不同而与郑州白家庄、辉县琉璃阁、黄陂盘龙城诸遗址出土的殷商中期的铜器比较相近。陶器在这些墓中出土的较少，可作分期研究的主要的是 M388 中的两件陶豆，都是浅盘的，口沿外倾，具有典型的第一期的特征[1]。值得注意的是这两件陶豆的足内部都有一个阴刻的戍字。

三 武官村北的一座早期殷墓

这是 1959 年在武官村北（即西北冈东区）发掘的，但到 1979 年才报告出来[2]。这座墓又是竖穴木椁式的，有殉人、殉狗和腰坑。随葬品中有铜器 16 件和陶器 8 件。铜器中包括瓿、鬲、觚、鼎、爵和戈，其形制、花纹与上述小屯早期墓中的相似，而与 5 号墓的不同。"陶鬲、簋都是殷墟第一期文化中的典型遗物，分别见于小屯南地早期（H13）和大司空村一期（H117）灰坑中。墓中所出铜瓿、觚以及磬折曲内式的戈

---

[1]《丙区墓葬》，244—248 页。
[2]《安阳武官村北的一座殷墓》，《考古》1979 年第 3 期，223—226 页。

与……M232 同类铜器大体相似。但从鼎的形制观察，M232 似更早一些。……这座墓中所出的青铜礼器与小屯 M333 所出的青铜礼器在组合上有某些共同之点，年代亦相近。"[1] 这座墓的重要性在它出了较多的铜器和陶器，把殷墟 5 号墓时代以前的铜器型式和花纹与第一期的陶器更坚实地结合了起来。

属于殷墟陶器四期分类中第一期的陶器及其伴存遗物，除了在上面这三组遗址中出现以外，在我所看到的发表或未发表的材料里，尚见于大司空村一期[2]、小屯南地一期[3]及苗圃北地一期[4]。从这些材料看来，以第一期的陶器及上述墓葬中铜器型式花纹为特征的遗物、遗迹，主要分布在洹水两岸北自武官村北及大司空村，南到小屯南地及苗圃北地，东西南北各 2 公里许的范围之内。如果这个范围是殷墟第一期文化的中心或焦点，那么从第一期（5 号墓时代以前）到第二期（5 号墓时代）之间的文化上的变化是比较显著的，包括下举诸项：

（一）殷墟占居的中心，从洹水两岸南北各 1 公里一带向外扩张到东西 6 公里、南北 4 公里左右的一片较大的地域。换言之，早期的殷墟是一个小村落网，而 5 号墓时代的殷墟代表一个较大的城市。

（二）5 号墓时代及其以后扩大了的殷墟，具有了三项重要的新的特征，即甲骨文、基址和大墓。这三项新的特征显然都是与殷商王室有密切关系的产物。

（三）5 号墓时代以前的殷墟有半地下式建筑，有水沟，

---

[1]　《安阳武官村北的一座殷墓》，《考古》1979 年第 3 期，226 页。
[2]　《1958—1959 年殷墟发掘简报》，《考古》1961 年第 2 期，63—76 页；《1962 年安阳大司空村发掘简报》《考古》1964 年第 8 期，380—384 页。
[3]　《1973 年安阳小屯南地发掘简报》，32—34 页。
[4]　考古研究所安阳工作站陈列室资料。

也有殉人、殉狗，并且富有随葬铜器的贵族墓葬。但这时的陶器是第一期的，这时的铜器有近似郑州二里冈期的特征，与藁城台西村二里冈晚期的尤为相似。到了 5 号墓的时代，第一期的陶器似乎已近尾声，而以第二期的陶器为主要的形式；铜器也发生了比较显著的变化，从罗越氏的第一、二、三式跃进到第四、五式，铜器上的铭文也有显著的增加。

由此看来，在殷人居住于殷墟的历史上，从 5 号墓时代以前到 5 号墓所代表的时代，发生了相当剧烈的变化。至少从表面上看来，这些变化似乎多与殷墟的新的王都的地位有密切的关系。换言之，最简单、合理的解释是以 5 号墓时代以前的殷墟代表盘庚迁殷以前的殷，而以 5 号墓时代所表现的一连串变化看做由于盘庚迁殷这件大事所引起的。如果照这样的解释，则盘庚、小辛、小乙三代是属于 5 号墓所代表的时代的。董作宾甲骨文的五期分类中的第一期，在设想的时候是包括武丁及武丁的三父（盘庚、小辛、小乙）的，但迄今为止我们还不能指出确凿无疑属于盘庚、小辛、小乙三代的甲骨文字[1]。

近年来与此不同的一个说法，是把殷墟历史上 5 号墓以前一段时代看做盘庚、小辛、小乙三代，而 5 号墓时代的新发展看做武丁时代的新猷。这种说法似乎开始于 1964 年邹衡作殷墟文化分期的时候[2]。到 1973 年小屯南地发掘时报告了"自组卜甲"与第一期陶器片共存的证据。这个证据，照发掘者的意见，不但证明了"自组卜辞"属于武丁时代而不属于武乙、文武丁时代，而且证明了第一期的陶器至少有一部分可以

---

[1] 陈梦家《殷墟卜辞综述》，北京：科学出版社，1956，139 页；David N. Keightley, *Sources of Shang History*, (Berkeley and Los Angeles, 1978), pp. 97—98；严一萍《甲骨学》，台北：艺文印书馆，1978，1115—1122 页。
[2] 《试论殷墟文化分期》。

晚到武丁时代[1]。既然如此，把第一期的陶器当做盘庚、小辛、小乙这一段时代的代表，似乎有道理。最近杨锡璋"总述……关于殷墟文化分期的意见"如下：

第一期——盘庚、小辛、小乙和武丁前期

第二期——武丁后期及祖庚、祖甲时期

第三期——廪辛、康丁、武乙和文丁时期

第四期——帝乙和帝辛时期

这种说法同时也就主张，殷墟在盘庚迁都进来以前是没有殷人居住的。杨锡璋在讨论西北冈的王陵时，又推测有四墓道的才是王墓。西北冈东西两区有四墓道的大墓只有八座，而且自第二期开始，因此他怀疑西北冈的大墓不始于盘庚而始于武丁。既然小屯的卜辞始于武丁，西北冈的大墓也始于武丁，所以他又怀疑"盘庚、小辛、小乙三王建都的地点可能并不在安阳殷墟。因此，小屯没有这一时期的甲骨文，西北冈也没有这一时期的陵墓"[2]。但如果殷墟是武丁才开始建都的，那么第一期的遗物断代为盘庚、小辛、小乙三代便失却了任何基础。

我觉得盘庚到小乙三王的问题与5号墓时代新文化之产生，实际上是一个问题。5号墓时代文化变化的性质是与迁都而致的变化相符的，比武丁（或任何殷王）施行的新政所能引起的变化要大得多。《史记·殷本纪》说武丁用傅说，"修政行德，天下咸观，殷道复兴"。《诗·玄鸟》说武丁时代"邦畿千里，维民所止，肇域彼四海，四海来假"。《书·无逸》说他"享国五十九年"。可见武丁是殷代成就很大的一位

---

[1]《1973年小屯南地发掘简报》。

[2]《安阳殷墟西北冈大墓的分期及有关问题》，《中原文物》，1981年第3期，52页。

君王。从甲骨文武丁时代卜辞看来，武丁事必躬亲，勤于祭祀，勤于田猎，征战四方，受四方贡赋，果然与文献中所见的景象是相符的。可是这种变化，还是殷王朝在一个王都之内的历史上的量的变化，而5号墓时代所代表自前期而来的变化，作为一个聚落的历史来看，是自普通有贵族的城镇到王朝的都城的变化，是质的变化，而不仅是量的变化。换言之，殷墟史上这次变化，说是盘庚迁都所致是合理的，说是武丁时代殷道复兴所致是不能令人信服的。

从大处着眼，再看具体的证据，我们便看到殷墟5号墓时代以前作为盘庚、小辛、小乙三王时代的两条主要证据都是值得再加考虑的。其一是西北冈大墓中有几个是王墓的问题。四墓道的墓是王墓的说法只是一种推测，在这种推测之下我们还得解释为何东区只有一个王墓而西区有7个王墓的现象。其二是自组卜辞与第一期陶器共出的问题。按5号墓时代以前的殷墟并不是不能有卜辞的。大司空村第一期的遗物中有一片甲骨文作"辛贞在衣"，一般认为是武丁时代的，但也未尝不可是盘庚迁殷（衣）以前居殷的贵族的卜辞。至于小屯南地的卜辞与第一期陶器伴存的现象，最多不过提出第一期陶器有晚到武丁时代的可能，并不能作整个第一期陶器断代的证据，因为"第一期上限可能早于武丁"[1]。事实上，陶器的分期与殷墟历史的分期应当清楚地分开，前者只是后者的根据之一。照上文的讨论，5号墓时代以前的殷墟的陶器是第一期的，而第一期陶器的时代可能向下伸延到5号墓时代。

如果我们假定5号墓时代的开始与盘庚迁殷这一事件相符

---

[1]《安阳小屯村北的两座殷代墓》，514页。据《殷墟妇好墓》，222页，这一行卜辞伴存的陶器实际上有属于第二期的可能。

合，那么从盘庚到小乙三个殷王时代在殷墟的考古材料，便要到5号墓时代的材料中去找。盘庚"十四年自奄于北蒙曰殷，十五年营殷邑"（今本《竹书纪年》）。盘庚之死一般以为在即位后第28年，亦即迁殷后第13年；但一说（《御览》83引《史记》）盘庚十八年陟，亦即在殷只得三年。下一代的小辛（盘庚弟）即位后三年陟（今本《竹书纪年》），但一说二十一年（《皇极经世》及《通鉴外纪》）。再说下一代小乙（小辛弟）即位后十年陟（今本《竹书纪年》），但一说二十年（《御览》83引《史记》）。再下一代武丁（小乙子）即位后进行了59年的统治，留下了许多卜辞，武丁在殷墟史上的地位是最清楚可观的。而武丁三父统治殷墟的时代，往最短里说只有16年。殷人在这很短的一段时间里不可能遗留下5号墓时代以前整个历史阶段的殷上遗物，所留下来的遗物很可能少到看不出来显著变化的程度。

要在实际的考古资料中确定盘庚、小辛、小乙三王遗物，最可靠的途径是自第一期的卜辞中找到武丁以前的卜辞，这在目前第一期卜辞的资料中有已经存在但是辨认不出来的可能性。依照殷王室的昭穆制[1]，武丁三父时代与武丁时代的礼制如有不同，必是类似董作宾说的"新派"，不似武丁时代之遇事必卜，因此遗留的卜辞可能较少，其特征也许不易认出。最近刘渊临根据牛骨上攻治技术的原始性而自战前中央研究院发掘品中举出了6片牛骨卜辞，说它们是"安阳早期"亦即"武丁以前"的：

（一）出土号5.2.66："丁未￥一。"

---

[1] 张光直《殷礼中的二分现象》，《庆祝李济先生七十岁论文集》，台北：清华学报社，1965，353—370页。

（二）甲 2342："丙午卜：克☲？"

（三）甲 2815："辛☐岁☐？辛翌岁于父？凤。"

（四）甲 2344："乙巳卜一。"

（五）乙 9105（后冈）："丙辰受年一二三。"

（六）出土号 3.2.139："𢆶"

刘氏将这六片牛骨归于"早期"或"武丁以前"，全是根据牛骨的攻治技术，至于出土点则与后期出土的混杂。刘氏将这种情形比作"现代图书馆……中有清代的、明代的、元代的，甚至有宋版善本书"，亦即殷代档案中的古件[1]。如果刘氏这个推测是合乎事实的话，这些卜辞也可能是盘庚迁来以前的"非王卜辞"，也可能是属于盘庚、小辛、小乙三代的。看"克×""受年"这两个词的口气，像是王室的文件。刘氏这个说法是值得注意的，但专靠攻治技术来断代，而且所断的这个代又是一向还找不到可靠的甲骨文的一段关键时代，恐怕所得的结论一时不易为人所接受[2]。

上面提到西北冈王陵中的大墓有几个是王墓的问题，在这里显示了特殊的重要性。自盘庚迁殷以后"二百七十三年更不徙都"（古本《竹书纪年》），所以以殷为都的有 12 个王：盘庚、小辛、小乙、武丁、祖甲、祖庚、廪辛、康丁、武乙、文武丁、帝乙、帝辛。其中除帝辛自焚死，头颅也被周人取去（《周书·世俘解》），还有 11 王，而西北冈正好有 11 个大墓，而且东四西七，与 11 王的昭穆（盘庚、小辛、小乙、祖甲、廪辛、武乙、帝乙共七王在西，武丁、祖庚、康丁、文武丁在

---

[1]《卜骨的攻治技术演进过程之探讨》，《历史语言研究所集刊》（1974）46，99—130 页；引文见 127 页。

[2] 参阅上引 Keightley, *Sources of Shang History*, p. 98.

东）也恰好相合。如果照有些研究者的意见[1]，西区七墓之中以 1001 号大墓为最早，则 1001 便是盘庚的墓。但对这个说法有不同的意见。杨锡璋提出反对这种看法的理由有三个："（1）现已知西北冈有 12 个大墓，即增加了一个传出司母戊大鼎的墓。（2）如司母戊大鼎墓确是某一王的配偶的墓，则并不排除还有其他的墓为某一王配偶的墓的可能。（3）根据我们的分期，现在大墓中没有一个是属于殷墟文化第一期即盘庚、小辛、小乙时期的。"[2] 这第三条理由从考古证据上看是最重要的一条，但是它显然是不能成立的。如上文所述，所谓"殷墟文化第一期"与盘庚、小辛、小乙三王时代之间是不能画全等号的。传出司母戊大鼎的墓迄今仅有探测，尚未发掘，而且它的位置既不与东区其他四墓相近，其上口形状又与西北冈其他 11 大墓完全不同，所以未必是王陵的一部分。如此看来，上面的第一、二两条证据也是靠不住的了。

美国美术史家 Soper 也对西北冈和后冈大墓的主人作过推测。他在西区大墓里看到 M1001、M1550、M1002、M1004 似乎属于一组。后三个墓像三星拱月般包围着 M1001；他认为 M1001 乃是武丁的墓，而另外三墓是他的三个儿子祖己、祖庚、祖甲的墓。说 M1001 是武丁的墓，与杨锡璋的说法暗合，但 Soper 并不说它是殷墟最早的墓，而把后冈大墓及 M1443、M1129 指派给盘庚、小辛、小乙，因为这三墓较小，代表武丁征伐掳掠致富以前殷王较穷的时代[3]。这种说法，也是猜测

---

[1] 如李济《笋形八类及其艾饰之演变》，《历史语言研究所集刊》30（1959），1—69 页。
[2] 《安阳殷墟西北冈大墓的分期及有关问题》，50 页。
[3] Alexander, Soper, "Early, Middle and Late Shang: A Note", *Atribus Asiae*, 28 (1966), pp. 26—27.

性的。在没有更精确的资料与断代方法以前,我们只能根据若干现象试作猜测而已。

殷墟发掘已经 54 年了。这中间经过多年战乱,而且战前战后的发掘资料与发掘者的经验一直缺乏交换、汇合的机会,因此殷墟考古上重大而待解的问题是很多的,本文所提出的便是其中之一。我的目的是将这个问题在概念上澄清一下,希望如果再回过头来检讨已有资料或去开采更新的资料,可有若干据点站脚。总述我的意见,5 号墓所代表的时代是殷商王室迁都于殷以后初期,而以前的殷墟乃是商代中期以后即有的一个有贵族统治的城镇或村落网。目前殷墟考古资料里能与历史文献扣合而确定年代的这一段,向上可以追溯到武丁为止,再下一步便要确找盘庚、小辛、小乙三王时代的遗物。这一步工作,照我的建议,是要在 5 号墓所代表的时代的遗物遗迹中找的。如果在 5 号墓所代表时代以前的殷墟去找盘庚、小辛、小乙的遗物、遗迹,恐怕是徒劳无功的。

四 后 记

这篇旧稿原是为 1982 年 9 月在美国夏威夷召开的殷商文明国际讨论会上宣读的。英文稿后来在我编的 *Studie of Shang Archaeology*(Yale University Press,1986)中发表,但中文稿据我所知一直还没有刊印过。现在借《文物》400 期庆祝专号的机会,将它向国内的读者提出来请求斧正。

《李济考古学论文选集》编者后记 *

李济先生在1896年6月2日生于湖北钟祥县，1979年8月1日在台湾台北市温州街寓所逝世。他是位老留学生，而且是位寰宇闻名的学者，但他一生的事业都是在国内进行发展的。他是位伟大的中国学者，他一生的历史与中国的历史是分不开的。他83岁的一生可以用1949年划界分为两半，1949年以前，李济先生在现代科学考古学在中国的诞生和对这门新兴学科的扶植和领导上，都作了历史性的巨大贡献。1949年以后，他迁居台湾而离开了中国考古事业的主流，但仍继续在台湾从事中国考古学的重要研究。

李济这个名字，对1949年以后在考古学园地里成长起来的人来说，也就是对绝大多数的今日中国考古工作者来说，应该是不生疏的，但对他的学问事业成就知悉全貌的人便很少了。我相信，这本《李济考古学论文选集》的出版，至少可以达到两个目的，这两个目的都是既有历史性又有现实性的。其一，我们可以借这本书来温习一下李济先生自1923年到1949年这26年里对中国考古学的建立和发展的历史性的贡

---

* 原载《李济考古学论文选集》，北京：文物出版社，1990。

献，而且在他这一段时期的著作里也可以看到他给今天中国考古工作者在方法、术语与研究成果上面所留下来的影响。其二，从1949年以后30年中他在台湾所整理发表的殷墟资料和研究这批资料的许多成果与心得，也是中国考古遗产的一个重要成分，对当代考古工作者说来也有重大的参考价值。因此，我相信，这本选集不但是一本历史性的文献，而且对今日中国考古工作也应当有一定的参考意义。因此，在1984年文物出版社邀约我来进行这个编辑计划的时候，我便非常高兴地接受了下来。

李济先生的考古文章深入浅出，很多文章都是朗朗上口的。所以这本选集实在很容易与读者相通，而不需要编者来作注解。下面我只选四个题目，对我认为是李济先生主要贡献之中的四个方面，就它们的历史背景稍加评论。这四个方面是：(1) 中国古代史研究的一个人类学的途径；(2) 现代科学考古学在中国的建立与初期发展方向；(3) 殷墟发掘与中国古史；(4) 中国古器物学的新基础。

关于李济先生的传略，编者之一（李光谟）已在《中国现代社会科学家传略》[1]里面向读者介绍过了。李济先生的著述目录有李光周在1979年的编集，现在以此为蓝本重新作了一些补充修订，放在这本选集的后面作为附录。本书所选的50篇，限于在各种学术性的或一般性的期刊里所发表的论文。要窥李济先生著作的全貌还得看他的单行专书。这些专著限于篇幅的关系不能在这里收入。它们的出版资料俱见附录，其中在考古学上比较重要的有下列6种：

---

[1]《中国现代社会科学家传略》第3辑，山西人民出版社，1983，153—173页。大陆上其他对李济先生生平的简介还有王世民所写的《李济先生的生平和学术贡献》(《考古》1982年3期) 及宋文薰在日本发表的纪念文章《我国考古学界的老前辈李济博士》(译文见《百科知识》1980年6期)。

（一）《中国民族的形成》（英文，1928 年）

（二）《中国文明的开始》（英文，1957 年）

（三）《西阴村史前的遗存》（1927 年）

（四）《安阳》（英文，1977 年）

（五）《殷墟器物甲编：陶器（上辑）》（1956 年）

（六）《中国考古报告集新编——古器物研究专刊》：一、《觚》（1964 年），二、《爵》（1966 年），三、《斝》（1968 年），四、《鼎》（1970 年），五、《五十三件青铜容器》（1972 年）。

其中（一）、（二）、（四）三种是用英文在国外出版的，在国内恐不易见到。（五）、（六）共 6 本，是台北出版的（其中之六是与万家保合著的），在国内其他地方恐也不易见到。希望将来这些书都有翻印本、译本出现。第（三）本出版已 60 年了，在国内一般大的图书馆里应该还找得到。

一

李济先生在 1907 年随父亲到北京读书，最初就学于江汉学堂，随即进了五城中学（现在师大附中的前身）。1910 年考入清华学堂，1918 年官费留学美国，先在马萨诸塞州罗切斯特城的克拉克大学念了一年心理学，一年社会学，后来在 1920 年又入同州剑桥城的哈佛大学念人类学，1923 年获得哲学博士学位以后，便回到中国，先在天津南开大学（1923—1925 年），后来又到清华学校研究院（1925—1928 年）教书。从 1928 年起一直到他逝世为止，李济先生一直在中央研究院历史语言研究所考古组工作。

从这短短的一段有关李先生一生事业的记录上，我们就可以看出来他在做学问上的一点最重要的特征,那便是他这一辈子的事业虽然集中在考古学上(甚至集中在殷墟考古上),可是他的学问的基础与为学的眼光都是非常渊博广大的。像他那一代生在清末长在民国的知识分子的多数那样,李济先生有相当深厚的传统的旧学基础。他"在旧学上本来就受过家庭的良好熏陶。五城中学的老师福建林琴南和清华的国文教员岭南马季立,湖南饶麓樵等老先生对他国文方面的培养,使他感到终身受益"[1]。事实上,李先生在国内发表的第一篇文章《幽兰》便是关于中国古代音乐的[2]。在另外一方面,因为当时的清华学校实际上是留美预备学校,他在清华的八年便打下了英文和"新学"的基础。在美国的五年间,李济先生学了三门学科:心理学、社会学和人类学。当时美国的人类学尚在兼容并包的阶段,要包括体质人类学(人种学、人体测量学、化石人类学)、语言学、考古学和文化人类学等门。念研究生的学生要把握这些门的基本知识,都得通过严格的考试才能进一步专业化选一个论文题目。而且,即使是专业化的论文题目,也得在选材和观点上,代表人类学的兼容并包的比较方法和综合性的理论观念。李先生的博士论文《中国民族的形成》(1923年发表,1928年正式出版)便兼用了人体测量和古代历史文献资料,并且采用了民族学的观点和方法。在当时还没有中国史前史的考古资料可用,不然这本论文是一定要把考古资料包括进去的。

正是因为在研究中国民族、中国文明起源上资料的缺乏,正是因为李济先生早年读书背景的广博,他一开始便在中国古

---

[1]《中国现代社会科学家传略》第3辑,154页。
[2]《清华学报》,第2卷第2期,1925,573—577页。

代研究上采取了两条途径：一是综合各种学科与兼顾中外的眼光与研究方式，一是鼓吹、推动新资料的寻找与搜集。后面这一点是引导他走向田野考古学这一条道路上去的主要动力，下节再较详讨论。这里我们要强调的是前面这一点，就是说，李济先生在考古学的方法论上的主要贡献，可以说是在于他对考古问题、考古资料的研究观点，不限于考古学的领域之内，而主动地采用各种有关的学问，同时他作研究的观点，也不限于中国范围之内，而要伸展到全世界去。

1922年12月28日，李济先生在美国人类学会年会上宣读了他的第一篇专业论文——《中国的若干人类学问题》。这篇文章以不全相同的形式在两处发表，一是巴尔的摩出版的《中国学生月刊》第17卷（1922年），325—329页；一是《哈佛毕业生杂志》第31卷，346—351页，1923年（后者的译文收入了本书）。在这篇论文里，他报告了两年以来在中国民族的形成问题上面所做的研究，说明他在这项研究上使用了5种不同的材料：中国人人体测量资料、史书里有关建造城邑的资料、姓氏起源资料、人口资料和其他历史文献资料。他的结论是说中国民族的起源一共有5个成分。但他所报告的一个更大的结论是说由这项研究可以看出来人类学在中国的前途是远大的。他说目前的需要是进行4项调查和研究：考古调查、民族志的调查、人体测量学的调查和中国语言的研究。应当知道的是，在1922年的时候，这四门学科的科学研究在中国几乎都尚未开始。李济先生自从他专业生命的一开始，便采取了有关中国古史研究各个学科兼行并进的方式。他回国以后虽然走了考古的路子，可是他一直没有忽视在有关学科方面的新发展。这本选集的第一部分《中国人类学》里面的几篇论文，可以代表他朝这方面的努力。

在20世纪60年代初，李济先生任历史语言研究所所长期间，他曾想编辑一套《中国上古史》。在《再谈中国上古史的重建问题》（1962年）这篇文章里，他把这部书编辑计划的一些想法很有系统地写了下来。这里面他提到要写这本书所需用的材料，不但不限于考古材料，而且列举了7种之多：第一是与"人类原始"有关的材料；第二是"与研究东亚地形有关的科学资料"；第三是史前考古发掘出来的"人类的文化遗迹"，第四是体质人类学；第五是"狭义"的考古发掘出来的，属于有文字记录时期的资料；第六是民族学家所研究的对象；第七是"历代传下来的秦朝以前的记录"。由李济先生主持拟订的《中国上古史编辑大旨》（1972年），对所用的资料的界说是："以可靠的材料为立论依据，材料必须是经过考证及鉴定的文献史料，和以科学方法发掘及报道的考古资料。撰稿人须尽量利用一切有关的资料，尤其注意利用最新的资料。"[1]这里要加圈、加点的一句话是"一切有关的资料"。这句话所代表的看法与李济先生50年之前的说法还是一样的：学科尽管有学科的界限，我们作中国上古史研究的人一定要广要博，要使用一切有关资料，同时也自然要照顾到各个学科对这些资料研究的成果。从这种眼光来看，我们中间有研究考古学的，有研究地史学的，有研究民族学的，有研究先秦史的，这不过是在搜集资料、研究资料上有所分工而已。在研究中国上古史的时候，李济先生便以一个"人类学"者的地位，也就是以一个注重比较兼顾各科的地位，而不是以一个狭隘的考古专家的地位出现了。

"比较"的对象，除了不同学科之间以外，同样重要的是

---

[1]《中国上古史》待定稿，第一本，史前部分，中央研究院历史语言研究所，1972。

中国与外国。《再谈中国上古史的重建问题》（1962 年）里有这么一段斩钉截铁的宣示："中国历史是人类全部历史最光荣的一面。只有把它放在全体人类的背景上看，它的光辉才更显得鲜明。把它关在一间老屋子内孤芳自赏的日子已经过去了。"从这个立场出发，《中国上古史编辑大旨》对作者们便直截了当地有这么一条指示："中国上古史须作为世界史的一部分看，不宜夹杂褊狭的地域成见。"

这个看法，并不是一个人的个人胸襟问题，而代表在上古史资料研究上的一种实事求是的基本态度。在《再谈中国上古史的重建问题》（1962 年）里，李济先生综述他对殷商时代中国文化来源问题的见解如下：

> 殷商时代的中国文化……发展的背景，我们认为是一种普遍传播在太平洋沿岸的原始文化。在这种原始文化的底子上，殷商人建筑了一种伟大的青铜文化。而青铜文化本身都有它复杂的来源。在这些来源中，有一部分我认为是与两河流域，即中央亚细亚有密切的关系。若是我们把欧亚非大陆，在最近一千二百万年所经过的变迁，及动植物移动的历史弄清楚了，这一现象可以说是并不奇怪。史学家研究这一阶段文化，所面临的最要紧的问题，一部分是要如何把殷商的考古材料与史前的考古材料比较贯穿；同时要把若干不能解释的成分，找出它们可能的来源。这些问题，在我看来，都不是凭想象所能解决的。它们的解决，需要更广阔的田野考古工作，及更深度的比较研究。

这一段话把李济先生在这个很容易牵涉情绪关系的问题上实事求是的做学问态度表露得十分清楚。他自己便从事了不少这一类的"更深度的比较研究";不论是在铜器的研究上（如《殷墟铜器五种及其相关之问题》，1933年），还是在陶器上（《小屯殷代与先殷时代陶器的研究》，1956年），还是在艺术花纹上（《中国文明之开始》，1957年），他都指出过殷商与亚洲中部、西部同时的文明之间的若干类似性。他说"两千年来的中国史学家，上了秦始皇的一个大当，以为中国的文化及民族都是长城以南的事情，这是一个大大的错误，我们应该觉悟了！我们更老的老家——民族兼文化的——除了中国本土以外，并在满洲、内蒙古、外蒙古以及西伯利亚一带。这些都是中华民族的列祖列宗栖息坐卧的地方，到了秦始皇筑长城，才把这些地方永远断送给'异族'了。因此，现代人读到'相土烈烈，海外有截'一类的古史，反觉得新鲜，是出乎意料以外的事了"（见《记小屯出土之青铜器》中篇，1953年重印时加入的《后记》）。这样在他看来，中国古代文化是"一种自成一个单位，具有本体的文化。它以本身的文化为立足点，接受了外国的文化，正表现着它优美的弹性"（《中国上古史之重建工作及其问题》，1954年）。这种把中国文化放在世界文化里面来研究的态度，也是李济先生在学问研究上留给我们的宝贵遗产的一个重要部分。

李济先生是中国现代的第一个人类学家。他也是中国的头一位科学考古工作者。他的考古学的一大特色正是它具有人类学的特点，是广博的，不是狭隘的、专业化的；是重比较、向外开放的，不是闭关自守的。

二

关于中国近代考古学的兴起与五四运动的联系，夏鼐先生最近有一篇专文透彻地说明了。五四运动以后的疑古派对史学上起了很大的影响，使得不但是史学家，就连一般的知识分子也常对传统的古史，从三皇到三代，都发生了疑惑。"他们扫除了建立'科学的中国上古史'的道路上的一切障碍物，同时使人痛感到中国古史上科学的考古资料的极端贫乏"[1]。换句话说，老的历史既不可靠，便产生了对新材料的需要，因而很多人寄望于考古学，以考古学为"古史问题的唯一解决方法（1924年）"[2]。李济先生这时虽在国外，亦不例外。在上面提到过的1922年在美国人类学会年会上宣读的那篇论文的结尾，李先生便宣称："一个中国人类学者的当前的任务是去搜集资料。"[3] 搜集新的资料的一个方法，显然是像20世纪初期许多欧洲学者在旧大陆各地包括中国新疆在内所进行的考古探险方式。在1920年前后，李济先生用中文写了一篇短短的自传。这篇小文现在中国历史博物馆收藏。1980年夏，承夏鼐先生的好意抄给了我一份，其中有这么几句话：

> （我）的志想（向）是想把中国人的脑袋量清楚，来与世界人类的脑袋比较一下，寻出他所属的人种在天演路上的阶级出来。要是有机[会，我]还想去新疆、青海、西藏、印度、波斯去刨坟掘墓，断碑寻古迹，找些人家不要的骨董来寻绎中国的人原始出来。

从这里看，他的志愿是要找体质人类学的材料，也要找考古学的材料。1923年回国以后，由于偶然的机会，李济先生

---

[1] 夏鼐《五四运动和中国近代考古学的兴起》，《考古》1979年第3期。
[2] 李玄伯文题，见《现代评论》1卷3期，1924（收入《古史辨》第1册）。
[3] 《中国学生月刊》(*The Chinese Students Monthly*, 1922)，329页。

的事业不久之后便朝考古学方向发展了。发展的契机是1926年秋季山西夏县西阴村的发掘。因为这是国人从事科学考古发掘工作的第一次，所以我们借李济先生自己的话把这次发掘的情况略为介绍[1]。

> 近几年来，瑞典人安特生考古的工作已经证明中国北部无疑的经过了一种新石器时代晚期的文化。西自甘肃东至奉天，他发现了很多这一类或类似这一类文化的遗址。……这文化的来源以及它与历史期间中国文化的关系是我们所最要知道的。……若是要得关于这两点肯定的答案，我们只有把中国境内史前的遗址完全考察一次。……这个小小的怀抱就是我们挖掘那夏县西阴村史前遗址的动机。在民国十五年三月二十四日那一天当着我们［编按：李济与袁复礼两位先生］第一次往山西南部考古的时候，我们发现了这个遗址。

上面所提到的安特生的工作，是指他在1921年在奉天锦西沙锅屯和河南渑池仰韶村的调查，与1923—1924年在甘肃东部一连串彩陶遗址的调查。这是锄头考古在华北的开始。同是地质学家的袁复礼先生也和安特生在一起工作过。李、袁两位先生，在1925年底，在美国弗利尔艺术馆的毕士博的怂恿之下，决定到山西南部的汾河流域做考古调查，"以确定有无进行考古发掘的可能性"[2]，1926年，他们在2月22日到了夏县，不久便发现了西阴村彩陶遗址。李先生回到北京后，开

---

[1] 下面在引号中引述的都引自李济《西阴村史前的遗存》，清华学校研究院丛书第三种，北京，1927。
[2] 李济《山西南部汾河流域考古调查》（原文英文，1927），李光谟译，《考古》1983年第8期。

始筹划回去发掘。为了筹措经费,即与毕士博商量这件事。他代表弗利尔艺术陈列馆同清华学校校长曹庆五先生商量了几条合作的条件,其中最要紧的是:

(1) 考古团由清华研究院组织;
(2) 考古团的经费大部分由弗利尔艺术陈列馆担任;
(3) 报告用中文、英文两份,英文归弗利尔艺术陈列馆出版,中文归清华研究院出版;
(4) 所得古物归中国各处地方博物馆或暂存清华学校研究院,俟中国国立博物馆成立后归国立博物馆永久保存。

从这个合作计划上,我们可以看到,当时中国的学术界对田野考古还是陌生的,所以一个国立的学校要出去考古挖掘还得向外国的学术单位求助经费。但这第一个中外考古合作计划所采取的立场是明确的:学术是天下之公器,中外合作是可以的,而且在当时条件下还是必需的,但古物是公有的,而且是国有的。李济先生的国际地位与国际眼光并没有使他在爱国、在维护国家权益上作任何的让步。这种眼光远大的爱国精神是李济先生一生从事学问从事事业的特色。

万事俱备以后,李、袁两位先生便回到西阴村去从事发掘。

> 挖掘时间由 10 月 15 日起直到 12 月初……所挖的地点靠着一条斜坡路,所以掘出来的土很便于向下移动。这个坑是分八"方"辟出来的。在这坑的西墙顶定了一个起点,起点的高度等于袁先生所绘地形图的零线。最初辟这坑是从零点向西向南,以后兼向西向北。……就这开挖的计划,我们发明了一个"三点记载法"。随各方开辟的

先后，我把它们用数目号起来。故第一"方"动手最先；第二，其次；依次递进。……这坑的西东行叫做 x-线；南北行，叫作 y-线；向下行叫做 z-线。前"方"的 y-值是正数，后"方"的 y-值是负数。各"方"的交界点都有木桩作记。辟的深度我们每天至少测量两次。照这样的方法进行，我们用两根米达尺在数秒钟内把所找的物件的原位可以确定出来。这个方法，我叫作"三点记载法"，三点就是 x-y-z 用米达尺表出来的三价值。

但是这种方法不能应用于一切所找的物件。要是不分等级一件件都如此记载起来，那就不胜其烦了。所以同时我们又用层叠法记载一切屡见的物件。由地点下行第一公尺叫作 A-层；第二公尺，B-层；依次递降，用英文字母大写字作记。每一层内又分作好些分层。分层的厚薄，由土色及每次所动的土的容积定。分层按上下次序用英文字母小写字作记。大字母小字母中间再夹着那"方"的号码就完成一个层叠的记载。假如有一堆物件上边标的是 B4c，这号码的意思是这堆物件是由第四"方"第二层第三分层找出来的。这个第三分层的深度在记载簿上找出来的是 1.17—1.25 公尺。

这种发掘方法今天看来虽然简单，在 60 年前却有开天辟地的意义。这次发掘的结果，找到了彩陶、非彩陶陶片、石器，一个半割的蚕茧，还有窖穴的遗迹。数年以后梁思永先生利用这一批陶器的详细分析与研究写成了他交给哈佛大学人类学系的硕士学位论文，可见李先生开始使用的"三点记载法"和"层叠法"是有很大精确性的科学发掘记载方法。

西阴村是李济先生亲手主持发掘的考古遗址里面唯一属于史前时代的。李先生嗣后一生事业转向殷墟，但他对史前文化的兴趣和赓续研究并未中断。从本书所收的关于石器时代史的几篇文章，可以看出他对从北京人到龙山文化这一段史前史的造诣。事实上，在龙山文化的发现和其重要性的辨识上，李济先生对中国考古学史也作出了一项值得记录的重要贡献。在《城子崖》（1934 年）的序文里，李先生把城子崖的发现（是吴金鼎先生在 1930 年发现的）与历史语言研究所决定发掘这个遗址的理由都说得很清楚了："由这遗址的发掘我们不但替中国文化原始问题的讨论找了一个新的端绪，田野考古工作也因此得了一个可循的轨道。与殷墟的成绩相比，城子崖的虽比较简单，却是同等的重要。……有了城子崖的发现，我们不但替殷墟一部分文化的来源找到一个老家，对于中国黎明期文化的认识我们也得了一个新阶段。"这主要是因为在城子崖发现了骨卜，而且其下层文化有了陶文。在城子崖的发掘过程中，考古工作人员又学会了对夯土版筑遗迹的辨认。在当时"彩陶西来说"风气之下，这显然是土生土长又有中原文化原始因素的龙山文化的发现，给了中国考古学者与历史学者很大的信心。在城子崖发掘的次年又在安阳殷墟后冈发现了仰韶、龙山与殷商三文化层的先后次序，而华北史前史年代学的规模于此粗定。中国史前考古学在这短短几年之内的巨大成就，是好几位中国考古学前辈学者共同努力工作的结果，但从历史的角度来看，我们不能不说作为当时考古工作领导单位即中央研究院历史语言研究所考古组主任的李济先生，在这方面作出了巨大的贡献。

三

西阴村的发掘把李济先生引向了考古学的路子，但他一生事业的转捩点，是在 1928 年他接受了新成立的中央研究院历史语言研究所所长傅斯年先生的邀请，担任考古组的主任并主持安阳殷墟发掘。傅斯年先生在《历史语言研究所工作之旨趣》（1928年）中说：

> 在中国的语言学和历史学当年之有光荣的历史，正因为能开拓的用材料，后来之衰竭，正因为题目固定了，材料不大扩充了，工具不添新的了。不过在中国境内语言学和历史学的材料是最多的，欧洲人求之尚难得，我们却坐看他毁坏亡失。我们着实不满这个状态，着实不服气就是物质的原料以外，即便学问的原料，也被欧洲人搬了去乃至偷了去。我们很想借几个不改的工具，处治些新获见的材料。所以才有这历史语言研究所之设置。……我们最要注意的是求新材料，第一步想沿京汉路，安阳至易州，安阳殷墟以前盗出之物并非彻底发掘，易州邯郸又是燕赵故都，这一带又是卫邶故域。……第二步是洛阳一带，将来一步一步的西去，到中央亚细亚各地，就脱了纯中国材料之范围了。……总而言之，我们不是读书的人，我们只是上穷碧落下黄泉，动手动脚找东西！[1]

历史语言研究所的旨趣是求新材料，而这也正是李济先生个人在学术上的意愿。两方面既然是志同道合，他们之间的结合可以说是必然的。傅斯年建立了史语所之后，马上便派了南阳董作宾先生去调查安阳殷墟甲骨文出土情形，看看还有没有发掘的价值。董先生调查回来作了一个肯定的报告。当时中央研究院院长蔡元培先生说明决定发掘殷墟与李济先生"入伙"的经过如下：

---

[1]《历史语言研究所集刊》第1本第1分（1928），3—10页。

董先生到了那里，试掘了一次，断其后来大有可为。为时虽短，所得颇可珍重，而于后来主持之任，谦让未遑。其时适李济先生环游返国，中央研究院即托其总持此业。以李先生在考古学上之学问与经验，若总持此事，后来的希望无穷。承他不弃，答应了我们，即于本年（1929年）2月到了安阳，重开工程。[1]

这里所指李先生在考古学上的经验，便是指他在1926年在西阴村的发掘工作。当时他的发掘报告与论文（1927年）均告问世，33岁的李济先生在那时的学术界已经有了相当的声望。据说傅斯年先生在物色考古组主任与安阳殷墟发掘主持者的时候，最后的两个候选人是李济先生与著名的金石学家马衡先生。当时48岁的马衡先生是北京大学国学门考古学研究室主任和故宫博物院副院长，是中国传统金石学最优秀的代表。在这两位候选人中，蔡元培先生最后选定了代表科学考古的李先生，夏鼐先生说，"后来证明这选择是明智的"[2]，这就是因为李济先生把殷墟发掘领导到一个新的方向上去，也就是把中国考古学带到了一个新的方向上去。

中央研究院殷墟发掘自1928年起到1937年卢沟桥事变前夕结束，共15次。殷墟发掘的历史也几乎是那一段时间中国田野考古的历史；殷墟发掘每进一步，也便是中国田野考古经验每进一步。最初的几次，发掘人员遭遇到各方面的困难，同时也自错误中汲取新的经验。最初掀开土层时还不能确切辨认夯土的夯痕，对这种"浪形"的遗痕究竟是"建设屋宇修筑

---

[1] 《安阳发掘报告》第一册，北平，1929，序。
[2] 夏鼐《五四运动和中国近代考古学的兴起》，《考古》1979年3期，196页。

墙壁"的"夯土",还是洹水冲了遗墟以后水波的遗痕,还经过一度辩论[1]。这个问题经过了1930年山东城子崖的发掘才得到最后的解决,认定了是版筑而不是水淹[2]。1930年城子崖之发掘乃是由于中央与河南省地方之间的矛盾迫使殷墟发掘暂告中停而致的。1929年年底,河南省政府派遣了"河南图书馆馆长兼民族博物院院长"何日章到安阳去发掘,而迫使中央研究院的发掘队转去山东工作。这个问题后来经过接洽交涉解决,于是中央研究院在1931年又回到殷墟,一直工作到1937年。下面将安阳历次发掘地点、时间与主要工作人员等开列成表(表1),由此可以看到这十几次发掘是中国考古学史上的一件大事[3]。

表1

次数	年	季	地点	人员
1	1928	秋	小屯	董作宾、赵芝庭、李春昱、王湘(工作),郭宝钧、张锡晋(参加)
2	1929	春	小屯	李济、董作宾、董光忠、王庆昌、王湘(工作),裴文中(参加)
3	1929	秋	小屯	李济、董作宾、董光忠、张蔚然、王湘
4	1931	春	小屯 四盘磨后冈	李济、董作宾、梁思永、吴金鼎、郭宝钧、李光宇、刘屿霞、王湘、周英学(工作),马元材、谷重轮、关百益、许敬参、冯进贤、石璋如、刘燿(参加),傅斯年(视察) 吴金鼎、李光宇 梁思永、吴金鼎(工作),刘燿(参加)
5	1931	秋	小屯 后冈	董作宾、郭宝钧、刘屿霞、王湘(工作),马元材、石璋如、李英伯、郝升霖(参加)梁思永(工作),刘燿、张善(参加)

---

[1] 张蔚然《殷墟地层研究》,《安阳发掘报告》第二册(1930),260—261页。
[2] 李济《安阳最近发掘报告及六次工作之总估计》,见《李济考古学论文选集》。
[3] 下据石璋如《考古年表》,历史语言研究所专刊(1952)35。

续表

次数	年	季	地点	人员
6	1932	春	小屯	李济、董作宾、吴金鼎、刘屿霞、王湘、周英学、李光宇（工作）、马元材、石璋如（参加），张嘉谋、关百益（参观）
			高井台子	吴金鼎、王湘
			四面碑	吴金鼎
			王裕口、霍家小庄	李济、吴金鼎
7	1932	秋	小屯	董作宾、石璋如、李光宇（工作）、马元材（参加），李济、傅斯年（视察），任鸿（参观）
8	1933—1934	秋	小屯	郭宝钧、李景聃、李光宇、刘燿、石璋如（工作）、马元材（参加），李济（观察）
			四盘磨	李光宇
			后冈	刘燿、李景聃、石璋如、尹焕章（工作），李济（观察）
9	1934	春	小屯	董作宾、李景聃、石璋如（工作）、冯进贤（参加），徐炳昶（参观）
			后冈	刘燿、尹焕章
			侯家庄南地	董作宾、石璋如、刘燿、李景聃、尹焕章、祁延霈（工作），冯进贤（参加），李济、梁思永、郭宝钧（视察），方策、苏孔章、张嘈、顾立雅（参观）
			南坝台	石璋如
10	1934	秋	侯家庄西北冈	梁思永、石璋如、刘燿、祁延霈、胡福林、尹焕章（工作），马元材（参加），李济（视察）
			同乐寨	梁思永、石璋如、胡福林
11	1935	春	侯家庄西北冈	梁思永、石璋如、刘燿、祁延霈、李光宇、王湘、胡福林、尹焕章（工作），马元材、夏鼐（参加），傅斯年、李济（视察），董作宾（监察），徐中舒、伯希和、滕固、黄文弼、河南大学、济华大学（参观）
12	1935	秋	侯家庄西北冈	梁思永、石璋如、刘燿、李景聃、祁延霈、李光宇、高去寻、潘恋、尹焕章、王建勋、董培宪（工作），李春岩（参加），黄文弼（监察），丁维汾、刘守中、王献唐、富占魁、方策（参观）
			大司空村	刘燿
			范家庄	祁延霈
13	1936	春	小屯	郭宝钧、石璋如、李景聃、王湘、祁延霈、高去寻、尹焕章、潘恋（工作），孙文青（参加），李济、董作宾（视察），王作宾（监察）

续表

次数	年	季	地点	人　员
14	1936	秋	小屯 大司空村	梁思永、石璋如、王湘、高去寻、尹焕章、王建勋、魏鸿纯、李永淦、石伟（工作），王思睿（参加），袁同礼（监察），葛维汉（参观） 高去寻、石伟
15	1937	春	小屯	石璋如、王湘、高去寻、尹焕章、潘悫、王建勋、石伟、魏鸿纯、李永淦（工作），张光毅（参加），梁思永、董作宾（视察），舒楚石（监察），叶公超、闻一多、陈梦家（参加）

上面把这15次的发掘不嫌烦地抄下来，并不是仅仅抄录了一段历史文献，而是具体地揭露一下殷墟发掘规模之大，牵涉人员之多，与在中国考古学史上的意义。这9年15次的发掘是抗战以前中国考古学上最大的发掘，在规模上与重要性上只有周口店的研究可以与之相比。但殷墟在中国历史研究上的重要性是无匹的。从1937年抗战开始一直到1949年，田野考古工作受到了很大的限制。因此1949年以后的考古工作，在规模上与在领导人才上，在某种意义上是就着殷墟发掘的基础而进一步起飞的。这一点从表1中主要工作人员的名字就可以看出来。李济先生虽只主持了最初几次的田野工作，而且后来诸次的工作筹划与技术方面都由于汲取了旧的经验与新的成员（尤其是梁思永先生）的参加而日益有所改进。但就整个殷墟发掘历史来说，李济先生领导擘划的功劳是大家都欣然承认的。专就考古人员来说，他对于招揽与培植中国30年代到40年代之间的考古主干人员上，贡献了历史性的功绩。

除了作为中国考古工作干部的一种"培训中心"以外，9年的安阳殷墟发掘在许多其他方面也在中国考古学史上有里程碑的意义。固然李济先生与安阳殷墟发掘是分不开的，但我们如果详论殷墟的意义便不能不把话题扩展到远在李济先生个人事业之外，也就远远出于本题之外了。因此，我们只谈谈李济先生特殊建树的痕迹非常明显的几个方面。

小屯发掘头几次的田野技术，如今看来已不是十分尖端性的了。在李济先生的领导下，中央研究院的发掘工作主要是靠探沟探坑来作点线式的探索的。可是自1929年以来作为中国考古学的两种主要的研究方法，即地层学与器物形态学[1]，其发展的基础还是李济先生用锄头在小屯最先奠立下来的。

> 我们可以明了要是我们挖掘的时候观察疏忽一点，那掘出的实物的意义就完全失了。除非我们能证明所掘的地层没翻动过，实物的同层也许是偶然的；"并著"并不能算"同时"的证据。不过地层并不是证实实物的唯一的线索，实物的形象，差不多是一样的重要。在翻动的地层中，同著的实物自然也有同原的可能；要是从形象上可以定出他们的相似来，那就没有什么疑问了。[2]

李济先生在1929年这一段话不就是把地层学与器物形态学的基本原理明明白白地指出来了么？这是55年以前田野考古在中国早期运用上的指导原则，而这种原则在世界考古学上也一直到了50年代以后才有了比较基本的增进。殷墟发掘的后期，尤其是侯家庄西北冈的发掘，从点线的揭发进一步进入到面的揭发，但其发掘的主要目标并没有离开层位关系。从早期到后期，殷墟发掘在技术上经历了非常显著、非常重要的量的改进，可是在"质"上还一直是在维持着李济先生所建立

---

[1] 苏秉琦、殷玮璋《地层学与器物形态学》，《文物》1982年4期。
[2] 李济《小屯地面下情形分析初步》，《安阳发掘报告》第1册（1929）。

起来的田野考古的原则的。李先生后期有好几篇文章，如《由笄形演变所看见的小屯遗址与侯家庄墓葬之时代关系》（1958年）和《豫北出土青铜句兵分类图解》（1950年）等，更表现了层位学与器物类型学的灵活的高级运用。

　　本书所选收的论文中，有一大部分是有关殷墟发掘或殷墟器物的，可见殷墟发掘不但在中国考古学的发展上有过支配性的地位，而且在李济先生一生考古研究的发展上也占有中心的地位。关于这些文章，既然都收录在这里，我们便不必多加介绍或评论。但是我们不妨特别指出李济先生在殷墟研究上的两个特点。其一是李先生在资料中能够灵活地抓住关键问题，而就这些问题广泛、多方面讨论的展开，在中国考古学上常常是别开生面的新的研究园地。例如，从端方柉禁器组的研究，李济先生抓到了殷周文化地方形态的问题；从青铜器与松绿石镶嵌花纹的分析抓到了狩猎卜辞、动物骨骸与装饰纹样之间的关系的问题；从纹饰款式的分析抓住了殷商文化复杂的历史背景问题；从人像姿势研究抓到中国古代民族分类与源流的问题。资料的报道本身并不是自放自收轻而易举的事，因为资料在报道之前须先分类，而分类问题在方法论上有很大的复杂性，这在下节还要谈到。但是这类工作方法是可以训练出来的。从资料中抓关键问题则既需要观察事物的经验，又需要对事物彼此之间联系关系的敏感，不是完全能够靠后天培养出来的。李济先生对殷墟研究的成绩，从这个观点上看，可以说是他留给我们最宝贵的一笔遗产，因为这是最带有他个性的一笔遗产。

　　李济先生对殷墟的研究的另一个特点，可以说是他在这笔资料里所抓的最大的一个关键问题，那便是从殷墟抓整个中国古史中横来竖去的条条线索。由于甲骨文字的发现，殷墟是中国3000年有文字记载的历史的开端，而它的考古遗物又是向上追溯古代文化的史前背景的一大串的钥匙。它不但承先启后，而且像一条御马的缰绳一样控制着史学者从黄河流域的中原向东西南北各方的奔驰探索。这里面的种种关键、种种问题，李济先生在他的两本综合性的专书里，即《中国文明的开始》（1957年）与《安阳》（1977年），在他的许多论文里面，如《安阳的发现在为中国可考历史写下新的首章上的重要性》（1955年）、《安阳发掘与中国古史问题》（1969年），及《殷商时代的历史研究》（1969年）等等，作了有深度、有见解，而且非常谨慎的发挥。这些在今天的眼光看来，还是有很大启发性的。

提到李济先生与殷墟发掘，我们便不能不特别强调提出李先生在对1928—1937年这一段期间殷墟发掘出土文物的保存与报告上面所付的苦心与所作的贡献。在1937—1949这12年之间，这批发掘物自南京撤往西南，在西南艰苦的条件下兜了一个大圈子，然后复归南京，又撤往台湾。同时，当年主持发掘的青年考古工作者，有的在抗战期间投笔从戎而基本上离开了业务，有的在艰苦生活下磨损了健康甚至病亡，一部分在1949年投入了新的考古洪流，最后只有极少数的几位老班底跟在身边抱残守缺地把这笔宝贵的材料加以整理发表。到了李济先生逝世之前，殷墟发掘出来的大部分资料均已公诸于世。为此我们不能不感谢李先生数十年如一日尽守他领导殷墟发掘的职责。他的责任感之强，可以用殷墟出土人骨的研究为例。李先生虽自1926年以来走了考古的路子，却由于他早年所学而对安阳人骨特别关心。安阳发掘的人骨一直是由吴定良先生负责报告和研究的。1949年，吴先生留在上海，李先生便坚持把这一笔重要的材料交给学生物学出身的杨希枚先生整理，并在30年的时间里，对这一工作不断地表示特别的关心与鼓励。杨先生测量的材料与宝贵的研究结果,最近已在考古研究所的支持之下出版了。我们相信这批材料的出版圆满地结束了李先生最后的一桩心事。

四

李济先生在殷墟资料里面所抓的关键问题之中最为重要的可以说是陶器和铜器的研究。他在这方面的研究,除了在殷商文明本身上的贡献以外,对中国考古学有很大的一般性的影响,这是因为一方面它涉及器物类型学的方法论,另一方面它提供了中国古器物学的新基础。李先生在这方面的著作除本书所收的几篇重要的论文以外,还有他的《殷墟陶器》(1956年)和《古器物研究专刊》5册(1964—1972年)。

在这上面我们不能不谈到中国固有的考古学,即传统的金石学。朱剑心在《金石学》中说:

> 金石学者何?研究中国历代金石之名义、形式、制度、沿革,及其所刻文字图像之体例、作风;上自经史考订、文章义例,下至艺术鉴赏之学也。其制作之原,与文字同古;自三代秦汉以来,无不重之;而成为一种专门独立之学问,则自宋刘敞、欧阳修、吕大临、王黼、薛尚功、赵明诚、洪适、王象之诸家始。历元明至清,而斯学大盛。其间金石名家,无虑千数,著作称是。[1]

这一段话说得清楚:中国的金石学是以金石即器物为研究

---

[1] 朱剑心《金石学》,上海商务印书馆,1948,3页。

对象，而尤其注重金石上的文字，以这种文字材料作为历史研究的补充。在北宋时期的确"斯学大盛"，如李济先生在《中国古器物学的新基础》（1950 年）这篇文章中所说的，完成于 1092 年的吕大临的《考古图》：

> 用最准确的方法，最简单的文字，以最客观的态度，处理一批最容易动人感情的材料。他们开始，并且很成功地，用图像摹绘代替文字描写；所测量的，不但是每一器物的高度、宽度、长度，连容量与重量都记录下了。注意的范围，已由器物的本身扩大到它们的流传经过及原在地位。考订的方面，除款识外，兼及器物的形制与文饰。

《考古图》的成就，的确是了不起的。把今天出版的青铜器图录来比较，除了今天在技术上可以摄影甚至用彩色印刷以外，今天的图录所记载下来的项目在 900 年前的这本书里也都包括进去了。但上文所说"历元明至清而斯学大盛"的说法则是与事实不符的，若说"每况愈下"倒还比较切乎实际。如李济先生在《中国古器物学的新基础》（1950 年）一文中所指出的：

> 假如我们拿光绪三十四年出版的《陶斋吉金录》，清代的最后一部具规模的金石著作，比《考古图》晚了八百一十六年——假如我们拿这本书与《考古图》比较，我们可以很清楚地看出，端方及他的门客所编纂的这部书，连抄北宋人都没抄会。吕大临很小心地注意到古器物的出土地；《陶斋》的纪录，包括这一项目的却很少；单就这一点说，我们已经可以辨别他们不同的治学精神了。

固然端方的"治学精神"是解释金石学没落的一个原因，我们也得指出，金石学走到清末民国初的时候已是日暮途穷，需要新的方向了：

> 中国古器物学，经过了八百多年的惨淡经营，始终是因仍旧贯，没有展开一个新的局面，最重要的原因就是：对于原始资料审订的工作及取得手续，这八百年来的古器物学家没有充分地注意。（李济《中国古器物学的新基础》）

李先生指出，现代的锄头考古学在这上面把那八百年来的死结打开了，因为考古发掘出来的器物，在真伪上，在年代上，都有器物本身以外的证据。所以在"原始资料审订的工作及取得手续"上说，田野考古取得的资料比起金石学固有的传世资料来，是有"质"的差别的。用这种新的资料作基础去研究古器物的"名义、形式、制度、沿革"，所踏的基础是坚实的，所得的结论也就比较可靠了。

李济先生这一代考古学者是中国有史以来用可靠、有信息的资料来研究古器物的第一代学者。李先生处理资料的方法，马上显示出来与传统金石学者的不同。商周器物的名称与分类的研究，可有两个不同的途径。金石学者先用周秦汉的文献典籍找出其中古物的名称和它们的系统，再将手上的（传世的或发掘）的古物往这系统中放入[1]。以李济先生为首的现代考古学者，则是用器物本身的成分、形状、技术等等作为分类和定名的基础。在这上面李济先生留下来最重要的一笔遗产，便是他对陶铜容器的分类。陶器分类的详情在他的《殷墟陶

---

[1] 例如马衡《凡将斋金石丛稿》，中华书局，1977。

器》（1956年）里说明，但本书所收的几篇文章里，尤其是《记小屯出土之青铜器》上篇（1948年），也有撮述。在后面这篇文章里，就分类标准之谨严性的坚持问题，李济先生对梅原末治先生在中国古铜器的分类有所批评的一段话，值得我们特别地注意，因为这段话很具体地把李济先生作器物分类的基本信念突出起来：

> 容器这个概念是完全超乎质料的，不论是土制的、石制的、竹制的、木制的、铜制的或其他质料制的，只要是属于容器一门的器物，我们就可以用同一标准类别它。这个原则要是可以为古器物学家全部接受，古器物学的研究一定可以达到一个新的境界。近二十年来，中国青铜器的研究虽有长足的进步，但在这一方面，人仍少予以充分的注意。梅原末治教授在1940年出版的《古铜器形态の考古学的研究》，专就题目说，总算极新颖可喜；但看那分类的标准，就令人颇为失望。他根据形制，把中国古铜器分为十三类：（1）皿钵形器：内有"盘""殷""盒""豆""簋""簠"等；（2）壶形器：内有"尊""觯""觚"等；（3）壶形器：内有"罍""彝""壶""钟"等；（4）提梁附壶形器：内以"卣"为主；（5）壶形器，以"罍"为主；（6）矩形容器：内有"彝""偏壶""瓠壶"等；（7）鬲鼎类：内为"鬲"与"鼎"；（8）有脚器：内有"角""爵""斝""盉"；（9）注口器：内有"兕觥""匜"；（10）筒形及球形容器；（11）复合形器：内为"甗""博山炉"等；（12）异形容器；（13）乐器类。很显然地，他所说的"古铜器"，仍限于中国金石学家所讲的礼器与乐器，并不是古铜器的全体，这一点表面

上似乎只是用名词的不小心，无关宏旨。但分类既是一件逻辑的工作，不逻辑的名词，可以转过来把思想弄混乱，自不应该由它随便渗入，甚至用作标题。这本研究最令人失解的为那分类的标准，这些标准的选择虽似完全在器物的形态上着眼，但所采用的，忽为全身，忽在口部，忽在底部，前后甚不一律。把那分类应有的效用，互相消失了。第一分类标准，既无固定性，又乏客观性，又如此繁多，故他所说的"类"，也就各具不同的含义，没有一种严整的界限。……大体说起来，作者的目标，想根据器物的形态重新为中国青铜器作一次分类的工作，确是一极值得称颂的企图。但他对于器物的形制、名称及功能，并未分别清楚，又为那些古老的名称所诱惑，故有时竟先决定某两种形制不同的器有若干关系——不论是否形制上的关系——即把它们放在一类，形制演变本身的现象反被忽视了，故所提的计划充满了矛盾、重复及不合逻辑的事实。

李先生对梅原的批评是基于他在形制分类上的基本原则的，即分类标准的一致性。这是把器物分类从标准不一和依照古书提高到以器物本身形制特点为分类标准的突破，是古器物学科学化的第一步。但是李先生虽然认为以据古书而来的"用"为分类依据，不如使用器物本身形制之可靠，他并不是要把器物的用途抛到九霄云外。他也强调说："要对古器物求全面的了解。专在形态的演变方面下工夫，无论做得如何彻底，是不够的。器物都是人类制造的，它们的存在，既靠着人，故它们与人的关系——器物的功能——也必须要研究清楚，然后它们存在的意义，以及形态演变的意义，方能得到明白的解释。"（《中国古器物学的新基础》，1950年）因此，李济先生一方面要求器物分类的严密化，另一方面又极力主张器物研究之多方面的入手方式。在《如何研究中国青铜器》（1966年）这篇文章里，他指出，"我们必须先有全面观的观点，然后对这组器物的估计，才可建立一个比较正确的认识"。所谓"全面观"，李济先生指的是下列三种看法：

1. 青铜器的铸造，这牵涉采矿、冶金、金相学、制陶、合金等专门知识；

2. 在艺术上的表现，这又是与社会学、民俗学、宗教有关的问题；

3. 纯粹史学上的若干问题。

在铸造上面，与李济先生合作研究殷墟出土青铜容器铸造的万家保专门从事这方面的实验，把这组问题作了相当彻底的研究。李先生自己对殷代青铜器研究上主要的贡献，除了上文已经提到的分类系统以外，是集中在艺术上面的。这里面包括青铜艺术与非铜器艺术之间的关系；殷商艺术一般的背景，包括先殷的背景与殷代文化与社会的背景；青铜艺术与铸造技术之间的关系；以及殷墟代表时代之内青铜艺术风格的变化。这些题目中有不少非常重要的论点是在李先生的专著里面讨论的，但本书所收的论文里也包括了许多代表性的意见。

五

李济先生在中国考古学上的贡献，他自己的学术著作才是最有力的证人。这个选集虽然只收了他的一部分论文，却多少代表了他平生著作中的精华。这篇《编者后记》中能选出一二要点"点到为止"，并没有把李先生平生贡献作个总结的野心。事实上，从历史的观点把李济先生与中国考古学作一番冷静客观的盖棺论定式的全盘总结，恐怕也不是本书的编者——一个是他的学生，一个是他的长子——所能胜任的。

我们虽对他有所偏爱，却并不把李济先生当做一无缺陷的"完人"。专就他的考古著作来说，他作了划时代的贡献，但也受了时代的限制。他在中国史学需要新材料的时候，不但大声疾呼地去找材料，而且坚持着要第一等的材料。另一方面，得到了材料以后，应该如何去整理材料，我们却在他的著作中找不到有系统性的理论性的指导。李先生在资料里抓到了许多关键性的问题，但他并没有很明白地指点出来这许多问题之间的有系统、有机的联系。很可惜的是，李济先生没有给我们留下一本考古理论、方法论的教科书。我们从李先生著作中能看到的可作的评论，就只能说到此为止。

1954年9月22日，李济先生写了一封信给我，其中有这样的一段话：

> 中国学术在世界落后的程度，只有几个从事学术工作的人，方才真正的知道。我们这一民族，现在是既穷且愚，而又染了一种不可救药的、破落户的习惯，成天的在那里摆架子，谈文化，向方块字"拜拜"——这些并没什么"要不得"——真正"要不得"的是以为天地之大，只有这些。
>
> 但是，每一个中国人——我常如此想——对于纠正这一风气，却有一份责任；所以，每一个中国人，若是批评他所寄托的这一社会，必须连带地想到他自己的责任。据我个人的看法，中国民族以及中国文化的将来，要看我们能否培植一群努力作现代学术工作的人——真正求知识、求真理的人们，不仅工程师或医师。中国民族的禀赋，备

有这一智慧；适当的发展，即可对现代科学工作做若干贡献。你们这一代是负有大使命的。我很高兴，有这一机缘帮助你走向学术的路径。

30年已经过去了，学术工作已取得了很大的发展，与他说这话的时候已不能同日而语了。但是李先生的学术成就，假如能够通过这本选集的出版，再次地参加对再下一代从事学术工作的人的培植而有所贡献，李先生一定还是会"很高兴"的罢。

张光直于哈佛大学
1984年12月22日初稿